Le prix
de ce Guide
(19,95 $)
remboursé
dès votre premier achat
sur boutique.voir.ca

D1387055

Le concept

La Boutique Voir est un site d'achat en ligne de cartes prépayées pour des restaurants et autres commerces sélectionnés par l'équipe de *Voir* et du *Guide restos Voir*. Chaque achat est bonifié d'au moins 25 % de plus que la somme payée (ajout pouvant aller jusqu'à 40 %). Aucune restriction, aucun menu préétabli dans les restaurants, vous utilisez vos cartes quand et comme bon vous semble.

Rendez-vous sur *boutique.voir.ca* et dès votre premier achat d'une carte pour le commerce choisi, obtenez:
- **25 % de plus au minimum que la somme payée**
- **Et 19,95 $ qui s'ajoutent aussi !**

Exemple: vous achetez une carte de 100 $ pour votre resto favori, nous vous enverrons une carte de 144,95 $.

Vous devez entrer le code unique ci-dessous afin de vous prévaloir de cette offre.

2784956A

Conditions :
Date limite de validité: 31 juillet 2013. Vous devez effectuer un seul achat de 100 $ ou plus pour un seul commerce afin de bénéficier de cette promotion.
Conservez votre preuve d'achat du Guide restos Voir. En cas d'utilisation multiple du code ou de manipulation frauduleuse, votre facture permettra de vous authentifier comme bénéficiaire dûment autorisé. Aucune autre prime ne s'applique dans le cadre de cette promotion.

La seule carte digne d'intérêt

On vous recommande d'être plus riche.

1 EXPLOREZ
EXPLOREZ LA BOUTIQUE, ET TROUVEZ LES OFFRES QUI VOUS INTÉRESSENT.

2 ACHETEZ
CHOISISSEZ LE MONTANT QUE VOUS VOULEZ INVESTIR.

3 RECEVEZ +
VOIR BONIFIE VOS ACHATS DU POURCENTAGE INDIQUÉ SUR L'OFFRE.

4 PROFITEZ
PROFITEZ DE VOS CARTES BOUTIQUE.VOIR.CA CHEZ VOS MARCHANDS FAVORIS.

boutique.voir.ca

ACHETEZ 100$ ET OBTENEZ 125$
AU MINIMUM CHEZ VOS MARCHANDS FAVORIS.

Restaurants

Alimentation

Mobilier & déco

Mode

Électronique

Sorties

Bien-être & beauté

Sport et plein air

La seule carte digne d'intérêt.

boutique.voir.ca

Sommaire

(Les restaurants sont regroupés dans chaque section d'abord par quartier ou ville, puis par type de cuisine.)

©communications voir inc.

dépôt légal: bibliothèque nationale du québec. bibliothèque nationale du canada

355, rue sainte-catherine ouest, 7e étage, montréal (qc) h3b 1a5

t 514 848 0805 sf 1 877 631 8647

NOUVEAU

io
ve

Umberto
Cesari

750 ml   12,5% alc/vol
VIN ROUGE · PRODUIT D'ITALIE   RED WINE · PRODUCT OF ITALY

RISERVE SANGIOVESE MERLOT

+11766917   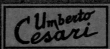   18+

17ᵉ édition du *Guide restos Voir*

La table est mise

Les pages de ce *Guide* sont remplies de plus de 700 bonnes tables. Notre philosophie est de vous indiquer les restaurants dans lesquels vous pouvez vous rendre en toute connaissance de cause grâce à nos textes qui vous donnent un aperçu général de ce que nous avons vu, mangé et comment nous avons été servis. Même si nous relevons les imperfections constatées lors de nos visites, nous ne mettons dans ce *Guide* que des tables dignes de mention. Si un restaurant est vraiment décevant, nous le retirons de nos pages, préférant vous dire où aller plutôt que quelle adresse éviter.

La variété et le nombre de restaurants au Québec sont énormes. Nous n'avons pas la prétention de vous présenter l'ensemble des bonnes tables de la province, mais avec plus de 700 adresses, nous pensons vous offrir un grand choix.

Ah, les étoiles!
Nous nous commettons en attribuant des étoiles (de 1 à 5), c'est une tâche difficile qui donne parfois lieu à des débats dans notre équipe! Il y a toutes sortes d'occasions d'aller au restaurant et nous aimons tout autant les grandes tables gastronomiques que les restaurants de quartier qui servent une cuisine sans prétention. C'est la raison pour laquelle les restaurants cotés deux étoiles pour la cuisine sont tout autant à fréquenter que ceux qui ont récolté une meilleure note.

Nouveau: la Boutique Voir
Nous avons pensé à vous, amateurs de bonnes tables, et sommes très fiers de vous présenter notre site *boutique.voir.ca* dans lequel figure un nombre croissant de fameux restaurants sélectionnés par nos soins.

Procurez-vous des cartes prépayées et bonifiées d'un minimum de 25%. Aucune restriction, même votre bouteille de vin peut être payée avec une carte de Boutique Voir. Pas de menu préétabli non plus, vous commandez tout ce que vous voulez tout en profitant d'une très intéressante prime.

Deux côtés
À l'endos du *Guide restos*, vous trouverez le *Guide gourmand Voir*, notre sélection d'adresses pour faire ses courses et se régaler à la maison. Car comme vous, il nous arrive aussi de concocter de bons petits plats et de mettre la table chez nous!

Bonne lecture et bonnes découvertes,

Sylvie Chaumette
Directrice générale Voir division gastronomie
guiderestos.com   info@guiderestos.com

Crème fraîche
Recette de Martin Juneau

Les ingrédients *(Portions: 1 litre)*
750 ml (3 tasses) de crème épaisse 35 %
250 ml (1 tasse) de yogourt de type grec
Jus d'un citron

Les étapes
*(Préparation: 5 minutes,
réfrigération: quelques heures, repos: 24 heures)*

Dans un grand pot, mettre les trois ingrédients, mélanger et couvrir d'un papier film.

Laisser reposer à la température de la pièce 24 heures afin de faire développer la culture bactérienne, comme s'il s'agissait d'une yaourtière.

Après 24 heures, transvider la crème et mélanger en brassant énergiquement, puis laisser épaissir et figer au réfrigérateur quelques heures.

--

La véritable crème fraîche est en fait la partie grasse qui remonte à la surface du lait lorsque la vache est traite. En France, certaines vaches donnent un lait plus gras que celles d'ici. De plus, certains laits sont crus, c'est-à-dire non pasteurisés. La vraie crème fraîche n'est pas offerte ici, c'est pourquoi cette recette simplissime est si intéressante...

La crème fraîche peut être utilisée en sucré comme en salé, mais il ne faut pas la chauffer, car elle a tendance à fondre. Le mieux est donc de la conserver au réfrigérateur jusqu'au moment de servir.

L'équipe

derrière ces pages
et souvent devant une assiette!

Critiques gastronomiques
Marjolaine Arcand, Sylvie Chaumette, Sophie Chavanel, Éléonore Côté,
David Desjardins, Mariève Desjardins, Iris Gagnon-Paradis, Chantal Grenier,
Normand Grondin, Andrée Harvey, Maryse-Annick Lamoureux, Renée Lebel,
Marie-Sophie L'Heureux, Sophie Marcotte, Gildas Meneu, Anne Pélouas,
Patrice Plante, Clémence Risler, Emilie Villeneuve

Rédacteurs *Guide gourmand*
Sophie Bernard, Iris Gagnon-Paradis, Chantal Grenier,
Sophie Marcotte, Dominic Tardif

Administration (Communications VOIR inc.) et collaborateurs
Président-éditeur Pierre Paquet
Vice-président exécutif Michel Fortin
Vice-président ventes et stratégie Hugues Mailhot
Équipe des ventes (Montréal) François Bourque, Paul-André Karazivan,
Guillaume Noël, Jean Paquette (Québec) Karine Boulet, Patrick Burns, Suzie Plante,
Marie-Claude Tremblay (Estrie) Martin Beauregard (Gatineau-Ottawa) Céline Lebrun
Directrice marketing & directrice générale Voir division gastronomie
Sylvie Chaumette
Vice-président opérations Patrick Lacelle
Directrice finances Marie-France Perreault
Directeur développement des nouveaux médias Simon Jodoin
Internet Sébastien Groleau, Emmanuel Laverdière, Mathieu Poirier,
Frédéric Guertin
Coordonnatrice marketing et projets spéciaux Renée Lebel
Adjointe de direction Voir division gastronomie Chantal Grenier
Comptabilité Valérie Doucet
Directeur artistique Luc Deschambeault
Chef de service production Julie Lafrenière
Infographes René Despars, Christian Gravel, Geneviève Bernier
Correctrice Constance Havard
Photographe pages couverture Maude Chauvin
Illustratrice Catherine Gauthier
Photographes (Montréal) Dominic Gauthier (Québec) Guillaume D. Cyr
(Estrie) Jocelyn Riendeau

Émission de télévision *Guide restos Voir* (Trio Orange inc.)
Animatrice Anne-Marie Withenshaw
Réalisateur terrain et directeur photo Olivier Tétreault
Concepteur Carlos Soldevila
Recherchiste Julie Allaire
Coordonnatrice Audrée Gélinas
Directrice de production Julia Yaccarini
Productrice Mélanie D'astous
Producteurs exécutifs Éric Hébert, Pierre Paquet, Carlos Soldevila

visitez recettes-sans-facon.ca

Chef à la une:
Marie-Fleur St-Pierre

C'est un secret de Polichinelle: dans le milieu de la cuisine professionnelle, on retrouve majoritairement des hommes. Qu'à cela ne tienne: cette année, ce n'est pas un, mais bien une chef qui a l'honneur de faire la page couverture du *Guide restos Voir*! Depuis bientôt huit ans, c'est Marie-Fleur St-Pierre qui porte la toque au bar à tapas *Tapeo* à Montréal.

Elle n'y était employée que depuis un an avant de se voir confier les fourneaux. Une belle marque de confiance envers la jeune femme, qui était alors âgée de 23 ans. Comme Marie-Fleur St-Pierre le dit elle-même: «C'était tout un *guess*.»

Et elle a su relever le défi. Depuis, elle s'éclate dans la cuisine du populaire restaurant de Villeray en concoctant des tapas issus d'une gastronomie espagnole raffinée et inventive.

Et pourquoi les tapas?

«J'ai toujours été du type cuisine méditerranéenne. En créant des tapas, il n'y a pas matière à s'ennuyer. C'est plein de petits plats qui changent et ça permet vraiment d'exprimer sa créativité. Et puis même si on le fait dans un esprit espagnol, il y a toujours de la place pour autre chose.»

Pour une jeune chef comme vous, qu'est-ce que ça fait de se retrouver en page couverture du *Guide restos Voir*?

«Je suis très contente. C'est vraiment une belle récompense, non seulement pour moi, mais aussi pour le resto. Je le prends comme un remerciement, une reconnaissance de notre travail des dernières années. Pour moi, le *Guide restos Voir*, c'est un outil de référence. Un livre que je vais acheter, feuilleter, et qui me permet de découvrir de nouveaux restos, de nouveaux quartiers, de sortir de ma zone de confort.»

Tapeo
511, rue Villeray, Montréal
514 495-1999
restotapeo.com

PRÊT POUR UN GRAND VOYAGE GASTRONOMIQUE AU PAYS DE L'ÉRABLE? EN ROUTE!

CENT CRÉATIFS DE L'ÉRABLE QUATRE SAISONS UNE ROUTE

Nos cent Créatifs de l'érable 2012 ont pignon sur rue dans toutes les régions du Québec. Partez à leur rencontre sur la Route de l'érable et faites un voyage gastronomique qui vous entraînera tantôt en Abitibi-Témiscamingue, dans les Cantons-de-l'Est, dans Charlevoix, tantôt aux Îles-de-la-Madeleine, dans le Bas-Saint-Laurent ou dans la grande région métropolitaine. Vous verrez, la Route de l'érable est belle et bonne à parcourir toute l'année durant.

Pour planifier un itinéraire gourmand sur la Route de l'érable, visitez dès aujourd'hui laroutedelerable.ca.

CRÉATIFS DE L'ÉRABLE

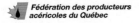

Fédération des producteurs acéricoles du Québec

Travail et plaisir avec Anne-Marie

Anne-Marie Withenshaw est l'animatrice de l'émission Guide restos Voir. *Un parcours avec trois arrêts gourmands pour Anne-Marie et chacun de ses invités et un régal pour les yeux des téléspectateurs.*

L'émission *Guide restos Voir* en est à sa 5e saison; est-ce toujours un défi?
«Certainement, parce que plus l'émission devient connue, plus les gens s'attendent à des découvertes côté restos, des artistes surprenants et des chefs passionnants. Les téléspectateurs connaissent de plus en plus les restos et la cuisine, il donc faut leur en mettre plein la vue. De plus, nous allons maintenant beaucoup plus en profondeur dans nos discussions avec les chefs qui sont autant les vedettes de l'émission que les artistes invités. C'est aussi un défi de vouloir aller s'entraîner le lendemain d'un tournage!»

On te voit festoyer, manger de bon appétit; est-ce du travail ou du plaisir?
«Beaucoup des deux! Il faut, malgré le côté très festif de l'émission, garder le même niveau de concentration et d'énergie pendant les 14 heures de tournage, surtout parce qu'on veut vraiment que, pour nos invités, ce soit une journée de mini-vacances. Pendant qu'eux se laissent guider, je dois diriger la conversation, veiller au bon déroulement de l'émission, connaître la carte des restos et le parcours des chefs. Mais il y a vraiment pire comme boulot et je me sens privilégiée!»

Est-ce que les chefs te donnent envie de reproduire certaines choses à la maison?
«Ils me donnent surtout envie de revenir manger à leur table! J'ai fait autant de découvertes que nos téléspectateurs grâce au *Guide*. Mais j'ai quand même reproduit le thé à la menthe et au sirop d'érable du Lallouz, la salade de tomates et chèvre du Tapeo et les spritz vénitiens du Bottega cet été!»

Un épisode de rêve de l'émission, c'est quoi pour toi?
«Une personnalité ouverte à toutes sortes de découvertes, des restaurateurs allumés, de la bouffe authentique, et à la fin, un invité-surprise pétillant qui fait plaisir à l'invité principal. C'est la cerise sur le gâteau!»

GЯ ✗ VOIR
GUIDE RESTOS VOIR
à la télé

é évasion

Vendredi 20 H
Guide restos Voir

Pour vous donner encore plus d'idées de sorties,
suivez Anne-Marie Withenshaw et ses invités dans
leurs parcours gastronomiques.

evasion.tv

Concours

Restaurant *Tapeo* à Montréal

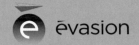

CONCOURS
GUIDE RESTOS VOIR 2013
/ ÉVASION
DÉGUSTEZ LE QUÉBEC
ET SES BONNES TABLES!

Courez la chance de gagner
une carte-cadeau de 150 $ pour
un restaurant de votre choix parmi
ceux en ligne sur boutique.voir.ca.

Un tirage par mois de novembre 2012 à juin 2013.

Vous pourriez remporter une carte-cadeau pour un restaurant à Montréal,
à Québec, en Estrie ou en Outaouais. Chaque restaurant membre de la
Boutique Voir a été sélectionné par l'équipe du *Guide restos Voir*.

Inscrivez-vous sur **guiderestos.com**
et aussi sur **evasion.tv** pour multiplier
vos chances de gagner.

Pour participer, il suffit de vous inscrire en ligne et de nommer un des restaurants visités par Anne-Marie Withenshaw dans l'émission *Guide restos
Voir* diffusée sur Évasion à partir du mois d'octobre 2012.

Détails et règlement: *guiderestos.com* et *evasion.tv*. Ce concours s'adresse à tout résident légal
de la province de Québec âgé de 18 ans et plus au moment de son inscription. Un tirage par mois,
le 3e lundi de chaque mois (le lendemain si c'est un jour férié), de novembre 2012 à juin 2013.
Limite d'une inscription par jour / par personne / par site jusqu'au 16 juin 2013.

  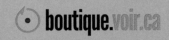

Légende

🍶 apportez votre vin
🍷 carte des vins recherchée
🌴 terrasse
☕ déjeuner/brunch
EP espace privé
M prix le midi
S prix le soir

Cuisine

du grand art!	★★★★★
très bonne table	★★★★
bonne table	★★★
satisfaisante	★★
passable	★

Service

traitement royal	★★★★★
très attentionné	★★★★
empressé	★★★
décontracté	★★
minimal	★

Décor

grandiose	★★★★★
très beau décor	★★★★
soigné	★★★
convivial	★★
rudimentaire	★

Nouveau: Espace privé

Nous vous indiquons les restaurants offrant une salle ou un espace privé pour vos célébrations en groupe. Le nombre de personnes pouvant varier selon l'aménagement désiré, nous vous laissons vérifier avec les établissements concernés.

Déjeuner/brunch

Pour bien commencer la journée, nous avons répertorié les établissements offrant le déjeuner et/ou le brunch, que ce soit tous les jours ou seulement la fin de semaine.

Nous n'avons toutefois pas indiqué les adresses proposant le déjeuner et/ou le brunch uniquement lors d'occasions particulières (Pâques, fête des Mères, etc.), ni les établissements de villégiature ne l'offrant qu'à leurs clients hébergés sur place. Nous vous laissons le soin de vérifier, en téléphonant, les jours et les heures où ce premier repas de la journée est servi.

Et l'addition, s'il vous plaît

Les prix mentionnés pour le repas du midi et/ou du soir sont calculés pour deux personnes, avant taxes, service et boissons. Il s'agit d'une moyenne établie, lors de notre visite, en étudiant les propositions à la carte et les différents menus et tables d'hôte pour un repas généralement de trois services (entrée, plat, dessert).

Le montant du pourboire est laissé à votre discrétion. Toutefois, le code social et l'usage recommandent de laisser au moins 15 % du montant de l'addition avant taxes.

Réservation (max. de personnes)

Il ne s'agit pas du nombre total de places disponibles en salle ni dans une salle privée le cas échéant, mais bien du nombre maximum de personnes pour lequel il est possible de réserver pour un groupe. Cette information étant sujette à variation, il est préférable de vérifier auprès des restaurants. «0» indique que la maison n'accepte pas les réservations.

Heures d'ouverture

Nombre d'établissements changeant leurs jours et heures d'ouverture à différentes périodes de l'année, il nous est impossible de les indiquer. Nous vous conseillons de toujours téléphoner avant de vous rendre dans un restaurant.

MONTRÉAL

ST-URBAIN (LE)

(Amérique du Nord)

96, rue Fleury Ouest

514 504-7700

★ ★ ★ ★ cuisine
★ ★ ★ service
★ ★ décor

  M**30$** S**75$**

réservation / max. de personnes 12

Un jeune chef talentueux et déjà très expérimenté, Marc-André Royal, une cuisine soignée, équilibrée, fraîche et savoureuse, parfois flamboyante mais sans jamais tomber dans le piège courant du tape-à-l'œil, un décor simple mais sympathique: Le St-Urbain pourrait n'être qu'un simple resto de quartier de qualité, mais croyez-nous sur parole, il se démarque. Niché sur la tranquille rue Fleury, dans un quartier, Ahuntsic, qui compte relativement peu de bonnes adresses, il propose un menu bistro musclé, inventif et festif, qui se modifie au gré des humeurs du patron et qu'accompagne une carte des vins (importations privées) qui ne manque pas de panache. Les résidents du secteur l'ont déjà adopté massivement (pensez à réserver) et beaucoup d'autres Montréalais n'hésitent pas à effectuer un périple dans le nord de la ville pour se payer cette très agréable expérience gastronomique. Et Le St-Urbain leur donne raison à tous coups!

Ahuntsic

TABLE (À)
(Amérique du Nord)
124, rue Fleury Ouest
514 439-1966

★★★★ cuisine
★★★ service
★★★ décor

🍽 M **30 $** S **80 $**

réservation / max. de personnes 30

Ce resto est le dernier-né du très talentueux chef Mario Navarrete Jr, un jeune virtuose de la cuisine latino contemporaine. Il est passé maître dans l'art de donner un coup de jeune aux plats de son enfance péruvienne. Une gastronomie déjà riche qu'il actualise avec beaucoup de classe. La sobriété du décor de cette petite salle allongée se reflète dans les assiettes toujours bien dessinées, épurées mais colorées. Ici, le maïs, les piments, le quinoa et la lime, ingrédients phares de ce pays sud-américain, prennent une tout autre tournure. Présentations, parfums, couleurs, saveurs... tout est bon!

Ahuntsic

PETIT FLORE (LE)
(France)
1145, rue Fleury Est
514 387-2640

★★ cuisine
★★ service
★★ décor

🍴🌂 M **30 $** S **60 $**

réservation / max. de personnes 70

Bistro à la française (on l'aura deviné par le nom évoquant le célèbre café parisien), cette table offre des petits-déjeuners en semaine, des brunchs le week-end, des lunchs légers et des tables d'hôte le midi et le soir. Même si le menu ratisse très large, que sa personnalité s'en trouve mal définie et que la qualité des plats en souffre parfois, cela ne semble embêter personne: le restaurant, dont la capacité d'accueil est assez grande, affiche souvent complet. On y mange donc aussi bien des mets simples tels que des paninis, des omelettes, des salades et des viennoiseries que des plats plus complexes: joue de bœuf, tartare de bison béarnaise, pétoncles au chutney de courge et épices, tartelette de rognons confits, etc. L'offre s'avère tout aussi considérable en ce qui concerne les desserts et la carte des vins, comptant plusieurs importations privées.

Ahuntsic

RENDEZ-VOUS DU THÉ (LE)
(France)
1348, rue Fleury Est
514 384-5695

★★★ cuisine
★★★ service
★★★ décor

🌂 M **30 $** S **60 $**

réservation / max. de personnes 45

Le Rendez-vous du thé est un pilier d'Ahuntsic, quartier en pleine effervescence. Le fier propriétaire, fort accueillant, a réussi le pari d'y amalgamer restaurant, salon de thé et salle de spectacles. Quelque 300 spectacles par année, du jazz à la chanson française, y sont présentés. Comme le thé est à l'honneur, tous les plats sont créés à partir de cette boisson, que ce soit la vinaigrette pour accompagner la salade ou encore la sauce pour napper une pièce de viande. Le tout est réussi, et on se régale de calmars à la perpignanaise et de cassoulet, mais aussi de plats plus frugaux comme des omelettes ou paninis, dans une ambiance animée très agréable où divers accessoires pour préparer le thé font office de décoration. Une adresse à découvrir!

Montréal

APOLLO RESTAURANT

(Amérique du Nord)

1333, rue University

514 274-0153

★★★ cuisine
★★★ service
★★★★ décor

 M **60 $** S **140 $**

réservation / max. de personnes   70

En prenant d'assaut cet ancien presbytère et en le revampant magnifiquement, le coloré chef Giovanni Apollo n'y a pas seulement campé son restaurant, mais également un bar, une terrasse et une boutique, et chacune de ces entités possède un créneau culinaire distinct. La maison offre également un service de traiteur. Attablé dans l'élégante salle à manger, on se demande toutefois si la cuisine ne souffrirait pas un peu de cet éparpillement. Le menu nous fait miroiter une expérience gastronomique originale de haute voltige et riche en influences, surtout en ce qui concerne les déclinaisons en quatre variations d'un même ingrédient (foie gras, produits de la mer, bœuf, etc.). Le rendu s'avère toutefois plutôt inégal, malgré l'utilisation d'ingrédients de première qualité.

Montréal

Centre-ville

ARIEL

(Amérique du Nord)

2072, rue Drummond

514 282-9790

★★★ cuisine
★★★ service
★★★★ décor

M **50 $** S **100 $**

réservation / max. de personnes   78

Cette charmante demeure de la fin du 19e a marqué la restauration pour avoir abrité les fameux Caprices de Nicolas. Les temps ont changé: Ariel se veut un lieu à la fois chic et convivial. À l'image de ce paradoxe, la cuisine tire un peu dans tous les sens. Dans des présentations très contemporaines, on mêle tout, du tartare au schnitzel, en passant par l'agneau au cari. Seul point commun: on joue la carte des produits saisonniers. Le service s'empressera de vous décrypter la carte des vins, une longue liste de crus très bien choisis. Une ambiance un peu bistro, un peu resto flotte au bar et dans les deux jolies salles au look très zen, qui embrassent de plus une terrasse intérieure très romantique.

Centre-ville

BALMORAL (LE)

(Amérique du Nord)

305, rue Sainte-Catherine Ouest

514 288-5992

★★★ cuisine
★★★ service
★★★ décor

M **60 $** S **60 $**

réservation / max. de personnes   15

On apprécie beaucoup la vue imprenable qu'offre Le Balmoral sur la place des Festivals, avec ses immenses fenêtres remplies de ciel, de lumière et parfois d'une foule dense, joyeuse et bruyante. Mais on aime aussi sa cuisine sympathique, qui emprunte son inspiration à gauche et à droite – bavette, pot-au-feu de volaille et côte d'épaule d'agneau, tataki de bœuf, medaglioni au rapini et moules au chorizo. On apprécie également la qualité des produits, dont beaucoup sont locaux, le service attentif, le soin apporté aux détails, la jolie carte des vins et cette clientèle éclectique où se mêlent avec bonheur artistes, touristes, gens d'affaires et amateurs de spectacles. À noter: tous les profits du resto servent à financer la Maison du Festival, qui abrite au second étage une galerie d'art essentiellement dédiée au jazz et à ses plus illustres représentants.

Centre-ville

BRASSERIE T!

(Amérique du Nord)

1425, rue Jeanne-Mance

514 282-0808

★★★ cuisine
★★★★ service
★★★★ décor

 M**40$** S**60$**

réservation / max. de personnes   10

Curiosité architecturale semblable à un long wagon vitré, ce restaurant offre une vue imprenable sur le Quartier des spectacles et sur son effervescence lors des festivals. L'exiguïté des lieux ne nous procure peut-être pas le plus haut niveau d'intimité, mais on aime bien cette agitation propre, justement, aux brasseries. Bien que l'établissement soit affilié au Toqué!, on ne doit pas s'attendre à des plats d'aussi haute voltige que ceux servis au réputé restaurant. La simplicité et le réconfort ont plutôt été adoptés comme ligne directrice, et la qualité des produits est remarquable. En jetant un coup d'œil indiscret aux assiettes des voisins, on constate que charcuteries, tartares, bavette, côtes levées et pavé de saumon ont particulièrement la cote.

Centre-ville

BISTRO LE CONTEMPORAIN

(Amérique du Nord)

185, rue Sainte-Catherine Ouest

514 847-6900

★★★ cuisine
★★★ service
★★★★ décor

 M**40 $** S**75 $**

réservation / max. de personnes   40

Situé au deuxième étage du Musée d'art contemporain, dans un espace ouvert et épuré, le Bistro Le Contemporain s'agrandit par beau temps avec une terrasse aménagée au cœur de la Place des Arts. Comme le nom le dit, la cuisine s'y révèle bistro: tartare, burger, bavette de bœuf, boudin, plateau de charcuteries maison... tout en faisant la part belle aux produits québécois. Cuisine fraîcheur, tout en délicatesse et en harmonie, à la présentation artistique tout aussi épurée que le décor: le résultat dans l'assiette est réussi. Seul bémol, les petites portions, qui ne satisferont pas les gros appétits et minent un peu le rapport qualité-prix. Autrement, le service est empressé et efficace. Bonne adresse pour manger avant un spectacle.

Centre-ville

BOUILLON BILK

(Amérique du Nord)

1595, boulevard Saint-Laurent

514 845-1595

★★★★ cuisine
★★★ service
★★★ décor

M**60 $** S**90 $**

réservation / max. de personnes   8

Situé à l'orée du Quartier des spectacles, le Bouillon Bilk est le laboratoire du très talentueux François Nadon. Celui-ci, qui en est à son premier resto en tant que chef-propriétaire, exécute des bijoux de petits plats mettant en scène une cuisine actuelle digne des plus grandes métropoles. Dans les assiettes, tout est travaillé avec précision pour offrir un équilibre dans les saveurs, les couleurs et les textures. Les produits frais et saisonniers sont privilégiés et amalgamés de façon audacieuse, comme dans ce plat de crevettes et os à moelle ou encore ce demi-homard servi avec des ris de veau dans une sauce aigre-douce. De l'entrée au dessert, rien n'est laissé au hasard afin que le repas soit un spectacle pour les yeux et le palais.

Centre-ville

CAFÉ DAYLIGHT FACTORY

(Amérique du Nord)

1030, rue Saint-Alexandre

514 871-4774

★★ cuisine
★★★ service
★★★★ décor

M**50 $** S   _

réservation / max. de personnes   6

Rendez-vous très prisé des travailleurs du quartier en semaine à l'heure du lunch, le Café Daylight Factory est une adresse qu'on aime fréquenter pour son très beau décor épuré, sa magnifique terrasse en saison, ses chaises particulièrement confortables, sa chouette carte des vins et son menu frais et tout simple. Outre le plat et la soupe du jour qui changent quotidiennement, on y déguste essentiellement des salades et des paninis savoureux et généreux composés d'ingrédients de choix. Le gravlax de saumon maison et le carpaccio de bœuf ont leurs fans inconditionnels, tout comme la tarte Key lime et le gâteau au fromage. Excellents cafés. Les jeudis soir, la maison organise une sympathique formule 5 à 7 autour de bouchées variées.

Centre-ville

DECCA77
(Amérique du Nord)
1077, rue Drummond
514 934-1077

★★★★ cuisine
★★★★ service
★★★★ décor

 M **60 $** S **80 $**

réservation / max. de personnes   20

Le Decca77 est en fait deux espaces en un: côté Restaurant et côté Brasserie. Alors que le premier mise sur la gastronomie et un brin de moléculaire, l'autre offre des plats bistro sans fla-fla tels que tartares, steak-frites et confit de canard. Dans les deux cas, la cuisine est soignée et sous la haute surveillance du chef Gilles Tolen qui s'est donné la mission de démocratiser la gastronomie en offrant des tables d'hôte au rapport qualité-prix difficile à battre. Les desserts, réalisés par Simon Pouget, apportent un peu de folie à cette table somme toute classique. À cause de sa situation géographique, le Decca77 attire le midi une clientèle de gens d'affaires et de touristes, et le soir des spectateurs du Centre Bell. Ils ressortent tous ravis comme nous!

Centre-ville

CAFÉ DES BEAUX-ARTS (LE)

(Amérique du Nord)

1384, rue Sherbrooke Ouest

514 843-3233

★★★★ cuisine
★★★ service
★★★ décor

EP M **70 $** S **70 $**

réservation / max. de personnes 80

Profitez de votre prochain passage au Musée des beaux-arts pour faire un arrêt au Café du même nom, tenu par le chef Richard Bastien (également à la tête du Mitoyen à Laval et du Leméac à Montréal). Situé au deuxième étage, le grand local en forme de L donne sur le hall d'entrée lumineux du Musée. La cuisine qu'on y sert, à la carte ou en table d'hôte au rythme des saisons, est tout en fraîcheur et en délicatesse, avec des plats à la présentation épurée où on sent l'attention et le respect portés aux aliments, qu'ils soient viandes, produits de la mer ou légumes de saison. Le boudin maison fond littéralement dans la bouche et les desserts sont succulents. Service souriant et efficace. Ouvert généralement les midis et le mercredi soir

Centre-ville

CAFÉ DU NOUVEAU MONDE (LE)

(Amérique du Nord)

84, rue Sainte-Catherine Ouest

514 866-8669

★★★ cuisine
★★★ service
★★★★ décor

M **60 $** S **80 $**

réservation / max. de personnes 50

Installé à l'intérieur du Théâtre du Nouveau Monde, ce restaurant est un lieu de rendez-vous pour de nombreux artistes et une adresse bien pratique pour souper avant ou après le spectacle. On y vient aussi le midi comme le soir pour les spécialités de type bistro (cuisse de canard confite, tartares, plats de pâtes, salades et grillades) bien préparées et savoureuses et les plats du jour souvent concoctés avec des ingrédients de saison. La maison propose aussi de petites bouchées à grignoter autour d'un verre de vin, accoudé au bar ou bien confortablement installé dans l'agréable et claire salle à manger ou encore sur la très prisée terrasse. Quelle que soit l'occasion, gardez-vous une place pour les desserts, surtout pour la délicieuse tarte au citron. À noter: il est possible de réserver une table dans la salle à l'étage, généralement beaucoup moins bruyante.

Centre-ville

FOODLAB

(Amérique du Nord)

1201, boulevard Saint-Laurent

514 844-2033

★★★ cuisine
★ service
★★ décor

M _ S **60 $**

réservation / max. de personnes 60

Niché au troisième étage de la Société des arts technologiques (SAT pour les intimes), le Foodlab met en valeur des petits plats à la créativité discrète, à grignoter en apéro ou en repas complet. Le menu, tout comme la carte des vins nature, change aux deux semaines. Les thématiques (Pâque russe, Printemps québécois, par exemple) sortent de l'imagination de Seth Gabrielse et Michelle Marek, deux anciens du Laloux, qui officient devant les yeux des convives. Cependant, une expérience au Foodlab ne peut être qualifiée de confortable: c'est bruyant, il faut commander au bar, les plats sont servis dans un ordre approximatif. Mais comme les profits servent à la recherche artistique, ces inconvénients deviennent finalement sympathiques.

Centre-ville

GLOBE

(Amérique du Nord)

3455, boulevard Saint-Laurent

514 284-3823

★★★★ cuisine
★★★ service
★★★★ décor

M _ S **110 $**

réservation / max. de personnes   20

Indémodable institution du boulevard Saint-Laurent, ce resto a su conserver un peu de la magie des fastes soirées de la grande époque de la *Main*. Si l'artère semble s'être un peu assagie ces dernières années, le Globe, lui, n'a pas perdu son sens de la fête et une clientèle fidèle bien habillée continue à s'y presser, surtout les week-ends. Le secret de la longévité de l'établissement? S'adapter aux goûts du jour sans tout changer pour autant: une déco plus sobre mais toujours luxueuse, un comptoir à huîtres et fruits de mer, un menu de plus en plus axé sur les produits du terroir, des plats à partager pour les 5 à 7... Dans les assiettes, le chef marie des influences du monde entier, du Japon à la Méditerranée, sans fausse note, combinant les saveurs avec subtilité et un souci évident du détail. Gardez-vous de la place pour les desserts, oubliez vos a priori sur la *Main* clinquante et tentez l'expérience!

Contre-ville

KITCHENETTE

(Amérique du Nord)

1353, boulevard René-Lévesque Est

514 527-1016

★★★ cuisine
★★★ service
★★★ décor

M **50 $** S **90 $**

réservation / max. de personnes   12

Situé en face de la tour de Radio-Canada, le Kitchenette est un petit local ensoleillé avec cuisine ouverte et décor épuré. Sur la carte, la signature du chef-propriétaire, d'origine texane, se reconnaît dans les gumbo, ragoût de moules, grits et autres short ribs. Goûteuse, inventive, à la présentation visuelle soignée, la cuisine met en vedette une panoplie de produits de la mer qui ne sont pas menacés d'extinction. Par contre, certains points gagneraient à être améliorés, notamment des irrégularités dans l'exécution des plats. Autrement, le personnel, avenant, saura vous conseiller un excellent vin ou whisky, une spécialité de l'endroit. En dessert, le décadent Sunday pudding au caramel et Cracker Jack est un incontournable!

Centre-ville

KOKO RESTAURANT + BAR

(Amérique du Nord)

8, rue Sherbrooke Ouest

514 657-5656

★★★★ cuisine
★★★ service
★★★★ décor

M _ S **90 $**

réservation / max. de personnes   7

Décor spectaculaire, espace lumineux, cuisine inspirée, le resto du chic hôtel Opus a beaucoup à offrir, même s'il reste relativement peu connu des gastronomes montréalais. Sa cuisine d'abord, dont le menu est un peu court, c'est vrai (tout juste une demi-douzaine d'offres), mais dont chacun des plats principaux (côtes levées braisées au vin rouge, poulet de Guinée farci au foie gras ou raviolis au potiron, par exemple), des entrées ou des desserts est bien assemblé, bien équilibré et ne déçoit ni à l'œil ni au palais. Puis son service courtois, qui sait comment naviguer avec aisance entre une table de touristes, une autre de gens d'affaires et un groupe de jeunes gens attirés par le luxe un peu ostentatoire des lieux et les heures (très) tardives de fermeture de la maison. Et puis, ne l'oublions pas, il y a cette magnifique terrasse qui surplombe le boulevard Saint-Laurent et qui, une fois illuminée, vaut à elle seule le déplacement!

Centre-ville

LAURIE RAPHAËL MONTRÉAL

(Amérique du Nord)

Hôtel Le Germain / 2050, rue Mansfield

514 985-6072

★★★★ cuisine
★★★★ service
★★★★ décor

M**70$** S**150$**

réservation / max. de personnes   10

La réputation de Daniel Vézina et de ses institutions n'est plus à faire. On entre à l'adresse montréalaise du Laurie Raphaël (dont la première maison est établie à Québec depuis plus de 20 ans) en passant par le lobby de l'Hôtel Germain. Le décor est plutôt soigné – on aime la cascade de pastilles blanches en céramique qui tombe du plafond – et les assiettes le sont tout autant. Tantôt simples (comme dans le cas des ceviche, tartares et carpaccio), tantôt plus élaborés (pensons à certaines viandes servies dans de riches fonds ou aux poissons accompagnés de fines émulsions), les plats en format entrée concoctés par le chef de cuisine ravissent, bien que les accompagnements ne surprennent pas toujours. Cela dit, il faut mentionner particulièrement la tarte fine aux champignons et à la moelle et aussi certains desserts, dont la sphère au citron servie avec un pudding parfumé au thé Earl Grey. Un pur péché.

Centre-ville

M:BRGR

(Amérique du Nord)

2025, rue Drummond

514 906-0408

★★ cuisine
★★★ service
★★★ décor

M**50$** S**90$**

réservation / max. de personnes   35

Ce comptoir à hamburgers haut de gamme du centre-ville de Montréal sert non seulement de très bons burgers, mais également du champagne! La formule est gagnante: créez votre burger. On choisit la viande: bœuf AAA, Angus, poulet ou thon, et ensuite le pain: blanc, bretzel ou même une feuille de laitue, et on complète en pigeant parmi une grande variété de garnitures et fromages, au goût. Les burgers sont accompagnés de frites délicieusement croustillantes ou de salades. Si on a encore de la place pour le dessert, le biscuit aux brisures de chocolat et crème glacée à la vanille est absolument décadent. Le décor est moderne et le mélange bar sportif/bistro rétro est efficace. Le service est jeune, rafraîchissant et rapide. La popularité de l'endroit est incontestée. Pour un hamburger de qualité, dans une atmosphère branchée.

Centre-ville

McKIBBIN'S

(Amérique du Nord)

1426, rue Bishop

514 288-1580

★★ cuisine
★★ service
★★★ décor

EP M**40$** S**50$**

réservation / max. de personnes   25

Le McKibbin's a tout du pub irlandais classique: grande variété de bières en fût (Guinness, Smithwick's, Kilkenny, Murphy's, Bass...), ambiance animée et sportive, spectacles tous les soirs et bouffe de pub. Heureuse surprise, les burgers et nachos côtoient des plats issus de la tradition culinaire irlandaise: corned beef fondant en bouche, steak & kidney pie, celtic rolls et tout un amalgame de plats à la Guinness: soupe à l'oignon, ailes de poulet, etc. Tout est frais du jour, les plats sont savoureux, du vrai *comfort food*! La maison anglaise datant de 1904 où est installé le pub a beaucoup de cachet. Service souriant, sympathique... et anglophone. Le McKibbin's a aussi pignon sur rue dans le West Island et sur Saint-Laurent.

Centre-ville

NEWTOWN

(Amérique du Nord)

1476, rue Crescent

514 284-6555

★★★ cuisine
★★★★ service
★★★★ décor

  M**40 $** S**100 $**

réservation / max. de personnes 30

Un très bel endroit qui attire les foules. D'abord, on commence par un 5 à 7 animé en bas ou sur la magnifique terrasse. Puis on se rend dans l'élégante salle à manger. On y déguste des plats assez simples, mais toujours mitonnés avec des produits de qualité. Carpaccio, ris de veau, saumon mariné en entrée. Poulet aux épices, raviolis aux shiitakes, crevettes grillées, filet mignon, les mets proposés empruntent des accents de différentes cuisines. Les assiettes sont généreuses et sont servies avec des accompagnements bien choisis. La carte des vins est très complète et propose une belle sélection de bulles. Un lieu assurément festif où l'on saura vous recevoir.

OYSTER SHACK

(Amérique du Nord)

1242, rue Bishop

514 395-1888

★★ cuisine
★★ service
★★ décor

☂ EP   M **25 $**   S **60 $**

réservation / max. de personnes   55

C'est d'abord un pub, comme le rappellent si bien le bar bien en vue et ses clients attardés autour d'une bière fraîche, puis un lieu de détente vivant et convivial, qui rassemble une clientèle jeune et principalement anglophone. Mais c'est aussi un petit resto sympa, qui propose une carte de snack-bar maritime, avec une nette prédilection pour les huîtres et les produits de la mer, comme la chaudrée de palourdes, la guédille au homard, le burger à la barbotte, les langoustines grillées et l'éternel et, ma foi, fort bon fish'n'chips. On aura compris que le tout ne fait pas dans la dentelle, mais plutôt dans le filet de pêche et la friture... Mais pourquoi pas? Après tout, on est rue Bishop, la faune est colorée, les soirées, passablement agitées et tant qu'à casser la croûte, aussi bien choisir une maison qui tient ses promesses! Super terrasse à l'arrière.

Centre-ville

PHILLIPS LOUNGE

(Amérique du Nord)

1184, place Phillips

514 871-1184

★★ cuisine
★★ service
★★★★ décor

☂ EP   M **20 $**   S **40 $**

réservation / max. de personnes   80

Heureux mélange de tradition et de modernité, le Phillips Lounge se présente comme un resto-bar au décor chic où l'on a réussi avec goût à conserver les éléments architecturaux de ce vieux bâtiment (plafonds hauts, boiseries) et à y ajouter une touche très *fashion* (art et mobilier contemporains, grands fauteuils conviviaux). Pour le lunch, le menu est essentiellement composé de sandwichs français et de un ou deux plats du jour d'assez belle facture, tandis que le soir, on propose une sélection de tapas de qualité inégale. Mais la clientèle – gens d'affaires le jour, faune jeune et plus festive le soir – ne semble pas s'en formaliser puisque la maison est davantage réputée pour ses 5 à 7 joyeux et bruyants que pour les prouesses gastronomiques de son chef. Plusieurs événements spéciaux sont prévus chaque semaine, sans oublier les partys de bureau et lancements de ceci et cela qui sont ici monnaie courante.

Centre-ville

PLACE DESCHAMPS

(Amérique du Nord)

175, rue Sainte-Catherine Ouest

514 564-3155

★★★ cuisine
★★★ service
★★★★ décor

🝖   M **45 $**   S **60 $**

réservation / max. de personnes   12

Place Deschamps, comme son nom l'indique, met l'accent sur le grand Yvon, dont des extraits de ses plus célèbres monologues ornent les napperons. Mais s'arrête là toute référence à l'humour. Le menu affiche des spécialités bistro revisitées avec le plus grand sérieux par le chef: tartares de bœuf ou de saumon, lasagne de veau de grain, gratin de canard, etc. Les plats sont offerts en petits ou grands formats, les petits permettant de partager. Et pas obligé de détenir un billet de spectacle pour s'attabler à ce bistro également bar à vin qui se remplit vers 18 h et se vide peu avant 20 h. Il suffit de réserver.

Centre-ville

PULLMAN

(Amérique du Nord)

3424, avenue du Parc

514 288-7779

★★★ cuisine
★★★★ service
★★★★ décor

🗄 **EP** M _ S**70$**

réservation / max. de personnes   12

Ni tout à fait un bar, puisque la nourriture servie n'est pas qu'accessoire comme en témoigne une certaine volonté de raffinement (qui ne réussit pas toujours), mais ni tout à fait un resto non plus, car la grande vedette demeure tout de même l'impressionnante carte des vins comprenant des centaines de bouteilles dont plusieurs crus se dégustant au verre, le Pullman incarne parfaitement le concept de bar à vin. Les professionnels du centre-ville s'y rencontrent autour d'un verre pour le 5 à 7 ou y étirent les soirées et grignotent légèrement (olives au citron confit, noix épicées), ou alors se composent un repas plus substantiel par l'addition de plusieurs bouchées à partager (plateaux de charcuteries ou de fromages, gravlax de saumon, mini-burgers de bison, terrine de foie gras ou calmars frits).

Centre-ville

ROSALIE

(Amérique du Nord)

1232, rue de la Montagne

514 392-1970

★★★ cuisine
★★★ service
★★★★ décor

🗄 🎋 **EP**   M**70$** S**120$**

réservation / max. de personnes   14

Ambiance tamisée dans ce resto tout en bois et miroirs du centre-ville. Une clientèle d'hommes et femmes d'affaires en a fait son repaire du midi, tandis que les jeunes professionnels sur leur 36 s'y pressent quand vient le soir, surtout le week-end. Si le resto reste célèbre pour son ambiance urbaine électrique et les jupes courtes – et les belles jambes – de ses jeunes serveuses, c'est aussi un endroit où l'on mange bien et même de mieux en mieux. Le chef propose un menu qui revisite les classiques italiens avec une touche de modernité, quelques influences d'ailleurs et des ingrédients souvent luxueux: salade caprese, crevettes en tempura et salsa verde, carpaccio de bœuf à la truffe noire, linguine aux palourdes du Nouveau-Brunswick, filet de veau sauce au foie gras... On peut aussi y déguster une pizza cuite au four à bois. La carte des vins est chic et chère. Très agréable terrasse aux beaux jours.

Centre-ville

ST. CYR (LE)

(Amérique du Nord)

22, rue Sainte-Catherine Est

514 587-6222

★★★ cuisine
★★★★ service
★★★★ décor

🗄 🎋 **EP**   M**55$** S**120$**

réservation / max. de personnes   65

Restaurant chic de l'édifice 2-22, Le St. Cyr doit son nom à Lili St. Cyr, reine du striptease du Red Light dans les années 40. Clin d'œil à l'univers du spectacle: le rideau de billes de cristal qui surplombe la salle à manger, telle une pluie de paillettes. L'effet est magique! Côté fourneaux, c'est plus compliqué... Plusieurs chefs s'étant succédé depuis l'ouverture, on se cherchait un capitaine au moment d'imprimer ce guide. Au fil des arrivées et des départs, se dessine une cuisine de type «bistronomie» se voulant à la fois sophistiquée et accessible. Cela donne un menu à deux vitesses où les hamburgers et les moules côtoient les raviolis à l'effiloché de canard et foie gras et les calmars au chorizo et encre de seiche. À suivre.

Montréal

27

Centre-ville

SUR BLEURY

(Amérique du Nord)

1067, rue de Bleury

514 866-6161

★★ cuisine
★★ service
★★★ décor

 M**35$** S ___

réservation / max. de personnes   18

Ce resto moderne, ouvert uniquement le midi sur semaine, est fréquenté par des professionnels du centre-ville qui s'y attablent pour casser la croûte rapidement. Le menu est court: quelques salades – gravlax, canard confit, chèvre chaud –, des sandwichs – poulet grillé, porc braisé, légumes grillés –, et quelques plats chauds dont un fish & chips à la bière rousse et une poutine-repas. Une mini carte de vins au verre et trois desserts maison complètent le tout. Attention: les portions sont frugales et les ingrédients, pas toujours de la première fraîcheur. La salle à manger au plafond haut est ultrabruyante lorsque bondée, et c'est souvent le cas. Le soir, le resto reste ouvert aux soirées privées, sur réservation.

Centre-ville

TAVERNE SQUARE DOMINION

(Amérique du Nord)

1243, rue Metcalfe

514 564-5056

★★ cuisine
★★★ service
★★★ décor

M**40$** S**60$**

réservation / max. de personnes   8

Son charme vieillot et son ambiance bourdonnante font de cette adresse un endroit très sympathique avec son décor de grande brasserie. On y mange toutes sortes de choses du midi jusqu'à tard le soir. Des plats empruntant des accents *british,* des propositions plus classiques de style bistro: cabillaud, moules, burgers et un énorme os à moelle en entrée. La cuisine est simple, pas de raffinement excessif, mais on sort de cette taverne généralement repu, surtout si l'on a refait le monde entre amis à discuter sur l'une des banquettes.

Bons mots:
«Tout bonheur commence
par un petit déjeuner tranquille.»

– Somerset Maugham

Centre-ville

VASCO DA GAMA

(Amérique du Nord)

1472, rue Peel

514 286-2688

★ ★ ★   cuisine
★ ★ ★   service
★ ★ ★ ★   décor

   M**40**$ S**55**$

réservation / max. de personnes   20

Logé dans un local qui s'étire en longueur et dont les hauts plafonds sont supportés par des arches impressionnantes, ce café porte la signature d'élégance de son propriétaire, le chef Carlos Ferreira. Bien qu'on y propose des mets simples, prêts à servir ou à emporter, on ne lésine pas sur la qualité. Alors que cette cuisine rapide prend une tangente de luxe, les prix demeurent quant à eux fort raisonnables. Sandwichs au canard et aux figues, à l'escalope de porc poêlée, au confit d'agneau et oignons caramélisés, burgers de thon frais, de bison ou de foie gras composent l'essentiel du menu et sont servis avec soupe ou salade. Dès 16 h, on profite d'une sélection de tapas qu'on accompagne d'une bière portugaise ou, pourquoi pas, d'un verre de champagne!

BON BLÉ RIZ

(Chine)

1437, boulevard Saint-Laurent

514 844-1447

★ ★ cuisine
★ ★ ★ service
★ ★ décor

M **30 $** S **50 $**

réservation / max. de personnes   30

Le Bon blé riz persiste et signe depuis plus de 25 ans dans cette portion peu passante du boulevard Saint-Laurent. Sa persévérance aura cependant porté fruit, car le Quartier des spectacles s'étend maintenant jusqu'à lui. Cela en fait donc une option pré-spectacle abordable pour ceux qui veulent commencer leur soirée par un repas au resto sans toutefois y consacrer un gros budget. Pour une poignée de dollars, on peut y déguster des plats simples et un peu américanisés comme du bœuf à l'orange, du poulet au citron, du poisson et sauce aux haricots noirs. Une preuve que le resto s'est adapté à sa ville d'adoption, le menu comprend un plat de poulet croustillant au sirop d'érable et gingembre. Mention spéciale pour le service, toujours souriant et en français.

Centre-ville

CUISINE SZÉCHUAN

(Chine)

2350, rue Guy

514 933-5041

★ ★ ★ cuisine
★ ★ service
★ ★ décor

M **20 $** S **40 $**

réservation / max. de personnes   25

Lieu de rencontre pour les étudiants, les jeunes et la communauté asiatique, Cuisine Széchuan propose une cuisine sichuanaise authentique aux portions généreuses et aux prix abordables. Les pattes de poulet, tripes et langue de porc effraieront sans doute les non-initiés, mais le menu offre aussi des plats plus accessibles et bien exécutés tels que la soupe won-ton, le poulet général Tao, le chow mein et le riz frit, une spécialité maison. Mention spéciale aux assiettes de légumes, dont le ragoût d'aubergine à l'ail, très savoureux. Le local, simplement décoré, affiche un mur de pierre qui insuffle un peu de personnalité à l'ensemble, et le service, surtout anglophone, est affairé et efficace. Pas de vin, mais des bières chinoises pour calmer le piquant!

Centre-ville

ORCHIDÉE DE CHINE (L')

(Chine)

2017, rue Peel

514 287-1878

★ ★ ★ ★ cuisine
★ ★ ★ service
★ ★ ★ décor

EP M **40 $** S **70 $**

réservation / max. de personnes   80

Ici, le temps semble s'écouler plus lentement que dans les établissements qui poussent aux alentours: sur les trois niveaux du restaurant, les serveurs de métier évoluent dans un décor qui, depuis 1986, présente banquettes moelleuses, moquette et impeccables nappes blanches. Quant aux plats aux accents pour l'essentiel sichuanais, ils sont toujours d'une même irréprochable qualité: canard croustillant, crevettes sautées ou encore bœuf à l'orange font la renommée de l'endroit. Oui, les présentations sont sommaires et certaines compositions manquent de finesse si l'on compare avec l'offre des petits nouveaux qui réinventent les classiques orientaux, mais rien pour remettre en question le plaisir que l'on a à fréquenter cette véritable institution.

Centre-ville

QING HUA DUMPLING

(Chine)

1676, avenue Lincoln

438 288-5366

★★ cuisine
★★ service
★★ décor

🏮 M **25 $** S **40 $**

réservation / max. de personnes 15

L'endroit ne paie pas de mine, le service s'effectue dans un français boiteux et dans un anglais qui n'est guère mieux, et pour l'ambiance, on repassera. Pourtant, les amateurs de dumplings bien juteux (attention aux éclaboussures!) savent qu'il s'agit d'une destination de choix où ils se régaleront à peu de frais. Bouillis, cuits à la vapeur ou frits et servis dans les traditionnels paniers, les dumplings se déclinent en des dizaines de versions dont à l'agneau et à l'anis ou à la coriandre, au porc et palourdes ou aux crevettes et champignons. Les saveurs se révèlent toutefois un peu trop subtiles et auraient avantage à mieux s'affirmer. Quelques salades, entrées et desserts (pas toujours offerts) complètent le menu.

Centre-ville

RESTAURANT KANBAI

(Chine)

1813, rue Sainte-Catherine Ouest

514 933-6699

★★★ cuisine
★★★ service
★★★ décor

M **50 $** S **50 $**

réservation / max. de personnes 30

Ce restaurant sichuanais, fréquenté par de jeunes Chinois aux t-shirts griffés et aux mèches de couleur, a tout pour plaire et dépayser. Le plat-vedette des lieux, une soupe de poisson recouverte de piments oiseaux, se partage à deux. Attention, c'est chaud! Dans les deux sens du terme: en température, mais surtout en degré de capsaïcine. Les plus hardis s'en donneront à cœur joie avec des mets peu communs comme la salade de panse de bœuf râpée et concombre, très fraîche, ou encore le gros intestin de porc, plus goûteux. Les plats de viande émincée (canard, agneau, bœuf, poulet, crevettes) servie dans une cocotte de fonte ou encore grésillante sur une plaque chaude sont aussi d'excellents choix. Service aimable et souriant.

Montréal

Bons mots:
«Un bon film, c'est celui qui vaut le prix du ticket, du restaurant et de la baby-sitter.»

— Orson Welles

31

Centre-ville

F BAR

(Espagne + Portugal)

1485, rue Jeanne-Mance

514 289-4558

★ ★ ★ ★   cuisine
★★★★   service
★★★★   décor

 M**70$** S**90$**

réservation / max. de personnes   40

Presque à toute heure, que ce soit pour boire un verre accompagné d'un petit plat, le midi pour épater ses collègues ou en soirée avant ou après un spectacle, on aime déguster cette cuisine élégante et tout en fraîcheur. Les produits de la mer de grande qualité dominent la carte de cette savoureuse table portugaise, mais les plus carnivores trouveront également de quoi se contenter. L'huile d'olive, elle aussi de grande qualité, est un ingrédient phare. La carte des vins présente de belles découvertes de crus portugais, on se laisse guider si on a des hésitations. Ambiance lumineuse dans un lieu particulier devenu un incontournable en plein cœur du Quartier des spectacles.

Centre-ville

FERREIRA CAFÉ

(Espagne + Portugal)

1446, rue Peel

514 848-0988

★ ★ ★ ★ cuisine
★ ★ ★ ★ service
★ ★ ★ ★ décor

  M **60 $** S **120 $**

réservation / max. de personnes   25

Dans sa catégorie, Ferreira Café fait bande à part. Sa cuisine raffinée, parfumée et intense, sa carte des vins catégorie Formule 1, sa clientèle distinguée et souvent jet-set, tout fait de ce resto portugais spécialisé, comme il se doit, dans les poissons et fruits de mer un must à Montréal. Il faut voir la brigade culinaire à l'œuvre, au fond de la salle, pour comprendre l'amour du chef Marino Tavares et du proprio Carlos Ferreira pour la gastronomie de leur pays. Chaque plat est travaillé sans être dénaturé, relevé sans être étouffé, et avec une telle maîtrise qu'on a parfois l'impression de redécouvrir un aliment qu'on avait pourtant goûté mille fois ailleurs. Morue, thon, palourdes, calmars, viandes et volailles, tout est frais et impeccable, et surtout offert année après année avec une remarquable constance sur le plan de la qualité.

Centre-ville

CAFÉ ROCOCO

(Europe de l'Est)

1650, avenue Lincoln

514 938-2121

★★ cuisine
★★ service
★★ décor

M **20$** S **50$**

réservation / max. de personnes 25

Il faut explorer l'avenue Lincoln pour découvrir, un peu en retrait de la rue Guy, le Café Rococo. La déco, avec ses rideaux en dentelle et sa tapisserie rose, donne un air quelque peu usé et suranné à l'endroit calme et douillet. On y est accueilli très chaleureusement par le couple de propriétaires, des Hongrois qui ont ouvert le resto il y a 16 ans déjà. On y déguste une cuisine hongroise réconfortante et embaumante, faite maison. Sur le menu, la classique goulasch, des cigares au chou, des soupes de pommes de terre. Les marinades (betterave, concombre), servies en à-côté, complètent bien les plats rustiques de viandes en sauce. Au dessert, les douceurs maison, comme la purée de marrons, sont à essayer.

Centre-ville

AUTRE SAISON (L')

(France)

2137, rue Crescent

514 845-0058

★★★ cuisine
★★★★ service
★★★ décor

EP M **70$** S **150$**

réservation / max. de personnes 70

L'Autre Saison, c'est la quintessence d'une certaine cuisine française, opulente et bourgeoise, tout en sauce (béarnaise, bordelaise, au poivre), en crème et en huile odorante, avec une nette préférence pour les grands classiques (salade César, soupe à l'oignon gratinée, carré d'agneau à la provençale, poulet à l'estragon, saumon bonne femme, tarte Tatin). Les préparations sont bien réalisées, mais très conventionnelles. Le décor en lui-même est une ode à la France d'une autre époque, celle des dorures, des colonnades et des hauts plafonds tout en fioritures. Le service plaira également aux nostalgiques de la restauration des années 70, avec ses serveurs discrets, polis et efficaces, parfois un brin condescendants, mais tout à fait dans le ton de la maison. En résumé: une bonne table, sans surprise mais sans déception non plus.

Centre-ville

BEAVER CLUB (HÔTEL FAIRMONT – LE REINE ELIZABETH)

(France)

900, boulevard René-Lévesque Ouest

514 861-3511

★★★★ cuisine
★★★★ service
★★★★ décor

M _ S **150$**

réservation / max. de personnes 10

Le mythe du Beaver Club, ce grand restaurant plus que centenaire, chic et de bon goût, fréquenté par une clientèle cossue qui apprécie la cuisine de première classe, tient toujours le coup. On a bien sûr rajeuni les lieux – quoiqu'il reste de nombreuses traces du passé glorieux de ce très vieil hôtel – et rafraîchi la cuisine, mais sans perdre l'identité de la maison. Le chef Martin Paquet connaît son métier, a fréquenté les bonnes écoles, et sa cuisine française est impeccable, bien présentée, savoureuse et souvent surprenante. Le menu «Découverte» (huit services) est particulièrement invitant pour ceux qui veulent vérifier l'étendue de son talent et, avouons-le, se payer franchement la traite! Côté ambiance, on est au Reine Elizabeth et la clientèle est pour le moins disparate et fort sage. Préparez-vous quand même à une addition à la hauteur de la réputation de cette adresse unique en son genre.

Centre-ville

ALEXANDRE

(France)

1454, rue Peel

514 288-5105

★★★ cuisine
★★★ service
★★★ décor

M50$** **S100$

réservation / max. de personnes 100

Pénétrer chez Alexandre, c'est pénétrer au cœur de la faune urbaine montréalaise. Brasserie aux accents parisiens et aux serveuses que l'on remarque, l'institution, en activité depuis plus de 30 ans, plaît toujours. La cuisine y est sympathique, parfaite pour satisfaire un petit en-cas sur le coup de midi ou de minuit, le restaurant étant ouvert jusqu'au petit matin. Bavette à l'échalote, tartare, cassoulet, moules marinières et autres classiques jalonnent un menu varié et dont la carte des vins – surtout celle des champagnes – est plus qu'intéressante. S'attabler chez Alexandre, c'est surtout choisir de vivre l'effervescence à la montréalaise.

Centre-ville

ANDIAMO

(France)

1083, côte du Beaver Hall

514 861-2634

★ ★ ★ ★   cuisine
★ ★ ★ ★   service
★ ★ ★ ★   décor

 M**50 $** S**80 $**

réservation / max. de personnes   70

La cuisine aux doux accents de la Méditerranée avec la signature de Jérôme Ferrer et de son équipe, voilà un joli préambule. On y sert des poissons et fruits de mer, bien sûr tous rigoureusement sélectionnés et apprêtés de riche façon ou, au contraire, dans leur plus simple appareil, l'huile d'olive, les herbes et le citron pouvant amplement suffire à mettre en valeur de si beaux produits. La formule bar à poissons à volonté ravira en ce sens les amateurs de simplicité et de bon goût. Dans tous les cas, et même pour ceux qui opteront pour un plat de viande, la cuisine est toujours raffinée, la présentation, soignée et les accompagnements, judicieux.

Centre-ville

BEAVER HALL

(France)

1073, côte du Beaver Hall

514 866-1331

★★★★ cuisine
★★★ service
★★★★ décor

 M**60$** S**80$**

réservation / max. de personnes   30

Le Beaver Hall est un restaurant au décor chic mais convivial, un peu à l'image de ces brasseries parisiennes où il fait bon vivre. Boiseries, banquettes capitonnées et nappes blanches confèrent un esprit d'élégance et de bon goût à ce bistro du groupe Europea. La cuisine, jamais prétentieuse, instille intelligemment, et avec brio, de la modernité aux classiques. Très réussis et exempts de fioritures excessives, les plats comme le tartare de bœuf ou les pétoncles poêlés font mouche, de jour comme de soir. Le choix de vins y est très diversifié. Enfin, comme en fait foi la horde de clients bavards et joyeux qu'on y trouve à l'heure du midi, le charme du Beaver Hall continue à opérer, à n'en point douter!

Centre-ville

BIRKS CAFÉ

(France)

1240, square Phillips

514 397-2468

CRÉATIFS
DE L'ÉRABLE).ca

★★★★ cuisine
★★★ service
★★★★ décor

M70$ S70$

réservation / max. de personnes   10

Logée à la mezzanine surplombant la fameuse bijouterie Birks du centre-ville, cette belle adresse est gérée par le chef Jérôme Ferrer et son équipe du restaurant Europea. À la fois restaurant, salon de thé et comptoir gourmand, on peut venir y grignoter à toute heure du jour. Si le menu du midi proposant des soupes raffinées, des salades, des plats délicats de fruits de mer et viandes mêlant saveurs asiatiques et méditerranéennes a été conçu sous la supervision de la nutritionniste Isabelle Huot, c'est pour mieux nous permettre de succomber au péché de gourmandise avec les desserts. Car ce sont eux, les véritables vedettes du lieu: coupes de crème glacée maison, verrines, mignardises, brioches, macarons et chocolats de Christophe Morel sont de véritables petits bijoux pour becs sucrés. À ne pas manquer: l'*afternoon tea* servi sur un plateau d'argent et les brunchs du week-end.

Centre-ville

CHEZ GAUTIER

(France)

3487, avenue du Parc

514 845-2992

★★ cuisine
★★ service
★★★ décor

 M **40 $** S **80 $**

réservation / max. de personnes   25

Chez Gautier est une institution montréalaise où les fidèles ont leurs habitudes depuis belle lurette. Outre la charmante terrasse estivale, le décor de la salle à manger est à n'en point douter celui d'une brasserie parisienne. Le restaurant propose des mets typiquement français comme l'andouillette, le tartare, la bavette à l'échalote ou la cervelle de veau, mais aussi un bon carré d'agneau provençal et de jolies douceurs de La Pâtisserie belge, son voisin immédiat. La cuisine gagnerait à être un tantinet plus précise et le service, un peu plus attentionné, mais pour manger français sans se casser la tête dans une ambiance des plus européennes, on est au bon endroit.

Centre-ville

CHEZ LA MÈRE MICHEL

(France)

1209, rue Guy

514 934-0473

★★★ cuisine
★★★ service
★★★ décor

 M ___ S **110 $**

réservation / max. de personnes   30

En poussant la porte de cette vénérable institution fondée en 1965, on entre dans un décor d'autrefois, une bulle spatiotemporelle en forme d'antique auberge bourgeoise de province à la française. Un décor vieillot mais pas défraîchi avec ses tentures chamarrées ornant les murs – et même le plafond – et ses chaises et banquettes confortables tendues de velours ou de tapisserie. Le menu regorge de spécialités qu'il est désormais rare de trouver dans les restaurants: coq au vin, escargots au pastis, sole de Douvres, rognons de veau flambés à l'armagnac, soufflé au Grand Marnier... des propositions délibérément passéistes néanmoins rafraîchies par quelques touches plus modernes comme des accompagnements de mini-bok choy et de quinoa. Au dessert, le pâtissier, sans rien réinventer, donne un coup de jeune aux classiques français, dont le Napoléon aux fraises, spécialité de la maison.

Centre-ville

ENTRECÔTE SAINT-JEAN (L')

(France)

2022, rue Peel

514 281-6492

★★ cuisine
★★★ service
★★★ décor

M **50 $** S **50 $**

réservation / max. de personnes   12

L'Entrecôte Saint-Jean est atemporelle. Depuis son ouverture, il y a déjà plusieurs décennies, on y sert un seul plat, la fameuse entrecôte, spécialité des lieux. Saignante ou cuite selon la préférence du client, l'entrecôte, bonne sans être raffinée, y est accompagnée de frites allumettes croquantes et d'une riche sauce maison dont la recette est gardée secrète. Si l'envie nous prend, on accompagnera à notre guise le steak frites d'une salade verte ou d'un potage, et on finira avec des profiteroles maison. Rien de spectaculaire, mais tout se joue dans le confort d'un plat et d'un service attentif d'expérience qui ne changent pas, et dans un décor à la parisienne qui... ne change pas, lui non plus.

Montréal

trouver un bon resto:

guiderestos.com

trouver des adresses
pour faire son marché:

guidegourmand.ca

trouver des recettes de chefs:

recettesdechefs.ca

profiter d'offres alléchantes:

boutique.voir.ca

Centre-ville

EUROPEA

(France)

1227, rue de la Montagne

514 398-9229

★ ★ ★ ★ ★ cuisine
★ ★ ★ ★ ★ service
★ ★ ★ ★ décor

 EP M**60 $** S**140 $**

réservation / max. de personnes 35

L'art de recevoir avec générosité se traduit ici d'une façon spectaculaire rarement rencontrée: entre les différents services, on multiplie les surprises et les petites attentions gourmandes, et le personnel, complètement dévoué, joue de créativité en déployant des mises en scène inventives. Cette vaste entreprise de séduction aurait pu être quelque peu racoleuse si la qualité gastronomique n'avait pas été au rendez-vous. Mais le chef Jérôme Ferrer épate par la précision avec laquelle il prépare cette cuisine d'inspiration française qui flirte avec les tendances du moment ainsi qu'avec les produits d'ici. Pour l'expérience totale: il est possible de réserver une table donnant directement sur la cuisine et sur la bonne dizaine de personnes qui s'y activent. Du très grand art! Il faut y aller absolument.

Centre-ville

GRENADINE

(France)

2004, avenue de l'Hôtel-de-Ville

514 287-0099

★★★★ cuisine
★★★ service
★★★ décor

M _ S**90 $**

réservation / max. de personnes 8

Dans ce petit resto du centre-ville, l'espace est confiné, mais bien aménagé. Chaque soir, le menu fonctionne en table d'hôte. La viande, dont une étonnante bavette de cheval servie saignante, y tient une place de choix. Une option poisson du jour et un plat végétarien élaboré sont aussi proposés. Dans l'assiette, tout s'articule merveilleusement bien et les chefs ne lésinent pas sur les détails: la viande et le poisson sont embellis par des accompagnements aux saveurs recherchées comme cette ratatouille aux épices rappelant le Maghreb ou cette mostarda de poires. Le service est avenant et effectué à une cadence qui laisse le temps de savourer les différents plats tous plus réjouissants les uns que les autres. La dégustation de desserts-surprises clôt en fanfare le repas avec des classiques revisités avec beaucoup de fraîcheur.

Centre-ville

MAISON BOULUD

(France)

1228, rue Sherbrooke Ouest

514 842-4212

★★★★ cuisine
★★★★★ service
★★★★ décor

EP M**50 $** S**130 $**

réservation / max. de personnes 10

Daniel Boulud? Une pointure. À son actif, plus d'une dizaine de restaurants, dont un triple étoilé Michelin, à New York. La salle de son restaurant du Ritz-Carlton, aux boiseries riches et aux notes cuivrées, respire le luxe. La verrière, lumineuse, s'ouvre sur un jardin luxuriant où coule une cascade et batifolent quelques canards. En cuisine, Riccardo Bertolino a concocté un menu axé sur le produit frais, à l'accent plutôt méditerranéen. Les présentations sont superbes, les cuissons, précises et les saveurs, inoubliables. La carte des vins est évidemment à l'avenant, riche d'excellents crus. Le cadre magnifique, le service professionnel, les plats parfaitement réalisés: tout concourt à un repas exemplaire, presque sans fausse note.

Centre-ville

MAS DES OLIVIERS (LE)

(France)

1216, rue Bishop

514 861-6733

★★ cuisine
★★★ service
★★★ décor

M**60 $** S**80 $**

réservation / max. de personnes 20

Dans ce décor à la fois chic et rustique, on se croirait transporté à une autre époque. Et pour cause: avec ses 45 ans, ce restaurant est l'un des plus vieux à Montréal. Le vaste espace scindé en plusieurs parties permet d'accueillir des groupes d'envergure tout en assurant l'intimité aux plus petits comités. Au menu, des classiques de la cuisine française (lapin, ris de veau, carré d'agneau, sole meunière) dont le rendu s'avère plutôt convenu. Bien que les viandes présentent une parfaite tendreté, leurs assaisonnements, ainsi que les ac-compagnements, manquent de personnalité et de raffinement. La crème caramel, les profiteroles ou la mousse au chocolat n'épatent pas davantage. Réputée pour sa grande sélection de vins, la maison en propose différentes gammes convenant à tous les budgets.

Centre-ville

JULIEN

(France)

1191, avenue Union

514 871-1581

★★★ cuisine
★★★★ service
★★★ décor

 M**60$** S**90$**

réservation / max. de personnes   20

Depuis 1982, le restaurant Julien survit à toutes les crises. Sous ses airs de chic brasserie parisienne, il perpétue la tradition d'une cuisine française traditionnelle et de qualité. Ici, pas de tape-à-l'œil, mais beaucoup de charme et d'attentions. La carte classique plaît aux clients fidèles autant qu'aux visiteurs de passage. Soupe à l'oignon, persillade de jambon, escargots de Bourgogne, foie gras au torchon, tartare de bœuf, confit de canard... sont exécutés avec soin. La carte des vins est à l'avenant, simple et efficace. Quand il fait beau, traversez la salle principale pour rejoindre la jolie terrasse abritée dans une cour intérieure fleurie. On s'y sent en vacances. Enfin, le service souriant et sympathique assuré par des pros rend cette table tout à fait accueillante.

Centre-ville

RENOIR, HÔTEL SOFITEL

(France)

1155, rue Sherbrooke Ouest

514 285-9000

CRÉATIFS
DE L'ÉRABLE.ca

★ ★ ★	cuisine
★ ★ ★	service
★ ★ ★ ★	décor

 M**60 $** S**110 $**

réservation / max. de personnes   10

Le Renoir, installé dans l'hôtel Sofitel – une chaîne française –, se démarque par son décor grandiose aux fenêtres démesurées. Tons sobres, lumière tamisée, bouquets de fleurs colorés: l'ambiance est soignée. La carte met en valeur les produits locaux. Le chef fait ses emplettes au Marché Jean-Talon chaque semaine, à la recherche de produits frais pour son menu «retour du marché». Viandes et poissons sont soigneusement sélectionnés: bœuf, caille, foie gras, crabe... La réalisation plaira aux amateurs de cuisine française classique. Le chariot de desserts propose des pâtisseries de qualité, plutôt classiques elles aussi. Le service est professionnel et la carte des vins, très bien garnie, bien que le choix au verre soit limité.

Centre-ville

PARIS (LE)

(France)

1812, rue Sainte-Catherine Ouest

514 937-4898

★ ★ ★ cuisine
★ ★ ★ ★ service
★ ★ décor

 M **35 $** S **50 $**

réservation / max. de personnes 60

Patriarche d'une rue Sainte-Catherine en constante métamorphose, Le Paris perdure et continue d'attirer les clients depuis son ouverture en 1956. On s'y isole, entre quelques restaurants coréens du quartier Concordia, dans un monde qui s'apparente à celui d'un bistro parisien mythique, figé dans le temps, à l'image des affiches vieillottes accrochées aux murs. Installé sur une banquette en cuir, on se laisse servir – rapidement et courtoisement – sur une nappe rouge des plats de la vieille France classique: rognons, tartares, magret de canard et tarte Tatin, apprêtés avec une belle maîtrise. Une bulle sécurisante.

Montréal

Centre-ville

DÉVI

(Inde)

1450, rue Crescent

514 286-0303

★ ★ ★ cuisine
★ ★ ★ service
★ ★ ★ décor

🌴 **EP** M **35 $** S **70 $**

réservation / max. de personnes 100

Le Dévi est certainement une bonne adresse pour les amateurs de cuisine indienne. Du pain naan, délicieux et tendre, aux entrées diverses qui mettent en valeur arômes et épices de ce coin du monde (coup de cœur pour le chou-fleur Manchurian), en passant par les savoureuses assiettes de viandes, dont l'incontournable poulet au beurre, de poissons et mets végétariens. La cuisine de ce resto du centre-ville tire très bien son épingle du jeu, sans faux pas. Conviviale, la formule permet de partager les plats, qu'on commande avec du riz. Le décor, avec ses lampes de verre colorées suspendues au plafond, ses boiseries et gravures, est joli et chaleureux. Côté service, on vous sert avec courtoisie et efficacité. Midis à petit prix et spéciaux tout au long de la semaine.

Centre-ville

MAISON DE CARI (LA)

(Inde)

1236, rue Mackay

514 845-0326

★ ★ ★ cuisine
★ ★ ★ service
★ ★ ★ décor

M **25 $** S **50 $**

réservation / max. de personnes 40

Désormais nichée dans un appartement rempli de cachet reconverti en restaurant, La Maison de cari semble connaître un second souffle, qu'on pense au joli décor où cohabitent fleurs et toiles indiennes, au service attentionné et à la nourriture, savoureuse. On est impressionné par la qualité des sauces, les épices pimpantes en bouche... nul doute, on maîtrise ici l'art du cari, que ce soit de poulet, de bœuf, d'agneau, de crevettes, de pétoncles ou de poisson. Autrement, le menu fait place aux traditionnelles spécialités indiennes: oignon bhaji, poulet korma, au beurre ou tandouri, choix de riz biryani ou palao et plats végétariens. Avec son très bon rapport qualité-prix, l'endroit est une excellente destination pour tout amateur de bouffe indienne!

Centre-ville

TAJ (LE)
(Inde)
2077, rue Stanley
514 845-9015

★★★★ cuisine
★★★★ service
★★★★ décor

M30$ S85$

réservation / max. de personnes   30

Il était une fois un empereur au cœur éperdu qui érigea un somptueux palace en mémoire de son épouse... Cette histoire, c'est celle du Taj Mahal. Le Taj, restaurant où l'on savoure une cuisine indienne raffinée, pourrait très bien, lui aussi, servir de décor à une histoire d'amour étant donné son ambiance tamisée. Bien que traditionnels, les plats qu'on y sert sont impeccablement assaisonnés, tous confectionnés avec des ingrédients de qualité et servis avec une élégance qui en jette. Parmi les spécialités, les côtelettes d'agneau marinées cuites dans le tandour et présentées sur une plaque grésillante sont succulentes. Petit détail qui contribue au spectacle: une fenêtre au fond de la salle donnant sur les cuisines impeccables où des cuisiniers façonnent les papadums servis en guide d'amuse-bouche.

Centre-ville

RISTORANTE DA VINCI
(Italie)
1180, rue Bishop
514 874-2001

★★★★ cuisine
★★★★ service
★★★★ décor

EP M**60 $** S**120 $**

réservation / max. de personnes   20

Né au milieu des années 1960, le Ristorante Da Vinci se distingue parmi les nombreux restaurants italiens du centre-ville. Il est, entre autres, fréquenté par les joueurs de hockey et les stars de Hollywood en visite dans la métropole (mur des célébrités à l'appui!). Et pour cause: l'ambiance chic classique ou lounge, le service affable ainsi que la fraîcheur et la simplicité étudiée de chaque plat convergent en une expérience gastronomique très concluante. En plus des entrées délicatement savoureuses, comme cette exceptionnelle mozzarella burrata, la carte offre un heureux mélange de pâtes et risottos, poissons et fruits de mer, ainsi que quelques classiques comme ce filet mignon fondant. Et les desserts concourent à achever ce tour de la botte le sourire aux lèvres.

Centre-ville

ARLEQUINO

(Italie)

1218, rue Drummond

514 868-1666

★★ cuisine
★★ service
★★★ décor

 M **40 $** S **40 $**

réservation / max. de personnes   12

Il y a de ces restos du centre-ville où il fait bon se retrouver entre amis après le boulot, une séance de magasinage ou une partie de hockey. L'Arlequino, avec sa petite salle à manger bien aménagée et joliment décorée, est de ceux-là. On y déguste des calmars frits, salade César, chèvre chaud et autres bouchées italiennes en entrée avant de s'attaquer à une pizza cuite au four à bois. Si les produits sont choisis judicieusement (champignons sauvages, homard frais en saison, fromages et charcuteries produits au Québec), les combinaisons présentées sur une très bonne croûte ne sont pas toujours habiles, voire parfois un peu simples. Mais le plaisir coule comme le bon vin provenant du joli cellier vitré et avant même de s'en rendre compte, on termine le repas par un bon dessert maison.

Centre-ville

CAVALLI

(Italie)

2040, rue Peel

514 843-5100

★★★★ cuisine
★★★★ service
★★★★★ décor

🗄️🔺 **EP** M **60 $** S **140 $**

réservation / max. de personnes   30

Au Cavalli, l'atmosphère chic du resto-lounge déborde parfois sur la rue Peel où s'exhibent les voitures de luxe de la clientèle. Dans un décor rose et urbain, de jolies serveuses (des mannequins!) vous accueillent avec une déférence décontractée. Pendant que les cravates se desserrent, vous faites votre choix parmi les plats de pâtes, de viande ou de poisson. L'entrée de veau mariné est très concluante, mais le goût délicat des linguine aux moules s'efface un peu derrière l'amertume du rapini. Par contre, le filet mignon est mémorable: la croûte de noix de pin de la viande et le risotto aux champignons en accompagnement s'amalgament parfaitement. Les desserts sont bien réussis et la carte des vins comporte un impressionnant choix en provenance d'Italie. Le restaurant vaut aussi le détour pour ses 5 à 7 et ses soirées huppées.

Centre-ville

CHEZ ENNIO

(Italie)

1978, boulevard De Maisonneuve Ouest

514 933-8168

★★ cuisine
★★ service
★★ décor

🍴 M _ S **65 $**

réservation / max. de personnes   40

Voilà plus de trente ans que le chef et propriétaire de ce petit restaurant situé dans un demi-sous-sol roule sa bosse. Certains soirs en semaine, en plus de la préparation des plats, il assure aussi le service, multipliant les allers-retours de la salle à manger à la cuisine. Le client, lui, installé dans ce décor qui ne semble pas non plus avoir changé depuis trois décennies, a davantage le sentiment d'être dans le salon d'une résidence privée que dans un restaurant. Dans cette perspective, la simplicité de la cuisine apparaît de circonstance. Le menu présente une grande variété de mets où priment surtout les pâtes et le veau. Peu de choix pour les adeptes de desserts; la carte sucrée se compose presque exclusivement d'une déclinaison sur le thème de la crème glacée (poire belle Hélène, banana split, sorbet, etc.).

Montréal

Centre-ville

CORTILE (IL)
(Italie)

1442, rue Sherbrooke Ouest

514 843-8230

★★★★ cuisine
★★★ service
★★★ décor

M **50 $** S **130 $**

réservation / max. de personnes 50

En été, cela vaut la peine de passer outre un corridor obscur pour se retrouver au beau milieu de l'immense cour intérieure de ce restaurant. On s'y installe à une table nappée de blanc pendant que les haut-parleurs diffusent doucement du Tony Bennett. La cuisine, à défaut de surprendre, fait preuve de classicisme et de rigueur comme en témoignent cette mozzarella di bufala simplement accompagnée de vinaigre balsamique, ce risotto aux langoustines goûteuses et dodues, ces pâtes fraîches et ces desserts aux noms connus, dont un formidable tiramisu. Une vision un brin passéiste de la gastronomie italienne, mais qui plaît toujours!

Centre-ville

LATINI (LE)
(Italie)

1130, rue Jeanne-Mance

514 861-3166

★★★★ cuisine
★★★★ service
★★★★ décor

M **60 $** S **120 $**

réservation / max. de personnes 20

Le Latini garde cette réputation d'excellence en cuisine italienne. Son décor très soigné et son service hautement professionnel séduisent une clientèle d'affaires attirée par la fraîcheur et la grande qualité des produits. Morue, pieuvre et scampis croisent côtelette de veau et carré d'agneau grillés à la perfection. La cave à vins, composée de 35 000 bouteilles, regorge de grands crus d'exception. Pas étonnant que l'addition soit à la hauteur de ces prétentions. Par contre, les pâtes maison, impeccables, restent des classiques plus abordables. La table d'hôte du midi, très fréquentée pour sa terrasse, n'est pas aussi séduisante que la carte du soir.

Centre-ville

RIDI
(Italie)

1800, rue Sherbrooke Ouest

514 904-1900

★★★ cuisine
★★★ service
★★★★ décor

M **40 $** S **100 $**

réservation / max. de personnes 70

Ridi, «rire» en italien, est installé dans une salle impressionnante, aux couleurs éclatantes: fauteuils rouges, nappes blanches, soutenus par des lignes noires ou parfois vertes dans une ambiance rosée des plus tamisées. Ça peut paraître kitsch, mais ça marche. C'est surtout très chic, appuyé par un service diablement attentionné. Le chef Peppino Perri a marqué la gastronomie montréalaise dans plusieurs grands établissements, mais aussi en enseignant la cuisine italienne. Le menu propose des plats parfaitement méditerranéens, appétissants. La carte des vins, étendue, souhaite plaire à tout le monde. Tout cela pour répondre à la devise du resto: «*Viviamo, amiamo, mangiamo, beviamo, ridiamo.*» On vit, on aime, on mange, on boit, on rit!

Centre-ville

WIENSTEIN & GAVINO'S
(Italie)
1434, rue Crescent
514 288-2231

★★ cuisine
★★★★ service
★★★ décor

  M**50$** S**60$**

réservation / max. de personnes   0

On peut très bien s'arrêter au bar, siroter un cocktail ou prendre un verre de vin (il y a beaucoup de choix) tout en mangeant une bouchée et profiter d'un 5 à 7 festif. Cette adresse est bien plus qu'un restaurant, c'est un complexe bien connu pour son invitation à festoyer et se sustenter jusqu'à tard le soir. Mais on peut aussi s'attabler et choisir sur la longue carte une pizza, des pâtes, un risotto, des moules, une salade-repas, un plat de viande ou de poisson. Les assiettes sont très généreuses et satisfaisantes. Côté desserts, le tiramisu, le délice aux pommes ou le gâteau au fromage sont des classiques de la maison. Chaque convive est certain de trouver quelque chose qui lui plaira et on prendra grand soin de lui faire passer un bon moment. Ici, le mot d'ordre est le plaisir.

Centre-ville

ZIA

(Italie)

1191, place Phillips

514 878-9292

★★★ cuisine
★★★ service
★★ décor

M**45$** S**75$**

réservation / max. de personnes 50

Voici un secret bien gardé à découvrir. Situé au rez-de-chaussée de l'hôtel Square Phillips, le restaurant italien Zia peut passer inaperçu, malgré sa façade vitrée. Le midi, une clientèle d'affaires et des travailleurs du coin y ont leurs habitudes et on les comprend! Le soir, c'est plus calme et cette adresse s'avère une excellente option avant ou après une sortie au centre-ville. Le service, gentil et attentionné, donne le ton à ce restaurant qui réserve de belles surprises dans l'assiette. La patronne saura vous conseiller et vous décrire sa passion pour les produits bien choisis et mitonnés avec amour, des ingrédients de première qualité, donc, qui servent à l'élaboration des soupes maison, linguine aux fruits de mer, osso buco, côtelettes de porc grillées, etc. Simple, bien fait et réconfortant.

Centre-ville

FU.SHI

(Japon)

1112, rue Sherbrooke Ouest

514 687-4222

★★★ cuisine
★★★★ service
★★★★ décor

 M**50$** S**100$**

réservation / max. de personnes 40

Sous la houlette de Claude et Jonathan Fredj, l'ancien Garçon! est devenu un restaurant fusion franco-japonais. Fu.shi, qui signifie père-fils en japonais, regroupe sous un même toit sushis, plats d'izakaya et boîtes bento. Le menu affiche également une dizaine de plats signature, créations de Jonathan, dont une délicieuse morue noire caramélisée à la sauce au miso et servie avec un morceau de foie gras, et une généreuse pièce de bœuf Angus déposée sur une sauce au fromage bleu et des chips de lotus. Au rayon des sushis, qui sont réalisés derrière un spectaculaire comptoir, on remarque une série de créations maison. Belle carte de sakés, chauds et froids, ainsi que de feuilles de thé japonais.

Centre-ville

IMADAKE

(Japon)

4006, rue Sainte-Catherine Ouest

514 931-8833

★★★ cuisine
★★ service
★★ décor

EP M**35$** S**70$**

réservation / max. de personnes 30

L'année 2011 a vu poindre plusieurs izakayas, ces bistros où l'on va pour boire de la bière et du saké tout en partageant des plats de petites dimensions authentiquement japonais. Dans l'izakaya Imadake, les clients sont accueillis par un vibrant «Irasshaimasé!» («Bienvenue!»), lancé par des serveuses en jupette d'écolière et des serveurs en t-shirt et bermuda. Tous les plats sont une invitation au dépaysement: salade de daïkon et bonite, salade d'algues, langue de bœuf, edo, poulet épicé, crevettes mayo, etc. Ou encore le dashi chazuke, un mets réconfortant et idéal pour les lendemains de veille. Certaines propositions sont fabuleuses, comme les boulettes de pieuvre et les frites de bardane. Ambiance et ingrédients de qualité garantis.

Centre-ville

ISAKAYA

(Japon)

3469, avenue du Parc

514 845-8226

★★★ cuisine
★★★ service
★★ décor

M**30**$ S**70**$

réservation / max. de personnes 15

Au Japon, un izakaya (avec un «i» minuscule) est l'équivalent d'un bistro français ou d'un pub anglais. À Montréal, l'Isakaya (avec un «I» majuscule) est un petit resto sans façon où sont servies une panoplie de spécialités nippones. Des sushis, bien entendu, mais aussi des ramens et des nouilles udon, ainsi que des boîtes bento. Mais il est surtout intéressant pour sa carte de délicieuses tapas, à déguster entre amis. Nous avons particulièrement aimé les croquettes de crabe, les tempuras de bardane, les nouilles de sarrasin aux crevettes, les calmars grillés (ikayakis) et les boulettes de porc et légumes (gyozas). En dessert, il faut essayer les fraises enrobées de purée de haricots noirs et d'une pâte de riz gluant. Du bonbon!

Montréal

Centre-ville

JARDIN SAKURA (LE)

(Japon)

3450, rue Drummond

514 288-9122

★★★ cuisine
★★★ service
★★★ décor

 M**50**$ S**100**$

réservation / max. de personnes 60

Dès qu'on entre au Jardin Sakura, on est vite charmé par l'ambiance feutrée et zen ainsi que par les serveuses en kimono, discrètes mais à l'affût de nos moindres besoins. Dans la grande salle où trônent shojis et lanternes japonaises, on s'assoit à une table, au comptoir à sushis ou encore on enlève ses souliers pour prendre place sur le tatami. Tout en dégustant les edamames apportés avec le saké, on parcourt le menu, assez touffu, proposant des spécialités japonaises: tatakis, tofu frit, sushis et sashimis, impeccables, soupes aux nouilles fumantes et odorantes, viandes, crustacés et poissons sautés, bouillis, panés, en salade ou teriyaki. De quoi passer un agréable moment, en terminant avec une rafraîchissante glace au thé vert.

Centre-ville

KAZU

(Japon)

1862, rue Sainte-Catherine Ouest

514 937-2333

★★★ cuisine
★★ service
★★ décor

M**40**$ S**40**$

réservation / max. de personnes 0

Oubliez les traditionnels sushis, Kazu vous emmène hors des sentiers battus de la cuisine japonaise habituelle. Quelques tables, un bar: en fait, on est carrément dans la cuisine. L'équipe (japonaise) vous accueille avec grands sourires et s'empresse de vous aider à décortiquer le menu affiché sur des feuilles volantes, au mur. Salade de tofu style kimchi bien relevée, porc «48 heures» aux parfums discrets de gingembre et sésame... Et une bonne Sapporo avec ça? C'est bruyant, vivant, animé et carrément sympathique. Installez-vous au bar pour profiter du spectacle. Le chef et ses cuisiniers travaillent vite, avec précision et visiblement beaucoup de passion pour concocter cette cuisine rustique, mais soignée et joliment présentée.

Centre-ville

MISO

(Japon)

4000, rue Sainte-Catherine Ouest

514 908-6476

★★★ cuisine
★★★ service
★★★ décor

 M**35 $** S**75 $**

réservation / max. de personnes   45

Immense restaurant à l'angle de Sainte-Catherine et Atwater, le Miso séduit par sa cuisine fusion asiatique maîtrisée, esthétique et exécutée avec des produits de qualité. Le menu aussi généreux que le volume du lieu comprend des tartares de bœuf et de saumon, du tataki de thon, des soupes miso, des plats de poulet, bœuf, poisson et fruits de mer, façon tempura ou teriyaki. Sans oublier la carte de sushis, nigiris, hosomakis et sashimis qui propose une centaine d'options dont certaines sont des créations maison. Les fêtards choisiront parmi les 15 sakés, dont 5 sont des importations privées. La musique techno-disco que crachent les haut-parleurs fera le bonheur des uns mais le malheur de ceux qui préfèrent les ambiances feutrées.

Centre-ville

SHO-DAN

(Japon)

2020, rue Metcalfe

514 987-9987

★★★★ cuisine
★★★ service
★★★ décor

EP M**40 $** S**95 $**

réservation / max. de personnes   24

Amateurs de cru, l'adresse du Sho-Dan est à retenir. Dans ce restaurant sobre aux grandes fenêtres et hauts plafonds, l'art du sushi est parfaitement maîtrisé. Si le menu offre aussi des salades, plats teriyaki et tempuras, c'est surtout la vingtaine de spécialités du chef, alléchantes et intrigantes, qui retiennent l'attention, comme la Black Cod, succulente morue noire grillée et marinée au soya et saké. Certaines font même office de dessert! Elles vous seront apportées l'une après l'autre, pour prolonger le plaisir. Courtois et efficace, le service concourt à installer cette sensation de bien-être, aidée par l'ambiance feutrée et une carte des vins très intéressante. Salle privée pour les groupes et midis à prix abordables.

Centre-ville

PHAYATHAI

(Thaïlande)

1235, rue Guy

514 933-9949

★★ cuisine
★★★ service
★★★ décor

M**30 $** S**60 $**

réservation / max. de personnes   12

On visite Phayathai comme un petit repaire sacré. Tout est calme, tout est équilibré. On a immédiatement envie de passer un bon moment, sous le regard approbateur des rois de Thaïlande. En entrée, la salade de mangue bien pimentée est un classique thaï qui met la table à un peu d'exotisme. Puis viennent les caris et les sautés au poulet, bœuf, crevettes, canard, ou les soupes parfumées (menthe, noix de coco, citronnelle, gingembre). Certains plats sont franchement délectables, les caris par exemple, et on peut les demander relevés (de beaucoup à pas du tout) au goût. Les desserts, joliment présentés, ne sont pas le point fort de l'établissement, mais les cocktails maison complètent l'expérience gastronomique de belle façon.

BISTRO OLIVIERI

(Amérique du Nord)

5219, chemin de la Côte-des-Neiges

514 739-3303

★★★ cuisine
★★★ service
★★★ décor

M **40 $** S **60 $**

réservation / max. de personnes 60

Très charmant ce bistro d'intellos, blotti au fond d'une chouette librairie. Pas étonnant d'y croiser des professeurs et étudiants de l'université voisine, mais aussi des amoureux de littérature tous azimuts. Sur fond de romans, de magazines et de livres d'architecture ou de recettes, on déguste des plats concoctés à partir de produits d'artisans québécois. Magret et confit de canard, chevreau de Kamouraska, porc effiloché, cœur de bœuf et charcuterie bio, champignons et fromages fins du Québec côtoient sur l'ardoise des produits saisonniers comme du homard, des têtes de violon ou encore de la rhubarbe. En prime: mignonne terrasse en arrière-cour et carte de vins d'importation privée. Que demander de plus?

Côte-des-Neiges

KAM SHING

(Chine)

4771, avenue Van Horne

514 341-1628

★★ cuisine
★★ service
★★ décor

 M **20 $** S **35 $**

réservation / max. de personnes 100

Surtout fréquenté par la communauté philippine du quartier, il règne au Kam Shing une ambiance animée. Les week-ends, une file d'attente peut même se former dans l'entrée. La grande salle à manger au carrelage de linoléum rouge et blanc est abondamment éclairée. Son centre est occupé par une enfilade de grandes tables circulaires qui réunissent des amis de tous âges ou les différentes générations de familles nombreuses. Le menu regorge de classiques de la cuisine chinoise comme du canard braisé, des calmars grillés au sel et poivre, du bœuf au gingembre, du porc BBQ et des spécialités en marmite. La carte des vins est minimale, le Mouton Cadet étant le moins pire des choix. Mention aux serveurs souriants, qui font l'effort de parler français.

Côte-des-Neiges

CAVERNE (LA)

(Europe de l'Est)

5184A, chemin de la Côte-des-Neiges

514 738-6555

★★ cuisine
★★ service
★★ décor

M **30 $** S **45 $**

réservation / max. de personnes 40

En descendant dans cette «caverne», on a l'impression d'atterrir dans le sous-sol d'une babouchka qui tient clandestinement une gargote, quelque part dans un village perdu dans la steppe. Les animaux empaillés, les murs en fausse pierre et la télévision qui diffuse d'improbables émissions russes sont là pour ajouter au folklore. Et comme lorsqu'on outrepasse les limites du bon goût, ça en devient charmant. On le devine, La Caverne est de ces adresses dont l'intérêt dépasse l'assiette. La bouffe qu'on y sert est rustre, mais satisfaisante et très généreuse. On y trouve également une sélection de vodkas présentées très froides dans de petites fioles en forme de cœur. Pour ça et pour le dépaysement, ça vaut le voyage! Musiciens les vendredis et samedis.

Côte-des-Neiges

ATAMI SUSHI

(Japon)

5499, chemin de la Côte-des-Neiges

514 735-5400

★★★ cuisine
★★★ service
★★ décor

 M **30 $** S **50 $**

réservation / max. de personnes   30

Grimpez l'escalier depuis le bouillant chemin de la Côte-des-Neiges et vous entrerez dans un sympathique restaurant japonais et comptoir à sushis (le premier ouvert dans le quartier). La salle à manger ne révolutionne rien en matière de décoration, concentrons-nous plutôt sur les assiettes, aux présentations impeccables. Les assortiments de sashimis, makis et nigiris mêlent tradition et originalité sans jamais décevoir. Les desserts sont plus classiques, mais irréprochables: la crème glacée au thé vert ou la crêpe nappée de crème glacée glissent ainsi naturellement dans les gosiers repus! L'été, profitez de la terrasse qui domine le boulevard Édouard-Montpetit pour un lunch proposé en cinq tables d'hôte alléchantes.

Côte-des-Neiges

DAO VIEN

(Vietnam)

5623-A, chemin de la Côte-des-Neiges

514 341-7120

★★ cuisine
★★ service
★ décor

M **15 $** S **30 $**

réservation / max. de personnes   30

Le Dao Vien est un boui-boui vietnamien au décor de simplicité volontaire mais aux plats riches en goût. Cette petite entreprise familiale — madame crée les recettes pendant que monsieur fait les courses et s'occupe des clients — mise principalement sur les spécialités du Vietnam du Nord, à commencer par les banh cuons, de délicieuses petites crêpes roulées et farcies de porc. Le menu saura satisfaire tous les appétits: soupes tonkinoises, plats de bœuf ou de poulet servis en riz frit ou sur vermicelles. Il y a également le bo la lot, du bœuf enfermé dans des feuilles de lot (semblables aux feuilles de vigne mais ayant un parfum de citronnelle). On termine la visite par une boule de crème glacée enfouie dans une crêpe passée à la friture.

Côte-des-Neiges

PHÓ LIÊN

(Vietnam)

5703, chemin de la Côte-des-Neiges

514 735-6949

★★★ cuisine
★ service
★ décor

M **20 $** S **40 $**

réservation / max. de personnes   0

C'est un endroit achalandé et c'est probablement l'un des lieux préférés des Montréalais pour déguster un phó, cette soupe-repas à base d'un bouillon parfumé dont seuls les Vietnamiens ont le secret. Le local est bruyant, exigu et le service est plutôt expéditif, mais pour les rouleaux impériaux aussi savoureux, du porc grillé à la perfection, des crevettes sautées servies sur des nouilles croustillantes, un sua da, un café glacé sucré, ou un chè ba mau, une boisson de lait de coco, tapioca et fèves rouges, on veut bien faire montre de tolérance. D'ailleurs, on comprend pourquoi les employés des deux hôpitaux environnants et les étudiants de l'université avoisinante y élisent domicile tous les midis. Une boustifaille réconfortante à un prix dérisoire!

CAFÉ GRIFFINTOWN

(Amérique du Nord)

1378, rue Notre-Dame Ouest

514 931-5299

★★★ cuisine
★★★ service
★★★ décor

M **25 $** S **65 $**

réservation / max. de personnes   16

Installé au centre d'un quartier dont on dit qu'il connaîtra une expansion fulgurante d'ici peu, le Café Griffintown mise sur une cuisine de bonne qualité et une ambiance décontractée pour séduire sa clientèle. Au menu le jour: burgers et sandwichs pour la clientèle d'affaires. Le soir, c'est short ribs, moules, flétan, côtelettes de porc fumées, tartare, etc. pour une foule plus bigarrée, jeune surtout, allumée, vivante, anglophones et francophones au coude à coude. Pour lier le tout, la maison présente trois fois par semaine des concerts de blues et de jazz qui résonnent magnifiquement dans cette grande salle aux murs de brique chauds et invitants et aux planchers de bois craquants, qui rappellera aux plus âgés l'énergie et l'esprit qu'on retrouvait dans plusieurs bars et cafés du Quartier latin maintenant disparus.

Griffintown

HANGAR (LE)

(Amérique du Nord)

1011, rue Wellington

514 878-2112

★★★ cuisine
★★★★ service
★★★★ décor

M **40 $** S **80 $**

réservation / max. de personnes   12

Voici le quatrième restaurant du «*serial* restaurateur» Louis-François Marcotte, que l'on retrouve toujours dans des lieux inattendus. En plein cœur de Griffintown, Le Hangar est installé dans un bâtiment postindustriel aux plafonds démesurés. Belle architecture brute faite de briques rouges, d'acier et de solides poutres de bois soutenant les deux salles à la fenestration lumineuse. Du menu, on retient cet accent italien s'exprimant en tonique bruschetta, mordante pieuvre grillée ou ensoleillée longe d'agneau au romarin. Polenta ou légumes grillés, les accompagnements sont à commander en supplément. Les desserts sont toujours riches et sucrés. La carte de vins d'importation privée propose un bon choix, tout comme la liste de vins au verre. Le service est efficace et sympathique.

Griffintown

JANE

(Amérique du Nord)

1744, rue Notre-Dame Ouest

514 759-6498

★★ cuisine
★★ service
★★★ décor

M _ S **70 $**

réservation / max. de personnes   8

Ce petit resto de quartier est fréquenté par une clientèle essentiellement anglophone. L'ardoise affiche chaque jour de savoureuses entrées comme les «mom's meat balls» ou les crab cakes, des plats rustiques-chics un peu brouillons, mais également une douzaine de pizzas artisanales complètement atypiques. Des exemples? La Schwartza (viande fumée, sauce moutarde, cheddar et cornichons) et la Greekza (souvlaki, feta, olives, salade grecque, sauce tzatziki). Le secret du chef: utiliser du miel pour donner à la pâte du croustillant et un goût irrésistible.

Griffintown

NORA GRAY

(Italie)

1391, rue Saint-Jacques

514 419-6672

★ ★ ★ ★ cuisine
★ ★ ★ service
★ ★ ★ décor

 M _ S**80$**

réservation / max. de personnes 7

Ici, la lumière tamisée laisse entrevoir une foule éclectique et bavarde, et les beaux panneaux de bois, style années 1960, réfléchissent le chahut des conversations. Nora Gray présente une carte à l'italienne, orientée vers le Sud – mais pas tout le temps –, concoctée avec amour par Emma Cardarelli. Cette ancienne chef au Liverpool House laisse ici s'exprimer sa vraie nature, sa passion pour des recettes rustiques et généreuses, colorées et authentiques. Pâtes et risotto ne ressemblent en rien à ce qui se fait ailleurs. Le cochon de lait, pantagruélique, trône dans les assiettes des gourmands. La carte des vins est garnie de bons crus à découvrir, hors des sentiers battus.

Hochelaga-Maisonneuve

CANAILLES (LES)

(Amérique du Nord)

3854, rue Ontario Est

514 526-8186

★ ★ cuisine
★ ★ service
★ ★ décor

M _ S**80$**

réservation / max. de personnes 10

Ce coin du quartier Hochelaga-Maisonneuve, autour de la place Valois, est en ébullition. Nouveaux condos, boutiques gourmandes, brasserie chic: les propriétaires ont flairé la bonne affaire. Dans ce resto, la faune, plutôt éclectique, est heureuse de pouvoir apporter une bonne bouteille de vin. La grande salle, avec ses tables et chaises de bois, est décorée avec sobriété. La cuisine, ouverte, est bordée par un comptoir convivial. Le service est à l'avenant: informé et informel. Le menu propose un mélange de plats français (tartare, foie gras), méditerranéens (salade de pieuvre, grillade de caille et chorizo) ou bien de chez nous (burger, fish & chips). Rien de très original, donc, mais c'est bien bon.

Légende

apportez votre vin
carte des vins recherchée
terrasse
déjeuner/brunch
EP espace privé

Hochelaga-Maisonneuve

BISTRO VERT LIME

(Amérique du Nord)

4255, rue Ontario Est

514 255-4747

★★★ cuisine
★★★ service
★★★ décor

M50$ S80$

réservation / max. de personnes   50

Une bien jolie adresse dans un quartier en plein essor, c'est vrai, mais qui cherche encore ses repères sur le plan de la gastronomie. Le Vert lime, lui, les a trouvés. Au menu, une série de plats relativement classiques (pavé de cerf, carré d'agneau, poulet de grain noirci, jarret d'agneau, thon poêlé) bien structurés, réalisés avec des produits frais et une maîtrise évidente en cuisine. Les desserts, tout particulièrement, sont faits avec beaucoup de cœur et savourés avec autant d'entrain par les clients! En salle, le personnel est sympathique, le service, efficace, le décor, sobre mais élégant. La clientèle? Ce sont surtout les nouveaux propriétaires de condominiums de HoMa – et ils sont nombreux – qui fréquentent l'endroit sur une base régulière, à raison d'ailleurs puisque la constance est l'une des grandes vertus du Vert lime.

Hochelaga-Maisonneuve

CHEZ BOUFFE

(Amérique du Nord)

4316, rue Sainte-Catherine Est

514 252-5420

★★★ cuisine
★★★★ service
★★ décor

 M30$ S75$

réservation / max. de personnes 12

Installé près du Théâtre Denise-Pelletier, Chez Bouffe est devenu en janvier 2012 le repaire du chef Patrick Plouffe (ex-Quartier général). Dans son bistro de charme aux planchers de bois usé et aux meubles antiques, il concocte une cuisine à la fois rustique et inventive, qui sort des sentiers battus. Il voue une affection particulière aux abats qu'il apprête avec originalité: tartare de cœur de canard, ravioli à la cervelle de veau, cœur d'agneau, langue de veau, crème glacée au cacao et sang de cochon. Des plats inusités tout à fait délicieux et accessibles aux palais non initiés. Les moins aventureux y trouveront aussi leur compte avec des mets plus familiers comme la côte de veau, les pétoncles, le canard et l'omble chevalier.

Hochelaga-Maisonneuve

VALOIS (LE)

(France)

25, place Simon-Valois

514 528-0202

CRÉATIFS
DE L'ÉRABLE.ca

★ ★ ★ cuisine
★ ★ ★ service
★ ★ ★ ★ décor

 M **30$** S **80$**

réservation / max. de personnes   50

Un tartare de bœuf sur la chic Promenade Ontario? C'est possible, grâce à cette belle et bonne brasserie installée sur la jolie place Valois. On y croise de jeunes couples à l'allure professionnelle attirés par ce quartier aux condos encore abordables. Et sûrement par la belle salle boisée de cerisier, rehaussée d'un plafond aux vitraux quadrangulaires colorés. Notez, au centre, la superbe femme-statue portant deux lampes, très Art déco. Tentant, ici, de devenir un habitué grâce à cette cuisine bien fignolée (moules-frites, risotto, fish & chips, mijotés...), agréablement présentée et toujours abordable. La carte des vins, des importations privées pour la plupart, est aussi très intéressante. L'immense terrasse abritée est un must dans le quartier.

KHAÏMA (LA)

(Afrique)

142, avenue Fairmount Ouest

514 948-9993

★ ★ ★   cuisine
★ ★ ★   service
★ ★ ★   décor

 M**35 $** S**50 $**

réservation / max. de personnes   80

Une khaïma, c'est une tente sous laquelle s'abritent les nomades lorsqu'ils se posent au milieu du désert. Avec son patchwork d'étoffes au plafond, le resto porte bien son nom: c'est un lieu enveloppant où on se laisse doucement bercer. Et le festin qu'on nous y sert ajoute au réconfort. Deux des trois plats proposés sur l'ardoise se retrouvent dans une grande assiette, autour d'un généreux monticule de semoule. Le tout est partagé entre convives, ce qui ajoute au charme. Les parfums sont complexes et les mariages d'épices, saisissants. En finale, un thé à la menthe, avec juste ce qu'il faut de sucre pour le rendre irrésistible. On peut apporter son vin, ou goûter au jus d'hibiscus offert sur place et bourré de propriétés que l'hôte se fera un plaisir d'énumérer. Dépaysement assuré.

Mile End

ASSOMMOIR (L')

(Amérique du Nord)

112, avenue Bernard Ouest

514 272-0777

★ ★ ★   cuisine
★ ★ ★   service
★ ★ ★   décor

 M**40 $** S**85 $**

réservation / max. de personnes   60

À L'Assommoir, on boit, assurément. On fait son choix parmi 250 cocktails sur l'interminable carte où de bons vins, à la bouteille ou au verre, sont également proposés. Évidemment, on mange aussi. Des tapas (dont les étonnants bonbons de saumon au sirop d'érable), des ceviches, tartares, viandes et fruits de mer. Si, comme pour les cocktails, certaines recettes mélangent parfois les saveurs avec un grain de folie et un résultat inégal, on en sort, somme toute, bien repu et satisfait. Plusieurs formules de plats à partager en font aussi un resto très convivial, parfait pour les sorties entre amis, sans compter que la salle, tout en bois, est très jolie. À cela s'ajoutent la musique électro-lounge, l'ambiance festive, les soirées à thème et les serveurs qui répondent avec patience et gentillesse aux questions. Brunch le week-end et spéciaux en fin de soirée.

Mile End

ATELIER (L')

(Amérique du Nord)

5308, boulevard Saint-Laurent

514 273-7442

★ ★ ★   cuisine
★ ★ ★   service
★ ★ ★   décor

 M**_** S**100 $**

réservation / max. de personnes   60

Cet «apportez votre vin» se déploie dans un décor rustico-urbain aux teintes chaudes de chocolat, chamois et cannelle, dont l'élément vedette est un mur recouvert de bûches de bois. Le menu, inscrit à la craie sur des ardoises, fait la part belle aux produits locaux et saisonniers, avec l'intégration de fromage dans plusieurs recettes: crab cake gratiné au triple chèvre, poutine de lapin cheddar 5 ans, ou encore canard, tartare de bison, pavé de saumon boucané, mignon de bœuf sauce au froie gras. Il y en a pour tous les goûts, qu'on soit là pour une fête entre amis, un souper de filles ou d'amoureux. La générosité des portions, la complexité des plats et la qualité des ingrédients peuvent rapidement faire grimper et justifier l'addition.

Mile End

BU

(Amérique du Nord)

5245, boulevard Saint-Laurent

514 276-0249

★★★★ cuisine
★★★★ service
★★★★ décor

 M _ S**80$**

réservation / max. de personnes   25

Rien de tel qu'un repas au bar à vin Bu pour s'adonner à l'art de la dégustation. Ici, sommeliers et brigade de cuisine s'entendent à merveille pour dénicher les flacons rares qui s'accorderont à merveille avec les plats à la carte, proposés en petits formats. La liste des vins au verre étonne et change régulièrement, proposant nombre de vins naturels qu'on aime découvrir à travers les trios de dégustation recommandés par la maison. Comme il se doit pour une cuisine d'inspiration italienne, les chefs misent sur la simplicité des saveurs et la qualité des produits avant tout. Huile d'olive enchanteresse, charcuteries et pâtes fraîches maison, risottos préparés avec art et frais carpaccios sont en vedette. Au dessert, succombez sans remords aux tiramisus ou au fondant au chocolat sauce à l'orange. Le décor simple et raffiné du restaurant offre un cadre parfait pour les soirées romantiques.

Mile End

BISTRO LUSTUCRU

(Amérique du Nord)

5159, avenue du Parc

514 439-6701

★★★★ cuisine
★★★ service
★★★★ décor

EP M _ S**80$**

réservation / max. de personnes   30

Qui l'eût cru? Au Bistro Lustucru, on sait profiter... des bienfaits du cru! Faites donc confiance aux auteurs de ce concept de «bar à cru» bien ficelé de l'avenue du Parc, ils vous concocteront tartares et carpaccios aussi originaux que délicieux. En format tapas, ils se partagent aisément. À moins que vous ne préfériez goûter à la sélection d'huîtres? Le menu fait également place aux plats réconfort: risottos, pâtes et braisés généreux et rassurants, joliment présentés dans de belles assiettes. Tout ça dans une ambiance bruyante, populaire et conviviale. Et au dessert, qui oubliera cette grosse tranche de pain perdu grillée au four au caramel de pêches, escortée d'une crème glacée au brandy? Sûrement pas nous!

Mile End

BUVETTE CHEZ SIMONE

(Amérique du Nord)

4869, avenue du Parc

514 750-6577

★★ cuisine
★★ service
★★ décor

M _ S**60$**

réservation / max. de personnes   0

À mi-chemin entre le bistro et le bar, l'endroit est très souvent plein à craquer. Et pour cause, l'ambiance y est branchée et conviviale dans un décor négligé-étudié. Mais surtout, le bon vin est à bon prix! Si la liste des pinards s'étire sur l'ardoise, le menu, lui, est plutôt court. Les plats et antipasti manquent parfois de rigueur, mais on trouve de quoi se sustenter entre deux conversations animées. Parmi les succès gastronomiques de l'endroit, mentionnons, par exemple, cette entrée de mozzarella di bufala, basilic et tomate fraîche et cette mousse de foies de volaille onctueuse. Le poulet rôti, élément hétéroclite dans cette cuisine bistro, connaît un succès qui ne se dément pas. Bref, on y va surtout pour partager un bon moment entre amis dans un endroit où la détente est propice aux belles rencontres.

Mile End

CAFÉ SARDINE

(Amérique du Nord)

9, avenue Fairmount Est

514 802-8899

★★★★ cuisine
★★★★ service
★★★ décor

M**20$** S**80$**

réservation / max. de personnes   0

Il ne paie pas de mine, le mini Café Sardine. Et pourtant, c'est bien là que nous avons croisé un jeune chef au talent surprenant. Ses expérimentations étonnantes, parfois géniales, parfois bancales, mais toujours séduisantes, sont essentiellement préparées à base d'ingrédients locaux. Avez-vous déjà goûté à du varech, une algue, ou à la baie de pimbina? Il bricole ainsi chaque semaine une douzaine de mets de format mi-entrée, mi-plat, conçus pour être partagés. Il travaille aussi bien les légumes de saison que les poissons (de la pêche durable) et les viandes d'ici. Les cocktails originaux et les vins d'importation sont intéressants. Le tout dans une atmosphère chaleureuse de bois et de briques *vintage*. Exigu, le Café Sardine, mais convivial!

Mile End

CHRONIQUE (LA)

(Amérique du Nord)

99, avenue Laurier Ouest
514 271-3095

★★★★★ cuisine
★★★★★ service
★★★★ décor

 M **65 $** S **150 $**

réservation / max. de personnes   30

Très belle adresse qui n'a rien perdu de sa superbe depuis son ouverture en 1995. La cuisine du marché des deux chefs-propriétaires, Marc de Canck et Olivier De Montigny, y est toujours impeccable, créative, généreuse et pleine de surprises. Les plats s'alignent sans aucune fausse note: entrées délicatement travaillées, viandes et poissons de première fraîcheur, desserts divins. C'est à la fois riche et léger, simple et complexe, une cuisine en équilibre sur un mince fil de fer et qui donne parfois le vertige... Le personnel est professionnel et connaisseur, et la salle, très simple et chaleureuse, remplit bien son rôle en permettant au client de se concentrer sur son assiette et non sur les paillettes du décor. Pour compléter le tout, une solide carte des vins basée sur un judicieux choix d'importation privée. Que demander de plus?

Mile End

DEUX SINGES DE MONTARVIE (LES)

(Amérique du Nord)

176, rue Saint-Viateur Ouest
514 278-6854

★★★★ cuisine
★★★ service
★★★ décor

M   _   S **100 $**

réservation / max. de personnes   30

Ne nous demandez pas qui sont ces deux singes, ni où est Montarvie. Derrière ce nom étrange, se cache en fait un bistro fort chaleureux et intimiste. Admirez plutôt les lampes style art nouveau ou le plafond en trompe-l'œil. C'est de l'art. Tout comme en cuisine, d'ailleurs, où l'équipe s'affaire à mitonner de jolis petits plats: délicieux tataki de thon, suaves raviolis de canard, original boudin de homard, riche gamelle de parmentier d'agneau... tous impeccablement présentés et parfumés. En dessert, le fondant au chocolat est inoubliable. Les vins, d'importation privée, recèlent quelques crus inusités. Le service, attentionné, saura bien vous conseiller. Assis au comptoir, profitez en pour regarder le chef travailler. Il n'en sera pas du tout gêné.

Mile End

ĒM CAFÉ

(Amérique du Nord)

5718, avenue du Parc
514 303-5735

★★ cuisine
★★★ service
★★★ décor

M **30 $** S **30 $**

réservation / max. de personnes   30

Plusieurs ont adopté l'endroit comme quartier général, qu'il s'agisse d'universitaires flânant entre amis ou seuls, les yeux rivés sur leur ordinateur, de collègues se réunissant pour un 5 à 7, de couples désirant casser la croûte vite fait ou de jeunes mères accompagnées de leur poupon. Au menu, des plats tout simples et abordables avec, parfois, une légère tangente mexicaine: des hamburgers (classique ou végétarien), des sandwichs dont on apprécie l'originalité de certains, tel celui au thon et au fromage bleu, des wraps et des salades. Une immense ardoise nous informe du menu du jour où des plats plus élaborés de pâtes, poissons ou viandes sont proposés. Les cafés préparés comme il se doit et les desserts valent à eux seuls le détour.

Montréal

Mile End

FRENCH CONNECTION

(Amérique du Nord)

4675, boulevard Saint-Laurent

514 742-4141

★★★ cuisine
★★ service
★★ décor

 M _ S**100$**

réservation / max. de personnes 60

Dans les années 50, le réseau surnommé «French Connection» exportait quantité d'héroïne de la France vers les États-Unis. Dans ce resto, rassurez-vous, rien d'illégal n'est importé. Cette French Connection est bien plus orientée vers les produits locaux. Rédigé à la craie blanche, le menu s'étend sur le vaste mur rouge. Tendance: une cuisine plutôt française à l'accent québécois, dans un cadre résolument convivial. Selon les saisons, le chef décline en petites assiettes les bons produits du terroir: charcuteries, foie gras, légumes, viandes et poissons. Le menu de base vous garantit un six services, ce qui n'est pas rien. Les cuissons et saveurs sont en général bien ajustées. Et vous serez contents d'apprendre qu'ici, on apporte son vin.

Mile End

LAWRENCE

(Amérique du Nord)

5201, boulevard Saint-Laurent

514 503-1070

★★★★ cuisine
★★★ service
★★★ décor

M**60$** S**100$**

réservation / max. de personnes 20

Venu de Londres, le chef Marc Cohen a décidé de revamper sa gastronomie natale ici, à Montréal. Dans son petit resto, une clientèle éclectique et bilingue vient découvrir ses plats à la fois rustiques et modernes, si joliment ficelés. Mais oubliez le fish & chips et pensez plutôt abats (cœur de canard, langue de bœuf), charcuteries maison, maquereau ou lapin, agrémentés d'apprêts qui savent quitter les sentiers battus. Aussi surprenant que savoureux! La déco? Plutôt simple: du blanc, du bois, une lumière adroitement tamisée, et un mignon sofa très classique pour attendre confortablement sa place. On aime cette ambiance conviviale où l'on s'occupe du client avec bienveillance. La carte des vins regorge de découvertes intéressantes. C'est noté!

Mile End

NOUVEAU PALAIS (LE)

(Amérique du Nord)

81, avenue Bernard Ouest

514 273-1180

★★★ cuisine
★★ service
★★ décor

M**30$** S**60$**

réservation / max. de personnes 0

Le vieux Nouveau Palais des années 50 n'a pas changé: comptoir en formica, banquettes usées, murs de *plywood*... mais l'esprit des lieux a été complètement métamorphosé, grâce notamment à la pétillante cheffe Gita Seaton. Dès le mardi soir, les hipsters du Mile End s'y précipitent pour goûter à cette joyeuse cuisine, toujours allumée. Un genre ludique et sympathique à l'accent néo-*diner* très nord-américain où le beignet de crabe et le fish & chips côtoient des plats plus élaborés. Le Nouveau Palais est aussi l'hôte des soirées Cookies Unite. Chaque premier lundi du mois, l'équipe invite de jeunes sous-chefs à investir la cuisine pour préparer leur menu de rêve. Des soirées très occupées sur le ton de la relève, à ne pas manquer!

Montréal

Mile End

OS (À L')

(Amérique du Nord)

5207, boulevard Saint-Laurent

514 270-7055

★ ★ ★ ★ cuisine
★ ★ ★ ★ service
★ ★ ★ ★ décor

🔪 M _ S **110 $**

réservation / max. de personnes   65

Avec son décor contemporain, ses tables nappées, ses serviettes de tissu et sa verrerie élégante, À l'os rompt avec la tradition des «apportez votre vin» de style vieil-appart-du-Plateau-et-ses-moulures-victoriennes. À l'image du décor, les plats sont esthétiques et les ingrédients, recherchés: huîtres fraîches servies sur lit de gros sel, gâteau de boudin, pieuvre grillée, ris de veau poêlés, cerf de Boileau agrémenté de foie gras, pétoncles géants, morue noire, etc. Le service, professionnel, participe également à ce sentiment qu'ont les convives d'être dans un resto haut de gamme. L'ensemble, harmonieux, procure un environnement de qualité pour les soupers en tête-à-tête, les confidences amicales et les repas d'affaires.

Mile End

RAZA

(Amérique latine + Antilles)

114, avenue Laurier Ouest

514 227-8712

★ ★ ★ ★ cuisine
★ ★ ★ ★ service
★ ★ ★ ★ décor

🔪 ☂ M _ S **120 $**

réservation / max. de personnes   40

Dans ce restaurant à la déco chic et épurée, l'ambiance est feutrée, un peu formelle, et le service, appuyé et professionnel. La table est mise pour l'expérience *nuevo latino* proposée par le chef d'origine péruvienne Mario Navarrete Jr. Actualisant les traditions culinaires latino-américaines, son travail, unique et précis, utilise avec parcimonie et doigté certaines techniques de cuisine moléculaire. Chez Raza, on s'abandonne à la volonté du chef avec l'unique menu dégustation cinq ou sept services. Avec l'accord de vins sud-américains, on atteint rapidement l'extase gustative. Ici, on verse un bouillon délicieusement parfumé au bois de pommier sur des champignons sautés. Là, un magret de canard est enveloppé d'une sauce aigre-douce à la betterave, un mariage instantané. L'endroit parfait pour épicuriens et curieux gastronomes.

Réservation (max. de personnes)

Il ne s'agit pas du nombre de places disponibles en salle, mais bien du nombre maximum de personnes pour lequel il est possible de réserver pour un groupe. Cette information étant sujette à variation, il est préférable de vérifier auprès des restaurants. «O» indique que la maison n'accepte pas les réservations.

Heures d'ouverture

Nombre d'établissements changent leurs jours et heures d'ouverture à différentes périodes de l'année, il nous est impossible de les indiquer. Nous vous conseillons de toujours téléphoner avant de vous rendre dans un restaurant.

Montréal

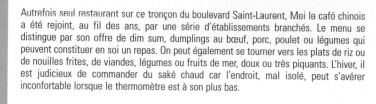

Mile End

MEI LE CAFÉ CHINOIS

(Chine)

5309, boulevard Saint-Laurent

514 271-5945

★ ★ ☆ cuisine
★ ★ service
★ ★ décor

M **25 $** S **45 $**

réservation / max. de personnes 60

Autrefois seul restaurant sur ce tronçon du boulevard Saint-Laurent, Mei le café chinois a été rejoint, au fil des ans, par une série d'établissements branchés. Le menu se distingue par son offre de dim sum, dumplings au bœuf, porc, poulet ou légumes qui peuvent constituer en soi un repas. On peut également se tourner vers les plats de riz ou de nouilles frites, de viandes, légumes ou fruits de mer, doux ou très piquants. L'hiver, il est judicieux de commander du saké chaud car l'endroit, mal isolé, peut s'avérer inconfortable lorsque le thermomètre est à son plus bas.

Mile End

SOY

(Chine)

5258, boulevard Saint-Laurent

514 499-9399

★ ★ ★ ★ cuisine
★ ★ ★ service
★ ★ décor

M **25 $** S **55 $**

réservation / max. de personnes 45

Année après année, la magie de la chef Suzanne Liu opère toujours. Tout ce qu'elle touche – dumplings vapeur ou poêlés faits main, tartare frais, rouleaux croustillants, canard aromatique à la sichuanaise, crevettes laquées, tempuras de pétoncles, raviolis won-ton, aiglefin croûte gingembre, etc. – est impeccable, savoureux, préparé avec soin et ingéniosité et fond littéralement sous la dent. Et puis cette femme est douée aussi bien pour la cuisine chinoise que pour les emprunts qu'elle fait à gauche et à droite aux cuisines du Sud-Est asiatique... une véritable bénédiction pour les gastronomes! Son petit resto ne désemplit jamais d'ailleurs, un signe qui ne trompe pas, et l'accueil que les clients reçoivent est à l'image de la dame: souriant, empressé et professionnel. Il faut tenter l'expérience Soy au moins une fois, au risque d'attraper la piqûre!

Mile End

RESTAURANT SALA ROSA, CENTRO SOCIAL ESPAÑOL

(Espagne + Portugal)

4848, boulevard Saint-Laurent

514 844-4227

★ ★ cuisine
★ ★ service
★ ★ décor

EP M _ S **60 $**

réservation / max. de personnes 40

Ce resto porte bien son appellation de «centre social». Il s'agit en effet d'un point de ralliement à la fois pour les fans de musique indie, pour des habitués rivés à leurs jeux de cartes et pour une jeunesse hispanophone accoudée au bar. Cette faune éclectique se rassemble autour d'un verre, de paellas ou de tapas sans fla-fla. Parmi la large sélection de tapas, il faut goûter au chorizo «fait-avec-amour-par-un-monsieur-dans-son-garage», dixit la serveuse, et au fromage de chèvre escorté d'oignons caramélisés et de miel. Si le resto est tranquille en début de semaine, le niveau de décibels tend à grimper quand approche le week-end, surtout quand on accueille un *band* dans la mythique Sala Rossa, située à l'étage. Dans ce décor aux accents ibériques, l'ambiance est festive, particulièrement les jeudis quand un guitariste flamenco accompagne les déhanchements de la danseuse.

Mile End

TAZA FLORES

(Espagne + Portugal)

5375, avenue du Parc

514 274-5516

★★★ cuisine
★★ service
★★★ décor

 M _ S**55**$

réservation / max. de personnes 30

Quelle que soit la saison, on se croit un peu en vacances dans ce bar à tapas du Mile End. La déco y est pour quelque chose avec ses chaises et tables dépareillées, ses petites guirlandes lumineuses, ses plantes grasses et ses murs peints évoquant un bar de plage dans les environs de Barcelone. Il y règne une atmosphère de fête, entretenue par la belle jeunesse qui fréquente les lieux et trinque à la joie de vivre. La carte des tapas froides et chaudes en propose un peu pour tous les goûts et s'inspire de toutes les cuisines de la Méditerranée et même d'un peu plus loin: tartares, ceviche, houmous et pita, salade de poires au gorgonzola, pieuvre grillée, acras de morue ou tchaktchouka de merguez, cailles grillées, figues farcies... On peut simplement grignoter ou s'offrir un repas complet avec plusieurs petits plats, le tout accompagné d'un verre de vin, d'une bière ou d'un cocktail. Les desserts maison, très classiques (crème brûlée, mousse au chocolat...), sont réussis. Prenez la terrasse d'assaut aux beaux jours.

Mile End

VORO

(Espagne + Portugal)

275, avenue Fairmount Ouest

514 509-1341

★★★ cuisine
★★ service
★★★ décor

M **30 $** S **60 $**

réservation / max. de personnes 50

Comme dans un immense loft, les plafonds du Voro sont hauts et impressionnants. Le comptoir de granit noir contraste avec les tables en bois. Près de grandes étagères, une belle table peut accueillir 20 personnes. Le menu offre un joli tour de la Méditerranée. Antipasto, calmars farcis au chorizo, agneau en pâte filo: la rime est riche. Les entrées, comme les plats, vous baladent aux quatre coins de territoires très séduisants. Tajine ou moussaka? Tout est possible. Notre chef aligne avec une certaine précision des petits plats plutôt simples mais diablement parfumés. C'est sans prétention, abordable et bien ficelé. Voilà qui donne le goût d'y revenir avec la bande de copains!

Mile End

NONYA

(Extrême-Orient)

151, avenue Bernard Ouest

514 875-9998

★★★★ cuisine
★★★★ service
★★★★ décor

EP M _ S **70 $**

réservation / max. de personnes 40

Fermez les yeux. Humez les parfums de citronnelle, cari rouge ou jaune, basilic, jasmin et lait de coco. Un peu plus et vous êtes téléportés dans les îles indonésiennes... Hé non, vous êtes à Montréal, chez Nonya (qui signifie «madame»), dans un décor opulent où les banquettes garnies de coussins de soie et les masques de bois servent d'écrin à des propositions alléchantes et envoûtantes comme ce ragoût de bœuf traditionnel de Sumatra, cette cuisse de canard confite à la balinaise, ce tilapia cuit dans des feuilles de bananier ou encore ce poulet de Cornouailles grillé au cari rouge. Le voyage se termine par un dessert délicat, un thé javanais rehaussé de fleurs de jasmin ou un café balinais. Dépaysement garanti.

Mile End

OMMA

(Extrême-Orient)

177, avenue Bernard Ouest

514 274-1464

★★ cuisine
★★ service
★★ décor

M _ S **60 $**

réservation / max. de personnes 15

Au cœur du Mile End, la cuisine du Omma est sous la direction d'une authentique maman coréenne, Mi Kyum Kim. Dans son petit resto de quartier sans prétention, elle concocte une vraie cuisine ménagère qui inclut de réconfortantes soupes fumantes et le dak nalge tigim, ou six ailes de poulet bonnes à s'en lécher les doigts. Le sam bap bulgogi est un plat intéressant et ludique puisqu'on doit placer soi-même des lanières de bœuf grillées sur une feuille de laitue ou de sésame en ajoutant du kimchi, une pâte de piment et du riz collant. À manger avec les mains. Le poisson Omma, des filets de poisson blanc servis avec une mayonnaise au wasabi, est également digne de mention. À boire en fin de repas: le yujacha, une boisson chaude aux agrumes et au miel.

Mile End

PETITE ARDOISE (LA)

(France)

222, avenue Laurier Ouest

514 495-4961

★★ cuisine
★★ service
★★ décor

M **35 $** S **60 $**

réservation / max. de personnes 60

Une adresse de charme, cette Petite Ardoise. La déco de style brasserie française rend l'ambiance conviviale et accueillante. Le menu est composé de plats variés servis tout au long de la journée: œufs, crêpes et galettes, croque-monsieur, moules-frites et salades-repas, mais aussi des spécialités comme le fameux pâté chinois de bœuf braisé, le canard confit, sauce à l'orange ou la belle entrecôte à la parisienne. Rien de prétentieux ici, les assiettes sont bien remplies. Tarte tatin, crème brûlée et mousse au chocolat terminent le repas en douceur. Côté vins, le choix est simple mais à bon prix. À la belle saison, la terrasse arrière, très agréable, est un secret bien gardé.

Mile End

CAVA

(Grèce)

5551, avenue du Parc

514 273-7772

★★★ cuisine
★★★ service
★★★★ décor

M **40 $** S **100 $**

réservation / max. de personnes 16

Les lieux sont splendides, avec ce bar boisé donnant sur une salle immaculée au plafond sans fin. Ce petit frère du Milos propose une autre cuisine grecque, tournée vers l'arrière-pays. Une cuisine carnivore et paysanne, aux ingrédients soigneusement sélectionnés. Les viandes et charcuteries vieillissent sur place, exposées aux clients. La cuisine est ouverte, permettant de humer la bonne odeur de charbon de bois. Très chics, les tables sont recouvertes de nappes luxueuses et la vaisselle est à l'avenant. Au menu: des produits d'exception comme ce jambon ibérique pata negra, du poulet biologique, de l'agneau de lait et du bœuf Angus du Kansas d'une ferme réputée. La carte de vins grecs soigneusement sélectionnés est très poussée. La classe.

Mile End

MILOS

(Grèce)

5357, avenue du Parc

514 272-3522

★★★★ cuisine
★★★★ service
★★★★ décor

EP M **60 $** S **150 $**

réservation / max. de personnes 130

Ici, tout le travail se fait avant l'arrivée en cuisine, par la précieuse sélection de produits venant de la Méditerranée, d'Europe, des USA ou du Canada. Présentés comme des diamants bruts que l'on refuse de ciseler, selon la philosophie de cette magnifique adresse, les poissons et fruits de mer sont servis dans leur plus simple appareil pour ne pas les dénaturer. Grillés, au four ou au gros sel, ils sont livrés en filets ou entiers simplement arrosés d'huile d'olive et de citron. Idem pour les légumes qu'il faut commander à part, eux aussi de grande qualité et cuits à la vapeur. Les puristes acclament le concept alors que d'autres aimeraient bien un peu de sauce ici et là, et une présentation plus élaborée. Au dessert, le yaourt au miel (exquis) et les loukoumades sont des incontournables.

Mile End

MYTHOS

(Grèce)

5316-18, avenue du Parc

514 270-0235

★★★ cuisine
★★★ service
★★★ décor

 M **40$** S **90$**

réservation / max. de personnes 200

Avec ses grandes salles réparties sur plusieurs étages et sa vaste terrasse, ce restaurant grec du Mile End est vraiment le cadre idéal pour les célébrations en groupe et les réunions de familles nombreuses. Il propose d'ailleurs plusieurs menus adaptés aux grandes occasions (mariages, banquets, etc.). Sur les tables, mezze, copieux plats à partager et assiettes généreuses incitent à la convivialité. Tartinades de légumes, grillades d'agneau ou poulets entiers, salades colorées, poissons du jour, calmars et pieuvre grillés: ce sont toutes les délicieuses spécialités grecques, préparées de manière authentique avec des produits de qualité, que l'on retrouve ici. On passe un agréable moment dans ce décor agrémenté de reproductions de fresques antiques grâce au service de bon conseil et aux musiciens traditionnels qui animent souvent les soirées. Intéressante carte des vins de toutes les régions de la Grèce.

Mile End

PHILINOS

(Grèce)

4806, avenue du Parc

514 271-9099

★★★ cuisine
★★★ service
★★★ décor

M **40$** S **80$**

réservation / max. de personnes 30

Le décor chaleureux de cette taverne grecque avec ses boiseries, ses murs rouges et son long bar est au diapason de sa cuisine: simple, conviviale et savoureuse. Les week-ends, de grands groupes de convives (parfois bruyants) se chargent de rendre l'ambiance encore plus sympathique, tandis que l'équipe de service veille au bien-être de chacun avec diligence et professionnalisme. La maison ferme tard, c'est donc l'occasion de s'offrir une soirée à la mode méditerranéenne. Les plats proposés, rustiques, arrivent sur les tables en portions gargantuesques qu'il faut partager. Faites honneur aux nombreux mezze chauds ou froids, aux salades, grillades de poulet, agneau ou saucisses maison, et bien sûr aux fruits de mer, assurément la spécialité. Les légumes d'accompagnement sont un peu tristes et les mêmes dans chaque assiette, mais on se rattrape au dessert avec de délicieuses pâtisseries grecques et des gâteaux maison. La terrasse recouverte de vigne vierge est un petit paradis aux beaux jours.

Mile End

MAGPIE

(Italie)

16, rue Maguire

514 507-2900

★★★ cuisine
★★ service
★★★ décor

M **40$** S **60$**

réservation / max. de personnes 10

Un des facteurs fondamentaux d'une bonne pizza est... le four à bois. Et c'est justement ce que l'on trouve chez Magpie, ce petit restaurant sans prétention: un splendide four qui trône dans la salle, recouvert de tuiles de céramique noires, chauffé à la bûche. Autre bon présage, la foule: jeunes anglos branchés, petites familles du quartier, l'endroit a su faire sa marque. Au menu, donc, pizzas dodues et roboratives, entrées tout aussi alléchantes (dont une salade César rustique pleine d'anchois!), vins d'Italie bien choisis et service ultradécontracté, parfois même un peu lent. Mais peu importe, on aime l'attention portée au choix d'ingrédients, impeccables, et en fin de compte, l'authenticité de cette cuisine tout à fait typique. Agréable!

Mile End

JUN I

(Japon)

156, avenue Laurier Ouest

514 276-5864

★ ★ ★ ★ ★ cuisine
★ ★ ★ ★ service
★ ★ ★ ★ décor

M **40 $** S **100 $**

réservation / max. de personnes 50

Voici un restaurant japonais pas comme les autres. Une expérience unique à Montréal qui nous emmène hors des sentiers battus, dans une ambiance des plus feutrée et confortable. Le chef manie sushis et sashimis avec une précision extrême et des ingrédients, parfois inusités, d'une grande fraîcheur. Salade d'algues, tartare de thon ou morue noire, ils sont apprêtés avec luxe et volupté. Le canard vaut à lui seul le détour, nappé de miel et de sauce épicée, accompagné de foie gras de canard poêlé. Empruntant parfois les chemins de la cuisine française, notre chef pratique l'art de la fusion avec justesse et simplicité. Desserts à l'avenant, originaux, riches et savoureux. Joli choix de sakés à découvrir.

Montréal

Mile End

MIKADO

(Japon)

399, avenue Laurier Ouest

514 279-4809

★ ★ ★ ★ cuisine
★ ★ ★ ★ service
★ ★ ★ décor

M **35 $** S **100 $**

réservation / max. de personnes 20

Créativité, simplicité, équilibre. Les trois mots d'ordre sont respectés à la lettre. D'abord, on choisit son ambiance. Le comptoir spectaculaire de confections minute? La salle privée à la *Kill Bill*? Ou la belle terrasse de bois? Puis on commande un plat à la carte ou l'on sélectionne ses sushis, nigiris, hosomakis, futomakis, etc. Il est impératif de goûter aux entrées comme ce tataki de bœuf rehaussé de gingembre frais. Ensuite, vient le plaisir de partager des délices au saumon frais biologique, à la palourde géante, à l'ananas tempura, voire au coq! Même les desserts sont excellents. Les amalgames subtils et délicats côtoient les arômes plus relevés. On cherche à identifier les ingrédients tellement les saveurs se complètent savamment. Et puis on décide de simplement se laisser aller à cet art délicatement exotique.

Mile End

OISHII SUSHI

(Japon)

277, avenue Bernard Ouest

514 271-8863

★ ★ ★ ★ cuisine
★ ★ ★ service
★ ★ ★ décor

M **30 $** S **65 $**

réservation / max. de personnes 50

Ce restaurant japonais qui est aussi traiteur ne fait pas dans le clinquant côté rue, mais il livre la marchandise! Le service est rapide et, dans la salle à manger au décor sobre, les plats défilent devant vous au rythme de votre appétit. Une ribambelle de sushis, une trentaine de sashimis et encore plus de makis sont au menu (entre autres). Pour partager, optez pour les combos sashimis-makis. La soupe miso ne révolutionne pas le genre, pas plus que les desserts. Le reste est excellent: tempuras délicates, drôle de pizza sur galette de riz frite, tartare de thon relevé, onctueuse morue noire marinée six jours... La palme revient aux pétoncles avec sauce à l'ail et œufs de poisson-volant. Ça roule et on décolle!

Mile End

RESTAURANT DAMAS

(Moyen-Orient)

5210, avenue du Parc

514 439-5435

★★★★ cuisine
★★★★ service
★★★ décor

 M**50$** S**80$**

réservation / max. de personnes   50

Avec ses coussins brodés et ses petits abat-jour de perles rouges et bleues, le Damas a des airs de souk tout en restant chic et de bon goût. Le chef Fuad Alnirabie nous transporte en Syrie grâce à sa cuisine ensoleillée, complexe, goûteuse, riche et colorée. Les entrées froides, à partager, sont plus délicieuses les unes que les autres. Pour les plats de résistance, on se tourne vers les spécialités comme le friki, un jarret d'agneau braisé, et le fattet makdous, un ragoût composé d'aubergines et d'agneau haché. Appétits d'oiseau, s'abstenir! On poursuit avec des halwat el-jebns, petits rouleaux farcis de fromage frais et nappés d'un sirop à la fleur d'oranger. Le voyage se termine avec un café turc ou un thé noir au safran et cardamome.

Mile End

RESTAURANT KAZAMAZA

(Moyen-Orient)

4629, avenue du Parc

514 844-6292

★★★ cuisine
★★ service
★★ décor

 M **50$** S **70$**

réservation / max. de personnes 45

Dans ce beau décor de briques, l'ambiance est à la fête. L'occasion de partager en toute convivialité de jolis mezze venus de Syrie, du Liban et d'Arménie. Tout commence avec du pain pita, que l'on beurre généreusement de houmous ou de muhammara, cette pâte sucrée de chapelure et de mélasse de grenadine. On se régale ensuite d'un kefta aux pistaches, d'un kebab à la grenadine et au tahini, ou d'un divin jarret d'agneau braisé. Et le must: le baba ghanouj royal, de la purée d'aubergines grillées surmontée d'agneau confit. Rapidement, ces plats colorés aux saveurs parfumées de l'Orient invitent au voyage. C'est sûr, nous y retournerons. Les brunchs de la fin de semaine sont tout aussi magiques.

Mile End

CHAO PHRAYA

(Thaïlande)

50, avenue Laurier Ouest

514 272-5339

★★★ cuisine
★★★ service
★★★ décor

EP M _ S **70$**

réservation / max. de personnes 12

Face à l'enseigne du Chao Phraya sis avenue Laurier, rien n'indique qu'à l'intérieur le restaurant est aussi agréablement aéré. Dans le décor chic, les ornements exotiques préparent les gastronomes à une expérience culinaire fidèle aux délices de la Thaïlande, pays d'origine des propriétaires. Croquettes de poisson à la lime, cari de poulet au lait de coco parfumé au basilic, sauté de crevettes bien relevé, cuisses de grenouilles à l'ail et nouilles au bouillon délicieux: tout respecte la tradition thaïe dans son savant mélange des saveurs salées, sucrées, amères, acidulées et pimentées. Et quand le tout est servi dans une jolie cassolette en porcelaine et que l'on apporte en plus un décanteur à vin à tête de dragon, impossible de ne pas être charmé.

Mile End

RESTAURANT THAÏLANDE

(Thaïlande)

88, avenue Bernard Ouest

514 271-6733

★★★ cuisine
★★★ service
★★★ décor

EP M **45$** S **85$**

réservation / max. de personnes 45

Avec ses aquariums remplis de poissons exotiques, ses statues pailletées d'or et sa grande mezzanine où l'on peut partager un repas confortablement assis par terre, le Restaurant Thaïlande incite à l'aventure culinaire thaïe la plus authentique qui soit. On y savoure un nombre incalculable de plats, des traditionnelles soupe tom yum ou salade de mangue verte jusqu'au canard croustillant ou filet de poisson au cari en feuille de bananier, en passant par les très parfumés (ou épicés!) sautés de fruits de mer, de tofu, de bœuf ou de poulet. Les desserts sont quant à eux très variés, parfois inusités et souvent rafraîchissants.

Mile End

THAÏ GRILL

(Thaïlande)

5101, boulevard Saint-Laurent

514 270-5566

★★★ cuisine
★★★ service
★★★ décor

EP M**30$** S**80$**

réservation / max. de personnes 200

Au premier coup d'œil, on est séduit par les panneaux de bois ouvragés, les bas-reliefs évoquant des divinités hindoues et les lampes-pagodes rouges. Dans ce décor opulent pure Thaïlande, des serveuses en micro-robes noires déambulent au son d'hypnotiques notes d'électro-disco-pop. Au Thaï Grill, l'Orient rencontre l'Occident façon *Red Light* ou *Main* branchée, c'est selon. Même hybridation dans les assiettes: bœuf Angus, crevettes géantes, poulet ou canard laqué se déclinent en cari jaune, rouge ou vert, dans des sauces au lait de coco pimentées et parfumées à la citronnelle, ou encore déposés sur des nids de nouilles. En finale, même approche fusion: les desserts se conjuguent en spring roll au chocolat et mascarpone ou encore en thaï tatin.

Montréal-Ouest

GOURMAND (LE)

(France)

42, rue Sainte-Anne

514 695-9077

★★ cuisine
★★★ service
★★★★ décor

M**60$** S**125$**

réservation / max. de personnes 35

Niché dans une jolie maison ancestrale datant de 1847, ce restaurant français vaut le détour pour son décor qui confère une atmosphère très accueillante au lieu. Le menu, hétéroclite et pas forcément original, propose viandes, pâtes et poissons en table d'hôte ou à la carte: carré d'agneau dans son jus, escargots à l'ail et au chorizo, chèvre frit, crevettes à la sauce aux arachides et filet mignon au café et au parmesan constituent un aperçu des possibilités dans l'assiette. Les plats sont agréables, bien qu'un brin inégaux.

Notre-Dame-de-Grâce

TAVERNE MONKLAND (LA)

(Amérique du Nord)

5555, avenue Monkland

514 486-5768

★★★ cuisine
★★★ service
★★ décor

M**40$** S**80$**

réservation / max. de personnes 0

Le haut niveau de décibels et l'éclairage tamisé contribuent à créer ici une ambiance qui évoque davantage un bar qu'un restaurant. Si on s'y donne rendez-vous en grand nombre, aussi bien les soirs de semaine que le week-end, c'est pour le plaisir de se retrouver entre amis ou en famille dans une ambiance de fête, plutôt que pour l'expérience culinaire qui, tout de même, ne déçoit pas. Au menu, deux approches se distinguent: d'un côté, des plats bistro simplement présentés tels que les classiques bavette, pavé de saumon ou cuisse de canard confite, et de l'autre, de généreux plats de pâtes. À noter que l'établissement ne prend aucune réservation et qu'il n'est pas rare de voir des files d'attente se former à l'entrée: on arrive avant la cohue ou alors on s'arme de patience!

Notre-Dame-de-Grâce

GEORGIA (LE)

(Europe de l'Est)

5112, boulevard Décarie
514 482-1881

★★★ cuisine
★★ service
★★★ décor

M **40 $** S **65 $**

réservation / max. de personnes   30

Avec sa vue sur le boulevard Décarie, Le Georgia ne bénéficie pas d'un emplacement idéal. À l'intérieur, un téléviseur diffuse des émissions russes, alors que la décoration prend des airs de chic suranné avec ses rideaux en velours rouge et ses tables nappées. Le menu met en vedette la gastronomie de la Russie et de la Géorgie, et en bouche, le résultat est convaincant et les saveurs, bien maîtrisées. Cette bouffe réconfortante comprend plusieurs plats de viandes en sauce, comme le délicieux bœuf Stroganov ou le poulet chnitsel, parfaits pour un repas par temps frisquet, et d'autres mets plus typiques de la Géorgie comme le chachlik d'agneau. Pour boire, pourquoi ne pas opter pour une bière russe ou une vodka? Le service, quant à lui, est poli, discret et anglophone.

Notre-Dame-de-Grâce

SEOUL B.B.Q.

(Extrême-Orient)

3281, boulevard Cavendish
514 489-6656

★★★ cuisine
★★ service
★★ décor

M **25 $** S **45 $**

réservation / max. de personnes   45

Une excellente adresse pour les débutants en matière de cuisine coréenne et les habitués, qui ne seront jamais déçus par la qualité des préparations et la fraîcheur des produits utilisés. On y sert la version nationale du BBQ (le bulgogi) – des viandes marinées qu'on fait cuire soi-même sur un petit gril portatif – et une sélection exhaustive des autres grands classiques: kimchi (légumes fermentés), bibimbap (légumes, viande, riz), cocotte grésillante de viande ou volaille, côtes de bœuf marinées, mandus (raviolis), etc., le tout copieusement agrémenté d'ail et de piment fort, comme il se doit. Il faut savoir que le décor ne paie pas de mine, que le client francophone est servi dans la langue de Shakespeare et que la maison est située dans un secteur un peu ingrat du quartier. Par contre, le service est généreux, souriant et empressé, et l'addition, plus que raisonnable.

Notre-Dame-de-Grâce

MAISTRE (LE)

(France)

5700, avenue Monkland
514 481-2109

★★★ cuisine
★★★ service
★★ décor

M **30 $** S **65 $**

réservation / max. de personnes   55

Très agréable et offrant un bon rapport qualité-prix avec même des spéciaux à surveiller, voici une adresse qu'il fait bon fréquenter. Les habitués et résidents du quartier ne s'en privent pas et on les comprend. Côté cuisine, des plats issus de la tradition française avec de petites touches personnelles ici et là, toujours réussies et dans le respect d'une cuisine simple, mais pas trop, et toujours généreuse. Bavette, côtes levées, confit de canard, ris de veau, poisson du jour, moules... sont des incontournables, ainsi que le nougat glacé, la crème brûlée ou la marquise au chocolat côté desserts. La carte des vins et la sélection au verre, ainsi que la terrasse couverte, concourent au plaisir de s'attabler ici.

Montréal

Notre-Dame-de-Grâce

MAISON INDIA (LA)

(Inde)

5868, rue Sherbrooke Ouest

514 485-2122

★★ cuisine
★★★ service
★★★ décor

 M **30$** S **60$**

réservation / max. de personnes 30

Sans justifier un détour dans le quartier, cet établissement fait le bonheur de qui le trouve sur sa route, en partie grâce à un chaleureux décor d'un kitsch sophistiqué et à un service irréprochable. À ce titre, les papadums servis en guise de bienvenue et la serviette chaude à la fin du repas figurent parmi les attentions qui charment. Les intitulés traditionnels des menus des restos indiens se traduisent dans l'assiette par des interprétations parfois plus personnelles, comme un poulet au beurre avec un fort accent de noix de coco, ou un palak paneer tomaté. Ces audaces ne sont pas toujours heureuses, mais elles compensent (à moins d'être un puriste!) d'autres plats plus fades. Carte des vins limitée, mais choix appréciable de bières en fût, une autre des qualités de l'endroit.

Notre-Dame-de-Grâce

PASTA CASARECCIA

(Italie)

5849, rue Sherbrooke Ouest

514 483-1588

★★★ cuisine
★★★ service
★★ décor

M **30$** S **60$**

réservation / max. de personnes 30

Une adresse réconfortante à tous coups que l'on aimerait avoir dans chaque quartier. On y vient en famille ou entre amis et on est d'ailleurs reçu comme si on faisait partie des proches. Les pâtes sont à l'honneur, on choisit celles que l'on veut ainsi que la sauce et le tour est joué pour le plaisir des petits comme des grands. Mais la carte présente aussi d'autres options, notamment des entrées savoureuses à partager, des plats de veau, poulet ou saucisses tout à fait rassasiants et goûteux. On ne se prive pas d'un tiramisu ou de cannolis pour terminer en beauté. La maison fait aussi office d'épicerie fine avec beaucoup de tentations à rapporter à la maison.

Notre-Dame-de-Grâce

QUARTIER PERSE (LE)

(Moyen-Orient)

4241, boulevard Décarie

514 488-6367

★★ cuisine
★★ service
★★ décor

M **25$** S **55$**

réservation / max. de personnes 80

Sur des nappes de papier un peu rigides et entourés de fleurs en plastique, on s'attable en famille ou entre amis et on déguste, en toute convivialité, des mijotés généreux, notamment en riz basmati, de poulet, agneau ou bœuf, ou encore des brochettes. Les plats sont à la fois simples et goûteux (jus de grenade et noix sont présents dans plusieurs mets). Le sumac sur la table remplace le sel et le poivre pour ceux qui recherchent plus d'assaisonnement. Les portions sont copieuses et offrent un excellent rapport qualité-prix, à tel point que les desserts, qui ne sont pas la spécialité de la maison (baklava ou crème glacée), peuvent être graciés. Le service est familial. Il n'y a pas de vins mais le thé est inclus!

ENFANTS TERRIBLES (LES)

(Amérique du Nord)

1257, avenue Bernard Ouest

514 759-9918

★★★ cuisine
★★ service
★★★★ décor

 M**50$** S**75$**

réservation / max. de personnes   20

Les Enfants terribles s'inscrit dans la maintenant longue lignée de restos montréalais qui proposent une cuisine assez raffinée voulant plaire à la fois aux clients exigeants (poulet de Cornouailles, jarret d'agneau, canard mulard) et à ceux qui recherchent des plats réconfortants (burger d'agneau + poutine, macaroni au fromage gruyère et vieux cheddar, pâté chinois à la joue de bœuf braisée). En salle, l'ambiance joyeuse, familiale et parfois légèrement survoltée par la musique ambiante correspond bien à l'image de brasserie moderne que la maison veut projeter, et le service est à l'avenant – jeune, un brin chaotique, mais détendu et sympathique. Et puis il y a cette vaste terrasse sur l'avenue Bernard, toujours bondée, bruyante, qui attire les passants comme un aimant et permet d'étirer jusqu'à minuit le plaisir de partager un repas entre amis.

Montréal

Outremont

CROISSANTERIE FIGARO (LA)

(Amérique du Nord)

5200, rue Hutchison

514 278-6567

★★ cuisine
★★★ service
★★★ décor

M**30$** S**50$**

réservation / max. de personnes   20

Au fil des ans, ce restaurant séduit toujours une clientèle fidèle qui n'hésite pas à faire la queue pour obtenir une table sur l'une des plus belles terrasses en ville! Fleurie et joyeuse, elle ne désemplit pas. En hiver, les amateurs se réfugient dans cette salle au charme indélébile des années 1920, ornée de superbes sculptures Art déco. Le matin, les étudiants profitent d'un moment calme à l'heure du café-croissant. À midi, la foule s'empresse pour un simple sandwich ou une grosse salade-repas. En soirée, familles ou amis étirent le plaisir avec quelques plats de type bistro sans prétention. Une cuisine bon marché qui s'accompagne de bières ou de vins à prix doux. Le service, un peu lent, est largement compensé par la convivialité des lieux.

Outremont

DELI LESTERS

(Amérique du Nord)

1057, avenue Bernard Ouest

514 213-1313

★★★ cuisine
★★ service
★★ décor

M**25$** S**25$**

réservation / max. de personnes   40

«Le meilleur smoked meat à Montréal»: lorsqu'il est question de sa viande fumée, Deli Lesters n'y va pas avec le dos de la cuillère. Mais il faut rendre au roi ce qui lui appartient: tendre, juteux, fumé à point, accompagné d'un cornichon parfaitement vinaigré, d'une portion de grosses frites un peu grasses, d'une salade de chou impeccable et d'une racinette servie dans un verre glacé, le plat fétiche de la maison est certainement un des plus solides prétendants à ce trône convoité! Mais il y a plus dans ce resto-institution, dont le décor rétro n'a pratiquement pas changé depuis 50 ans... Il y a la dinde fumée (un must), le foie haché, les piments doux marinés, les sandwichs de charcuterie, la valse des serveuses débordées, la clientèle multiethnique et le plaisir renouvelé de commander et d'ingurgiter plus que ce que votre estomac est humainement en mesure d'accepter! Mais bon, une fois n'est pas coutume...

Outremont

VAN HORNE (LE)

(Amérique du Nord)

1268, avenue Van Horne

514 508-0828

★ ★ ★ ★ ★ cuisine
★★★★ service
★★★★ décor

🗄 M _ S**100 $**

réservation / max. de personnes 6

Vu de l'extérieur, voici un petit resto qui ne paie pas de mine. Et pourtant, la cuisine du talentueux chef Éloi Dion est à l'image du décor: à la fois sobre et fantaisiste. Les murs blancs révèlent de magnifiques œuvres, comme ces portes de plâtre et de miroirs du pavillon de l'Iran d'Expo 67, ou ces assiettes en papier de Roy Lichtenstein. La nourriture y est traitée avec un soin extrême: une vision personnelle de la cuisine du marché, un menu qui change fréquemment, axé sur la qualité des produits et des apprêts soignés. Les présentations sont d'une précision chirurgicale, d'une grande beauté. Viandes, poissons et même légumes sont ici traités avec soin; les textures et saveurs sont parfaitement équilibrées. Du grand art.

Outremont

INFLUENCES

(Amérique du Nord)

1201, avenue Van Horne
514 276-5654

★★ cuisine
★★★ service
★★★★ décor

M **50 $** S **80 $**

réservation / max. de personnes   15

La carte d'Influences peut laisser sceptique. Voilà peut-être le seul menu en ville à proposer autant de plats venus de quatre continents. Et pour cause. Influences, c'est l'histoire de trois compères, une Japonaise, un Chilien et un Français, qui ont voulu créer l'improbable: un restaurant à la carte éclectique, où se mêlent tendances japonaise, française et espagnole. Et encore plus! En hommage à ce resto qui s'appelait précédemment Le Joli Moulin, on a tenu à garder quelques classiques de style steakhouse. Bref, un joli méli-mélo qui permet de naviguer entre chorizo à l'espagnole, tataki de thon à la japonaise et mignonnettes de bœuf au roquefort. Le service fort sympathique nous fait passer une bonne soirée. La carte des vins, banale, reste à améliorer.

Outremont

MURPHY (LE)

(Amérique du Nord)

1249, avenue Bernard Ouest
514 273-8132

★★★ cuisine
★★ service
★★★ décor

M **40 $** S **80 $**

réservation / max. de personnes   36

La vénérable Moulerie a cédé sa place au Murphy. Déco et cuisine ont subi une cure de jouvence qui marque l'entrée de ce restaurant dans le 21e siècle. Le chef, Ian Perreault, a presque totalement réaménagé la carte. Tout comme l'ambiance, la cuisine est désormais moderne et vivifiante, axée sur les produits locaux et de saison. Mais qu'ils se rassurent, les habitués retrouveront les classiques moules-frites! Tartares, burgers ou plats plus élaborés, Le Murphy propose une belle panoplie d'assiettes variées. Si les cuissons sont parfois approximatives, les couleurs et les saveurs sont au rendez-vous. À la belle saison, la terrasse est toujours aussi agréable. La carte des vins offre une intéressante sélection de crus hors de l'ordinaire.

Outremont

CHRISTOPHE

(France)

1187, avenue Van Horne
514 270-0850

★★★ cuisine
★★★ service
★★ décor

M   _   S **110 $**

réservation / max. de personnes   40

Il y a dans cette petite maison (à peine une quarantaine de couverts) tout ce qu'il faut pour réjouir les amateurs de belle et bonne cuisine française. De l'imagination, du savoir-faire, le plaisir des aliments frais, des produits locaux, des préparations savantes et la modestie de ne pas trop en faire ni de succomber aux modes passagères. Bref, le chef Christophe Geffray a manifestement fréquenté les bonnes écoles et ses clients sont choyés (particulièrement au chapitre du foie gras!...). Un bémol: la salle aurait besoin d'être un peu rafraîchie...

Montréal

Outremont

LEMÉAC

(France)

1045, avenue Laurier Ouest

514 270-0999

★★★★ cuisine
★★★★ service
★★★★ décor

M **55 $** S **100 $**

réservation / max. de personnes 12

Dans le carnet d'adresses incontournables de tout gastronome, il y a obligatoirement celle-ci, dont on ne se lasse pas et qui nous réjouit au fil des ans par sa constance et la qualité de son offre, que ce soit pour le très couru brunch du week-end, le dîner ou le souper même tardif. Devant les classiques, mais ô combien maîtrisés à la perfection, plats bistro de hareng, rillettes, boudin maison, saumon, cabillaud rôti, canard, pot-au-feu, onglet grillé... on hésite, mais on est certain de se régaler, d'autant que les accompagnements sont tout aussi savoureux et généreux. Même si l'on est repu, on commande une assiette de petits fours, plaisir garanti et envie de revenir encore et encore assurée. La terrasse couverte et chauffée au besoin (on est au Québec!) permet de prolonger la salle toujours pleine de cette histoire à succès du chef Richard Bastien.

Outremont

MARGAUX (LE)

(France)

5058, avenue du Parc

514 448-1598

★★★★ cuisine
★★★ service
★★★ décor

M **40 $** S **90 $**

réservation / max. de personnes 15

On choisit au tableau ou sur la carte plus étoffée dans une petite mais confortable salle tout de blanc vêtue. On déguste une mise en bouche et on passe aux choses sérieuses: la cuisine du sud-ouest de la France, onglet de bœuf sauce aux échalotes, magret de canard, agneau, veau ou plat de poisson... Il y a même des cuisses de grenouilles. Et bien sûr du foie gras qui peut coiffer, moyennant un petit supplément, plusieurs préparations de belle façon. Les cuissons sont justes, judicieuses même, et comme les assiettes sont préparées à la minute, il faut parfois attendre un peu avant d'être servi. Quelques touches de fraîcheur et des notes personnelles ici et là, mais dans l'ensemble, on s'en tient aux beaux plats et accompagnements classiques. Les desserts sous forme de déclinaisons sur le thème d'un fruit ou du chocolat sont tout aussi généreux et délicieux.

Outremont

PARIS-BEURRE (LE)

(France)

1226, avenue Van Horne

514 271-7502

★★★ cuisine
★★★ service
★★★ décor

M **50 $** S **80 $**

réservation / max. de personnes 45

Ce resto français a pignon sur l'avenue Van Horne depuis des lustres et il a ses habitués! Sa carte affiche tous les classiques de la cuisine de bistro parisien (soupe de poisson, escargots, foie gras, bavette, rognons, ris de veau, tartare, cassoulet...), mais avec quelques sympathiques nuances inventives qu'il faut saluer, comme un foie de veau aux raisins ou une côte de veau de lait aux cèpes. En table d'hôte ou à la carte, les plats sont finement préparés. La formule du midi pour une vingtaine de dollars est hautement recommandable. On aime le service discret mais efficace et le décor un peu suranné: murs patinés, grands miroirs et vieux planchers de bois qui craquent. Une adresse qui donne le goût de revenir!

Outremont

CHEZ LÉVÊQUE

(France)

1030, avenue Laurier Ouest

514 279-7355

★★★★ cuisine
★★★★ service
★★★★ décor

 M**50**$ S**85**$

réservation / max. de personnes 80

Du matin jusqu'à tard le soir, on vient festoyer dans cette authentique brasserie qui excelle dans les classiques français parfaitement maîtrisés et constants. On se sustente avec les cochonnailles, les tartares, les plats de canard, de boudin, les abats et les produits de la mer dont la maison raffole (et nous aussi). Huîtres, crevettes, homards, les arrivages locaux sont annoncés, y compris sur l'écran qui diffuse de belles images de pêche. Les nombreux habitués s'enquièrent du plat du jour et demandent si le fameux gratin dauphinois est bien au menu à une brigade de connaisseurs en chemise blanche et tablier noir très aidants pour faire son choix dans la longue carte. Les banquettes, miroirs et boiseries invitent à se délasser et peut-être même à se laisser aller en desserrant discrètement ceinture et cravate.

Outremont

TONNERRE DE BREST

(France)

1134, avenue Van Horne

514 278-6061

★★★ cuisine
★★★ service
★★ décor

M **30 $** S **80 $**

réservation / max. de personnes   35

Petit (très petit!) restaurant de l'avenue Van Horne, le bistro Tonnerre de Brest sert une cuisine typiquement française, avec tartares, foie de veau, boudin aux pommes et poisson. Le lieu, bien qu'exigu, demeure charmant, et ce, malgré un décor qui n'est pas des plus recherchés. On s'y sent bien, un peu comme chez soi, avec ces images évoquant la Bretagne et ces multiples ardoises sur lesquelles sont inscrits les menus du midi et du soir. Les plats manquent un peu de recherche et d'originalité, et tous ne sont pas gages de succès, mais certains s'en tirent néanmoins très bien, comme la tarte au citron, dont la garniture acide est un pur délice. Un endroit bien sympathique où il fait bon siroter un pastis ou déguster un far breton!

Outremont

AMELIOS SUR BERNARD

(Italie)

1205, avenue Bernard Ouest

514 903-8397

★★ cuisine
★★ service
★★ décor

M   _   S **40 $**

réservation / max. de personnes   60

Depuis une bonne décennie, les pizzerias montréalaises multiplient les variantes. Fine ou épaisse, ronde ou carrée, au poulet thaï ou aux crevettes et cari: la pizza est devenue un support pour le moins exotique. Mais les traditionalistes vous le diront: rien ne vaut une bonne vieille pizza au fromage coulant et à la sauce tomate maison. Pourquoi changer une recette gagnante? Chez Amelios, la pâte est fine, la croûte, épaisse et croustillante. Les recettes sont familiales et les sauces, maison. Les pizzas sans chichi côtoient également sous-marins, lasagne et raviolis bien riches, aux portions généreuses. Pour arroser le tout, le service, adorable, pourra vous recommander une des bonnes bouteilles de vin en importation privée.

Outremont

CAFFÈ DELLA POSTA

(Italie)

361, avenue Bernard Ouest

514 495-8258

★★★★ cuisine
★★★★ service
★★★★ décor

M **45 $** S **90 $**

réservation / max. de personnes   45

Tout est joli ici, en commençant par la salle, ses tables de marbre et sa cuisine ouverte qui lui donnent des allures de bistro et un petit côté familial accueillant. Les plats d'inspiration sicilienne sont eux aussi invitants, à la fois délicats et rustiques dans leur simplicité, mais réalisés avec brio et générosité. On commence par picorer de délicieux taratelli, puis on attaque les antipasti en savourant, au passage, une huile d'olive et un vinaigre balsamique de grande qualité. On passe aux choses sérieuses avec la morue au four, l'osso buco, un risotto, des pâtes ou un jarret d'agneau. On termine en beauté avec un tiramisu, un fondant au chocolat ou une coupe de gelato. On quitte en souriant.

Outremont

PAGLIACCIO (IL)

(Italie)

365, avenue Laurier Ouest

514 276-6999

★★★ cuisine
★★★★ service
★★★ décor

M **45$** S **100$**

réservation / max. de personnes 40

Paisible et sage: voilà des termes convenant parfaitement à cet endroit qui, un peu étrangement, porte le nom d'Il Pagliaccio, «le clown» en italien. Paisible et sage, peut-être, mais pas le moins du monde ennuyeux! La cuisine italienne classique qu'on nous y propose, si elle ne vise pas à en mettre plein la vue ni à suivre quelque mode que ce soit, plaît à nos papilles. De l'entrée au dessert, l'agencement des saveurs et le soin qui a été accordé à chaque détail sont effectués avec subtilité. La cuisson des pâtes, des viandes, des poissons ou des fruits de mer leur rend parfaitement justice, on ne les noie pas sous des sauces trop présentes et la fraîcheur des produits s'apprécie à chaque bouchée; le carpaccio de bœuf et la mozzarella fondent littéralement dans la bouche... de purs délices.

Outremont

PETIT ITALIEN (LE)

(Italie)

1265, avenue Bernard Ouest

514 278-0888

★★★ cuisine
★★★ service
★★★★ décor

M **50$** S **80$**

réservation / max. de personnes 20

Ils sont nombreux, les habitués à se presser dans ce tout petit resto d'Outremont, surtout la fin de semaine et surtout les soirs d'été, pour faire honneur à l'attirante terrasse. La plupart commandent la généreuse table d'hôte qui change au rythme des arrivages du marché et de l'humeur gourmande du chef, où salades fraîches, antipasti de légumes ou de fruits de mer et charcuteries précèdent risottos, plats de pâtes et belles pièces de viande grillées ou mijotées (le point fort du menu). La carte des pâtes est originale et éclectique: au canard, aux saucisses et rapini, à l'orange et au basilic, il y en a pour tous les goûts. Les assiettes, copieuses, sont garnies de sauces et d'accompagnements tout aussi généreux. Desserts simples et excellents. Il faut absolument goûter aux biscottis et sorbets maison.

Outremont

PIZZAIOLLE

(Italie)

5100, rue Hutchison

514 274-9349

★★★ cuisine
★★★ service
★★★ décor

M **30$** S **50$**

réservation / max. de personnes 0

Le seul reproche qu'on l'on puisse faire à cette adresse, c'est qu'il est difficile, voire impossible de réserver et que, succès oblige, on doit parfois attendre un peu avant de pouvoir s'attabler. On patiente en humant les délicieuses odeurs de bois et de pâte qui émanent de l'immense four, la vedette du lieu. Puis il faut faire un choix, pâte blanche ou de blé entier, et opter pour une pizza sur la liste qui en compte près de quarante. Celles-ci comportent toutes sortes d'ingrédients tentants: saucisse de canard, herbes, roquette... La sauce tomate est onctueuse, et que ce soit entre amis ou en famille, tout le monde se tait un instant pour se rassasier. Il faut pourtant prévoir une entrée, le beignet aux aubergines étant un must, et succomber à la belle carte de desserts. Trois autres adresses à Montréal.

Montréal

Outremont

OFELIA

(Grèce)

1270, avenue Bernard Ouest

514 277-4000

★★ cuisine
★★★ service
★★★ décor

M**40 $** S**100 $**

réservation / max. de personnes   40

Habituellement confinée à l'avenue du Parc, cette cuisine ensoleillée s'est installée dans un demi-sous-sol de l'avenue Bernard. À l'intérieur, le décor est chic: murs de pierres blanches, vases et statues de style antique, tables nappées immaculées et, dans l'angle, un bar chromé surmonté de miroirs. La mission d'Ofelia est de servir avec empressement et dévouement une fine cuisine méditerranéenne traditionnelle. Se retrouvent au menu quelques bons classiques, comme ces feuilles de vigne soyeuses ou cette salade de pieuvre froide parfumée. Les poissons et grillades sont réalisés avec soin, secondés d'accompagnements (riz, frites, légumes) cependant un peu convenus. Les desserts sont impeccables. La carte des vins propose d'intéressants crus grecs à découvrir.

Outremont

RYÙ

(Japon)

288, avenue Laurier Ouest

514 439-6559

☆☆☆☆ cuisine
★★★★ service
★★★★ décor

 M _ S**100 $**

réservation / max. de personnes 12

Le Ryù, qui signifie «dragon» en japonais, est un izakaya, ou l'équivalent nippon du bar à tapas espagnol. Contrairement aux vrais bistros du Soleil levant, le Ryù a misé sur une ambiance *nightlife*. Grâce à la déco et à la musique techno-lounge, on se croit téléporté sur Saint-Laurent, entre Sherbrooke et Prince-Arthur. Avec sa carte d'apéros sexy, de sakés et de champagnes, il y a de quoi faire la fête! Mais même si le lieu est hautement tendance, la cuisine est prise très au sérieux. Le menu offre de délicieuses tapas d'inspiration japonaise, des sushis et makis nouveau genre (peu de riz et les feuilles nori ont été remplacées par des feuilles de riz, plus moelleuses) qui ravissent et surprennent. Des entrées aux desserts, la créativité est au rendez-vous.

Outremont

MAÏKO SUSHI

(Japon)

387, avenue Bernard Ouest

514 490-1225

★★★ cuisine
★★★★ service
★★★ décor

 M **35$** S **90$**

réservation / max. de personnes 30

«Bienvenue chez Maïko», dit le serveur alors qu'il dépose sur la table deux débarbouillettes chaudes. Une façon attentionnée de commencer l'aventure dans ce restaurant japonais dont on peut admirer l'immense salle à manger à la déco chic par les grandes fenêtres qui longent l'avenue Bernard. La popularité de ce resto où sushis, tempuras, plats teriyaki et autres spécialités sont à l'honneur ne semble pas se démentir. Pourtant, si le service est impeccable et les présentations visuelles, très réussies, on souhaiterait plus de constance dans l'assiette. Les sushis, sans surprise et un peu fades, n'ont pas réussi à voler la vedette au filet mignon et à l'entrée de pétoncles au saké, tous deux délicieux. Les desserts ne sont pas la force de l'établissement.

Outremont

RUMI

(Moyen-Orient)

5198, rue Hutchison

514 490-1999

★★★ cuisine
★★★ service
★★★ décor

 M **40$** S **80$**

réservation / max. de personnes 80

Avec son décor aussi chaud et épicé que sa cuisine, c'est l'endroit parfait pour une immersion dans le Moyen-Orient. Tajines parfumés à souhait, tendres grillades, dhal savoureux, délicieuses tartinades (surtout la purée courge-tahini-érable) et naan tout chaud ne sont là que quelques-unes des délices métissés auxquels on peut s'attendre. La cuisine est préparée et présentée simplement, mais les harmonies gustatives ne sont jamais laissées au hasard. Et avec ces boissons originales et ces rafraîchissants desserts accompagnés de thé à la menthe ou à la cardamome, on voudrait bien franchement que ça ne finisse jamais. Quant au service, chaleureux et amical, on ne peut qu'en dire grand bien. Un restaurant qui respecte ses promesses de dépaysement et d'exotisme.

Outremont

GALANGA BISTRO THAÏ

(Thaïlande)

1231, avenue Lajoie

438 381-3289

★★ cuisine
★★★ service
★★★ décor

 M **30$** S **50$**

réservation / max. de personnes 20

La petite terrasse de la tranquille avenue Lajoie dans Outremont est un coup de cœur. C'est un îlot de verdure à la quiétude remarquable, où la vie s'écoule comme un long fleuve tranquille, à l'abri des terrasses bondées de l'avenue Bernard. Manger dehors est très agréable, mais l'intérieur du bistro Galanga est tout aussi confortable: ouvert et coloré, mêlant orange et jaune lumineux, rehaussé par une fenestration abondante. Le chef propose sa version personnelle de la cuisine thaïe, aux saveurs épicées mais douces, même sucrées, et aux présentations contemporaines. Sur demande, il se fera un plaisir de pimenter votre plat. Qui s'accompagnera d'un verre de vin gouleyant ou, tout simplement, d'un bon thé vert.

RÔTISSERIE PANAMA

(Grèce)

789, rue Jean-Talon Ouest

514 276-5223

★★★ cuisine
★★ service
★★ décor

M**30$** S**80$**

réservation / max. de personnes   30

La Rôtisserie Panama, c'est la quintessence du resto grec traditionnel: les bas-reliefs, les nappes à carreaux, la lumière un peu crue, l'étal de poissons frais, le bouzouki en fond sonore et, surtout, l'odeur intense, parfumée et suave des grillades que le patron prépare à quelques mètres de votre table. Ça sent l'ail, l'origan, l'olive et le yogourt frais, les assiettes sont, bien entendu, plus grosses que ce qu'un estomac normal peut absorber, mais un joli choix de vins grecs aide à faire passer le tout dans la joie et l'abondance. Notre préférence va aux plats d'agneau, très bien apprêtés, mais également aux poissons et à la bien nommée «assiette de variété» qui regroupe l'ensemble des entrées typiques de cette cuisine rustique et hors d'âge, mais toujours aussi pertinente et que les Montréalais ont malheureusement un peu délaissée ces dernières années. Service souriant et sympathique, clientèle éclectique, une adresse à ne pas oublier.

Montréal

BOMBAY MAHAL

(Inde)

1001, rue Jean-Talon Ouest

514 273-3331

★★★ cuisine
★★ service
★★ décor

EP   M**20$** S**40$**

réservation / max. de personnes   50

Parmi les restos indiens agglutinés dans cette section bigarrée de Parc-Ex, Bombay Mahal est sans contredit l'un des plus populaires. Certains soirs, la file déborde même sur le trottoir. Pourquoi là plutôt que chez le voisin? Pour l'ambiance animée et joyeusement chaotique, la possibilité d'apporter son vin, l'humour pince-sans-rire des serveurs, mais surtout pour la cuisine délicieuse et franchement abordable (même très abordable si on choisit un thali). En entrée, le chana samosa change des sempiternels samosas et des pakoras et crée une sérieuse dépendance. Avis aux palais sensibles: parfois en feu, le cuisinier a tendance à avoir la main lourde sur le piment.

MALHI

(Inde)

880, rue Jarry Ouest

514 273-0407

★★ cuisine
★★ service
★★ décor

M**20$** S**40$**

réservation / max. de personnes   10

Plusieurs détails de la déco truculente du Malhi font sourire: la présence incongrue de chandeliers dans un lieu éclairé aux néons, les lumières de Noël, la télé qui crache des vidéos de musique indienne. Ces singularités jumelées au service enjoué créent une atmosphère bon enfant. Côté bouffe, on mise sur les spécialités du Punjab, qui sont celles offertes dans la plupart des restos indiens de la métropole. À part le poulet au beurre qui a ici de nombreux adeptes, notons l'entrée d'aloo tikki, croustillantes galettes de pommes de terre garnies de coriandre fraîche et d'une sauce à la menthe, ainsi que le poulet tandouri, qui, sans être le plus tendre dégusté, constitue, avec son prix tout doux, un bon complément aux autres plats, la plupart en sauce. On arrose le tout de bière, la carte ne proposant pas de vin.

JOE BEEF

(Amérique du Nord)

2491, rue Notre-Dame Ouest

514 935-6504

★★★★ cuisine
★★★ service
★★★ décor

🗄 🍸 M _ S**120 $**

réservation / max. de personnes   6

Une adresse pour le moins originale qui propose un menu solidement protéiné, avec une nette préférence pour les saveurs tranchées, les viandes rouges, les produits de la mer relevés et une panoplie de petites trouvailles qui plaisent autant à l'œil qu'au palais. Aux fourneaux, les chefs-proprios Fred Morin et David McMillan démontrent une maîtrise de la cuisine américaine revisitée et de la cuisine de marché qui ne se dément pas d'un plat à l'autre. Une cuisine musclée et généreuse, mais qui se permet également quelques dentelles en accompagnement et qui est très bien servie par une carte des vins élégante et intelligente. Seuls l'étroitesse des lieux et le côté, disons, très éclectique du décor (les têtes de gazelle et de bison empaillées ne font pas l'unanimité...) pourraient laisser quelques clients pantois. Mais au final, la somme de l'expérience l'emporte largement sur les parties.

Petite-Bourgogne

LIVERPOOL HOUSE

(Amérique du Nord)

2501, rue Notre-Dame Ouest

514 313-6049

★★★ cuisine
★★★★ service
★★★★ décor

🗄 M _ S**110 $**

réservation / max. de personnes   10

Appartenant aux mêmes propriétaires que les restaurants voisins Joe Beef et McKiernan, cette ancienne taverne qui accueillait les marins il y a plus d'un siècle partage avec ses frères le même esprit branché et festif. Son menu évolue chaque semaine, voire chaque jour, au gré des disponibilités du marché, et suit une ligne à la fois éclectique et réconfortante, mêlant des influences italiennes et de la Nouvelle-Angleterre. Ce mariage est incarné par l'un des seuls mets offerts en tout temps ou presque, soit les spaghettis au homard. Poissons, plateaux d'huîtres et costaudes pièces de viande sont aussi à l'honneur. À eux seuls, les plats ne suffisent pas à rendre une visite ici exceptionnelle, mais l'atmosphère, le charme antique des lieux et le service bonifient grandement l'expérience.

Petite-Bourgogne

BOUCAN (LE)

(Amérique du Nord)

1886, rue Notre-Dame Ouest

514 439-4555

★ ★   cuisine
★ ★   service
★ ★ ★   décor

 M**60** $ S**60** $

réservation / max. de personnes   25

Ce petit resto éminemment sympathique propose une cuisine typiquement texane où la viande rouge, fumée et couverte de sauce BBQ est à l'honneur. On y propose bien quelques spécialités locales (poutine au porc effiloché et macaroni au fromage), mais pour l'essentiel, on se croirait dans un joli grill du Sud-Est américain, ambiance festive, bière au litre et assiette format Géant vert inclus. Vous aurez compris qu'on ne fait pas dans la dentelle, que les pièces sont roboratives et que même les desserts sont du même acabit (brownies au bacon, tarte au babeurre). Les amateurs du genre vont s'en lécher les doigts. Côté service, on est dans le même registre, sympathique et sans fla-fla, ce qui colle parfaitement au décor de la maison, à mi-chemin entre la grange revampée et le néo-kitsch des vieux *diners* montréalais.

Petite-Bourgogne

PUB BURGUNDY LION

(Amérique du Nord)

2496, rue Notre-Dame Ouest

514 934-0888

★★★ cuisine
★★★ service
★★★★ décor

  M **50$** S **70$**

réservation / max. de personnes   40

Cet établissement de la rue Notre-Dame est un authentique voyage en Angleterre. S'y retrouve l'ambiance festive et bruyante des pubs britanniques, surtout les soirs de matchs sportifs diffusés sur écran. En terrasse ou dans les différents espaces qui composent les lieux, la bière coule à flots et des plats réconfortants à souhait sont servis dans les deux langues et très cordialement. Au menu, les amateurs de fish & chips, burgers et plats plus typiquement anglais comme le shepherd's pie et les viandes braisées trouveront leur bonheur. Et comme en Angleterre, des influences indiennes se font aussi sentir dans le menu, avec des currys et autres samosas. Avis aux gros appétits: les assiettes sont copieuses et très satisfaisantes. Côté boissons, l'établissement propose plusieurs bières, bien sûr, mais aussi une sélection de whiskys impressionnante et une carte de vins, au verre et en bouteille, relativement bien étoffée. Pour ce qui est des desserts, plaisants mais sans plus, les puddings sous différentes formes ont une place de choix parmi d'autres douceurs.

Petite-Bourgogne

LIMON

(Amérique latine + Antilles)

2472, rue Notre-Dame Ouest

514 509-1237

★★★ cuisine
★★★ service
★★★ décor

M **30$** S **80$**

réservation / max. de personnes   50

Ce resto mexicain a de bien belles cordes à son arc: une recette de margarita authentique, de charmants serveurs, des couleurs toniques, une carte de tequilas qui se respecte (et qui permet de s'initier à cet alcool qui ne se boit pas qu'en shooter). On s'y installe donc, assuré d'y passer un bon moment. Au menu, les traditionnels fajitas, enchiladas et tacos côtoient des propositions plus audacieuses comme un saumon grillé et son pesto aux graines de citrouille. En entrée, on est ravi par un ceviche dont les morceaux dodus sont fouettés par la belle acidité de la lime. Lorsqu'on connaît la passion légendaire des Mexicains pour le piment, on est toutefois surpris du peu d'explosion en bouche. Qu'à cela ne tienne, la bonhomie ambiante fait oublier ce manque de mordant dans l'assiette.

Petite-Bourgogne

GEPPETTO PIZZERIA

(Italie)

2504, rue Notre-Dame Ouest

514 903-3737

★★★ cuisine
★★★ service
★★★ décor

M **30$** S **60$**

réservation / max. de personnes   8

On se sent tout de go à son aise chez Geppetto. À l'extérieur sur la belle terrasse ou à l'intérieur dans un joli décor de bistro moderne, on nous apporte avec un sourire détendu des pizzas de qualité cuites sur place au four hybride bois-gaz – dont l'excellente salsiccia à la saucisse italienne. Mais on peut aussi y déguster des légumes marinés, des escargots, un excellent crostini aux champignons, des pâtes fraîches et des desserts honnêtes – tiramisu, biscotti et autres gelati – qui se tirent très bien d'affaire. Un beau restaurant de quartier.

PASTAGA VINS NATURE RESTAURANT

(Amérique du Nord)

6389, boulevard Saint-Laurent

514 742-6389

★★★★ cuisine
★★★ service
★★★★ décor

M**50**$ S**70**$

réservation / max. de personnes   20

Après avoir joué à la chaise musicale, le talentueux chef Martin Juneau semble s'être stabilisé. Avec son associé Louis-Philippe Breton, il a rénové un local et créé le Pastaga, un endroit charmant où l'on peut déguster l'une des meilleures cuisines à Montréal. Chaque assiette, dont les portions sont plus grosses qu'une entrée mais plus petites qu'un plat principal, est une élaboration complexe et originale, autant sur le plan des saveurs que des couleurs et des textures. On retrouvera le plat-signature de Juneau, l'irrésistible poitrine de porcelet laquée au sucre brun. Le chef a su s'entourer d'une superbe équipe, dont une chef pâtissière, et un sommelier qui a élaboré une carte de vins naturels. Ouvert le midi, le vendredi seulement.

Petite Italie

BISTRO APOLLO CONCEPT

(Amérique du Nord)

6422, boulevard Saint-Laurent

514 276-0444

★★★ cuisine
★★★ service
★★★★ décor

 M **50 $** S **100 $**

réservation / max. de personnes 70

Un ancien local de banque a été reconverti en salle très confortable, où dominent le blanc et la nature grâce à deux immenses troncs d'arbres faisant office de piliers. À droite, le bar. Au fond, la cuisine ouverte. Au mur, un tableau noir présentant le menu. Une gastronomie inventive: le chef n'hésite pas à utiliser le siphon pour créer des mousses aériennes, comme celle parfumée à la pomme pour le foie gras à l'andouille, ou à dégoter des ingrédients méconnus telle la fève tonka accompagnant bien les crevettes. Le menu dégustation propose une jolie balade créative entre terre et mer, entre saumon et bison. Les plats changent souvent, au gré de l'inspiration du chef et du marché du jour. N'oubliez pas: ici, on apporte son vin.

Petite Italie

KITCHEN GALERIE

(Amérique du Nord)

60, rue Jean-Talon Est

514 315-8994

★★★★ cuisine
★★★ service
★★ décor

M _ S **90 $**

réservation / max. de personnes 10

C'est tout petit, super sympathique et convivial, géré de main de maître par deux patrons doués qui nous font également le plaisir de servir aux tables, et franchement, dans son genre, le Kitchen Galerie est assez unique. En cuisine, la carte quotidienne est relativement courte — une poignée de plats (deux poissons, deux viandes, un végé) qui évoluent au gré des saisons et des arrivages du Marché Jean-Talon. Mais tout est finement apprêté, savoureux et rien ne pèche par excès de maniérisme. Et puis il y a le plat fétiche de la maison: le foie gras. Décliné avec succès en une demi-douzaine de variantes (incluant au lave-vaisselle...), on peut difficilement résister à la tentation d'y plonger sa fourchette, quitte à partager si on veut éviter les excès de table. En salle, c'est chaleureux, jeune, vivant, et on sent que les clients, tout comme la maison, tirent un grand plaisir de leur expérience.

Petite Italie

REY DEL TACO (EL)

(Amérique latine + Antilles)

232, rue Jean-Talon Est

514 274-3336

★★ cuisine
★★ service
★ décor

M **20 $** S **30 $**

réservation / max. de personnes 250

Avec son kiosque à churros et jus de fruits colorés, cette *taqueria* mexicaine attire les passants qui font leurs emplettes au Marché Jean-Talon. Le décor tient de la cabane de plage ou du boui-boui sympathique et on s'y installe à toute heure du jour, de préférence en terrasse sous l'auvent de toile, pour manger sur le pouce des plats authentiquement mexicains au son d'une radio diffusant de vieux tubes estivaux. La spécialité de la maison, vous l'aurez deviné, ce sont les tacos. Le menu en propose à toutes les sortes de viande et même, avis aux amateurs, à la *cabeza* ou tête de bœuf. Nachos maison, quesadillas, tamales, tortas (sandwichs), salade de cactus, grillades, assiettes de fruits de mer et autres standards du casse-croûte à la mexicaine sont aussi de la partie. Tout est fait maison et avec soin. De quoi patienter jusqu'aux prochaines vacances...

Petite Italie

CAFÉ INTERNATIONAL

(Italie)

6714, boulevard Saint-Laurent

514 495-0067

★★★ cuisine
★★★ service
★★ décor

 M **40 $** S **70 $**

réservation / max. de personnes 80

En plus de quarante ans de bons et loyaux services, le Café international s'est bâti une réputation et une clientèle sur mesure faite d'habitués, de familles et d'amoureux de la Petite Italie qui découvrent et redécouvrent ce bistro sympathique et convivial, dont la qualité de la cuisine est restée stable au fil du temps. Pâtes, pizzas et paninis déclinés en une douzaine d'offres, quelques plats de viande, les traditionnels antipasti (carpaccio, calmars frits ou grillés, caprese di bufala), la maison ne révolutionne rien, mais chaque plat est savoureux et réalisé avec des aliments frais. Quant au café, onctueux et suave, il est résolument dans une classe à part, même pour la Petite Italie. Et puis, dès que le beau temps se pointe le nez, la terrasse se transforme en aimant pour les passants et il est difficile de résister à l'envie de siroter lentement un verre de vin en jetant un coup d'œil sur la faune agitée, colorée et joyeuse du quartier.

Petite Italie

CAFFÈ ITALIA

(Italie)

6840, boulevard Saint-Laurent

514 495-0059

★★ cuisine
★★ service
★★ décor

 M **25 $** S **25 $**

réservation / max. de personnes 0

On pourrait passer devant sans le remarquer, mais ce serait dommage de rater ce pur produit italo-montréalais. Les premières tables sont réservées aux habitués, mais il y en a d'autres dans les deux salles! On se presse au comptoir pour avaler un panini ou un sandwich sur pain blanc garni de viande, de poivrons rouges plus ou moins piquants et d'aubergines marinées. Les desserts se résument à quelques spécialités de la «botte», comme le parfumé panettone. Le roi de ces lieux plutôt rétro est bien sûr le café... italien, qu'on sirote en espresso ou cappuccino à n'importe quelle heure. Et pourquoi pas en faisant une partie de babyfoot dans l'arrière-salle? Les soirs de matchs de soccer, les amateurs se pressent devant la télé...

Petite Italie

HOSTARIA

(Italie)

236, rue Saint-Zotique Est

514 273-5776

★★★ cuisine
★★★★ service
★★★★ décor

M **50 $** S **100 $**

réservation / max. de personnes 12

Le propriétaire du Il Mulino a donné un coup de barre à son resto: même adresse, mais nouveaux nom, chef et déco. L'établissement se donne maintenant des airs de bistro, tout en conservant un certain chic. Derrière le comptoir de marbre, des plats rectangulaires en terre cuite exposent à la vue d'alléchants antipasti, tandis qu'une collection de bouteilles de grappa fait de l'œil aux convives. De la cuisine, sortent des primi de pâtes et de risotto et des secondi de poissons et de viandes. Chaque jour de la semaine offre un plat du jour différent, comme le bollito misto, un genre de pot-au-feu du nord de l'Italie. Les desserts maison, simples mais bien réalisés, s'accompagnent bien d'un savoureux vino santo toscan.

Montréal

Petite Italie

BOTTEGA

(Italie)

65, rue Saint-Zotique Est

514 277-8104

★★★★ cuisine
★★★ service
★★★★ décor

 M _ S**80$**

réservation / max. de personnes   10

On se rend au Bottega d'abord pour sa pizza napolitaine préparée dans les règles de l'art, qui passe quelques secondes seulement au four à bois avant de nous être servie avec cérémonie. Ici, la «pièce maîtresse» est spectaculaire: faite en pierres volcaniques et recouverte de céramique rouge vif, elle trône au fond de la chic salle attenante à la cuisine ouverte et au comptoir à gelati. Parmi la quinzaine de pizzas qui en sortent, on préfère encore les plus simples et authentiques marinara, margherita et caprese qui révèlent toute la qualité de la pâte mince et moelleuse, des tomates et de l'huile d'olive de première qualité. On s'y rend aussi pour le service amical, l'ambiance effervescente propice aux soupers entre amis et la carte des vins. Une fois sur place, on explore également du côté des sfizi, ces hors-d'œuvre napolitains en deux bouchées, et des desserts, comme ce tiramisu irréprochable. *Salute!* À noter, deuxième adresse: 2059, boulevard Saint-Martin Ouest à Laval.

Petite Italie

LUCCA
(Italie)

12, rue Dante
514 278-6502

★ ★ ★ ★ cuisine
★ ★ ★ service
★ ★ ★ ★ décor

  M**45 $** S**105 $**

réservation / max. de personnes   20

Au Lucca, on déguste une cuisine italienne authentique, mais où l'audace et l'originalité sont aussi invitées à table. Le résultat est inspirant, que ce soit sur le plan de l'exécution, sans fausse note, des saveurs, éclatantes en bouche, ou des présentations visuelles, réussies. Le menu, écrit en italien sur un tableau accroché à un des murs de l'élégante salle, vous sera expliqué – et traduit – par un personnel courtois et efficace. On y navigue entre antipasti, risotto (dont l'onctuosité est à se pâmer), pâtes et généreuses pièces de viande, le tout accompagné d'une bouteille de vin italien. Bref, une adresse incontournable de la Petite Italie où se rencontrent clientèle aisée, jeunes professionnels et couples romantiques.

Petite Italie

PRIMO ET SECONDO

(Italie)

7023, rue Saint-Dominique

514 908-0838

★★★★ cuisine
★★★★ service
★★★ décor

 M **70 $** S **160 $**

réservation / max. de personnes   8

Au Primo et Secondo, la cuisine italienne s'éloigne considérablement des pâtes et pizzas auxquelles les restaurateurs italiens ont habitué les gourmets. Que ce soit son ostoletta di vitellino ou son risotto à l'huile de truffe, les plats de ce petit secret bien gardé de la Petite Italie sont, il faut le dire, dignes de mention. Divisés en *antipasti, primi, secondi e dolci*, ils ne manquent assurément pas de panache et donnent envie de revenir presto dans ce petit endroit à l'ambiance intimiste où le service est plus que très affable. La carte de vins italiens est irréprochable et sitôt la première gorgée déglutie, le charme opère. Sans oublier que la traduction des plats écrits en italien sur des ardoises vous est offerte sans frais!

Petite Italie

TRE MARIE

(Italie)

6934, rue Clark

514 277-9859

★★ cuisine
★★★ service
★★★ décor

 M **35 $** S **70 $**

réservation / max. de personnes   15

Depuis 1967, Rosina Fabrizo, 91 ans, façonne tous les jours ses boulettes et ses tendres raviolis, mijote ses délicates sauces, tantôt rosées, à la viande ou aux tomates. Même les cannolis — ces pâtes frites fourrées à la ricotta — et le tiramisu sont faits maison. En salle, ses neveux et nièces ainsi que ses petits-enfants déposent les généreuses assiettes (le plat d'antipasti pour deux est gargantuesque) sur les nappes à carreaux. L'ambiance est chaleureuse, un brin vieillotte, mais cadre parfaitement avec l'idée que l'on se fait d'un restaurant tenu de main de maîtresse par l'infatigable *mamma*. On y va en amoureux ou avec les gamins, pour la cuisine authentique et le service décontracté et sympathique comme tout.

Et l'addition, s'il vous plait

Les prix mentionnés pour le repas du midi et/ou du soir sont calculés pour deux personnes, avant taxes, service et boissons. Il s'agit d'une moyenne établie, lors de notre visite, en étudiant les propositions à la carte et les différents menus et tables d'hôte pour un repas généralement de trois services (entrée, plat, dessert). Le montant du pourboire est laissé à votre discrétion. Toutefois, le code social et l'usage recommandent de laisser au moins 15 % du montant de l'addition avant taxes.

Petite Italie

PICCOLA ITALIA

(Italie)

6701, boulevard Saint-Laurent

514 270-6701

★ ★ ★ ★ cuisine
★ ★ ★ ★ service
★ ★ ★ ★ décor

 M**50 $** S**100 $**

réservation / max. de personnes 100

On vous recevra en prenant grand soin de vous faire passer un très beau moment ici. On vous offrira même des bouchées très invitantes le temps que vous fassiez votre choix. Au menu, des classiques italiens mais avec une touche de créativité et un raffinement tant dans la sélection des produits, les accompagnements que les présentations. La salle élégante, à la fois rustique et contemporaine, est lumineuse et les groupes sont bienvenus. La carte des vins est judicieuse, les crus italiens sont à l'honneur et permettent de faire d'étonnantes découvertes. On a beau être dans la Petite Italie, rien n'est vraiment petit ici!

Petite Italie

ALEP

(Moyen-Orient)

199, rue Jean-Talon Est

514 270-6396

★★★★ cuisine
★★★★ service
★★★★ décor

M _ S**80$**

réservation / max. de personnes 50

En août 2011, Alep a fait peau neuve. Exit les fausses pierres de cathédrale! Place à un intérieur contemporain ponctué de grandes photos noir et blanc, dramatiques et fascinantes, de paysages et monuments d'Alep. Le changement s'est appliqué à la déco uniquement. Au menu, on retrouve toujours les alléchantes spécialités arméno-syriennes concoctées par la chef-propriétaire Jacqueline Frangié. On retiendra le duo houmous-mouhamara, la salade fattouche acidulée au sumac, les brochettes de filet mignon parfumé au fléflé, le loup-marin cuit avec un confit de fenouil et poivron rouge, et l'agneau braisé durant six heures. Pourquoi changer une formule qui a fait ses preuves et qui, de surcroît, compte de nombreux adeptes depuis plus de 35 ans?

Petite Italie

PETIT ALEP (LE)

(Moyen-Orient)

191, rue Jean-Talon Est

514 270-9361

★★★ cuisine
★★★ service
★★★ décor

M**20$** S**60$**

réservation / max. de personnes 0

Petit frère du grand resto d'à côté, Le Petit Alep séduit une faune de tous âges à la recherche d'un lieu convivial et d'une cuisine abordable et parfumée. D'ailleurs, le bistro ne dérougit pas: à preuve cette file d'attente presque systématique, qui n'est cependant jamais bien longue. À l'intérieur, on vous fera patienter avec un apéro et quelques trempettes typiques de cette cuisine syrio-arménienne: houmous, baba ghanouj ou mouhamara. La suite se compose essentiellement d'assiettes abondantes réunissant viandes grillées (excellent bœuf épicé), salades fraîches et riz parfumé. La carte des vins regorge d'importations privées intéressantes. Les desserts sont sucrés et cochons. Attention, ce restaurant ne prend pas les réservations.

Bons mots:
«Cookie ? Anciennement: petit gâteau sucré, qu'on acceptait avec plaisir. Aujourd'hui: petit fichier informatique drôlement salé, qu'il faut refuser avec véhémence.»

— Luc Fayard

COIN BERBÈRE (AU)

(Afrique)

73, avenue Duluth Est

514 844-7405

★★ cuisine
★★★ service
★★ décor

🔪 M _ S**60$**

réservation / max. de personnes 12

Bien qu'il s'agisse d'un plat venu des contrées chaudes, le couscous convient particulièrement bien à nos climats sibériens. Après s'être réchauffé d'une chorba, soupe à base de coriandre et de boulgour, on n'a d'autres choix que d'opter pour une des déclinaisons de ce pot-au-feu version maghrébine. Curiosité faisant la fierté de l'établissement, un couscous au lapin du Québec vole la vedette aux habituelles propositions d'agneau, de poulet ou de merguez. Les assiettes en terre cuite sont généreusement garnies, mais le bouillon manque un peu de mordant. Qu'à cela ne tienne, on termine le repas avec l'incontournable thé à la menthe.

Plateau-Mont-Royal

DEUX OLIVIERS (LES)

(Afrique)

1870, rue Rachel Est

514 526-4429

★★ cuisine
★★ service
★ décor

🔪 M _ S**40$**

réservation / max. de personnes 20

Les Deux Oliviers vaut le déplacement pour quiconque est amateur de couscous – royal, au poisson, aux boulettes, etc. Ici, ce plat traditionnel est copieux, succulent et mitonné à la tunisienne, dans un tajine. L'endroit est un peu brouillon (pour accéder aux toilettes, il faut passer par la cuisine...), décoré de façon éclectique, et le service s'avère parfois désordonné, mais on compense avec un accueil chaleureux, des prix abordables et la qualité de ce qu'on trouve dans l'assiette, dont les bricks, légers et croustillants. On peut commander au comptoir pour emporter ou manger sur place, à la minuscule mezzanine, ou alors, par beau temps, sur la petite terrasse donnant sur la rue Rachel. Argent comptant seulement.

Plateau-Mont-Royal

GOULETTE (LA)

(Afrique)

930, rue Roy Est

514 526-1539

★★ cuisine
★★ service
★ décor

🍱 M**30$** S**40$**

réservation / max. de personnes 20

La Goulette est d'abord et avant tout un comptoir de livraison, il ne faut donc pas s'étonner d'y découvrir six tables entassées dans un espace pas plus grand qu'un *walk-in*. En version *take-out* ou *take-in*, les couscous aux légumes, poulet, agneau ou merguez sont réconfortants, parfumés et généreux. Outre ces derniers, on pourra opter pour des spécialités tunisiennes comme des doigts de Fatima (feuilles de brick farcies au thon) ou la salade concombre, thon et œufs durs. Même si les plats sont bourratifs, on se gardera un peu de place à la fin du repas pour les pâtisseries maison, accompagnées d'un thé de feuilles de menthe fraîches.

Plateau-Mont-Royal

RITES BERBÈRES (LES)

(Afrique)

4697, rue de Bullion

514 844-7863

★ ★ ★ cuisine
★ ★ service
★ ★ décor

 M _ S**60$**

réservation / max. de personnes 70

Quelques motifs berbères installés ici et là pour habiller les murs blancs, voilà qui résume l'effort d'enjolivement de l'endroit, qui mise avant tout sur la simplicité. Empli de groupes animés, une vocation qui lui sied d'ailleurs bien, le lieu est à son meilleur. On est toutefois heureux de s'y installer en petit comité pour savourer un délicieux couscous ou un poulet aux olives tout aussi succulent. L'assaisonnement des bouillons et la cuisson des viandes frôlent la perfection. En entrée, il faut goûter la chakchouka, très réussie. Quant au service, il oscille entre verbosité et laconisme, selon l'humeur du moment.

Plateau-Mont-Royal

TAROT (AU)

(Afrique)

500, rue Marie-Anne Est

514 849-6860

★ ★ ★ cuisine
★ ★ ★ service
★ ★ décor

M _ S**70$**

réservation / max. de personnes 8

Ce resto est de ceux où l'on se sent bien. Est-ce l'accueil chaleureux de monsieur Kara, l'atmosphère enveloppante qui jaillit d'un décor pourtant inchangé depuis des années ou les verres bien remplis de la bouteille traînée sous le bras? Sans doute un peu tout ça à la fois. Toujours est-il que l'atmosphère ensoleillée qui se dégage ici met dans un bon état d'esprit pour se régaler d'un des succulents tajines au menu (celui au poulet et citron confit est un délice), ou d'un couscous relevé de l'excellente harissa. Tout est frais, simple, cuisiné avec amour. Soit dit en passant, certains plats, dont la salade Tarot et quelques couscous, sont carrément énormes et peuvent aisément nourrir deux appétits raisonnables. L'assortiment de pâtisseries accompagné d'un thé à la menthe termine bien une soirée qu'on a plaisir à étirer.

Montréal

Plateau-Mont-Royal

ANECDOTE (L')

(Amérique du Nord)

801, rue Rachel Est

514 526-7967

★★★ cuisine
★★★ service
★★★ décor

 M**30$** S**40$**

réservation / max. de personnes   0

Après plus de deux décennies de bons et loyaux services, le resto L'Anecdote est toujours égal à lui-même: impeccable! D'accord, il n'est pas question de haute gastronomie ici, mais franchement, qui pourrait résister à un superbe hamburger à l'agneau (au veau, au bœuf ou au poulet) couvert de fromage fondant (faites votre choix) et accompagné de frites parfaites, légèrement graisseuses mais pas trop et craquantes sous la dent? Pas grand monde manifestement, parce que la maison fait salle comble depuis toujours, notamment pour ses brunchs relevés, son joli choix de bières, son service sympathique et décontracté (mais efficace) et ses desserts extrêmement généreux en calories. Et puis il y a ce court menu du jour qui propose toujours un plat végétarien, une généreuse moussaka ou une autre trouvaille du chef pour régaler ses clients. En fait, sur la très courte liste des meilleurs restos de burgers en ville, L'Anecdote figure très certainement dans le peloton de tête.

Plateau-Mont-Royal

BELLES SŒURS (LES)

(Amérique du Nord)

2251, rue Marie-Anne Est

514 526-1574

★★ cuisine
★★★ service
★★ décor

 M**25$** S**35$**

réservation / max. de personnes   20

Les nombreux habitués du Plateau et d'ailleurs qui fréquentent depuis longtemps ce petit troquet sympathique savent qu'ils vont toujours y trouver ce qu'ils recherchent. Une cuisine simple mais savoureuse, à base de sandwichs, de croque-monsieur, de burgers (à l'agneau, la spécialité maison), de frites et de moules, un service efficace mais courtois, une addition honnête et, en prime, une ambiance relax et bon enfant qui tient autant à la clientèle vaguement bohème qu'à l'établissement lui-même. Les petits-déjeuners et brunchs sont particulièrement enjoués durant la belle saison, alors que la rumeur de la rue Marie-Anne filtre par les fenêtres grandes ouvertes et que les locaux défilent avec leurs emplettes, bras dessus, bras dessous, à la fois affairés et détendus comme le sont la plupart des habitants de ce quartier étonnant, qui se renouvelle sans cesse.

Plateau-Mont-Royal

BIARRITZ (LE)

(Amérique du Nord)

4801, boulevard Saint-Laurent

514 281-2000

★★ cuisine
★★★ service
★★★ décor

M**40$** S**60$**

réservation / max. de personnes   20

Une adresse sympa sous le signe de la convivialité avec un concept autour des tapas. Au Biarritz, le chef le décline à l'italienne, à la française ou à l'asiatique. Des petits plats agréables qui se partagent aisément. Nous croisons avec plaisir acras de morue, tartare de bœuf, caille rôtie ou maquereau poêlé. Les saveurs sont justes et rares sont les occasions d'être déçu. La salle, tout de gris vêtue, est un peu froide, mais arrondie heureusement par un bar lumineux et une cuisine semi-ouverte. Les tables, très collées, invitent à la conversation. La sélection de vins, classique, gagnerait à être enrichie.

Plateau-Mont-Royal

BINERIE MONT-ROYAL (LA)

(Amérique du Nord)

367, avenue du Mont-Royal Est

514 285-9078

★★ cuisine
★★ service
★ décor

 M **20 $** S **25 $**

réservation / max. de personnes   0

C'est une institution, un incontournable, pourrait-on dire pour se projeter hors du temps. Dans ce minuscule endroit où la majorité des places assises se trouvent directement au comptoir, on se laisse envahir par la nostalgie et les bonnes odeurs d'antan. Rien ne semble avoir changé depuis 1938, année de l'ouverture de cette binerie qui attire habitués et visiteurs de passage. Du décor élémentaire au service jovial, en passant par le menu typiquement québécois, tout est demeuré d'une authenticité surprenante. Si l'on y sert tourtière, ragoût de boulettes, pâté chinois et pouding chômeur dignes de grand-maman, ce sont surtout les costauds déjeuners, incluant les bines préparées sur place, qui font la réputation de l'endroit.

Plateau-Mont-Royal

BISTROT LA FABRIQUE

(Amérique du Nord)

3609, rue Saint-Denis

514 544-5038

★★★ cuisine
★★★ service
★★★ décor

 M **40 $** S **80 $**

réservation / max. de personnes   25

Une adresse étonnante, résolument urbaine dans sa facture visuelle, avec sa cuisine étincelante plantée au beau milieu de la salle et ses cuistots surchauffés qui s'activent littéralement sous votre nez à une vitesse d'enfer pour accomplir leurs prouesses quotidiennes et quelques petits miracles culinaires. Au menu: on emprunte à gauche, à droite et sur plusieurs continents, on mélange les genres avec passablement de bonheur, on surprend souvent, on déconcerte parfois, mais on ne s'ennuie jamais. Chaque plat est habilement assemblé, réserve toujours quelques surprises et, à part quelques faux pas, les saveurs ne sont pas enterrées sous les artifices gastronomiques et les compositions trop savantes. Le service est prompt, l'ambiance, jeune et bon enfant et la carte des vins, inventive. Pour épater vos copains ou simplement passer un bon moment dans une atmosphère unique en son genre.

Plateau-Mont-Royal

BLEU RAISIN (LE)

(Amérique du Nord)

5237, rue Saint-Denis

514 271-2333

★★ cuisine
★★★ service
★★★ décor

M _ S **100 $**

réservation / max. de personnes   60

Situé légèrement en dehors du circuit très animé de la rue Saint-Denis (bonne nouvelle lorsque vient le temps de chercher du stationnement!), ce resto satisfait son lot d'habitués, venus célébrer autour de quelques bouteilles ramenées de leur cave. Les deux menus, à la carte d'un côté et dégustation de l'autre, sont récités d'un seul souffle par la serveuse. Heureusement transcrits sur l'ardoise, on y découvre des intitulés intéressants, qui flirtent çà et là avec l'audace. Résultat dans l'assiette? Comme à la loterie, il faut avoir pigé le bon numéro. Fades ce soir-là, les poissons déçoivent, tandis que d'autres plats sont trop salés. La mise est toutefois rachetée par de belles pièces de viande rouge à la cuisson impeccable. Ambiance animée dans un décor classique.

Plateau-Mont-Royal

BISTRO COCAGNE

(Amérique du Nord)

3842, rue Saint-Denis

514 286-0700

CRÉATIFS
DE L'ÉRABLE.ca

★★★★ cuisine
★★★★ service
★★★★ décor

M _ S**80$**

réservation / max. de personnes 75

Dans ce joli resto, le chef Alexandre Loiseau poursuit sa quête d'une cuisine de marché réalisée avec soin et passion. Il choisit avec précision les meilleurs produits du Québec pour les transformer en plats aussi élégants que savoureux. Pétoncles, pintade, veau, cerf ou foie gras, les voilà mis en valeur avec talent! Les présentations sont raffinées et les saveurs, franches: bref, du travail de pro. Régulièrement, notre chef s'essaie aussi à des menus thématiques autour d'un fruit ou d'un légume, en toute créativité. Le service est accueillant et expérimenté. Belles découvertes grâce aux accords mets et vins précis, souvent de régions vinicoles méconnues.

Plateau-Mont-Royal

BRUT

(Amérique du Nord)

4110, rue Saint-Denis

514 419-1068

★★ cuisine
★★ service
★★★ décor

M**40 $** S**60 $**

réservation / max. de personnes 12

La recette est connue: prenez un local, rénovez-le à coups de matières brutes (beaucoup de bois, en l'occurrence), installez une cuisine ouverte, un bar, et montez un menu néo-rustique rassemblant des plats bien carnivores. Vous avez le Brut. Un joli espace, d'ailleurs, car le bois clair et l'éclairage tamisé lui confèrent une atmosphère chaleureuse. Ici, les proprios ont visiblement voulu créer une ambiance conviviale, et ça marche. Au menu, pas de surprise: soupe à l'oignon, foie gras, saumon gravlax, poulet de Cornouailles, côtes levées ou médaillon de bison. Des produits locaux, certes, mais la réalisation est parfois brouillonne et les cuissons, pas nécessairement précises. Les desserts n'ont rien d'extraordinaire non plus. Mais l'ambiance, surtout les soirs de hockey, plaira aux amateurs. La carte des vins ose quelques crus québécois.

Plateau-Mont-Royal

CAFÉ SANTROPOL

(Amérique du Nord)

3990, rue Saint-Urbain

514 842-3110

★★ cuisine
★★ service
★★★ décor

M**20 $** S**25 $**

réservation / max. de personnes 0

Originalité, simplicité et santé, voilà ce qui a toujours été au cœur de la proposition gourmande de ce café en activité depuis plus de 35 ans et qui attire une clientèle jeune et un peu bohème. Aux côtés de quelques soupes, salades, desserts et jus frais, le sandwich tient le premier rôle avec plus d'une vingtaine d'options. Fromage à la crème aux olives et aux épices, tranches de pommes, gelée de menthe ou de jalapeño et pacanes rôties entrent, par exemple, dans la composition de ces sandwichs de pain brun ultramoelleux. D'abord offerts en version végétarienne, la plupart peuvent être enrichis de jambon ou de poulet. Se poser ici, seul ou entre amis, constitue un agréable moment de détente, surtout l'été quand la magnifique cour arrière est accessible.

Plateau-Mont-Royal

CAVISTES (LES)

(Amérique du Nord)

4115, rue Saint-Denis

514 903-5089

★★★ cuisine
★★★ service
★★★★ décor

M _ S**85 $**

réservation / max. de personnes 40

Dans la bouillonnante rue Saint-Denis, ce petit restaurant chic-contemporain attire particulièrement les œnophiles gourmands. Le menu bistro offre une combinaison de tartares, braisés, poissons, boudin et steak-frites. Lors de notre passage, le cipaille de pintade était savoureux et roboratif à souhait! Parmi les desserts honnêtes se détache une surprise: une marquise au chocolat très fondante. Pour accompagner le repas, le personnel affable se fera un devoir de suggérer, parmi les bouteilles d'importation privée, les vins en accord avec vos choix et vos goûts. Il est même possible de s'asseoir au bar ou au comptoir-cellier pour découvrir quelques crus, bulles ou liqueurs. Vous aimez les suggestions du personnel au point de vous en procurer une bouteille? Achetez-la sur place!

Plateau-Mont-Royal

CHEZ VICTOIRE

(Amérique du Nord)

1453, avenue du Mont-Royal Est

514 521-6789

★★★ cuisine
★★★ service
★★★★ décor

 M _ S**100 $**

réservation / max. de personnes 60

Le chef Alexandre Gosselin a le tour de nous séduire. Dans son beau resto du Plateau, il concocte des petits plats élaborés à la finition claire et, en général, savoureux. L'ambiance est sympathique et détendue. Le service, décontracté mais pro. Pas de nappes ici, plutôt du bois, un immense bar accueillant et de la belle verrerie pour recevoir les crus soigneusement sélectionnés par l'équipe. Le menu est varié, affichant une collection de cocktails, de charcuteries, d'huîtres et d'à-côtés pour enrober le tout. Les viandes et poissons, de fournisseurs locaux, sont richement travaillés, d'une esthétique sensuelle. Du beau travail.

Plateau-Mont-Royal

CHEZ CHOSE

(Amérique du Nord)

4621, rue Saint-Denis

514 843-2152

★ ★ ★   cuisine
★ ★ ★   service
★ ★ ★   décor

M   _   S **80 $**

réservation / max. de personnes   10

Chez Chose, c'est d'abord une affaire de famille avec toute la convivialité qui vient avec: la fille a le contrôle de la cuisine, la mère et le beau-père assurent le service. Ce dernier est d'ailleurs loin d'être avare de détails quand vient le temps de décrire les plats figurant à l'ardoise. Des ingrédients utilisés aux techniques de cuisson, il dévoile tout! Les produits locaux sont à l'honneur dans cette cuisine créative s'inspirant des traditions d'ici et d'ailleurs. Des crevettes de Sept-Îles côtoient du safran dans un plat de pâtes, des bhajis de légumes accompagnent de l'omble chevalier fumé maison et des fruits séchés composent la farce d'une cuisse de lapin. On salue l'originalité de certains desserts, telle la panna cotta au basilic avec son croquant de noix de pin et sa confiture de tomates.

Plateau-Mont-Royal

CHIEN FUMANT (LE)

(Amérique du Nord)

4710, rue De Lanaudière

514 524-2444

★ ★ ★   cuisine
★ ★ ★   service
★ ★ ★   décor

M   _   S **100 $**

réservation / max. de personnes   8

On comprend aisément comment plusieurs ont craqué pour ce minuscule restaurant de quartier qui prend des airs de fête aussitôt rempli. Avec son look décalé et rétro, sa cuisine ouverte qui confère de l'effervescence au lieu et le penchant amical du service, on peut effectivement devenir accro à un endroit sympathique comme celui-ci. Au-delà de l'ambiance, il y a ce menu éclectique changeant au gré des saisons et des impulsions du chef qui témoigne d'un grand sens de la créativité. Les calmars frits (renversants) côtoient aussi bien des plateaux de charcuteries maison et de fromages que des plats réconfortants comme du poulet à la broche, des short ribs, des ris de veau ou de la raie. À noter qu'il faut parfois s'y prendre plusieurs jours à l'avance pour placer une réservation.

Plateau-Mont-Royal

COMPTOIR CHARCUTERIES ET VINS (LE)

(Amérique du Nord)

4807, boulevard Saint-Laurent

514 844-8467

★ ★ ★ ★   cuisine
★ ★ ★   service
★ ★ ★   décor

M **30 $**   S **60 $**

réservation / max. de personnes   0

Le saucisson au fenouil, le lomo, la coppa, la porchetta di testa et la soppressata n'ont plus de secret pour le chef, passionné de charcuteries. Dans son petit resto, il en sert un beau plateau, aux textures et goûts impeccables. C'est gouleyant, voire sensuel, surtout avec un verre de vin naturel. Car il faut le souligner, ici, on aime autant les produits locaux que les vins bios. Le cochon vient d'ailleurs d'un artisan montérégien. Même les poissons sont choisis selon les critères stricts de la pêche durable. Cette cuisine abordable, pleine de vie et plutôt roborative, est de plus servie dans une ambiance jeune et allumée, franchement séduisante.

Plateau-Mont-Royal

CONS SERVENT (LES)

(Amérique du Nord)

5064, avenue Papineau

514 523-8999

★★★★ cuisine
★★★★ service
★★★★ décor

▣ M _ S**80$**

réservation / max. de personnes 20

Désormais un incontournable repaire des soirées festives et gourmandes du Plateau. Le menu propose une cuisine bistro de saison, des présentations très simples et des amalgames réconfortants, costauds même, avec une dominante viandeuse. Jusqu'au dessert, on sent l'esprit de réconfort dans les crumbles et les textures régressives. L'atmosphère, qui se réchauffe chaque soir après 21 h, se veut aussi conviviale que la bouffe. C'est certainement un peu à cause du pinard qui est présenté sans cérémonie, bien que souvent issu de culture biodynamique et choisi avec le plus grand soin.

Plateau-Mont-Royal

CONTINENTAL (LE)

(Amérique du Nord)

4007, rue Saint-Denis

514 845-6842

★★★★ cuisine
★★★★ service
★★★★ décor

▣🍸 M**45$** S**90$**

réservation / max. de personnes 20

Incontournable institution de la rue Saint-Denis, Le Continental est une adresse où l'on se rend le cœur léger, assuré de se régaler et de profiter de toute l'effervescence d'une soirée sur le Plateau. Avant ou après une séance de cinéma ou un spectacle au théâtre, on y vient pour grignoter quelques classiques bistro (tartares, calmars frits, fish & chips ou steak frites irréprochables) ou encore pour se régaler en faisant honneur à la carte qui change au rythme des saisons. Poissons, risottos, plats de pâtes, viandes mijotées ou canard confit sont apprêtés avec une touche d'inspiration méditerranéenne et souvent agrémentés de beaux légumes du marché dans des assiettes appétissantes et colorées. Toujours soignées, les entrées sont aussi belles et fraîches que bonnes. Simples et classiques, les desserts sont réussis. Quels que soient l'achalandage ou l'identité des vedettes et artistes qui souperont en même temps que vous ce soir-là, le service est toujours agréable, attentif et extrêmement professionnel.

Plateau-Mont-Royal

CRUDESSENCE

(Amérique du Nord)

105, rue Rachel Ouest

514 510-9299

★★ cuisine
★★ service
★★ décor

🍲🍸 M**40$** S**40$**

réservation / max. de personnes 0

Situé au pied du mont Royal, ce petit resto-boutique est en voie de devenir un arrêt obligé pour les promeneurs, sportifs et autres passants en mal d'une bonne dose d'énergie. Car ici, on sert une cuisine vivifiante, basée sur les principes de l'alimentation crue et vivante. L'absence totale de toute cuisson force évidemment l'imagination des cuisiniers et c'est ici que la magie opère. Par exemple, cette lasagne composée de fines tranches de courgettes, de sauce aux tomates séchées et de crumesan (parmesan aux noix du Brésil) est épatante. Les pizzas, sandwichs, burgers et couscous sont tout aussi ingénieux. Ceux qui auraient encore des doutes seront convaincus par les desserts surprenants de délicatesse, comme cette tarte aux pacanes à base de purée de dattes. On aime aussi pouvoir y petit-déjeuner, prendre un rafraîchissant smoothie à emporter et même s'initier aux principes de l'alimentation vivante en suivant l'un des ateliers offerts par les jeunes proprios passionnés.

Plateau-Mont-Royal

EMPORTE-PIÈCE (L')

(Amérique du Nord)

418, rue Gilford

514 566-7898

★★ cuisine
★★★ service
★★ décor

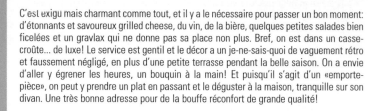 M **30$** S **30$**

réservation / max. de personnes   0

C'est exigu mais charmant comme tout, et il y a le nécessaire pour passer un bon moment: d'étonnants et savoureux grilled cheese, du vin, de la bière, quelques petites salades bien ficelées et un gravlax qui ne donne pas sa place non plus. Bref, on est dans un casse-croûte... de luxe! Le service est gentil et le décor a un je-ne-sais-quoi de vaguement rétro et faussement négligé, en plus d'une petite terrasse pendant la belle saison. On a envie d'aller y égrener les heures, un bouquin à la main! Et puisqu'il s'agit d'un «emporte-pièce», on peut y prendre un plat en passant et le déguster à la maison, tranquille sur son divan. Une très bonne adresse pour de la bouffe réconfort de grande qualité!

Plateau-Mont-Royal

ESPACE LAFONTAINE (L')

(Amérique du Nord)

3933, avenue du Parc-La Fontaine

514 280-2525

★★ cuisine
★★★ service
★★★★ décor

M **40$** S **40$**

réservation / max. de personnes   150

Voici un bistro unique, installé au cœur du parc La Fontaine, dans un bâtiment des années 50 qui a subi une heureuse et joyeuse cure de jouvence. La salle est imposante et munie de nombreuses fenêtres qui la rendent lumineuse. Les sièges, d'un vert pétant, peuvent asseoir plus de 80 personnes. Et, c'est la mode, la cuisine est ouverte, installée derrière un long comptoir. Dehors, la terrasse donne directement sur le parc; les jeunes parents en profitent, abandonnant leurs marmots à la nature. Pour plaire à tout le monde, le menu s'affiche moitié snack, moitié bistro. Le même, midi et soir. Se côtoient donc sandwichs, salades et plats un tantinet plus gastronomiques. Grilled cheese, tartare de bœuf, salade de saumon fumé, il y en a pour tous les goûts. La carte des vins, limitée, reste abordable.

Plateau-Mont-Royal

FILET (LE)

(Amérique du Nord)

219, avenue du Mont-Royal Ouest

514 360-6060

★★★ cuisine
★★★★ service
★★★ décor

M _ S **100$**

réservation / max. de personnes   6

Juste en face des courts de tennis du parc Jeanne-Mance (d'où le nom!), Le Filet, petit frère du Club Chasse et Pêche, marque le point. Dans la salle sombre, aux murs d'acier brossé, un habile éclairage tombe précisément sur les tables. L'accent est mis sur les assiettes et leur présentation. Le chef, d'origine japonaise, s'inspire naturellement de ses racines. Viandes et poissons sont travaillés avec de multiples saveurs, tout en précision. Le maquereau, le saumon, le bœuf Wagyu et même les pâtes surprennent par l'équilibre des apprêts complexes aux notes de yuzu, de miso, de sésame ou de gingembre. Les portions équivalent à une grosse entrée (ou à un petit plat) et se partagent avec plaisir. La carte des vins est des plus intéressantes. L'ambiance, allumée, est le signe d'un indéniable succès.

Plateau-Mont-Royal

FONDUEMENTALE
(Amérique du Nord)
4325, rue Saint-Denis
514 499-1446

★★★ cuisine
★★★ service
★★★ décor

🍴 M _ S**80$**

réservation / max. de personnes 30

Au deuxième étage d'un immeuble centenaire du Plateau-Mont-Royal, avec ses boiseries et ses murs de briques, on nous propose une dizaine de variations sur le thème de la fondue. On aime particulièrement les préparations au fromage et on s'amuse à choisir différents parfums (poivre rose, champignons, cidre, fromage bleu...), servis en portions individuelles que l'on partage les soirs d'hiver. L'été, la cour intérieure est intime, le jardin, mignon, et comme l'air est plus frais en soirée, les goûteux bouillons (fondue chinoise ou bourguignonne) réchauffent juste ce qu'il faut. Côté desserts, la fondue au chocolat au bon dosage de sucre fait l'affaire, peu importe la saison. C'est décontracté, sympa et chaleureux, du décor à l'assiette, en passant par le service.

Montréal

Plateau-Mont-Royal

FUCHSIA
(Amérique du Nord)
4050, avenue Coloniale
514 842-1232

★★ cuisine
★★ service
★★★ décor

🍴 M**25$** S**25$**

réservation / max. de personnes 25

D'abord envoûtés par le décor au charme romantique de ce minuscule comptoir qui ne compte que quelques places, nous le sommes ensuite par ce que l'on peut s'y mettre sous la dent. Les quelques salades et sandwichs proposés l'été et les plats mijotés en hiver, la plupart végétariens, sont préparés avec simplicité, non sans une touche d'originalité conférée, surtout, par l'ajout de fleurs comestibles. Car ici, les fleurs sont à l'honneur: dans les plats, dans les boissons (soda à la rose ou limonade à la violette, par exemple) ainsi que dans les douceurs gourmandes et les produits cosmétiques du volet boutique. Les biscuits et autres fines pâtisseries (petits gâteaux, cannelés ou brownies) que l'on déguste en plein après-midi avec une tisane ou un thé aux notes florales suffisent à eux seuls à nous transformer en adeptes de cet endroit coquet.

Plateau-Mont-Royal

HACHOIR (LE)
(Amérique du Nord)
4177, rue Saint-Denis
514 903-1331

★★ cuisine
★★★ service
★★★★ décor

🍴 M**30$** S**60$**

réservation / max. de personnes 20

Au Hachoir, comme son nom l'indique très bien, on travaille avec adresse bœuf, bison, saumon et autres délicieux produits rigoureusement sélectionnés pour en faire des tartares et des hamburgers qui sont les spécialités de la maison. Et ça marche car on prend grand soin de faire des achats judicieux et le plus locaux possible pour offrir des plats généreux, simples et bien préparés. On peut même goûter un peu à tout en choisissant un trio de tartares ou des mini-hamburgers. Il y a aussi d'autres plats, dont certains non carnivores, et d'excellentes pièces du boucher avec du bœuf de grande qualité. Belle carte des vins avec des importations privées à découvrir. L'ambiance est festive, conviviale, invitante, tout en étant sans prétention, à l'image de la philosophie de la maison.

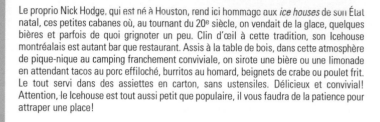

Plateau-Mont-Royal

ICEHOUSE

(Amérique du Nord)

51, rue Roy Est

514 439-6691

★★★ cuisine
★★ service
★★ décor

M _ S**60$**

réservation / max. de personnes   0

Le proprio Nick Hodge, qui est né à Houston, rend ici hommage aux *ice houses* de son État natal, ces petites cabanes où, au tournant du 20e siècle, on vendait de la glace, quelques bières et parfois de quoi grignoter un peu. Clin d'œil à cette tradition, son Icehouse montréalais est autant bar que restaurant. Assis à la table de bois, dans cette atmosphère de pique-nique au camping franchement conviviale, on sirote une bière ou une limonade en attendant tacos au porc effiloché, burritos au homard, beignets de crabe ou poulet frit. Le tout servi dans des assiettes en carton, sans ustensiles. Délicieux et convivial! Attention, le Icehouse est tout aussi petit que populaire, il vous faudra de la patience pour attraper une place!

Plateau-Mont-Royal

LAURIER BBQ

(Amérique du Nord)

381, avenue Laurier Ouest

514 273-3671

★★ cuisine
★★★ service
★★★ décor

 M**60$** S**60$**

réservation / max. de personnes   80

Tel le phénix qui renaît de ses cendres, la vénérable rôtisserie Laurier BBQ a subi une véritable cure de jouvence. Mené par une équipe de pros, ce resto relance la mode du poulet rôti et de ses dérivés, ailes, pâté, soupe, sandwich... et même l'incontournable hot chicken, à la sauce brune et aux pois verts éclatants! Au menu également, toute une panoplie de plats réconfort: soupe à l'oignon, saumon grillé, steak-frites, fish & chips, salades et frites, évidemment, absolument croustillantes. Tout cela dans une ambiance résolument familiale. Au dessert, on retrouve le fameux moka ou le gâteau aux carottes, mais aussi quelques nouveautés bien appétissantes. Un menu dédié aux enfants est aussi offert. La carte des vins est soignée et le service, impeccable.

Plateau-Mont-Royal

MAESTRO S.V.P.

(Amérique du Nord)

3615, boulevard Saint-Laurent

514 842-6447

★★★ cuisine
★★★ service
★★★ décor

M**50$** S**90$**

réservation / max. de personnes   18

Au Maestro S.V.P., la carte tout entière (ou presque) est dédiée aux coquilles, coquillages, crustacés et autres savoureuses petites bêtes des mers. Et surtout aux huîtres: fraîches (une douzaine d'offres à l'ardoise), au four (Rockefeller, Saint-Jacques, fromage bleu et porto, ratatouille et parmesan, érable et prosciutto, etc.), en shooter, en dessert... le choix donne le vertige! À la carte, on propose également une série de plats qui font des emprunts gastronomiques à droite et à gauche, de la Thaïlande à la France, en passant par la Louisiane, avec un savoir-faire évident et un parti pris pour les produits très frais. L'assiette de fruits de mer Maestro (gros format, à l'américaine) est un excellent choix pour ceux qui veulent tout goûter et qui ont un solide appétit. La salle est chaleureuse, le service courtois, la clientèle éclectique, bref, on s'y sent rapidement chez soi.

Montréal

Plateau-Mont-Royal

MARCHÉ 27

(Amérique du Nord)

27, rue Prince-Arthur Ouest

514 287-2725

★★★ cuisine
★★ service
★★★ décor

 M **50 $** S **75 $**

réservation / max. de personnes   0

À deux pas du boulevard Saint-Laurent, ce comptoir à tartares (l'un des tout premiers à Montréal) ravira les amateurs de viande, thon, crevettes ou pétoncles crus. Les tartares sont proposés en entrée ou en plat. On choisit sa base, carnée ou non, puis un style d'épices, de condiments et légumes, garants de saveurs inédites. Un tartare de bœuf méditerranéen mêle ainsi poivron rouge, câpres, parmesan, olives et basilic. Les salades, aux ingrédients variés, sont aussi très savoureuses. Huîtres, caviars et quelques plats chauds (steak, burger, poutine, thon...), servis avec une petite touche originale, complètent le menu. Dommage que les desserts soient moins réussis. Tout en longueur, ce resto branché est animé même tôt en semaine!

Plateau-Mont-Royal

MOISHES

(Amérique du Nord)

3961, boulevard Saint-Laurent

514 845-3509

★★★★ cuisine
★★★★ service
★★★★ décor

M **50 $** S **150 $**

réservation / max. de personnes   50

Les habitués, et ils sont très nombreux, le savent depuis toujours: la force de Moishes, c'est sa constance et la qualité de ses produits. On ne se bâtit pas une notoriété comme celle-là, qui franchit les frontières, sans trimer dur et offrir toujours le meilleur à sa clientèle. La recette? Des biftecks géants, tendres à souhait et parfaitement grillés, un service de première classe et une carte des vins étudiée. On peut aussi opter pour un plat de crevettes géantes, de poulet ou de poisson – qui sont tous très bons –, mais soyons honnêtes, au royaume du bœuf Angus, de la pomme de terre Monte Carlo, de la salade de chou et des fameux cornichons à l'aneth de Moishes, la tentation de se mettre plusieurs centaines de calories sous la dent est très forte.

Plateau-Mont-Royal

MONSIEUR B

(Amérique du Nord)

371, rue Villeneuve Est

514 845-6066

★★★ cuisine
★★★ service
★★★ décor

 M _ S **80 $**

réservation / max. de personnes   50

Monsieur B est un «apportez votre vin» de quartier bien sympathique! Le décor de la petite salle chaleureuse est simple et de bon goût, avec planchers et tables de bois, en plus de vieilles photos du quartier. Le menu de cuisine bistro est proposé uniquement à la carte. La présentation des plats est très soignée et les saveurs suivent sans décevoir. Chaque entrée de crevettes, pétoncles, tartare de saumon ou foie gras a sa propre garniture délicate. Les amateurs de tartares poursuivent avec un bœuf cru bien épicé. Les autres optent pour le poisson du jour ou une autre viande, préparés avec des touches originales, tout comme les plaisants desserts à l'ardoise.

Plateau-Mont-Royal

PYRUS BISTRO

(Amérique du Nord)

1481, avenue Laurier Est

514 590-0777

★★★★ cuisine
★★★★ service
★★★ décor

 M _ S**80$**

réservation / max. de personnes   70

Dans ce joli resto de l'avenue Laurier, le jeune et talentueux chef Renaud Poirier s'amuse et nous ravit avec sa cuisine qui suit les saisons et ses envies. Un bistro de quartier mais qui fait dans la haute gastronomie à prix abordable, pourrait-on résumer. Il y a des classiques et incontournables comme le carpaccio de cerf, le tartare de saumon, les mini-cocottes en hiver, mais le menu est sujet à de jolies et impressionnantes variations. Les desserts, faits maison, sont très raffinés et doivent absolument figurer sur la commande de chaque convive. Les brunchs de fin de semaine sont très courus avec, entre autres, le fameux jambon à la broche. La carte des vins est évidemment bien pensée.

Plateau-Mont-Royal

PIED DE COCHON (AU)

(Amérique du Nord)

536, avenue Duluth Est

514 281-1114

★★★★ cuisine
★★★★ service
★★★★ décor

🗄 M _ S**100$**

réservation / max. de personnes 10

Ici, on fait la fête, la foire, on vient festoyer, se taper une bouffe hors du commun. On vient surtout pour être surpris. Connaissant le célèbre chef Martin Picard et sa douce folie pour oser des amalgames parfois improbables d'ingrédients, on est prêt pour le spectacle. Et spectacle il y a! Une agitation constante règne, tant du côté du comptoir de la cuisine ouverte qu'en salle où le service s'effectue avec agilité dans le mince passage entre les tables. Les assiettes sont plantureuses, par ici le cochon (pied, tête, boudin), le jarret d'agneau, le foie gras (en poutine, en terrine, dans un hamburger). Par là les fruits de mer, costauds eux aussi et habillés de sauce, de crème, d'une mayo. Les desserts? Riches, comme le fameux pouding chômeur. La clientèle, très masculine, se frotte la panse, s'esclaffe et sourit de béatitude.

Montréal

Plateau-Mont-Royal

RENARD ARTISAN BISTRO

(Amérique du Nord)

330, avenue du Mont-Royal Est

514 508-2728

★★★ cuisine
★★ service
★★ décor

🗄 M _ S**80$**

réservation / max. de personnes 34

Le chef Jason Nelsons aime ses balades gourmandes hebdomadaires autour de Montréal, à la recherche du prochain produit à mettre sur sa carte. Un sympathique côté bohème absolument charmant, qui se retrouve dans l'antre de son Renard, un petit resto d'une trentaine de places. Le menu, affiché sur l'immense tableau noir, aligne des ingrédients parfois osés (comme le cœur de wapiti, le foie de cerf ou les oreilles de cochon) ou plus classiques (côte de porc, pétoncles), adroitement apprêtés selon la saison. L'ambiance? Jeune et conviviale, à l'image de notre serveur un tantinet déluré, pas mal allumé, et surtout jamais avare de commentaires lorsque vient le temps de détailler les plats et les vins spécialement importés. Ça roule!

Plateau-Mont-Royal

RÉSERVOIR (LE)

(Amérique du Nord)

9, avenue Duluth Est

514 849-7779

★★★ cuisine
★★★ service
★★ décor

🗄🌂 M _ S**60$**

réservation / max. de personnes 30

Vous hésitez entre une soirée au resto ou à la microbrasserie? Le Réservoir est pour vous. Ici, la bière maison côtoie un menu fort bien ficelé. L'ambiance, bruyante et conviviale, invite à la conversation. À midi, la carte affiche des plats très soignés: tataki de bœuf, flanc de porc braisé, pastilla d'agneau... En soirée, les propositions sont plus «snack» mais tout aussi séduisantes, entre calmars frits et charcuteries maison. Le menu brunch, très populaire, est également bien éclaté. L'été, la terrasse installée à l'étage est toujours bondée. Si vous n'aimez pas la bière, on vous proposera avec plaisir quelques vins bien choisis. Ils ont vraiment pensé à tout!

Plateau-Mont-Royal

QUARTIER GÉNÉRAL (LE)

(Amérique du Nord)

1251, rue Gilford

514 658-1839

★★★★ cuisine
★★★ service
★★★ décor

 M _ S**80**$

réservation / max. de personnes   6

Véritable petite perle que ce restaurant «apportez votre vin»! Animé et sympathique avec sa cuisine ouverte sur la salle à manger, c'est un lieu de pure allégresse gustative tant les plats, de type cuisine du marché, y sont savoureux, bien ficelés, voire mémorables pour certains... Les mets de viandes, de poissons, de foie gras ou de fruits de mer changent au gré des arrivages et des envies du chef, offrant une succession variée d'éclatantes mises en bouche et de plats principaux dignes des plus fins gastronomes. Enfin, ne passons pas sous silence les desserts, qui allient fraîcheur, délicatesse et savoir-faire. Le personnel en salle est affable, de bon conseil et connaît son menu sur le bout des doigts. Si les lieux exigus ne vous dérangent pas trop et que seul le contenu de votre assiette importe vraiment, vous serez assurément comblés. Ce restaurant est sans conteste le nouveau quartier général de la gastronomie accessible mais de grande qualité à Montréal!

Plateau-Mont-Royal

RESTAURANT DE L'INSTITUT

(Amérique du Nord)

3535, rue Saint-Denis

514 282-5161

★★ cuisine
★★★ service
★★★★ décor

 M**40 $** S**80 $**

réservation / max. de personnes   25

Longtemps un secret bien gardé, mais désormais connu du monde entier depuis que des hôtes royaux y ont fait un arrêt, le restaurant-école de l'Institut de tourisme et d'hôtellerie du Québec (ITHQ) est une adresse originale à fréquenter. Stagiaires, étudiants et jeunes diplômés y découvrent la réalité du métier sous la direction de leurs professeurs ou de la brigade de professionnels qui veille au grain, aussi bien en cuisine qu'en salle. Les lieux, avec leurs grandes fenêtres donnant sur le carré Saint-Louis, sont magnifiques et on vous y accueille dans les règles de l'art. La carte des vins et le menu sont conçus pour promouvoir les produits du terroir québécois (foie gras en tête!), et midi et soir, des dégustations thématiques explorent diverses avenues culinaires. Dans l'assiette, tout n'est pas parfait à tout coup, mais la volonté de bien faire est là. Cet endroit demeure une belle aubaine et le buffet des déjeuners du week-end est à essayer.

Plateau-Mont-Royal

RESTAURANT MÉLIÈS BAR À VIN

(Amérique du Nord)

3540, boulevard Saint-Laurent

514 847-9218

★★★ cuisine
★★★ service
★★★★ décor

 M**50$** S**90$**

réservation / max. de personnes   50

On aime fréquenter cet endroit d'abord pour sa magnifique salle. Mais il y a aussi de belles petites choses dans les assiettes. Le registre est assez vaste – des tapas, tartares, calmars, burgers, du foie gras, des plats de canard ou de poisson... l'idée étant de contenter ceux qui veulent quelque chose de simple à différents moments de la journée, pour un 5 à 7 par exemple, ou ceux qui souhaitent quelque chose de plus raffiné. Les desserts, œuvres d'une véritable pâtissière, sont le summum de tout repas pris ici. Que l'on aille ou non au cinéma Excentris attenant au restaurant, cette adresse est très sympathique.

Plateau-Mont-Royal

ROBIN DES BOIS

(Amérique du Nord)

4653, boulevard Saint-Laurent

514 288-1010

★★★ cuisine
★★ service
★★★ décor

M**40$** S**90$**

réservation / max. de personnes 120

Unique en son genre, ce resto «à but non lucratif» redistribue tous ses profits à des œuvres de charité grâce à l'aide d'artistes qui viennent performer gratuitement et de généreux Montréalais qui viennent travailler bénévolement en salle et en cuisine. Cela dit, le client n'est pas laissé pour compte. Les plats offerts au menu sont élaborés, savoureux, majoritairement réalisés avec des produits locaux de bonne qualité, et plusieurs ne manquent pas d'originalité: tajine de poisson, masala de pieuvre, trottoir de canard confit, gnocchis à la parisienne, risotto aux topinambours, romarin et citron ainsi que plusieurs plats de viande rouge et de pâtes. La salle est colorée, conviviale et joyeuse, et le service, étonnamment efficace pour une bande d'amateurs (tout de même très bien encadrés!). Au final, on en sort repu, heureux et parfois avec l'envie de faire nous aussi notre petite part pour la communauté.

Plateau-Mont-Royal

SALAMANDRE (LA)

(Amérique du Nord)

4350, rue de La Roche

514 529-8377

★★ cuisine
★★ service
★★ décor

🍴 M _ S**70$**

réservation / max. de personnes   20

Voici un petit resto typique du Plateau. Ambiance tamisée, même un peu sombre en hiver, et plutôt conviviale. Ici, on apporte une bonne bouteille pour goûter au menu du chef-propriétaire Pascal Gellé, de style bistro, personnalisé, aux appellations des plus alléchantes. Escargots et shiitakes à la pomme, gâteau de foie de canard aux canneberges confites, épigramme de chèvre, bar rayé au curcuma et tamari, éminca de cerf aux champignons sauvages... ce ne sont là que quelques exemples d'une carte qui change régulièrement. Des plats qui, cependant, manquent parfois de finition et d'éclat en bouche. Côté desserts, il ne faut pas rater le délicieux gâteau de fines crêpes alternant avec une douce praline, décorées d'une sauce au chocolat.

Plateau-Mont-Royal

STEAK FRITES ST-PAUL (LE)

(Amérique du Nord)

4167, rue Saint-Denis

514 788-4462

★★ cuisine
★★★ service
★★★★ décor

 M **50 $** S **70 $**

réservation / max. de personnes   90

Espace très aéré, service rapide, menu sans grande surprise mais également sans grande déception, le Steak frites St-Paul a trouvé une formule, la bonne, et a réussi à la cloner une douzaine de fois avec succès à Montréal et en région. L'ingrédient principal: le steak frites, bien sûr. Le premier offert dans une demi-douzaine de coupes — généralement à point, bien juteux, bien mariné et bien grillé — et les secondes se présentant en allumettes croustillantes et offertes à volonté. Autour du menu de résistance se greffent quelques autres propositions standard — saumon, confit de canard, côtelette d'agneau —, plusieurs entrées dans le même registre — escargots à l'ail, chèvre chaud, tartare de saumon — et une carte des desserts un brin plus raffinée. Au final, une cuisine plutôt simple mais dans une formule qui, jour après jour, attire une clientèle qui se bouscule aux portes.

Plateau-Mont-Royal

SALLE À MANGER (LA)

(Amérique du Nord)

1302, avenue du Mont-Royal Est

514 522-0777

★★★ cuisine
★★★ service
★★★ décor

 M _ S**100 $**

réservation / max. de personnes   12

Une des adresses les plus populaires du quartier, La Salle à manger attire une clientèle jeune et bigarrée, séduite par une cuisine généreuse (particulièrement en protéines animales et en calories!), imaginative et soignée à base de pièces de viande grand format, de charcuteries, de foie gras, mais également de tartares, de carpaccio, de poissons et de plusieurs plats que l'on peut partager – notamment une spectaculaire assiette de fruits de mer. En salle, le service attentif et décontracté cadre parfaitement avec l'atmosphère joyeuse de la maison et avec cette agréable impression de participer – jusqu'à tard en soirée – à une grande fête entre amis. Belle carte de vins d'importation privée qui permet de faire des trouvailles intéressantes et possibilité, pour les groupes, de partager un porcelet de lait entier!

Plateau-Mont-Royal

SOUPESOUP

(Amérique du Nord)

80, avenue Duluth Est

514 380-0880

★★ cuisine
★★ service
★★ décor

M**30 $** S**30 $**

réservation / max. de personnes   15

Les présentations ne sont plus à faire concernant ce charmant endroit qui, propulsé par la popularité de sa formule simple et sympa, a fait plusieurs petits un peu partout sur l'île de Montréal au cours des dernières années et dont la propriétaire Caroline Dumas est devenue un visage connu dans le paysage gastronomique québécois. Tout un exploit quand on pense qu'on y prépare presque exclusivement des soupes et des sandwichs. Loin d'être banales, les soupes se présentent dans d'infinies variations, des plus légères aux plus consistantes, froides en été et fumantes à souhait en hiver pour un réconfort total. Pour leur part, les sandwichs se révèlent tout aussi inventifs et savoureux et témoignent, tout comme les soupes, d'influences judicieusement glanées aux quatre coins de la planète.

Plateau-Mont-Royal

TROIS PETITS BOUCHONS (LES)

(Amérique du Nord)

4669, rue Saint-Denis

514 285-4444

★★★★ cuisine
★★★ service
★★★ décor

M _ S**80 $**

réservation / max. de personnes   40

Si l'intention derrière ce bistro à vin était de nous procurer une bonne grosse dose de plaisir dans un cadre intimiste et sans prétention, alors mission accompli! D'abord, il y a cette impressionnante carte de vins issus de cultures naturelles qui nous sort de l'ordinaire en la matière et qui fait place à de belles découvertes. Mais si le vin est à l'honneur, la nourriture n'y est pas accessoire, loin de là. Avec ses viandes braisées, ses poissons frais grillés, ses tartares, ses charcuteries artisanales ou des plats comme la tartiflette, la proposition culinaire flirte autant avec l'idée du *comfort food* qu'avec un sens développé du raffinement et de l'inventivité. Cette cuisine de saison a aussi le mérite de mettre de l'avant des produits québécois d'une qualité exceptionnelle.

Plateau-Mont-Royal

UN DES SENS (L')

(Amérique du Nord)

108, avenue Laurier Ouest

514 439-4330

★★★ cuisine
★★★ service
★★★ décor

 M **50 $** S **100 $**

réservation / max. de personnes   60

Ce joli resto tout en longueur, en élégance et en bon goût propose une cuisine très travaillée où l'on applique un traitement spécial à chacun des ingrédients (dont plusieurs sont issus du terroir) et où chaque proposition nous réserve quelques surprises. Le duo de caille et pintade avec ses ris de veau et foie gras, par exemple, ou le pétoncle avec ses escargots, l'effiloché de porc avec son agneau, le carpaccio d'émeu avec son canard fumé, etc. Tout est savamment construit et présenté, et exige du client une attention de tous les instants pour n'échapper aucune des subtiles saveurs que distillent les plats. La formule gastronomique souple – au choix, 3, 4 ou 5 plats – est offerte à un prix modeste considérant la qualité des produits et la somme de travail en cuisine. Ajoutez à cela un service attentif ainsi qu'une carte des vins imaginative et il y a ici tout ce qu'il faut pour réjouir le gastronome qui sommeille en vous.

Plateau-Mont-Royal

VIVRES (AUX)

(Amérique du Nord)

4631, boulevard Saint-Laurent

514 842-3479

★★★ cuisine
★★ service
★★ décor

M **45 $** S **45 $**

réservation / max. de personnes   0

S'il s'inscrivait en marge lors de son ouverture, le petit resto végétalien de la *Main* ne fait maintenant plus peur à personne! Végétariens, végétaliens, carnivores et personnes allergiques (plats sans gluten, sans soya et sans noix au menu) s'y agglutinent jovialement pour manger un bol d'inspiration thaïlandaise ou japonaise, un copieux sandwich dans un pain chapati maison ou un toujours inspiré plat du jour. L'établissement a aussi son lot de classiques revisités tels que le BLT où la noix de coco fumée remplace étonnamment le bacon et le sandwich Montréal fumé où le seitan se donne des airs de smoked meat. Le gourmand averti ne manquera pas de faire provision de condiments maison santé et de savoureux biscuits et brownies (celui au chipotle!) au comptoir avant de quitter.

Bons mots:
«La nature, en cuisine comme
en amour, nous donne rarement le goût
de ce qui nous est mauvais.»

– Charles Baudelaire

Montréal

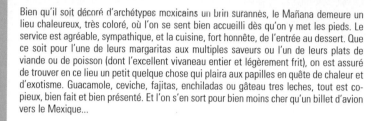

Plateau-Mont-Royal

MAÑANA
(Amérique latine + Antilles)
3605, rue Saint-Denis
514 847-1050

★★ cuisine
★★ service
★★★ décor

 M **30 $** S **45 $**

réservation / max. de personnes 15

Bien qu'il soit décoré d'archétypes mexicains un brin surannés, le Mañana demeure un lieu chaleureux, très coloré, où l'on se sent bien accueilli dès qu'on y met les pieds. Le service est agréable, sympathique, et la cuisine, fort honnête, de l'entrée au dessert. Que ce soit pour l'une de leurs margaritas aux multiples saveurs ou l'un de leurs plats de viande ou de poisson (dont l'excellent vivaneau entier et légèrement frit), on est assuré de trouver en ce lieu un petit quelque chose qui plaira aux papilles en quête de chaleur et d'exotisme. Guacamole, ceviche, fajitas, enchiladas ou gâteau tres leches, tout est copieux, bien fait et bien présenté. Et l'on s'en sort pour bien moins cher qu'un billet d'avion vers le Mexique...

Plateau-Mont-Royal

MATRACA (LA)
(Amérique latine + Antilles)
4607, rue Saint-Denis
514 285-0777

★★ cuisine
★★ service
★★ décor

 M **20 $** S **20 $**

réservation / max. de personnes 15

Spécialiste des tacos al pastor, un populaire plat mexicain de morceaux de porc marinés à l'ananas, La Matraca est une *taqueria* où il est agréable d'aller casser la croûte pour une torta – un gigantesque sandwich mexicain – ou une réconfortante soupe de fèves noires. Que ce soit pour se remémorer ses meilleurs souvenirs gastronomiques du Mexique ou pour s'initier aux charmes des véritables plats de ce pays, on est assuré d'y vivre une expérience chaleureuse, où la cuisine est certes roborative, mais très abordable. Aucun vin n'y est servi, mais les principales bières mexicaines sont offertes, ainsi que quelques spécialités non alcoolisées telles que l'agua de horchata, un lait traditionnel très sucré, épicé et servi très froid.

Plateau-Mont-Royal

MOCHICA
(Amérique latine + Antilles)
3863, rue Saint-Denis
514 284-4448

★★ cuisine
★★★ service
★★★★ décor

 M _ S **120 $**

réservation / max. de personnes 50

Magnifique endroit au décor soigné, le Mochica est un restaurant où l'on peut savourer une cuisine péruvienne, de Trujillo plus précisément, des plus chaleureuses et authentiques. Ceviche de poisson, boissons à base de pisco, risotto de quinoa et mets de lama québécois biologique – c'est d'ailleurs un des seuls restaurants où l'on sert du lama au Canada! – ne sont qu'un avant-goût des multiples propositions de ce restaurant. La qualité des assiettes est parfois inégale, mais on trouve assurément de quoi passer une très belle soirée. Enfin, histoire de goûter un maximum de plats sans se ruiner, mieux vaut tenter l'expérience des formules dégustation pour deux. Dépaysement garanti!

Montréal

Plateau-Mont-Royal

CASA MINHOTA

(Espagne + Portugal)

3959, boulevard Saint-Laurent

514 842-2661

★★★ cuisine
★★★ service
★★ décor

M 30 $ S 60 $

réservation / max. de personnes 50

D'un côté, le bar où quelques piliers se tapent dans le dos en regardant le foot. De l'autre, une petite salle à manger tamisée, mignonne. L'endroit est tout discret. D'irrésistibles parfums émanent des assiettes fumantes déposées par le serveur empressé sur une nappe proprette. La pieuvre grillée sur charbon de bois est charnue et souple, les calmars frais, servis dans une sauce piquante, n'offrent aucune résistance sous la dent. Les plats sont généreux et finement relevés. Même la paella, ce plat étalon, passe haut la main le test gourmand. On y va en famille et même en amoureux, avant de retourner se balader sur la *Main*.

Plateau-Mont-Royal

CASA TAPAS

(Espagne + Portugal)

266, rue Rachel Est

514 848-1063

★★★ cuisine
★★★ service
★★★ décor.

M _ **S 70 $**

réservation / max. de personnes 10

Voici une adresse indémodable qui a mis les tapas à sa carte bien avant qu'elles ne soient tendance. Dans un décor avec de gros clins d'œil à l'Espagne et Gaudi, une ambiance conviviale et plutôt festive, on commande et on partage de délicieux petits plats. Crevettes, légumes rôtis, tortillas, boulettes de viande, cailles grillées, aubergines, poulet aux olives, sardines grillées, moules, calmars... il y en a pour tous les goûts. Les plats ne sont d'ailleurs pas si petits que ça et donnent toujours envie de revenir fréquenter cette table. Au dessert, les beignets trempés dans un pot de chocolat sont un incontournable. La carte des vins offre uniquement des crus espagnols dont plusieurs importations privées, de quoi faire de belles découvertes.

Plateau-Mont-Royal

CHEZ DOVAL

(Espagne + Portugal)

150, rue Marie-Anne Est

514 843-3390

★★ cuisine
★★★ service
★★ décor

M 25 $ S 50 $

réservation / max. de personnes 35

Un décor au charme rustique, un accueil tout sourire, de l'animation musicale certains soirs et des prix fort raisonnables, voilà qui contribue sans aucun doute à ce que ce restaurant soit un lieu rassembleur, fréquenté aussi bien par une jeunesse branchée provenant du Plateau et du Mile End que par des habitués des 30 dernières années. Mais la vraie de vraie raison de la popularité de ce lieu réside dans les grillades préparées comme le veut la tradition portugaise, sur charbon de bois, leur conférant une tendreté et un goût exceptionnels. Poulet, cailles, côtelettes d'agneau, steak, poisson, pieuvre ou calmars... il y en a pour tous les goûts. Si la carte des desserts peut paraître plutôt succincte, les incontournables tartelettes aux œufs y figurent heureusement.

GR

Montréal

Plateau-Mont-Royal

CHEZ LE PORTUGAIS

(Espagne + Portugal)

4134, boulevard Saint-Laurent

514 849-0550

★★★ cuisine
★★★ service
★★★★ décor

🛢 **EP** M **30$** S **60$**

réservation / max. de personnes   80

Bien que l'on puisse opter pour des plats uniques, comment résister à la formule si sympathique des petiscos, version portugaise de ce que l'on appelle communément des tapas? Quelle joie, en effet, de grappiller dans les plats à partager disposés au centre de la table et ainsi multiplier les plaisirs de la dégustation. Calmars, pieuvre, côtelettes d'agneau ou poulet grillés, brandade de morue, escargots au porto ou boudin... voilà qu'un bref aperçu de ce que propose le menu. Conviviale, cette gastronomie s'avère ni trop simple, ni trop raffinée. Le personnel sait nous guider vers les meilleurs choix, autant pour le volet gourmand qu'en ce qui a trait aux vins, dont la carte a beaucoup à offrir en termes de qualité.

Plateau-Mont-Royal

JANO

(Espagne + Portugal)

3883, boulevard Saint-Laurent

514 849-0646

★★ cuisine
★★ service
★★ décor

M **50$** S **50$**

réservation / max. de personnes   20

Jano, restaurant portugais qui a adopté le coq comme symbole, se présente simplement, avec sa longue salle aux tables serrées, ses napperons de papier et son accueil cordial. Le menu a beau s'étendre du poisson grillé – dont les sardines entières, bien apprêtées – aux viandes telles que le chouriço, le lapin ou la côtelette d'agneau, on vient d'abord ici entre amis ou en famille pour déguster l'incontournable poulet grillé à la portugaise. Chaque plat est servi sans fla-fla, accompagné d'une salade verte de type iceberg et de grosses frites dorées et croquantes. Le service, sympa mais assez expéditif, est à l'image des assiettes: simple, mais efficace. N'hésitez pas à terminer votre repas par un des succulents desserts maison traditionnels.

Plateau-Mont-Royal

PAPAS TAPAS MARTINIS

(Espagne + Portugal)

3547, boulevard Saint-Laurent

514 544-1321

★★★ cuisine
★★★ service
★★★ décor

🛢 👜 M **30$** S **80$**

réservation / max. de personnes   80

Une formule éprouvée dans un emballage moderne: c'est le choix gagnant qu'a fait Papas Tapas Martinis. D'un côté, une cuisine faite de petiscos – la version portugaise des tapas espagnoles –, de l'autre, une ambiance de bar à vin, au décor jeune et branché sur fond de musique lounge (et de télé branchée sur le foot...). On apprécie la fraîcheur des ingrédients (poissons, crustacés et autres produits de la mer) et les préparations soignées qui respectent la tradition et les codes du genre (bacalhau, porc et palourdes, crevettes piri-piri, soupe caldo verde). La maison offre, bien sûr, une vaste sélection de martinis, mais également de bières et de vins portugais. Les 5 à 7 à prix plus que modiques attirent inévitablement des tablées de clients joyeux et assoiffés.

Plateau-Mont-Royal

PINTXO

(Espagne + Portugal)

256, rue Roy Est

514 844-0222

★ ★ ★ ★ cuisine
★ ★ ★ ★ service
★ ★ ★ décor

M**40$** S**80$**

réservation / max. de personnes 20

Situé dans une rue peu fréquentée, le Pintxo a des airs de repaire d'initiés. Une adresse chouchou que les résidents du Plateau aimeraient garder secrète. L'endroit tire son nom de la version basque des tapas. Toutefois, si tapas rime habituellement avec partage, ce n'est pas un plaisir qui s'exprime ici, d'abord parce que les bouchées sont lilliputiennes et aussi – avouons-le – parce que c'est trop bon! Outre les pintxos qui se présentent comme des petits joyaux plutôt raffinés, la carte compte aussi quelques plats plus rustiques comme une bajoue de bœuf braisée ou un cassoulet. Les deux options étant savoureuses, le menu dégustation existe heureusement pour nous éviter de trancher. Le service chaleureux, élégant et de bon conseil concourt à faire de l'expérience gastronomique une grande réussite.

Plateau-Mont-Royal

PORTUS CALLE

(Espagne + Portugal)

4281, boulevard Saint-Laurent

514 849-2070

★ ★ ★ cuisine
★ ★ ★ service
★ ★ ★ ★ décor

M**60$** S**110$**

réservation / max. de personnes 50

La chef Helena Loureiro met les petits plats dans les grands pour nous offrir une cuisine portugaise tout en délicatesse et en raffinement. Les classiques préparations de morue, sardines et bien d'autres poissons et fruits de mer ainsi que la surlonge de bœuf sont réactualisées et joliment présentées. Les accompagnements ont toujours une petite touche éclatante et les assiettes sont plutôt généreuses. Il y a aussi des tapas froides ou chaudes au menu, ce qui est une excellente option pour découvrir plusieurs mets. Le comptoir à poissons au fond de la salle permet de choisir parmi les arrivages du jour et de déguster sa prise tout simplement grillée ou au four. L'huile d'olive, qui est ici un ingrédient-clé, est de grande qualité et on peut même en acheter sur place. Le décor avec ses couleurs chaudes, le bois, la brique, les galets ainsi que la musique donnent un air de fête.

Plateau-Mont-Royal

RÔTISSERIE PORTUGALIA

(Espagne + Portugal)

34, rue Rachel Ouest

514 282-1519

★ ★ cuisine
★ ★ service
★ ★ décor

M**50$** S**50$**

réservation / max. de personnes 20

Une adresse fort sympathique, un peu en retrait des grandes artères, qui propose en toute simplicité une cuisine portugaise rustique et savoureuse où les grillades (agneau, cailles, saucisses, sardines et calmars) sont à l'honneur, mais surtout le très populaire poulet grillé sur charbon de bois, dont la recette de marinade est un secret de famille jalousement gardé! La maison peut accueillir tout juste une vingtaine de clients dans un petit local bien aménagé (pierres, tuiles et couleurs vives), pas folklorique pour deux sous, et le service est assuré par les proprios, tous membres de la même famille (les plus jeunes aux tables, les plus âgés au gril). Et surtout, ne vous fiez pas à la façade, passablement terne: à l'intérieur, l'atmosphère joyeuse et décontractée de la rôtisserie fera votre bonheur!

Plateau-Mont-Royal

TASCA

(Espagne + Portugal)

172, avenue Duluth Est

514 987-1530

★★★ cuisine
★★★★ service
★★ décor

EP M**30$** S**60$**

réservation / max. de personnes 150

On pourrait croire que le resto, campé sur l'avenue Duluth, manque d'authenticité, ne serait ce que parce qu'il s'affiche en grand: festival du homard, «spécial» sur les scampis et autres réclames de bière portugaise. Mais il suffit de planter les dents dans un calmar grillé sur le charbon de bois ou de croquer dans un beignet de morue salée pour se convaincre qu'il n'y a rien de plus savoureusement portugais que les plats servis dans cet établissement aux deux vastes salles à manger. Pour notre bonheur, sardines, crustacés de tout acabit ou viandes grillées sont le plus souvent tout simplement arrosés de beurre, de citron et d'ail frais. Quant aux desserts, les pastéis de nata, évidemment, mais aussi les flans servis sur de complexes coulées de chocolat et de sirop ravissent les petits comme les grands.

Plateau-Mont-Royal

SCHWARTZ'S

(Europe de l'Est)

3895, boulevard Saint-Laurent

514 842-4813

★★ cuisine
★★ service
★★ décor

M**25$** S**25$**

réservation / max. de personnes   0

On s'étonne encore de l'immense popularité de ce minuscule resto, toujours bondé à craquer, au service approximatif, où l'on mange au coude à coude avec son voisin dans une atmosphère bruyante, surchauffée et qui exige la plupart du temps de poireauter un quart d'heure ou plus à l'extérieur, beau temps, mauvais temps. Mais c'est le prix à payer pour accéder au saint des saints du fameux smoked meat montréalais, Schwartz's, la charcuterie hébraïque qui propose la viande la mieux fumée et la plus tendre en ville et tous les petits délices qui l'accompagnent – salade de chou, cornichons craquants, poivron fort, frites bien grasses et tutti quanti. Il y a également quelques plats de poulet et de bœuf au menu mais rien qui soit digne de mention. Non, tant qu'à souffrir, faites-le pour la bonne cause! Six centimètres de viande juteuse entre deux tranches de bon pain de seigle! Plan B? Commandez et emportez. Mais encore là, il faut être patient...

Plateau-Mont-Royal

MIGA

(Extrême-Orient)

432, rue Rachel Est

514 842-4901

★★ cuisine
★★ service
★★ décor

M**20$** S**40$**

réservation / max. de personnes   10

Miga est un petit boui-boui sans prétention, où l'on vous accueille gentiment avec une tasse de thé. Le local, meublé de banquettes un peu fanées et de quelques éléments épars de déco aux échos asiatiques, ne retient pas l'attention. C'est plutôt le menu, tout simple, honnête et peu onéreux, qui attire la clientèle locale. On y vient notamment pour déguster les consistantes soupes pour deux, déposées sur un brûleur, parfaites pour un partage en toute convivialité. La carte, reprenant souvent les mêmes ingrédients, navigue entre des entrées de tofu frit et dumplings, en plus de proposer quelques autres spécialités coréennes comme le Korean pot et le bibimbap, mélange de tofu, bœuf, œuf et légumes. Bref, cette cuisine est loin d'être sophistiquée, mais elle est très réconfortante.

Plateau-Mont-Royal

OM

(Extrême-Orient)

4382, boulevard Saint-Laurent

514 287-3553

★★ cuisine
★★★ service
★★★ décor

M30$ S45$

réservation / max. de personnes 50

Ce qu'on retient avant tout d'une visite à Om, un restaurant dédié aux cuisines tibétaine et indienne, c'est l'accueil chaleureux du propriétaire, lui-même Tibétain. Dans ce petit local décoré d'images et d'objets traditionnels, dont les colorés drapeaux de prière, le menu, très abordable, se promène des poulet au beurre, caris et plats végé indiens aux incontournables momos (dumplings tibétains, essayez celui au fromage sucré) et autres spécialités tibétaines telles que le timo, un pain brioché cuit à la vapeur. Bémol au moment de la dégustation: le manque de saveur de certains plats.

Montréal

Plateau-Mont-Royal

SHAMBALA

(Extrême-Orient)

3439, rue Saint-Denis

514 842-2242

★★ cuisine
★★ service
★★★ décor

M25$ S45$

réservation / max. de personnes 60

Si les contrées mystiques et les attraits culinaires venus de lointains pays vous attirent irrémédiablement, ce petit restaurant aux limites du Quartier latin et du Plateau saura satisfaire vos envies d'exotisme oriental. Une cuisine roborative, un peu grasse il est vrai, mais pleine d'épices, de textures et de petits bonheurs. Bœuf, poulet ou plats végétariens en sauce accompagnés de nouilles ou de riz au jasmin remplissent leurs promesses, mais ce sont surtout les momos, petits dumplings tibétains farcis de viande, de fromage ou de pommes de terre et accompagnés de délicieuses sauces, qui assurent ici la félicité gustative. Le décor est attrayant, avec ses tables entourées de coussins, et le service se révèle affable et souriant. Tintin n'est désormais plus le seul à se rendre aussi facilement au Tibet!

Plateau-Mont-Royal

TAMPOPO

(Extrême-Orient)

4449, rue de Mentana

514 526-0001

★★ cuisine
★★ service
★★ décor

M20$ S30$

réservation / max. de personnes 0

Qu'elle soit à base de sarrasin, de riz, d'œufs ou de farine blanche, et qu'elle soit accompagnée de tofu, de porc, de poulet ou de crevettes, la nouille est reine dans ce modeste palais. Bien que les soupes-repas et les sautés se réclament du Japon, de la Chine ou de la Thaïlande, ils ne surprennent pas par leur authenticité, ni par leur exotisme. Ces interprétations concoctées devant nous s'avèrent tout de même fort savoureuses et réconfortantes, surtout lorsqu'accompagnées d'un verre de saké ou de bière et suivies d'une divine crème caramel au lait de coco. Si l'endroit, avec ses trois tables basses et ses quelques places au comptoir, n'offre pas le cadre idéal pour un souper en tête-à-tête, ni même entre amis, la livraison ou la commande pour emporter demeurent de mise.

Plateau-Mont-Royal

CINQUIÈME PÉCHÉ (AU)

(France)

4475, rue Saint-Denis

514 286-0123

★★★★ cuisine
★★★★ service
★★★ décor

 M**50$** S**80$**

réservation / max. de personnes 30

Avez-vous déjà goûté au phoque? Laissez-vous tenter, car c'est une très bonne viande. Et le chef du Cinquième péché, Benoit Lenglet, s'assure de la travailler de façon à ce qu'elle ne vous choque pas trop les papilles. Par ailleurs, si vous reculez, ne soyez pas inquiets: le reste de la carte est bien intéressant. Très simple, de style bistro. On y égrène les produits vedettes (beaucoup d'abats, très carnivore), sans fla-fla. Le service est bien informé et la réalisation, soignée. Les cuissons s'avèrent justes et les apprêts, précis. Pour vous asseoir, vous aurez le choix entre la petite terrasse et la salle, tout en pierres, charmante. La carte des vins recèle de belles trouvailles et le sommelier vous conseillera judicieusement pour des accords mets-vins réussis.

Plateau-Mont-Royal

BULLE AU CARRÉ (LA)

(France)

3482, rue Saint-Denis

514 848-0316

★★ cuisine
★★★ service
★★ décor

M**30$** S**45$**

réservation / max. de personnes 60

Cette petite crêperie bretonne fort sympa fait depuis 2010 le bonheur du quartier et est même un lieu de pèlerinage pour le brunch familial du dimanche. On peut y manger une salade, une assiette d'andouillette ou encore un burger gourmet servi avec pommes de terre sautées dans le gras de canard, mais on y va surtout pour les crêpes sucrées ou salées. Et l'on arrose le tout de cidre brut de Rougemont. Les galettes sont croquantes, les garnitures, simples, les mariages, harmonieux et les présentations, amusantes. Le tout servi avec le sourire et proposé dans un décor ludique et sans prétention. Il y a même des BD à volonté si jamais on n'a pas trouvé quelqu'un pour nous accompagner. Bref, un sans-faute sur toute la bulle.

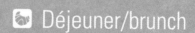

Déjeuner/brunch

Pour bien commencer la journée, nous avons répertorié
les établissements offrant le déjeuner et/ou le brunch, que ce soit
tous les jours ou seulement la fin de semaine.

Nous n'avons toutefois pas indiqué les adresses proposant le déjeuner
et/ou le brunch uniquement lors d'occasions particulières (Pâques, fête des Mères,
etc.), ni les établissements de villégiature ne l'offrant qu'à leurs clients hébergés
sur place. Nous vous laissons le soin de vérifier, en téléphonant, les jours et les
heures où ce premier repas de la journée est offert.

Plateau-Mont-Royal

APRÈS LE JOUR
(France)
901, rue Rachel Est
514 527-4141

★★★ cuisine
★★★ service
★★★ décor

M _ S**100$**

réservation / max. de personnes 25

Ouvert en 1986, ce petit bistro tout simple de la rue Rachel a vu son décor revampé il y a quelque temps. La touche résolument plus moderne, de style lounge, étonnera peut-être les habitués, mais au final, l'endroit demeure toujours aussi soigné. La cuisine, d'inspiration française, propose des plats fort honnêtes de poissons, viandes, foie gras, confit de canard, burger et pâtes. La carte, équilibrée, est bien pensée, et les mets, agréables en bouche. Enfin, le personnel est affable, courtois et toujours soucieux de satisfaire les clients, ce qui est très apprécié.

Plateau-Mont-Royal

COLOMBE (LA)
(France)
554, avenue Duluth Est
514 849-8844

★ ★ ★ ★ cuisine
★ ★ ★ ★ service
★ ★ ★ décor

 M _ S **110 $**

réservation / max. de personnes   40

Si les restaurants «apportez votre vin» où la qualité est au rendez-vous dans l'assiette ne sont plus vraiment rares, celui-ci demeure tout de même au-dessus de la mêlée grâce à sa cuisine du marché aussi vive que raffinée. Témoignant d'une maîtrise exceptionnelle, les plats présentent des viandes dont la cuisson rend parfaitement honneur à leur nature, qu'il s'agisse de porc, de canard ou d'agneau. Il en va de même des poissons. Et c'est avec équilibre que des sauces concoctées avec doigté, aux touches parfois fruitées, s'accordent aux mets. Le service, tout aussi chaleureux qu'efficace, ajoute à l'expérience. À noter que l'établissement accueille ses convives pour deux services, l'un à 18 h et l'autre à 21 h, et qu'il vaut mieux préalablement réserver sa table.

Plateau-Mont-Royal

DEUX GAMINS (LES)

(France)

170, rue Prince-Arthur Est

514 288-3389

★★★ cuisine
★★★ service
★★★ décor

 M **30 $** S **60 $**

réservation / max. de personnes   50

Avec ses quatre étages, ce bistro est parfait pour accommoder les groupes, ou quiconque a oublié de réserver en ces soirs où tous les restos semblent bondés. On s'installe donc dans ce joli décor couleur beurre, où les chaises en rotin et le carrelage noir et blanc donnent l'illusion d'être transporté dans un bistro parisien. Et ce sont bien les incontournables plats bistro qui se retrouvent au menu, avec une simplicité caractéristique dans l'assiette. La bavette tendre sous la dent et le boudin tout ce qu'il y a de plus classique ne déçoivent pas. Côté accompagnements, on reste minimaliste. Rien de renversant, donc, mais un bon rapport qualité-prix dans un secteur où les propositions gastronomiques tendent vers la banalité. Une invitation à se réapproprier cette rue piétonnière vibrante.

Plateau-Mont-Royal

EXPRESS (L')

(France)

3927, rue Saint-Denis

514 845-5333

★★★★ cuisine
★★★★ service
★★★★ décor

M **60 $** S **90 $**

réservation / max. de personnes   12

Cet établissement montréalais plus que trentenaire correspond à l'image mythique du bistro français avec son comptoir en zinc, ses lampes en forme de globes et son joli carrelage noir et blanc. L'ambiance est au diapason, animée par une escouade de serveurs habillés de chemises blanches et tabliers, parfaitement professionnels et efficaces depuis les premiers moments du déjeuner matinal jusqu'aux petites heures de la nuit. Hommes d'affaires, artistes, familles, bandes de jeunes professionnels en goguette et touristes de passage en ont fait leur repaire habituel et vous ferez bientôt de même, car l'essayer, c'est l'adopter! Au menu, les classiques bistro – tartares, huîtres, foie de veau, soupe de poisson ou confit de canard – sont au rendez-vous, apprêtés avec art et simplicité. De plus, le chef propose toujours plusieurs délicieux plats du jour, au rythme des arrivages du marché et de son inspiration. Excellente carte des vins. Au dessert, on vous recommande toujours les îles flottantes et l'exquise tarte au citron.

Plateau-Mont-Royal

FLAMBARD (LE)

(France)

851, rue Rachel Est

514 596-1280

★★★ cuisine
★★★ service
★★ décor

M _ S **70 $**

réservation / max. de personnes   45

Voilà un «apportez votre vin» où il fait bon s'attarder pour passer une belle soirée sans se ruiner. On y propose plusieurs formules à prix fixe et une partie de la carte change selon la saison et les arrivages du marché. Un exemple? Au printemps, les têtes de violon sont au rendez-vous et le potage du jour devient gaspacho. Sinon, les classiques de la bistronomie française (céleri rémoulade, terrine de foies de volaille, saumon à l'oseille, tartare de bœuf, crème brûlée, etc.) sont apprêtés avec attention, bien que les accompagnements des plats soient toujours les mêmes. Le choix sucré est restreint, mais les desserts sont finement réalisés. Dans cet établissement au décor champêtre, le service est soigné, empressé même. Bref, on s'y sent aussi bien qu'on y mange.

Plateau-Mont-Royal

HÉRITIERS (LES)

(France)

1915, avenue du Mont-Royal Est

514 528-4953

★★ cuisine
★★ service
★★★ décor

 M **50$** S **100$**

réservation / max. de personnes   25

Parmi les restos «apportez votre vin» du Plateau, Les Héritiers est devenu un classique. Le voilà déménagé à une nouvelle adresse, un local tout à fait charmant et typique avec ses hauts plafonds embossés, sa généreuse fenestration et son blanc immaculé aux murs rehaussé d'une touche de bois chaleureuse. La cuisine annoncée est française mais revampée, structurée et bien montée. Elle présente des plats plutôt appétissants, axés sur le produit: tartare de poisson, cassolette d'escargots et diverses viandes grillées ou braisées. C'est aussi parfois inégal côté saveurs et cuisson. Les carnivores apprécieront cependant les savoureuses pièces de viande.

Plateau-Mont-Royal

INFIDÈLES (LES)

(France)

771, rue Rachel Est

514 528-8555

★★★ cuisine
★★★ service
★★★ décor

 M _ S **100$**

réservation / max. de personnes   70

Les tables du tout petit «apportez votre vin» de la rue Rachel comptent rarement des sièges vides. Réserver s'avère donc une obligation. On y vient sept soirs sur sept goûter les classiques de l'endroit. En entrée, le chef propose entre autres le foie gras deux façons, poêlé ou au torchon, et aussi un délicat tartare de bœuf, digne de mention. Quant au reste du menu, il se décline en rassurants confit de canard, ris de veau ou carré d'agneau, pour la plupart jouant avec beaucoup de finesse sur la thématique du sucré-salé. Les plus gourmands opteront pour le menu dégustation cinq services à prix fixe (avec quelques extras en fonction des plats choisis). La faune, composée de locaux autant que de touristes ou d'hommes d'affaires, s'anime à mesure que s'étire la soirée. On y vient donc tôt avec les amants et plus tard avec les amis.

Plateau-Mont-Royal

LALOUX

(France)

250, avenue des Pins Est

514 287-9127

★★★★ cuisine
★★★★ service
★★★★ décor

M **50$** S **90$**

réservation / max. de personnes   70

Laloux n'est pas un resto «branché». Pas de cuisine ouverte, pas de musique lounge, pas de serveur tatoué. Le décor ne change pas: lumineux, chaleureux, des murs blancs rehaussés de miroirs aux cadres de bois. Le menu du chef n'a toutefois rien à envier aux bistros de l'heure: il nous sert une cuisine française rajeunie, pleine de bonnes idées. Les classiques sont là – assiette de charcuteries maison, tartare de bœuf, foie gras, filet de bœuf, saumon, ris de veau –, tous cuisinés de manière originale, en suivant le rythme des saisons. Les desserts de la pâtissière sont tout aussi délicieux. Le sommelier ajoute au repas des accords mets et vins d'une précision redoutable.

Plateau-Mont-Royal

PÉGASE
(France)
1831, rue Gilford
514 522-0487

★★★ cuisine
★★★ service
★★★ décor

 M _ S**70$**

réservation / max. de personnes 12

Si plusieurs établissements misent sur la formule gagnante «apportez votre vin», celui-ci prouve que classicisme ne rime pas avec ennui. Qu'il s'agisse de foie gras, de carré d'agneau ou de médaillon de cerf, le chef connaît de toute évidence les produits qu'il travaille, les parfume avec doigté et leur rend honneur par des cuissons parfaites. Selon l'appétit du moment, deux formules s'offrent à nous: la Petite table, comprenant deux services et la Table gourmande, qui en compte quant à elle quatre. On se sent si privilégié de connaître ce repaire caché dans un coin paisible du Plateau qu'on hésite presque à en parler, de peur de ne pouvoir placer une réservation la prochaine fois.

Plateau-Mont-Royal

PLEIN SUD
(France)
222, avenue du Mont-Royal Est
514 510-6234

★★★ cuisine
★★ service
★★ décor

EP M**30$** S**60$**

réservation / max. de personnes 40

Plein Sud est un petit restaurant au service décontracté et ultrasympathique qui sait reproduire l'ambiance chaleureuse du sud de la France. Aux murs, quelques objets et tableaux rappellent ce coin de pays ensoleillé. La cuisine du marché qu'on y sert est simple, fraîche et savoureuse. Sur le court menu, se côtoient notamment un millefeuille de betterave et chèvre, léger et délicat, un tartare de bœuf, des calmars, une pissaladière, un sauté de veau à la corse, du magret de canard, en plus du poisson et des pâtes du jour. Chaque plat est aussi offert en formule table d'hôte, à un prix qui fait plaisir au portefeuille. On aimerait juste plus de choix de vins au verre, et des accompagnements de plats principaux plus variés.

Plateau-Mont-Royal

POP!
(France)
250, avenue des Pins Est
514 287-1648

★★★ cuisine
★★★★ service
★★★★ décor

M _ S**65$**

réservation / max. de personnes 50

On craque pour le décor *vintage* (résolument *sixties*, donc bardé de teck comme il se doit) du bar à vin qui jouxte et partage les cuisines du restaurant Laloux. On y croque des pizzas flambées – à la croûte croustillante à l'extérieur, tendre et aérienne à l'intérieur – et on grignote des arancinis et autres croquettes de brandade en sirotant des crus triés sur le volet par le sommelier. Et si les découvertes sont davantage viticoles, on se régale de ce *finger food* préparé avec beaucoup d'attention et (ça se goûte) d'amour. On y va entre amis et on y reste de l'apéro au dessert car ces derniers ne sont pas non plus piqués des vers.

Plateau-Mont-Royal

PORTE (LA)
(France)
3627, boulevard Saint-Laurent
514 282-4996

★★★★ cuisine
★★★★ service
★★★★ décor

M**50$** S**120$**

réservation / max. de personnes 40

Quand les propriétaires de cet établissement se qualifient de «marchands de bonheur», exagèrent-ils? Une seule visite suffit pour obtenir la réponse: nullement! Le couple d'origine française offre effectivement une expérience hors du commun avec une cuisine d'une grande maîtrise, sensible, où la singularité réside dans le souci du détail. Accompagnant les viandes et les poissons, une émulsion à la roquette ici, une purée finement relevée de cardamome là, et ailleurs, des notes vanillées et des dentelles de parmesan. Le tout se conjugue avec élégance et équilibre. Les desserts se révèlent, pour notre plus grand enchantement, tout aussi renversants. Pour une expérience mémorable, on conseille de profiter de l'une des formules dégustation proposées.

Plateau-Mont-Royal

POISSON ROUGE (LE)

(France)

1201, rue Rachel Est

514 522-4876

★ ★ ★ ★ cuisine
★ ★ ★ ★ service
★ ★ ★ décor

 M _ S**90**$

réservation / max. de personnes   50

À l'origine presque tout poisson (comme le suggère le nom de l'établissement), la carte offre maintenant aussi un très bel assortiment de plats pour carnivores. La table d'hôte très cuisine du marché est complétée par quelques sympathiques propositions du jour sur ardoise. Largement fenestrée et chaleureuse, la salle donne directement sur les rues de La Roche et Rachel. Bien garnies, les assiettes sont aussi bien présentées, avec une recherche et une variété d'éléments tous plus savoureux les uns que les autres. Tel est le cas notamment du rouleau de fruits de mer ou de la terrine en entrée, d'une raie délicate et d'un cœur de ris de veau croustillant à souhait. Desserts crémeux et fruités délicieux.

Plateau-Mont-Royal

PRUNELLE (LA)

(France)

327, avenue Duluth Est

514 849-8403

★★★ cuisine
★★★ service
★★★ décor

 M _ S**95 $**

réservation / max. de personnes   65

Bistro français «apportez votre vin» devenu un classique du genre, La Prunelle reste une valeur sûre. Dans une salle en longueur dominée par des baies vitrées apaisantes qui s'ouvrent en été, on y déguste, en table d'hôte ou à la carte, des propositions qui ne débordent pas d'originalité – pavé d'espadon, tartare de saumon, raviolis de légumes, mignons de bœuf, ris de veau, crème caramel, entre autres – mais qui sont apprêtées de main de maître et avec des légumes et ingrédients locaux par-ci, par-là. Avec convivialité et un certain empressement, on nous proposera également le menu du jour affiché sur la grande ardoise noire.

Plateau-Mont-Royal

P'TIT LYONNAIS (AU)

(France)

1279, rue Marie-Anne Est

514 523-2424

★★★ cuisine
★★★ service
★★★ décor

M _ S**110 $**

réservation / max. de personnes   35

Au P'tit Lyonnais porte très bien son nom. Le décor et la cuisine y sont simples, réconfortants à souhait, et les plats servis sont typiques de la région lyonnaise. Les mets à base de viande abondent – le jarret d'agneau étant la spécialité de l'endroit –, mais quelques assiettes de poissons et de fruits de mer, comme les pétoncles poêlés, sont aussi de fort jolies réussites. Le lieu est petit, indéniablement sympathique. Quant au patron, souriant et aux petits oignons, il n'hésite pas à céder aux quelques caprices des clients et veille fréquemment à ce que l'on ne manque de rien. Les vins sont bien choisis, et l'on ressort du restaurant repu et satisfait d'y avoir passé un joyeux moment.

Plateau-Mont-Royal

P'TIT PLATEAU (LE)

(France)

330, rue Marie-Anne Est

514 282-6342

★★★★ cuisine
★★★ service
★★★ décor

 M _ S**90 $**

réservation / max. de personnes   12

Blotti au premier étage d'un immeuble typique du Plateau-Mont-Royal (lire sympa, un brin bric-à-brac et surtout très chaleureux), Le P'tit Plateau ne désemplit pas, et ce, lors des deux services proposés en soirée. On y sert une cuisine généreuse et bien faite, essentiellement inspirée des classiques français. Si la surprise est rarement au rendez-vous, le plaisir, lui, y est toujours. D'abord il y a le cadre évoqué plus haut, et puis il y a le service amical mais jamais envahissant. Pour couronner le tout, on apporte soi-même sa bouteille, ce qui allège l'addition. Seul hic: la popularité des lieux est telle qu'il faut obligatoirement réserver. Excluez d'office l'adresse s'il vous prend une envie soudaine le jour même d'aller vous y régaler...

Plateau-Mont-Royal

SAIN BOL (LE)

(France)

5095, rue Fabre

514 524-2292

★★★ cuisine
★★ service
★★ décor

 M**30$** S**45$**

réservation / max. de personnes 12

Ce restaurant d'à peine 12 places est petit, certes, mais il est charmant et l'accueil y est sympathique. Le service attentionné, mais pas toujours très pointu, va avec l'ambiance familiale du lieu. Comme à la maison, le chef Frédéric Houtin cuisine devant nous et s'occupe du service. Il propose tous les midis des plats simples bios, de saison et qui varient chaque jour. Dans l'assiette, la qualité et la fraîcheur des aliments sont incontestables: saumon bio d'Irlande grillé et accompagné de champignons sauvages, omelette aux légumes, grilled cheese de fromage de chèvre et clafoutis aux petits fruits. Le gravlax est un incontournable de la maison. Le soir, l'établissement n'est ouvert que le vendredi et propose un menu intuition de cinq services pour une vingtaine de dollars. Une aubaine à saisir, mais dont les places sont de plus en plus difficiles à obtenir.

Plateau-Mont-Royal

VERTIGE

(France)

540, avenue Duluth Est

514 842-4443

★★★ cuisine
★★★★ service
★★★ décor

🗄 M _ S**90$**

réservation / max. de personnes 70

Les copropriétaires de l'établissement, le chef Thierry Baron et sa conjointe Fadia Salabi, s'occupent ici de la cuisine et de la salle en garde partagée. Dans les assiettes servies avec amabilité et chaleur, des créations aux accents français, mais aussi méditerranéens et anglais, présentées en format tapas, que l'on s'amuse à croquer: tartare de bœuf, chorizo grillé ou fish & chips que l'on fait descendre à l'aide d'un des bons verres qui figurent sur l'honnête carte des vins. On poursuit avec un plat costaud et goûteux de viande ou de poisson, toujours inspiré de l'Espagne, des pays du Maghreb ou de la carte d'un bistro parisien. On termine en se sucrant sérieusement le bec avec, disons, le superbe nougat glacé aux griottes. Avec ces plats tantôt simples, tantôt plus raffinés, on passe en ces lieux décorés avec caractère un très agréable moment.

Plateau-Mont-Royal

OUZERI

(Grèce)

4690, rue Saint-Denis

514 845-1336

★★★ cuisine
★★★ service
★★★ décor

EP M**25$** S**45$**

réservation / max. de personnes 35

Ce resto grec propose des classiques méditerranéens généralement réussis. L'agneau au feta nourrit bien «son homme» et les différents mezze comblent les papilles en quête d'éclectisme. On ne se trompe pas en commandant les spanakopitas ou encore les grillades qui, arrosées d'un verre de retsina, réchauffent agréablement les soirs d'hiver. Les lieux, vastes, se prêtent bien aux soirées en grand groupe, ce qui incommode parfois les dîneurs en quête d'intimité. L'endroit s'avère aussi une belle option pour souper avant le théâtre ou un concert dans un bar du quartier.

Montréal

GR

Plateau-Mont-Royal

TASSO, BAR À MEZZE

(Grèce)

3829, rue Saint-Denis

514 842-0867

★★★ cuisine
★★★ service
★★★ décor

 M **35 $** S **80 $**

réservation / max. de personnes   40

Un endroit bien agréable où l'on aime partager toutes sortes de mezze succulents. Fruits de mer et poisson grillé ont la part belle sur le long menu présentant des propositions toutes plus alléchantes les unes que les autres. La caille, l'agneau, le râble de lapin sont des options côté terre tout aussi réussies. La cuisine est simple mais rien n'est banal. Les préparations, cuissons, assaisonnements sont judicieux, doux et subtils et parfaitement maîtrisés. C'est le genre d'endroit où l'on ne se prive pas de se lécher les doigts et de salir sa serviette. Rayon desserts, le gâteau au chocolat sans farine est un incontournable. La salle est jolie, à la fois épurée et lumineuse. On en profite pour déguster un joli vin grec et on repart comblé.

Plateau-Mont-Royal

ATMA

(Inde)

3962, boulevard Saint-Laurent

514 798-8484

★★★ cuisine
★★★ service
★★★★ décor

EP M _ S **60 $**

réservation / max. de personnes   40

Si la façade du restaurant Atma a besoin d'être rafraîchie, ce n'est pas le cas à l'intérieur, où le décor exotique crée l'atmosphère. Un parfum d'Orient plane avec la lumière tamisée, la musique méditative et le dieu éléphant Ganesh qui veille sur nous. En sirotant un cocktail maison, on parcourt le menu assez élaboré où l'on trouve tous les classiques de la cuisine indienne: samosa, poulet tikka, tandouri, au beurre, currys, agneau korma, sans compter le délicieux pain naan et une sélection de plats végétariens. Tout est exécuté avec doigté, finesse, pour des assiettes raffinées embaumant les épices. En entrée, le pakora aux calmars est un vrai délice épicé! Service empressé et efficace, mais un peu effacé.

Plateau-Mont-Royal

MYSORE

(Inde)

4216, boulevard Saint-Laurent

514 844-4733

★★★ cuisine
★★★ service
★★★ décor

EP M **20 $** S **50 $**

réservation / max. de personnes   40

Tirant son nom d'une ville du Sud, le Mysore nous invite à un doux dépaysement et possède les atouts d'un restaurant indien comme on les aime, à commencer par un menu aussi faste que varié. Les mets sont issus des traditions culinaires des quatre coins du pays avec des currys de bœuf, d'agneau, de poulet ou de crevettes, des brochettes cuites sur charbon de bois dans un four en argile traditionnel et plusieurs mijotées aux parfums enivrants. Pour plaire à tous les types de palais, on prend soin d'indiquer les mets légèrement épicés et ceux qui le sont extrêmement. Le tout est complété par des pains tout droit sortis du four préparés dans les règles de l'art; on succombe entre autres aux naans bien moelleux et aux pappadums, ces croustilles géantes relevées de quelques graines de cumin.

Plateau-Mont-Royal

BUONA FORCHETTA
(Italie)

2407, avenue du Mont-Royal Est
514 521-6766

★ ★ ★   cuisine
★ ★ ★   service
★ ★ ★ ★   décor

 M **60 $** S **80 $**

réservation / max. de personnes   50

Italien dans l'âme, ce restaurant se cache très à l'est de l'avenue du Mont-Royal, dans un quartier peu passant. Pour qui aime les pâtes, en une vingtaine de déclinaisons, et le veau de lait, mais aussi le risotto et la polenta, c'est une adresse plus qu'honnête. La carte s'enrichit aussi de grillades en tout genre et d'un assortiment intéressant de poissons et fruits de mer. On aime la salle à manger spacieuse, au décor moderne et dépouillé, avec banquettes et bar arrondi ouvrant sur la cuisine. Et aussi le parti pris original pour la cuisine au Mycryo, beurre de cacao en poudre, sans cholestérol, avec réduction de calories et surtout une conservation des textures sans pareille! La maison organise des ateliers culinaires en petits groupes pour apprendre à utiliser ce beau produit.

Plateau-Mont-Royal

MISTO

(Italie)

929, avenue du Mont-Royal Est

514 526-5043

★ ★ ★ cuisine
★ ★ ★ service
★ ★ ★ décor

 M**40$** S**80$**

réservation / max. de personnes   25

Sur la très fréquentée avenue du Mont-Royal, la longévité est un signe qui ne trompe pas: on livre la marchandise ou on ferme ses portes! Le Misto, qui a déjà une dizaine d'années derrière lui, a manifestement passé cette rude épreuve avec succès. Encore aujourd'hui, ses pâtes soignées plaisent, tout comme ses calzones, ses focaccias et les quelques poissons et viandes grillées au menu. La carte de vins et de cocktails suit les humeurs de la mode, la musique est toujours aussi lounge et planante, et le décor moderne et aérien n'a presque pas pris de rides.

Plateau-Mont-Royal

CHEZ DI VITO

(Italie)

4815, avenue du Parc

514 272-0550

★★ cuisine
★★ service
★★ décor

 M **50$** S **50$**

réservation / max. de personnes 26

Chez Di Vito représente l'essence même de la trattoria italienne. On y est accueilli par les attachants propriétaires – lui dans la cuisine et elle au service – qui nous font tout de suite sentir comme à la maison dans ce minuscule et chaleureux local aux murs de briques, dont la porte coulissante, à l'avant, s'ouvre sur une jolie terrasse par beau temps. Ici, tout est d'une simplicité désarmante: le menu tient sur une feuille de papier et le choix de vins est minimaliste. Mais on y mange bien, avec appétit, une cuisine sans prétention réalisée avec des ingrédients frais et savoureux. Pizzas et pâtes constituent l'essentiel des propositions, en plus de quelques viandes et poissons, et de «tapas» en entrée.

Plateau-Mont-Royal

PRATO

(Italie)

3891, boulevard Saint-Laurent

514 285-1616

★★★ cuisine
★★★ service
★★★ décor

M **40$** S **60$**

réservation / max. de personnes 25

Quand on se promène sur la *Main*, les petites lampes en forme d'étoiles qui ornent la vitrine de cette pizzeria attirent l'œil. À l'intérieur, l'endroit ne désemplit pas, les habitués se pressant le midi comme le soir pour goûter aux spécialités de la maison: des pizzas à croûte mince cuites au charbon de bois et servies à la bonne franquette, sur des plaques de tôle. La décoration est simple: des tables en bois, quelques banquettes, un bar et, bien sûr, le four en brique devant lequel le pizzaïolo s'active, armé de sa grande pelle. Margherita, napoletana, marinara... toutes les pizzas classiques sont là, parfaitement exécutées, côtoyant quelques recettes plus locales comme celle à la viande fumée. Notre préférée: la bianca à la crème fraîche, romarin et bacon croustillant. À essayer: les focaccias et les calzones, également délicieux. On peut aussi commander des pâtes et quelques simplissimes salades. Au dessert, tiramisu maison, torta et gâteaux riches et crémeux confectionnés par une pâtisserie montréalaise plairont aux amateurs de sensations très sucrées.

Plateau-Mont-Royal

SALUTE

(Italie)

234, avenue Laurier Ouest

514 273-9378

★★★★ cuisine
★★★★ service
★★★★ décor

M **50$** S **100$**

réservation / max. de personnes 50

Ce bijou d'endroit passe parfois sous le radar des gourmands de la métropole et pourtant, il offre une cuisine ample et débordante de saveurs, en plus d'une carte des vins (essentiellement italienne) d'une indiscutable qualité. Les entrées se déclinent en autant de classiques parfois revampés et surtout brillamment exécutés par le chef Angelo Baggio et sa petite brigade que l'on peut apercevoir en cuisine, au fond du restaurant. Le risotto aux cèpes, servi avec une gigantesque meule de parmesan que l'on racle vigoureusement avant de la déposer devant vous, fait entre autres la fierté de l'endroit. Les pâtes – aériennes – et les viandes sont apprêtées avec un soin infini. Le service, lui, est à l'image de la présentation des plats: généreux, coloré, bien envoyé mais jamais surjoué.

Montréal

Plateau-Mont-Royal

PIZZERIA ROMEO

(Italie)

285, avenue du Mont-Royal Est

514 987-6636

★★★   cuisine
★★★   service
★★★   décor

M _ S**55$**

réservation / max. de personnes   25

Sur la liste des adresses hip du Plateau, Romeo est dans le peloton de tête. Le resto est situé dans un local plus long que large, à la déco urbaine et aux grandes fenêtres coulissantes qui s'ouvrent l'été sur l'avenue du Mont-Royal. On y propose à boire (carte de cocktails inspirée) et à manger jusqu'aux petites heures du matin dans une ambiance animée. Côté menu, c'est avec bonheur qu'on découvre les petits plats, conviviaux et appelant au partage, comme le carpaccio de bœuf et les arancinis. D'inspiration italienne, la carte se décline en pizzas, salades et assiettes de viande (bavette de bœuf, poulet de Cornouailles). Le service, ultrasympathique, jeune et dynamique, est en symbiose avec l'endroit.

Plateau-Mont-Royal

BIG IN JAPAN

(Japon)

3723, boulevard Saint-Laurent

514 847-2222

★★ cuisine
★★ service
★ décor

M**40$** S**60$**

réservation / max. de personnes 20

Alors que l'on flâne boulevard Saint-Laurent, on décide de s'arrêter dans ce snack-bar sino-nord-américain. Les tables sont vissées au sol et la déco est assez simple, mais la musique d'Elvis ou de Johnny Cash nous enveloppe. En été, le délicieux lait frappé au gingembre ou au thé vert s'impose. En hiver, la carte des sakés nous fait de l'œil. Sur le menu, les propositions sont fort originales. Salade de daïkon, fèves vertes au sésame noir, ramens miso avec sauce barbecue, crêpe de porc et légumes avec salade de crevettes. Si l'exécution n'est pas toujours parfaite, le mélange des saveurs est surprenant et cette interprétation des produits japonais à la manière «taverne» est une expérience en soi. D'ailleurs, les dumplings, le porc croustillant et les laits frappés valent à eux seuls le détour.

Montréal

Plateau-Mont-Royal

BLEU CARAMEL

(Japon)

4517, rue de La Roche

514 526-0005

★★★ cuisine
★★★ service
★★★ décor

M _ S**60$**

réservation / max. de personnes 45

Il fait nuit: on s'écarte vaguement de l'avenue du Mont-Royal pour plonger dans le noir de la rue de La Roche. Une lueur nous guide, tel un phare, vers ce restaurant japonais et coréen. On est conquis par l'ambiance intimiste, la lumière tamisée et la chaleur des tentures de la salle à manger. Tradition oblige: on prend place sur les nattes par terre, plutôt que sur les banquettes. Défilent alors soupe miso gratuite, puis sashimis et entrées coréennes (dont des raviolis farcis). Les plateaux de dégustation de délicieux sushis se partagent facilement, mais on peut leur préférer un teriyaki ou du poulet à la coréenne, selon l'humeur du jour. Les tempuras de légumes et crevettes sont très délicates. Côté desserts, le choix est par contre limité.

Plateau-Mont-Royal

GINGER

(Japon)

16, avenue des Pins Est

514 844-2121

★★★ cuisine
★★★ service
★★★ décor

M _ S**80$**

réservation / max. de personnes 10

Avec sa salle intime à l'abri des regards, ses banquettes en cuir couleur crème, sa lumière tamisée et son ambiance à la fois urbaine et lounge, le restaurant japonais Ginger a bonne mine. Pas étonnant que la faune nocturne de la *Main* toute proche s'y réunisse les soirs de sortie, augmentant les décibels à mesure que cocktails, vins et sakés coulent à flots. Le service, sympa, décontracté mais professionnel, se marie bien au style de l'endroit. Qu'y mange-t-on? Une soupe miso parfaitement dosée. Des sushis de qualité aussi, du classique californien à quelques trouvailles et spécialités. Le menu propose maintes entrées chaudes et froides respectables (tatakis, rouleaux, tartares), quelques salades, pad thaïs et plats teriyaki. Mention spéciale pour les desserts originaux.

Plateau-Mont-Royal

ORI RESTO LOUNGE
(Japon)
3470, rue Saint-Denis
514 842-0000

★★★ cuisine
★★★ service
★★★ décor

M**40$** S**70$**

réservation / max. de personnes   20

Sushis créatifs et tapas, est-il précisé sur la carte. Il y a en effet beaucoup de choix et de raffinement côté sushis. On voit tout de suite que le chef sait manier le couteau! Il y a aussi des petits plats inventifs dérivés, dont un sushi frit au fromage avec crevette, omelette et crabe. La poutine japonaise à base de patate douce, fromage à la crème, homard et sauce du chef démontre que l'on sait s'amuser ici et que l'on aime créer. D'autres propositions comme le poulet du général Tao ou le poulet pané avec sauce citronnée, le steak de thon, les dumplings et les rouleaux impériaux complètent le menu. L'endroit reste ouvert tard le soir et l'on peut s'y arrêter pour boire un verre et prendre une bouchée au bar. À essayer!

Plateau-Mont-Royal

TOROLI

(Japon)

421, rue Marie-Anne Est

514 289-9292

★★★ cuisine
★★★ service
★★ décor

M**40$** S**80$**

réservation / max. de personnes   8

La table du Toroli est un judicieux croisement des raffinements des cuisines japonaise et française. Le tout petit resto d'un chef qui a eu la bonne idée de lâcher la mode des sushis pour se concentrer sur des plats gastronomiques superbement présentés. Poisson en sashimi mariné au yuzu, canard rôti au miso et, surtout, le foie gras Toroli! Décadent, il est mariné au miso, poêlé et servi sur du canard rôti, accompagné d'un taboulé de riz brun, de sarrasin et de fèves de soja à l'huile de truffe. Du bel art. Évidemment, tout cela s'accompagne d'un verre de saké choisi dans l'intéressante collection de bouteilles.

Plateau-Mont-Royal

TRI EXPRESS

(Japon)

1650, avenue Laurier Est

514 528-5641

★★★★ cuisine
★★★ service
★★★ décor

M**30$** S**50$**

réservation / max. de personnes   30

Le problème inhérent à cet endroit, c'est le danger d'accoutumance. Les formules Omakase du chef Tri Du prennent, dès les premières expériences, des airs de *comfort food*. On se serre autour des tables du mini-local décoré de manière éclectique et chaleureuse ou on s'installe au comptoir pour regarder le maître et ses disciples à l'œuvre. On s'abreuve de thé vert puisque l'établissement n'a pas de permis d'alcool et on ne manque surtout pas de goûter les tartares de thon et de saumon et tout ce que monsieur Du propose de nous concocter avec des pétoncles. Le menu est le même depuis des lunes maintenant et c'est parfois cela qui nous donne envie d'aller voir ailleurs au cas où il y aurait d'autres repaires à sushis du même acabit... Puis on revient à nos bonnes habitudes. Après tout, pourquoi changer une formule gagnante?

Plateau-Mont-Royal

BYBLOS

(Moyen-Orient)

1499, avenue Laurier Est

514 523-9396

★★ cuisine
★★ service
★★★ décor

M**30$** S**45$**

réservation / max. de personnes   25

Avec son décor paisible et son climat décontracté, Byblos est un îlot de tranquillité où se réfugier avenue Laurier pour un lunch, un souper sans chichi, ou alors pour un café épicé ou un thé sucré d'après-midi. Mais c'est résolument pour son brunch original et convivial le week-end que les badauds s'y massent et font grimper le volume d'un cran. Servant une cuisine familiale du Moyen-Orient, le «petit café» fait honneur à l'Iran natal des propriétaires avec un menu authentique détaillé faisant la part belle aux traditionnels mazzas, omelettes (aux dattes, au feta), kebabs, et pâtisseries parfumées à l'eau de rose ou à la fleur d'oranger. Le dimanche est jour de fête alors que l'on prépare en soirée le dizzy, plat traditionnel iranien composé d'agneau, de légumes secs et de fines herbes. Prévoyez du temps pour savourer cette cuisine parfumée puisque le service y est souvent relâché.

GR

Montréal

Plateau-Mont-Royal

KHYBER PASS

(Moyen-Orient)

506, avenue Duluth Est

514 844-7131

★★★ cuisine
★★★ service
★★★ décor

 M _ S**60 $**

réservation / max. de personnes   12

Avec son nom faisant référence à un célèbre passage montagneux sur la route de la soie entre l'Afghanistan et le Pakistan, le Khyber Pass propose une cuisine au carrefour d'influences culturelles multiples entre l'Inde et le Moyen-Orient. Les épices y sont bien sûr à l'honneur: curcuma, cardamome, cumin, menthe... dosées en toute subtilité. Roboratifs, parfumés, confectionnés avec soin et bien présentés, les plats témoignent de la belle constance de cette adresse, un «apportez votre vin» ultra-achalandé du Plateau. Soupes réconfortantes, salades fraîches, grillades et mijotés de poulet ou d'agneau (la spécialité de la maison), trio de riz parfumés en accompagnement... de mets en mets, le palais voyage agréablement jusqu'au dessert, un pouding à l'eau de rose et cardamome saupoudré de pistaches. Dans la salle décorée de tapis d'Orient ou sur la luxuriante terrasse, on passe un agréable moment.

Plateau-Mont-Royal

RUMI EXPRESS

(Moyen-Orient)

4403, boulevard Saint-Laurent

514 670-6770

★★ cuisine
★★★ service
★★ décor

M**30 $** S**50 $**

réservation / max. de personnes   25

S'inspirant de la nourriture de rue du Moyen-Orient, Rumi Express propose une cuisine parfumée, délicieuse et rapide, le tout à base d'ingrédients frais et biologiques. Au menu, entre autres, mezze ainsi que viandes et poissons grillés servis sur riz ou avec frites maison. Le restaurant, qui est en fait une extension de la cuisine, est simple et très convivial. La petite terrasse – quelques tables installées sur le trottoir du boulevard Saint-Laurent – permet d'observer le rythme du quartier. Le service est sympathique et rapide, idéal pour un repas entre amis ou en famille. Il y a également un comptoir pour emporter. L'établissement n'offre pas de boissons alcoolisées mais a une intéressante sélection de jus exotiques naturels et de thés pour poursuivre le dépaysement.

Plateau-Mont-Royal

SOUVENIRS D'INDOCHINE

(Vietnam)

243, avenue du Mont-Royal Ouest

514 848-0336

★★★ cuisine
★★★ service
★★★ décor

M**30 $** S**60 $**

réservation / max. de personnes   60

Murs blancs, mobilier sans fioritures et grandes photos qui changent au gré des suggestions des amis du chef-propriétaire monsieur Ha, le restaurant ne semble pas prendre une ride. Si les présentations ne sont pas des plus soignées, les plats de viandes, de crustacés et des poissons nous ravissent par leur simplicité. Mention particulière pour le calmar que monsieur Ha apprête de main de maître, tant en salade avec des agrumes qu'en plat, relevé tout simplement de poivre et grillé à la perfection. Au passage, on s'offre aussi quelques rouleaux impériaux, subtilement parfumés et craquants comme il se doit. Au final, rien de trop audacieux au menu, mais des saveurs bien maîtrisées, depuis les entrées jusqu'aux desserts assez peu nombreux. Heureusement, la banane flambée réchauffe le cœur et les glaces du Bilboquet savent toujours nous faire frémir de plaisir.

TAVERNE MAGNAN

(Amérique du Nord)

2602, rue Saint-Patrick

514 935-9647

★★ cuisine
★★ service
★★ décor

 **EP** M **40$** S **75$**

réservation / max. de personnes 50

Fondée en 1932 aux abords du canal de Lachine, la maison Magnan est devenue une véritable institution montréalaise qui demeure un lieu populaire de rassemblements amicaux et familiaux. Le bœuf étant à l'honneur, l'endroit a de quoi plaire aux carnivores qui raffolent surtout du fameux rôti dont la viande a été vieillie à point et assaisonnée selon une recette gardée secrète. Plusieurs festivals mettent successivement à l'honneur homard, crabe, crevettes et pétoncles, ajoutant une touche de variété au menu. Alors que la taverne offre une cuisine simple et conviviale que l'on savoure sur l'immense terrasse durant l'été, la maison Magnan se décline aussi en une table plus raffinée (le restaurant Marie-Ange), une boutique où sont vendus certains produits vedettes, un bar ainsi qu'un salon privé.

Quartier chinois

MAISON KAM FUNG (LA)

(Chine)

1111, rue Saint Urbain, local M05

514 878-2888

★★★ cuisine
★★ service
★★ décor

M **30$** S **50$**

réservation / max. de personnes 300

Une seule visite dans cette immense salle à manger surtout fréquentée par la communauté chinoise suffit à nous donner envie d'y remettre les pieds et de découvrir davantage cette savoureuse cuisine cantonaise et sichuanaise. Bien que la carte annonce un vaste choix de plats uniques, on penche pour l'expérience du dim sum, offert tous les jours au déjeuner et au dîner. De nombreuses serveuses passent aux tables avec leur chariot rempli de ces bouchées en nous les proposant parfois en anglais, rarement en français, et le plus souvent dans aucune des deux langues. Ainsi, on se régale de dumplings de porc et de crevettes, do cubes de tofu frits pimentés, de calmars frits dodus et croustillants, de boulettes de riz collant, de côtes levées et de tartelettes aux œufs pour dessert.

Légende

- apportez votre vin
- carte des vins recherchée
- terrasse
- déjeuner/brunch
- **EP** espace privé

Montréal

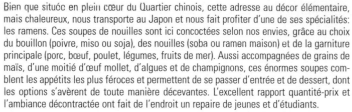

Quartier chinois

SUMO RAMEN

(Japon)

1007, boulevard Saint-Laurent

514 940-3668

★★ cuisine
★★ service
★★ décor

M**30$** S**30$**

réservation / max. de personnes 40

Bien que situé en plein cœur du Quartier chinois, cette adresse au décor élémentaire, mais chaleureux, nous transporte au Japon et nous fait profiter d'une de ses spécialités: les ramens. Ces soupes de nouilles sont ici concoctées selon nos envies, grâce au choix du bouillon (poivre, miso ou soja), des nouilles (soba ou ramen maison) et de la garniture principale (porc, bœuf, poulet, légumes, fruits de mer). Aussi accompagnées de grains de maïs, d'une moitié d'œuf mollet, d'algues et de champignons, ces énormes soupes comblent les appétits les plus féroces et permettent de se passer d'entrée et de dessert, dont les options s'avèrent de toute manière décevantes. L'excellent rapport quantité-prix et l'ambiance décontractée ont fait de l'endroit un repaire de jeunes et d'étudiants.

Quartier chinois

PHO BANG NEW YORK

(Vietnam)

1001, boulevard Saint-Laurent

514 954-2032

★★ cuisine
★★ service
★★ décor

M**25$** S**25$**

réservation / max. de personnes 0

Véritable institution du Quartier chinois, Pho Bang New York attire du matin jusqu'au soir une foule d'habitués, familles, étudiants et travailleurs pressés qui s'installent les uns à côté des autres autour de longues tables pour savourer les fameuses soupes au bœuf ou au poulet, les rouleaux et les copieuses assiettes-repas déclinant presque à l'infini grillades de porc, de poulet, d'agneau, crevettes, légumes, riz ou nouilles de riz qui font la réputation de la maison. Le service est rapide, les bols de soupe sont agréablement parfumés et agrémentés de généreuses portions de légumes et d'herbes fraîches, les rouleaux sont frais et craquants et on sort de table rassasié et satisfait. Pour les becs sucrés, le café vietnamien glacé au lait concentré s'impose à la fin du repas.

Légende

Cuisine
du grand art! ★★★★★
très bonne table ★★★★
bonne table ★★★
satisfaisante ★★
passable ★

CONFUSION TAPAS DU MONDE

★★ cuisine
★★★ service
★★★★ décor

(Amérique du Nord)

1635-7, rue Saint-Denis

514 288-2225

 M**30$** S**60$**

réservation / max. de personnes 100

À la fois bar et resto, avec un décor rococo qui intègre quelques balançoires faisant office de chaises, le Confusion Tapas du monde est l'endroit idéal pour prendre un verre ou se sustenter avant d'aller au cinéma Quartier latin ou au Théâtre St-Denis. La carte propose des menus dégustation pour les groupes de six personnes et plus. Une formule parfaite pour partager entre amis les petits plats ou les repas thématiques concoctés par l'équipe de cuisine: cru, foie gras, des champs, de la mer ou de la ferme. En prime: la carte des vins offre un intéressant choix de pinards bio, naturels ou biodynamiques, qui s'harmonisent avec la grande variété d'ingrédients.

Quartier latin

DIABLOS SMOKE HOUSE

(Amérique du Nord)

1693a, rue Saint-Denis

514 283-4666

★ ★ ★ cuisine
★ ★ service
★ ★ décor

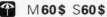 M **60 $** S **60 $**

réservation / max. de personnes   10

Une fois passées les portes battantes de style saloon, l'ambiance habituelle du Quartier latin est déjà loin. Dans ce décor rustique de bois de grange rehaussé de rideaux de velours rouge, hommage est rendu à la cuisine du sud-est des États-Unis. Quand il ne gratte pas sa guitare chromée pour entonner du vieux blues, le jeune chef venu de Savannah, Georgia prépare une cuisine bien relevée et, surtout, fumée: côtes levées ou porc effiloché accompagnés de frites de patates douces et de mayonnaise épicée. La bière coule à flots. Le poulet frit est croustillant à souhait. À découvrir, le po' boy aux crevettes, version louisianaise de notre traditionnelle guédille, tout juste relevé. En dessert, belle tarte aux pacanes coulante, bien sucrée.

Quartier latin

CHEZ GATSÉ

(Extrême-Orient)

317, rue Ontario Est

514 985-2494

★ ★ cuisine
★ ★ service
★ ★ décor

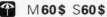 M **20 $** S **35 $**

réservation / max. de personnes   30

Chez Gatsé, cuisine tibétaine, est l'un de ces petits endroits montréalais qui n'ont l'air de rien du tout, mais qui gagnent à être découverts. La salle à manger a un petit quelque chose de la grotte du yéti, peut-être du fait que le restaurant est situé dans un demi-sous-sol. Il faut vraiment connaître le lieu pour s'y aventurer, mais une fois qu'on y est, le patron prendra lui-même la commande avec son sourire contagieux, sous le regard amusé du portrait du dalaï-lama qui boit le thé. Les traditionnels momos, similaires aux dumplings, farcis à la viande, au fromage ou aux légumes, sont la spécialité de la maison. Ce resto est surtout fréquenté par des étudiants et habitués du quartier. La terrasse derrière est sans prétention mais sympathique. Pour un repas typiquement tibétain, à petit prix.

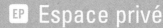

🄴🄿 Espace privé

Nous vous indiquons les restaurants offrant
une salle ou un espace privé pour vos célébrations
en groupe. Le nombre de personnes pouvant varier selon
l'aménagement désiré, nous vous laissons vérifier
avec les établissements concernés.

Quartier latin

MIKADO

(Japon)

1731, rue Saint-Denis

514 844-5705

★★★ cuisine
★★★ service
★★★ décor

EP M **30 $** S **85 $**

réservation / max. de personnes 22

Mikado est une institution dans le Quartier latin, et l'un des premiers «vrais» restaurants de sushis à être apparus à Montréal au cours des années 1990. On s'y rend, bien sûr, pour les très classiques sushis et rouleaux makis, mais aussi pour quelques spécialités comme le risotto japonais – un mélange de riz, de légumes, de tempura et d'anguille –, les gyozas ou encore la glace au thé matcha. Idéal pour les groupes, lesquels peuvent prendre place sur de confortables tatamis dans l'une des deux salles privées, le restaurant est doté d'une vaste salle à manger, et d'un comptoir à sushis facilitant les conversations plus intimistes. Le service est empressé, parfois un peu brouillon, mais le personnel arbore un sourire éclatant, constant et digne du pays du Soleil levant.

Rosemont – Petite-Patrie

CAFÉ ELLEFSEN

(Amérique du Nord)

414, rue Saint-Zotique Est

438 390-2505

★★ cuisine
★★ service
★★★ décor

M **25 $** S **50 $**

réservation / max. de personnes 0

Le Café Ellefsen, dit «scandinave», est un produit hybride Québec-Norvège, à l'image de son chef-propriétaire François Thibault, né dans les Cantons de l'Est mais ayant dans sa généalogie un ancêtre norvégien. Le menu affiche donc des smørrebrøds (sandwichs ouverts sur pain de seigle) et... des poutines. Les premiers sont au gravlax, saucisson, céleri-rave ou courge musquée. Les deuxièmes sont faites avec de bonnes frites, du cheddar vieilli, un fond de veau maison, et des boulettes de viande, de la morue ou des chanterelles. La carte présente aussi des blinis, des huîtres et trois plats du jour. L'endroit, lambrissé de blanc, est fréquenté par des étudiants et travailleurs autonomes qui trouvent là une sympathique extension à leur bureau.

Rosemont–Petite-Patrie

CAFÉ EXTASE

(Amérique du Nord)

3036, rue Masson

514 721-2233

★★ cuisine
★★ service
★★★ décor

M **25 $** S **60 $**

réservation / max. de personnes 40

La maison est fort populaire dans le quartier, notamment pour la qualité de ses très copieux petits-déjeuners (œufs bénédictine, omelettes, crêpes, gaufres et tutti quanti), dont le fameux «Je suis rond et c'est bon» (3 œufs, 4 viandes, cretons, fèves au lard, crêpe ou pain doré) et le non moins illustre «Gratin du matelot» (saumon fumé, épinards, champignons, sauce à la crème, pommes de terre gratinées au fromage mozzarella et deux œufs, bien sûr). Le soir, le menu est assez éclectique – on navigue du T-bone de veau aux crevettes sautées à la sambuca, en passant par une offre étendue de pâtes et de sauces et un joli choix d'entrées-tapas, dont la sympathique poutine à l'agneau braisé. En cuisine, on ne lésine pas sur les efforts même si, au final, les plats manquent parfois un peu de zeste. Mais l'ambiance bon enfant, le service convivial, l'addition raisonnable et une grande salle qui ne manque pas de panache en font certes une des adresses chouchous de Rosemont.

Montréal

Rosemont–Petite-Patrie

BISTRO CHEZ ROGER

(Amérique du Nord)

2316, rue Beaubien Est

514 593-4200

★★★ cuisine
★★★ service
★★★ décor

🎴 M _ S**100 $**

réservation / max. de personnes   12

La vieille taverne a bien changé. Oubliez les œufs dans le vinaigre et les langues de porc en conserve. Chez Roger est désormais un bar-resto à la mode des plus contemporains. La vaste cuisine ouverte donne sur un comptoir où s'alignent les habitués. Côté salle, de la pierre, du bois, un grand tableau noir affichant le menu du jour, et des couleurs vibrantes pour allumer le tout. L'esprit du menu créé par le chef est simple: une bouffe réconfort, chic et délurée, qui s'affirme à coups de classiques: crab cake, calmars frits, foie gras, tartares (préparés devant vous), fish & chips, bavette et côtes levées. La carte des vins est volumineuse et intéressante.

Rosemont—Petite-Patrie

JOLIFOU (LE)

★★★★ cuisine
★★★ service
★★★ décor

(Amérique du Nord)

1840, rue Beaubien Est

514 722-2175

🍶 **EP** M _ S**90$**

réservation / max. de personnes 45

Le chef David Ferguson et la jolie équipe du Jolifou donnent un petit coup de jeune à la cuisine latino-américaine populaire! Originaire de l'Ontario et ayant vécu au Texas, le chef concocte un menu brut et rustique, typiquement *roadhouse*, inspiré des relais routiers du sud des États-Unis. Les piments sont à l'honneur dans les ceviche, viandes braisées, poissons grillés et tacos allumés. Dans ce vaste espace clair, on cavale sur la frontière américano-mexicaine, dans une ambiance des plus conviviales. Prenez le temps de partager autour des tables en bois brut et *on the road again*!

Rosemont—Petite-Patrie

M SUR MASSON (LE)

★★★★ cuisine
★★★★ service
★★★★ décor

(Amérique du Nord)

2876, rue Masson

514 678-2999

🍶 🦪 **EP** M**50$** S**100$**

réservation / max. de personnes 35

On se met à table au M sur Masson comme chez ce bon vieil ami qui sait recevoir... avec ce désir de prendre le temps d'explorer les cartes des vins et plats, de l'entrée au dessert. Le décor sobre, avec ses hauts plafonds ouvragés, ses bancs d'église, inspire la quiétude; l'atmosphère décontractée incite à la conversation. Situé en face de l'église de la Promenade Masson du Vieux-Rosemont, le petit bistro propose une cuisine aux élans rustiques et contemporains: canard confit déglacé au verjus de pomme, saumon enrobé de jambon serrano, filet d'Angus avec poutine au cheddar cinq ans. Sur l'ardoise – détaillée avec précision par un personnel toujours affable –, soupe, entrée et plat du jour, mais aussi champignons et huîtres du moment. Généreux, les desserts conviendront aux bonnes fourchettes, mais peuvent aisément être partagés. Le populaire brunch du dimanche propose un vaste choix à la carte mais aussi en table d'hôte.

Rosemont—Petite-Patrie

MOUSSE CAFÉ

★★ cuisine
★★ service
★★ décor

(Amérique du Nord)

2522, rue Beaubien Est

514 376-8265

🦪 M**20$** S**20$**

réservation / max. de personnes 25

S'il y avait davantage de commerces du genre, à la fois buanderie et restaurant, la lessive deviendrait assurément un moment plus agréable. N'est-ce pas que la tâche paraîtrait moins ingrate en sirotant un cappuccino ou un verre de vin, ou encore en prenant tranquillement l'un des trois repas de la journée? Mais pas besoin de se pointer ici avec sa brassée de linge sale! Pour plusieurs, l'endroit semble être devenu une destination où l'on peut s'attabler pour simplement profiter d'un climat des plus relaxes, d'un service sympa et rapide et d'un vaste choix de plats, certes assez élémentaires (sandwichs, paninis, wraps, salades, chili, quiches), mais qui font plaisir quand le temps ou l'envie de cuisiner n'y est pas.

Rosemont–Petite-Patrie

NOCHE Y DIA

(Amérique du Nord)

2534, rue Beaubien Est

514 727-7732

★★ cuisine
★★★ service
★★★ décor

M **50 $** S **60 $**

réservation / max. de personnes   80

«Cuisine méditerranéenne du marché»: c'est ainsi que se présente Noche y Dia. Bien qu'on sente une influence surtout italienne dans la carte (risottos, pâtes, pizzas), ce resto de quartier propose aussi plusieurs plats de type bistro français, dont les populaires tartares de saumon et bœuf, les calmars frits, burgers, moules et frites, canard confit, etc. Dans l'ensemble, malgré la bonne volonté des serveurs et la jolie salle à la déco discrète et classique, la cuisine manque un peu de constance. Certains plats sont plutôt sympathiques, alors que d'autres sont fades ou manquent de personnalité. Le menu du jour reste la meilleure option. Brunchs le week-end.

Rosemont–Petite-Patrie

QUAI Nº 4

(Amérique du Nord)

2800, rue Masson

514 507-0516

★★★ cuisine
★★★ service
★★★★ décor

M _   S **80 $**

réservation / max. de personnes   30

Bistro de quartier contemporain par excellence, le Quai n° 4 est le rendez-vous convivial de la faune jeune et branchée. Le lieu frappe par son design actuel composé de bois et de métal récupérés, comme les lampes noires, découpées dans des bouteilles de propane. Ce bistro se donne la mission honorable de proposer un menu responsable avec des produits locaux: lapin de Stanstead, charcuteries des Cochons tout ronds ou Viandes biologiques de Charlevoix. Le menu est éclectique et ancré dans l'air du temps, à l'image des jeunes cuisiniers tatoués qui s'épivardent en cuisine: sandwich de pulled pork, baby back ribs, popcorn de ris de veau, poissons fumés maison et charcuteries tendance, le tout accompagné de bières et de vins soigneusement sélectionnés.

Rosemont–Petite-Patrie

STATION F

(Amérique du Nord)

3240, rue Rachel Est

514 504-9321

★★★ cuisine
★★★ service
★★★ décor

 M **30 $** S **70 $**

réservation / max. de personnes   70

Ce sympathique resto de quartier, tout en lumière et en espace ouvert, est le genre d'adresse réconfortante que les clients adoptent pour la qualité de la cuisine et la gentillesse du service. On s'y sent très vite chez soi, ou presque, entre deux assiettes de pétoncles poêlés, de bavette bien saignante, de calmar farci au chorizo ou de risotto fumant, tous des plats classiques mais bien réalisés, avec de bons produits, un savoir-faire évident et parfois une jolie dose d'inventivité. La maison propose une courte carte des vins, mais plusieurs produits se démarquent et les clients peuvent profiter des largesses du patron qui propose des portions pour le moins généreuses à des prix compétitifs. À deux pas du quartier des usines Angus, un secteur où les bons restos ne sont pas légion, c'est résolument une adresse à retenir.

Rosemont–Petite-Patrie

PLAZA (LE)

(Amérique du Nord)

6230, rue Saint-Hubert

514 270-7155

★★★ cuisine
★★★ service
★★★ décor

 M _ S**80**$

réservation / max. de personnes 200

Voici un resto qui porte bien son nom! Le Plaza est un gros clin d'œil à cette artère commerciale mythique. C'est un vaste bistro au look résolument rétro. Admirez le bar, la fenêtre ouverte sur la cuisine, les murs noirs et le plafond crème, les grandes portes qui s'ouvrent sur la rue l'été. Un très beau décor pour une cuisine des plus réconfort. Parmi les spécialités? Fish & chips, porc effiloché, tartare, morue pochée au lait... De jolis et délicieux plats pour toute la famille. Desserts tout aussi cochons: le whoopie pie est constitué de deux biscuits tendres au chocolat farcis de crème fouettée. La carte des vins, d'importation privée, est bien intéressante et abordable. Le service est adorable.

Rosemont–Petite-Patrie

JULIETA CUISINE LATINE

(Amérique latine + Antilles)

67, rue Beaubien Est

514 507-5517

★ ★ ★ cuisine
★ ★ service
★ ★ décor

 M _ S**80 $**

réservation / max. de personnes   8

À Montréal, la cuisine latino-américaine est plutôt confinée à sa plus simple expression, rustique et roborative. Mais Julieta Moros chambarde les traditions. Dans son minuscule restaurant à l'allure modeste, elle concocte des petits plats tout en finesse tirés d'un répertoire aux influences multiples: de son Venezuela natal à la Colombie, en passant par le Pérou et le Brésil. Unique, sa cuisine relève de la *nueva cocina latina* qui donne des airs de jeunesse à cette gastronomie traditionnelle. Ainsi, les saveurs typiquement sud-américaines du maïs, des piments et des fameux champignons huitlacoche s'actualisent dans des assiettes joliment dessinées, très contemporaines, avec justesse, précision et, surtout, plaisir.

Rosemont–Petite-Patrie

MADRE

(Amérique latine + Antilles)

2931, rue Masson

514 315-7932

★ ★ ★ ★ cuisine
★ ★ ★ service
★ ★ ★ décor

M _ S**75 $**

réservation / max. de personnes   34

Question de s'adapter à la demande du quartier, le chef-propriétaire Mario Navarrete Jr. a procédé à quelques transformations à cette adresse. Le restaurant n'offre plus de vin, il laisse désormais les visiteurs apporter la bouteille de leur choix. De légers changements du côté du décor sont également survenus: on a entre autres installé d'immenses ardoises sur lesquelles figure la proposition gastronomique qui, elle, s'est bonifiée d'un plus grand nombre de plats, offrant ainsi plus de diversité. L'approche *nueva latina* raffinée est toujours de mise avec des recettes créatives où le maïs, la patate douce, l'avocat, les piments, la lime et la coriandre sont à l'honneur. Cuisinés tout en subtilité, ces plats n'ébranlent pas les palais peu enclins à l'aventure exotique extrême.

Rosemont–Petite-Patrie

BISTRO LE RÉPERTOIRE

(France)

5076, rue de Bellechasse

514 251-2002

★ ★ ★ cuisine
★ ★ ★ service
★ ★ décor

M**35 $** S**70 $**

réservation / max. de personnes   30

Au milieu d'une partie très résidentielle du quartier Rosemont, se tient un petit bistro français où trônent la bonne humeur et le plaisir de recevoir. Sur fond de chansons françaises, on vous apporte une carte assez courte, qui se renouvelle deux fois par mois. Outre la crème brûlée du moment et le gaspacho d'oignons caramélisés en entrée, peu de propositions sont audacieuses. Toutefois, l'exécution de l'onglet de bison accompagné de délicieuses pommes de terre grelots et de la morue charbonnière rôtie est réussie. Mention spéciale pour les desserts plutôt classiques, mais dont on se régale jusqu'à la dernière bouchée. Et le service aux petits oignons suffit à lui seul à vous faire passer un bon moment.

Rosemont–Petite-Patrie

DÉTOUR BISTRO

(France)

2480, rue Beaubien Est

514 728-3107

★★★ cuisine
★★ service
★★★ décor

M**30 $** S**80 $**

réservation / max. de personnes 40

Voici une bonne petite adresse pour qui veut manger sans trop traîner avant ou après une sortie au Cinéma Beaubien, à deux pas de là. Par temps chaud, la terrasse, côté sud, est très invitante. On y vient pour prendre simplement un verre ou se sustenter d'une fine et sympathique cuisine de bistro aux accents aussi régionaux que saisonniers, loup-marin des Îles-de-la-Madeleine compris au printemps. Le chèvre est à l'honneur dans plusieurs plats, les sauces sont raffinées et les desserts ne sont pas laissés pour compte au chapitre de l'originalité.

Rosemont–Petite-Patrie

JURANÇON (LE)

(France)

1028, rue Saint-Zotique Est

514 274-0139

★★★ cuisine
★★★★ service
★★★ décor

M**30 $** S**60 $**

réservation / max. de personnes 26

Située hors des sentiers battus, cette table a tout pour séduire: un service plein de bonne humeur, des plats franchouillards généreux et une petite cave à vin séduisante. À l'origine identifié comme un resto orienté Sud-Ouest (de la France), Le Jurançon offre désormais une cuisine plus ouverte, même si on y vient encore pour le célèbre et bon cassoulet à la mode toulousaine. Escargots au fromage bleu, gravlax de saumon, onglet de bœuf mariné à l'orange, poisson du jour: le menu reste bien typique. Les amoureux du canard y retrouveront le magret et, évidemment, le foie gras, poêlé ou en terrine. Le charme opère et efface les petits défauts d'une cuisine parfois trop simple. Les fins de semaine, les brunchs roboratifs sont très courus.

Rosemont–Petite-Patrie

PRESQU'ÎLE (LA)

(France)

3017, rue Masson

514 507-5376

★★ cuisine
★★ service
★★★ décor

M **_** S**80 $**

réservation / max. de personnes 50

La Presqu'île est un sympathique bistro de quartier, un «apportez votre vin» typique du genre. Sa cuisine française porte un joli accent breton, le chef Pascal Lannou, faisant honneur à ses origines. Dans la décoration, d'abord, grâce à ces lampes murales recouvertes d'un triangle de tissu en forme de voile. Puis dans son menu, qui propose rillettes et terrine de poisson, pot-au-feu de la mer et pétoncles. Les carnivores ne sont pas en reste avec canard, ris de veau ou lapin. Si les présentations sont parfois grossières, les portions sont abondantes. Et il y en a pour tous les goûts. En dessert, il faut absolument découvrir le kouign-amann maison, un gâteau intensément beurré et sucré, très breton, cochon.

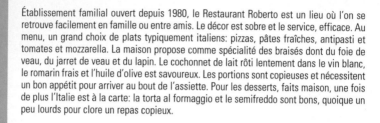
Rosemont–Petite-Patrie

RESTAURANT ROBERTO

(Italie)

2221, rue Bélanger, 2e étage

514 374-9844

★★★ cuisine
★★★ service
★★★ décor

M **30 $** S **70 $**

réservation / max. de personnes   18

Établissement familial ouvert depuis 1980, le Restaurant Roberto est un lieu où l'on se retrouve facilement en famille ou entre amis. Le décor est sobre et le service, efficace. Au menu, un grand choix de plats typiquement italiens: pizzas, pâtes fraîches, antipasti et tomates et mozzarella. La maison propose comme spécialité des braisés dont du foie de veau, du jarret de veau et du lapin. Le cochonnet de lait rôti lentement dans le vin blanc, le romarin frais et l'huile d'olive est savoureux. Les portions sont copieuses et nécessitent un bon appétit pour arriver au bout de l'assiette. Pour les desserts, faits maison, une fois de plus l'Italie est à la carte: la torta al formaggio et le semifreddo sont bons, quoique un peu lourds pour clore un repas copieux.

Rosemont–Petite-Patrie

BANH XEO MINH

(Vietnam)

1308, rue Bélanger

514 272-4636

★★ cuisine
★★ service
★ décor

M **30 $** S **30 $**

réservation / max. de personnes   12

Dépaysement garanti, Banh Xeo Minh est un petit restaurant exactement comme on en trouve un peu partout au Vietnam. L'endroit est minuscule, une dizaine de places entassées les unes sur les autres, tout au plus. Les murs sont ornés de décorations vietnamiennes disparates et la télévision diffuse des téléromans asiatiques. Le menu présenté en vietnamien contribue aussi au dépaysement. Le service est sympathique et c'est avec un sourire amusé que la patronne vous aidera à faire votre choix si votre vietnamien n'est pas tout à fait au point. Le petit restaurant se distingue par le banh xeo, un genre de crêpe vietnamienne, et par ses rouleaux de printemps qui goûtent exactement comme ceux que l'on sert dans les rues d'Hanoï ou de Saïgon. Le restaurant est ouvert matin, midi et soir, sept jours sur sept, et offre des plats pour emporter. Pour vivre une véritable expérience culinaire vietnamienne.

Rosemont –Petite-Patrie

PHÓ ROSEMONT

(Vietnam)

435-437, boulevard Rosemont

514 271-2696

★★ cuisine
★★★ service
★ décor

M **20 $** S **20 $**

réservation / max. de personnes   0

Humble petit resto de quartier, le Phó Rosemont a l'avantage d'offrir de bonnes soupes réconfortantes, en format mini ou repas. Le bouillon fumant peut accueillir, au choix, du flanc de bœuf, des boulettes de viande, des légumes, des crevettes ou du poulet grillé. En accompagnement: vermicelles, fèves de soya et feuilles de menthe fraîche, que l'on ajoute au gré de son goût ou de son appétit. On peut aussi se tourner vers les «combinés», des plats de vermicelles ou de riz surmontés de rouleaux chauds (bun nem ga), de morceaux de poulet grillé, et accompagnés de quelques feuilles de laitue et tranches de carottes. Argent comptant seulement.

SMOKING VALLÉE

(Amérique du Nord)

4370, rue Notre-Dame Ouest

514 932-0303

★ ★ ★ cuisine
★ ★ ★ ★ service
★ ★ ★ ★ décor

M _ S**80**$

réservation / max. de personnes 20

À l'époque de la révolution industrielle, le quartier Saint-Henri s'est vu donner le sobriquet de *smoky valley*. La vallée enfumée. Cette anecdote a servi d'inspiration pour le nom d'un «apportez votre vin» de Saint-Henri. Le menu, inscrit à la craie sur trois murs noirs (le quatrième mur affiche une photo panoramique du canal de Lachine, prise la nuit), propose des plats bistro créatifs: tarte feuilletée aux champignons de Paris et pieds-de-mouton, duo d'effiloché d'agneau et tentacule de pieuvre, tartare de thon blanc et tempura de légumes, maquereau grillé, risotto aux gésiers de canard confits, etc. Malgré quelques imprécisions, l'endroit fort sympathique est devenu populaire dès son ouverture.

Saint-Henri

TUCK SHOP

(Amérique du Nord)

4662, rue Notre-Dame Ouest

514 439-7432

★ ★ ★ cuisine
★ ★ ★ service
★ ★ ★ décor

M _ S**70**$

réservation / max. de personnes 8

Installé dans un secteur où les bons restaurants se comptent sur les doigts d'une main, le Tuck Shop fait figure de phénomène dans le quartier Saint-Henri. Les clients, en grande majorité anglophones, s'y entassent pour une bonne raison: la cuisine est délicieuse. Le chef jongle avec des ingrédients frais et saisonniers, de préférence locaux: contre-filet de bœuf Angus, huîtres de l'Île-du-Prince-Édouard, pêches de l'Ontario, morue de l'Atlantique, maïs du Québec, cèpes des Jardins sauvages, etc. Les plats sont joliment présentés, et les goûts, textures et couleurs sont en équilibre harmonieux.

Saint-Henri

BITOQUE

(Espagne + Portugal)

3706, rue Notre-Dame Ouest

514 303-6402

★ ★ cuisine
★ ★ ★ service
★ ★ ★ décor

EP M _ S**60**$

réservation / max. de personnes 100

Le Portugal est à l'honneur dans ce restaurant «apportez votre vin». Dans une ambiance conviviale et un décor de type brasserie, on y passe un bon moment et on peut facilement venir en groupe. Il y a même une grande salle réservée à cet effet. Au menu: sardines grillées, croquettes de morue ou morue fraîche pochée, chorizo, calmars grillés ou frits et aussi des plats de viande comme de la bavette ou de la surlonge de bœuf ainsi que du poulet piri-piri et du jarret d'agneau. On peut même se composer un assortiment de tapas. La cuisine est simple, on ne cherche pas à vous époustoufler.

Montréal

O CANTINHO

(Espagne + Portugal)

3204, rue Jarry Est

514 729-9494

★★ cuisine
★★ service
★★★ décor

 M**30$** S**55$**

réservation / max. de personnes 15

C'est le Portugal à prix mini que propose O Cantinho, sympathique établissement aux coloris méditerranéens de bleu et blanc situé près de la TOHU. À l'entrée, impossible de ne pas saliver en humant l'odeur de charbon de bois qui émane de la cuisine ouverte, où est préparé un excellent poulet grillé à la portugaise. Servi épicé ou non, avec des frites bien dodues et une salade verte, il vaut le détour. Autrement, le menu assez concis propose notamment de savoureuses moules à la portugaise, d'autres viandes et poissons grillés et une abondante assiette de poissons et fruits de mer, à partager. S'y rassemblent couples, familles et amis de toutes origines dans une ambiance décontractée et animée où le service, à l'image de l'endroit, est chaleureux et amical.

RESTAURANT SU

(Moyen-Orient)

5145, rue Wellington

514 362-1818

★★★★ cuisine
★★★ service
★★★ décor

M**40$** S**80$**

réservation / max. de personnes   50

Pour découvrir les secrets de la gastronomie turque, rendez-vous à Verdun. La chef-propriétaire Fisun Ercan invite ses clients à goûter les saveurs de sa terre natale et met dans chacun de ses plats ce petit supplément d'âme qui réconforte et séduit à tout coup. Herbes fraîches, jus de grenade, huile d'olive, yogourt maison (une délicieuse recette turque) et boulgour sont des ingrédients que l'on retrouve dans plusieurs plats, en plus des habiles assaisonnements et mélanges d'épices dont la chef a le secret. Viandes et légumes du Québec sont à l'honneur. On commence le repas avec des mezze: aubergines et poivrons farcis de riz (dolmas), boulettes de lentilles rouges, fromage kasserie pané, saucisses sucuks... On poursuit avec un plat de raviolis turcs (mantis) faits maison, une spécialité à base d'agneau ou de fruits de mer (comme la raffinée bouillabaisse turque, par exemple) ou avec le foie de veau grillé à la perfection, et on finit en beauté avec les glaces maison ou le divin küneffe (pâte en cheveux d'ange farcie de fromage frais, le tout arrosé de sirop vanillé et garni de pistaches).

Montréal

Verdun

ÎLES EN VILLE (LES)

(Amérique du Nord)

5335, rue Wellington

514 544-0854

 M **30 $**   S **55 $**

★★ cuisine
★★ service
★★ décor

réservation / max. de personnes   60

Pour une sortie originale, pour impressionner la galerie sans se ruiner dans une salle très sympa et avec un accueil chaleureux, c'est certainement une bonne adresse. Maquereau fumé, loup-marin, homard, galettes de morue, fruits de mer selon les saisons de pêche nous rapprochent des Îles, les vraies, celles de la Madeleine dont sont originaires les propriétaires! Il y a aussi des pâtés et des quiches, des petites choses simples et sans fla-fla à partager avec les amis et la famille. Les accompagnements de salade, légumes et riz restent aussi dans le registre de la simplicité, mais la bonne humeur prévaut, surtout si on ajoute un verre de bagosse (apéritif local) ou une bière en provenance, elle aussi, des Îles. «Le bonheur existe», est-il imprimé sur la facture... et c'est vrai.

Verdun

MAS CUISINE

(Amérique du Nord)

3779, rue Wellington

514 544-3779

M _   S **70 $**

★★★★ cuisine
★★★ service
★★ décor

réservation / max. de personnes   10

On a dit beaucoup de bien de ce tout petit resto (moins de 30 places, n'oubliez pas de réserver!). Et il le mérite pleinement. Le chef – et c'en est un vrai! – a un sens aigu des belles et bonnes combinaisons alimentaires, des assemblages soignés plutôt que simplement décoratifs et, surtout, des saveurs franches et définies, où chaque pièce de viande, de volaille ou de poisson se démarque pleinement dans l'assiette. Les entrées comme les sorties sont du même cru, si bien que le client, même difficile, peut rarement prendre la maison en défaut. Certains diront que l'adresse est un peu isolée des grandes artères gastronomiques de la ville et que le décor est sympa mais sans plus, mais c'est d'abord et avant tout pour la cuisine qu'on franchit les portes du MAS. Et on ne le regrette pas.

Vieux-Montréal

400 COUPS (LES)

(Amérique du Nord)

400, rue Notre-Dame Est

514 985-0400

M **50 $**   S **100 $**

★★★★ cuisine
★★★★ service
★★★★ décor

réservation / max. de personnes   8

Après avoir bourlingué, le trio formé par le chef Marc-André Jetté, le pâtissier Patrice Demers et la sommelière Marie-Josée Beaudoin a déposé ses valises aux 400 coups, un resto dont les trois compères sont les heureux proprios. Côté salé, Jetté se fait un devoir de cuisiner des produits de première fraîcheur, locaux de préférence, comme des huîtres des Maritimes, du bœuf Eumatimi, du cochon de lait Gaspor. Il aime également nous faire découvrir des légumes inédits, comme les crosnes et les armillaires. De son côté, Demers n'hésite pas à incorporer des saveurs salées à ses desserts, comme dans ce «Vert» qui amalgame huile d'olive, coriandre et yaourt au chocolat blanc. Originalité et qualité assurées!

Vieux-Montréal

ACCORDS

(Amérique du Nord)

212, rue Notre-Dame Ouest

514 282-2020

★★★★ cuisine
★★★★ service
★★★★ décor

 M**60$** S**90$**

réservation / max. de personnes   45

Le concept repose sur l'accord mets et vin: pour chaque plat, un cru est suggéré. Un accord ou un désaccord, en fait, est offert car ici on aime aller à l'encontre des idées reçues et proposer des alliances qui peuvent être surprenantes. Une chose est certaine, le cellier est bien rempli et permet de faire toutes sortes de découvertes. Idem pour ce qui est du menu, on s'amuse visiblement beaucoup en cuisine pour l'appellation des plats et leur composition. Des ingrédients de grande qualité issus de producteurs locaux mis à l'honneur sont travaillés avec beaucoup de créativité. Parfois presque trop, certains assemblages pouvant être vraiment déconcertants. La terrasse et sa cour intérieure sont superbes.

Vieux-Montréal

APPARTEMENT (L')

(Amérique du Nord)

600, rue Williams

514 866-6606

★★ cuisine
★★★ service
★★★★ décor

M **45 $** S **90 $**

réservation / max. de personnes 20

Sur son site Internet, L'Appartement se définit lui-même comme un «resto-lounge urbain et branché» avec une cuisine «récréative représentant une convergence des tendances mondiales des saveurs»,... Et l'on ne saurait mieux dire! C'est effectivement très urbain et très branché: clientèle jeune et allumée, décor rétro-cool soigné et élégant, magnifique salle pour les fêtes et réceptions, éclairage étudié et, du jeudi au samedi, ambiance festive alimentée en décibels par un groupe de DJ maison. Côté menu, c'est également tout à fait «récréatif» et passablement éclectique. Un peu trop d'ailleurs. Si bien qu'entre un coq au vin et un short rib, un agnoletti farci et un vol-au-vent au crabe, la cuisine y perd un peu en précision... Mais bon, en salle, on s'amuse ferme et, au final, le client branché est satisfait.

Vieux-Montréal

ARRIVAGE (L')

(Amérique du Nord)

350, place Royale
(au 2e étage du Musée Pointe-à-Callière)

514 872-9128

★★ cuisine
★★ service
★★★ décor

M **40 $** S __

réservation / max. de personnes 20

C'est d'abord l'écrin qui séduit: la beauté de l'édifice du Musée Pointe-à-Callière, une vue imprenable sur le port de Montréal, un espace aéré et lumineux, une jolie petite terrasse pour les premiers arrivés et cette agréable impression de flotter légèrement au-dessus de ce quartier agité et festif dont la popularité semble en hausse constante. Ensuite, il y a la cuisine, très honnête pour une institution dont la vocation première n'est pas la gastronomie, suffisamment sophistiquée pour plaire à la clientèle calme et bien mise qui fréquente les lieux et offerte à un prix plus que raisonnable compte tenu de la qualité des produits, des préparations et de la variété des menus. Le service est poli et efficace.

Vieux-Montréal

ASSOMMOIR NOTRE-DAME (L')

(Amérique du Nord)

211, rue Notre-Dame Ouest

514 272-0777

★★★ cuisine
★★★★ service
★★★ décor

M __ S **70 $**

réservation / max. de personnes 65

Tout comme son frère de l'avenue Bernard, L'Assommoir Notre-Dame est convivial et sympathique, entremêlant joyeusement bar et restaurant. Un local superbe sur deux étages, chacun équipé d'un bar. Les salles à manger se prêtent aux échanges à bâtons rompus dans une ambiance musicale animée par un DJ aux goûts particulièrement éclectiques. La carte ratisse large, des entrées aux tapas, des gueuletons aux ceviches, avec même des plateaux à partager. On y retrouve également une intéressante collection de tartares, des snacks et des sandwichs, et aussi de fameux cocktails gourmands issus de la mixologie. C'est animé, parfait pour les groupes d'amis.

Vieux-Montréal

AUTRE VERSION (L')

(Amérique du Nord)

295, rue Saint-Paul Est

514 871-9135

★★★★ cuisine
★★★★ service
★★★★ décor

  M**65**$ S**125**$

réservation / max. de personnes 150

Si vous cherchez à vous évader et à vous régaler dans un bel endroit, ce resto est tout désigné. Dès l'arrivée, vous serez reçu par une équipe de passionnés, pleins d'égards et de bons conseils. On salive déjà lorsque le serveur nous présente le menu et que l'on nous sert la mise en bouche. Le chef affectionne le foie gras qu'il présente à l'entrée en trois déclinaisons, mais sait aussi faire plus léger avec son ceviche au poivre voatsiperifery ou son carpaccio de pétoncle. Les poissons sont traités en vedettes, mais on retrouve aussi canard, bœuf et veau (tendre à souhait!). Il faut souligner le travail dans chaque plat, re-haussé avec finesse par des accompagnements variés et bien choisis: sauces équilibrées, légumes croquants et bien assaisonnés et autres subtils arômes. L'expérience n'est surtout pas complète sans avoir essayé les desserts maison. Vous voudrez opter pour l'assiette de mignardises afin de goûter à tout! La terrasse, magnifique, est un must en été.

Vieux-Montréal

AUBERGE SAINT-GABRIEL (L')

(Amérique du Nord)

426, rue Saint-Gabriel

514 878-3561

CRÉATIFS DE L'ÉRABLE.ca

★ ★ ★ ★ ★ cuisine
★ ★ ★ ★ service
★ ★ ★ ★ ★ décor

 M**55 $** S**120 $**

réservation / max. de personnes   25

Dans un décor surprenant et très confortable où s'entremêlent tous les matériaux judicieusement mis en valeur, cette adresse a un côté classique et des touches très contemporaines. C'est la même chose en cuisine, un vrai travail d'orfèvre avec le souci du détail, la sélection de formidables produits auxquels on offre un écrin plus moderne. Charcuteries maison, viandes longuement braisées ou confites, plats de poissons, paella: le menu varie au gré des arrivages et des saisons. Ce qui est sûr, c'est que même les plats qui ont l'air simples sur le menu sont tous extrêmement travaillés et joliment présentés. Évidemment, les desserts sont du même acabit et on doit absolument leur faire honneur.

Vieux-Montréal

BAR & BŒUF

(Amérique du Nord)

500, rue McGill

514 866-3555

★★★ cuisine
★★★ service
★★★★ décor

🛢 **EP** M **45 $** S **90 $**

réservation / max. de personnes 12

Dans la gamme étendue des restos qui parsèment maintenant la rue McGill dans le Vieux-Montréal, le Bar & Bœuf a fait sa niche bien à lui. Celle d'une cuisine raffinée, élégante, parfois légèrement déstabilisante (mais n'est-ce pas ce qu'on apprécie d'une aventure gastronomique?) et qui ne laisse jamais indifférent. Le chef de ce bel établissement aux plafonds hauts, à la déco moderne et rafraîchissante, prend un malin plaisir à construire et déconstruire ses plats, à les présenter sous un jour inédit (la raclette façon Bar & Bœuf en est un très bel exemple), mais sans jamais sacrifier ni la qualité ni les saveurs. Ris de veau et gouda fumé, pétoncle et boudin noir, saumon, canard et coco-hibiscus: chaque proposition présente une petite touche de folie heureuse, une délicatesse à découvrir, des combinaisons inédites à expérimenter. Bref, la maison ne s'assoit pas sur ses lauriers et mise sur l'originalité pour plaire à ses clients. De belles et bonnes idées à se mettre sous la fourchette.

Vieux-Montréal

BARROCO

(Amérique du Nord)

312, rue Saint-Paul Ouest

514 544-5800

★★★★ cuisine
★★★★ service
★★★★ décor

🛢 M _ S **80 $**

réservation / max. de personnes 10

Éclairage aux chandeliers, murs de pierre, touches baroques. Loin de l'atmosphère ampoulée qu'on pourrait imaginer, il règne ici une absolue légèreté. On croise des gens qui ont le cœur à la fête: des touristes ravis de s'être éloignés des sentiers battus, des filles qui reluquent le charmant barman affairé à ses savants cocktails et des serveurs à l'humeur contagieuse. Mus par une passion du métier et de beaux produits, ces derniers mettent en valeur des cartes très courtes mais recherchées, dans l'assiette comme dans le verre. Défilent ensuite des plats allumés: œuf de cane ou tartare de bison en entrée, magnifique loup de mer aux accompagnements bien dosés, tous servis dans de la porcelaine dépareillée. On se régale sans trop se prendre la tête, sur fond de musique rock éclectique.

Vieux-Montréal

BISTRO-BRASSERIE
LES SŒURS GRISES

(Amérique du Nord)

32, rue McGill

514 788-7635

★★ cuisine
★★ service
★★★★ décor

☂ M **50 $** S **50 $**

réservation / max. de personnes 60

Marguerite d'Youville doit se retourner dans sa tombe! Le nom de la congrégation religieuse qu'elle a fondée en 1737 orne l'enseigne d'une microbrasserie. Mais que Marguerite se rassure: le concept du Bistro-brasserie Les Sœurs grises a été réalisé avec goût. L'endroit, dont le but premier est d'étancher les soifs, offre des plats réconfortants et des tapas dont plusieurs sont passés par le fumoir maison: «ailes» de lapin fumées à l'hickory, côte levée de porc fumée au bois de cerisier, filet de truite boucané avec graines de fenouil, etc. D'autres mets ont bénéficié d'une cuisson à la bière. C'est le cas de la tostada gratinée et sa salsa au saucisson à la bière noire, qui accompagne très bien l'une des broues brassées sur place ou importées.

Montréal

Vieux-Montréal

BRASSERIE MÉCHANT BŒUF

(Amérique du Nord)

124, rue Saint-Paul Ouest

514 788-4020

★★★ cuisine
★★★ service
★★★★ décor

M _ S**90$**

réservation / max. de personnes 50

C'est le mot «brasserie» qui est écrit à la porte, mais c'est le mot «pub-lounge» qui nous vient en tête quand on la franchit tant l'esprit de la maison rappelle cette atmosphère joyeuse et un peu survoltée qu'on retrouve dans les établissements londoniens branchés. Au menu, beaucoup de bœuf: en steak, en filet, en côtes, en tartare, en carpaccio et, bien sûr, en burgers + poutine, la spécialité de la maison. Mais également quelques poissons et volailles (dont le fameux poulet entier sur canette de bière) et un «bar cru» assez relevé (huîtres, ceviche, salades de fruits de mer). Comme la salle est vaste, la clientèle, jeune et que la présence de DJ le week-end et de musiciens durant la semaine crée une ambiance festive, Méchant bœuf n'est évidemment pas l'endroit rêvé pour un souper en tête-à-tête. Mais pour se faire de nouveaux amis, rire haut et fort et apprécier ce petit je-ne-sais-quoi qu'on adore du Vieux-Montréal revu et corrigé, c'est l'adresse toute désignée.

Vieux-Montréal

BREMNER (LE)

(Amérique du Nord)

361, rue Saint-Paul Est

514 544-0446

★★★ cuisine
★★★ service
★★★★ décor

M _ S**100$**

réservation / max. de personnes 6

Le numéro civique est indispensable pour dégoter le nouvel antre du très tatoué et médiatisé chef Chuck Hughes. Il faut descendre quelques marches pour découvrir la salle, sombre, qui offre un décor typique du Vieux-Montréal, de poutres et de pierres. Les vieux chandeliers, dépareillés, tamisent joliment l'atmosphère. Le bar et la salle sont séparés par une fenêtre sortie tout droit d'une brocante. Au fond de la salle, un escalier débouche sur une petite terrasse enclavée et un bar à huîtres. Le service est jeune, courtois et sympathique. Au menu, rien de gargantuesque ni de planteureux comme au Garde-Manger. Plutôt une carte dédiée aux poissons et fruits de mer, en format tapas à partager. En toute convivialité.

Vieux-Montréal

BRIT & CHIPS

(Amérique du Nord)

433, rue McGill

514 840-1001

CRÉATIFS
DE L'ÉRABLE.ca

★★★ cuisine
★★★ service
★★ décor

M**20$** S**30$**

réservation / max. de personnes 0

Le *chippy*, c'est le casse-croûte britannique par excellence, là où on sert le fameux fish & chips. Au Brit & Chips, petit frère du pub Burgundy Lion (déjà réputé pour offrir l'un des meilleurs fish & chips en ville), on réinvente la tradition avec fantaisie. Scotch egg, morceaux de poisson frits avec frites ou «deep fried whatever» au dessert, tenez-vous-le pour dit: ici, on mange frit! Oui, mais la panure est de première classe: au sirop d'érable pour l'aiglefin, à la Guinness pour le saumon ou même à l'Orange Crush pour le merlu. Le menu propose aussi pasties (petits chaussons fourrés aux légumes, à la viande ou au fromage), pies (tourtes ou pâtés), mushy peas, fèves au lard et autres nibbles (petites bouchées) typiques des fast-foods londoniens, comme des crevettes pop-corn tandouri ou des acras de morue. Ambiance sympa et sans prétention.

Vieux-Montréal

CARTET (LE)

(Amérique du Nord)

106, rue McGill

514 871-8887

★★★ cuisine
★★★ service
★★★★ décor

 M**40**$ S   _

réservation / max. de personnes   20

Un des repaires préférés des cols blancs et des habitués du quartier, Le Cartet a des airs de resto new-yorkais branché avec sa formule boutique de produits fins, repas à emporter et menu du jour (choix de pâtes, poisson, viande ou sandwich). À l'heure du lunch, l'atmosphère bon enfant, la lumière naturelle généreuse et l'élégance du lieu contribuent à distraire le client de son boulot quotidien, tandis que la cuisine, simple mais bien exécutée et avec de bons produits, lui apporte un réconfort bien mérité. Au rayon du prêt-à-emporter, le sandwich décliné en une dizaine de versions et la salade-repas sont rois. On retrouve également des tartares, du canard, des quiches, plusieurs plats chauds, etc. ainsi qu'un vaste assortiment de chocolats fins, de biscuits et même de gâteaux et de tartes qu'on peut acheter au morceau ou en entier. À noter que Le Cartet est fermé le soir mais ouvert les week-ends pour les amateurs de brunchs animés.

GR

Vieux-Montréal

CAFÉ TITANIC

(Amérique du Nord)

445, rue Saint-Pierre

514 849-0894

★ ★ cuisine
★ ★ ★ service
★ ★ ★ décor

M**35$** S _

réservation / max. de personnes   14

Voilà plus de deux décennies que les professionnels du Vieux-Montréal se précipitent dans cette charmante cafétéria haut de gamme lorsque l'heure du lunch a sonné. Quelques plats du jour sont proposés, mais ce sont surtout les sandwichs qui ont forgé la réputation des lieux. Certains affirment que ce sont les meilleurs en ville! Généreux (pour ne pas dire démesurés!) et inventifs, ceux-ci se présentent en de multiples versions: sandwich végé (légumes grillés et feta), «de la mer» (thon) ou plus traditionnel (jambon, rôti de porc ou dinde). On peut également opter pour nos propres combinaisons. Salades colorées, soupes réconfortantes en hiver ou rafraîchissantes en été et desserts décadents complètent le tableau. À noter que les portes sont ouvertes en semaine seulement et qu'on règle l'addition en argent comptant.

Vieux-Montréal

CHEZ L'ÉPICIER
BAR À VIN

(Amérique du Nord)

311, rue Saint-Paul Est

514 878-2232

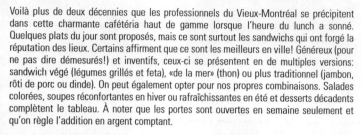

CRÉATIFS
DE L'ÉRABLE.ca

EP

★ ★ ★ ★ cuisine
★ ★ ★ ★ service
★ ★ ★ ★ décor

M**50$** S**95$**

réservation / max. de personnes   100

Raffinement, subtilité, maîtrise des techniques et des saveurs, harmonie: Laurent Godbout, l'un des chefs les plus éclectiques et les plus doués de la planète gastronomique québécoise, persiste et signe. Chez l'Épicier, avec son décor à la fois élégant et rustique, sa lumière naturelle intense, ses espaces presque aériens et son service discipliné et convivial, n'a pas pris une ride après déjà plusieurs années de bons et loyaux services. Et sa cuisine est toujours aussi savoureuse (terre et mer de ris de veau et langoustine, caille laquée à la mélasse), audacieuse (lait de topinambour et barre granola décomposée, pavé de morue cuit au beurre d'olive, filet de maquereau poché servi froid), et souvent carrément jouissive. Qu'ajouter de plus? Disons qu'il faut se faire plaisir au moins une fois Chez l'Épicier... Et ensuite courir le risque d'attraper la piqûre!

Vieux-Montréal

CLUB CHASSE ET PÊCHE (LE)

(Amérique du Nord)

423, rue Saint-Claude

514 861-1112

★ ★ ★ ★ cuisine
★ ★ ★ ★ service
★ ★ ★ ★ décor

M _ S**130$**

réservation / max. de personnes   30

La grande qualité des ingrédients utilisés est indéniable, le travail en cuisine aussi. La complexité de certains plats, empruntant des accents de cuisine européenne, asiatique ou nord-américaine, est parfaitement décrite par une brigade de professionnels empressés. Pétoncles, tartare de canard, porcelet, veau, plat de poisson selon l'arrivage sont déclinés avec de subtils accompagnements (parfois vraiment trop subtils): fenouil, citron confit, champignons enoki, purée de cèpes, morilles, oursins... Proposition toujours mal comprise, il est suggéré de commander une assiette de légumes en complément des plats de résistance, moyennant un supplément. La salle, qui conserve des allures de cave plutôt sombre, offre de confortables fauteuils au lieu de chaises. Ouvert le midi aux beaux jours seulement, pour profiter de la terrasse en face.

Vieux-Montréal

FOURQUET FOURCHETTE
(Amérique du Nord)

265, rue Saint-Antoine Ouest

514 789-6370

★★★ cuisine
★★ service
★★★ décor

☂ EP M**35 $** S**60 $**

réservation / max. de personnes 250

Cette adresse plutôt sympathique est à ranger au rayon des curiosités culinaires montréalaises. C'est ce qu'on appelle un resto-concept, un genre que nos voisins américains affectionnent beaucoup. Le concept? Une cuisine traditionnelle québécoise et amérindienne soignée (bon choix de viandes sauvages et de produits du terroir), plusieurs recettes à base de bière locale, un décor qui rappelle une autre époque, celle de nos ancêtres de la Nouvelle-France (tous les serveurs sont costumés), et un souci du détail qui plaît aussi bien aux clients réguliers qu'aux nombreux touristes qui fréquentent les lieux. Dans sa vaste salle (250 places), la maison propose des activités d'animation, des événements spéciaux et une section taverne où l'on peut s'envoyer une pinte d'Unibroue derrière la cravate en ressassant ses vieux souvenirs. Bref, de tout pour tous, et à un prix raisonnable.

Vieux-Montréal

GARDE-MANGER
(Amérique du Nord)

408, rue Saint-François-Xavier

514 678-5044

★★★★ cuisine
★★★★ service
★★★★ décor

🍶 M _ S**120 $**

réservation / max. de personnes 6

Il faut insister longtemps pour obtenir une réservation (même en semaine) dans ce petit resto du Vieux-Montréal. Il faut dire que la réputation du charismatique chef-propriétaire Chuck Hughes et de ses tatouages en forme de homard ou de tarte au citron s'étend désormais bien au-delà de la métropole grâce à sa populaire émission diffusée sur Food Network. Mais lorsqu'on réussit enfin à y décrocher une table après de multiples appels, on retrouve dans le restaurant la chaleureuse ambiance sans prétention des débuts. La philosophie de Chuck? Ses clients sont venus pour se faire plaisir et tout est permis (même danser ou chanter à tue-tête). Cela vaut aussi en cuisine, où il s'affranchit avec bonheur des règles rigides au profit de l'inspiration du moment dictée par des produits impeccables de fraîcheur. Vous goûterez peut-être à sa célèbre poutine au homard, au gargantuesque plateau de fruits de mer, aux cocktails XXL, aux plantureux plats de viande, à la barre Mars frite ou aux desserts de la maman du chef... faites-vous plaisir, c'est la fête!

Vieux-Montréal

HAMBAR
(Amérique du Nord)

355, rue McGill

514 879-1234

★★★★ cuisine
★★★★ service
★★★★ décor

🍶 🍽 ☂ EP M**50 $** S**110 $**

réservation / max. de personnes 100

Restaurant-bar à vin de l'Hôtel St-Paul, le Hambar, comme son nom l'indique (*ham*), sert du porc sous toutes ses formes. La spécialité de la maison est un plateau d'exceptionnelles charcuteries maison et importées d'Italie et d'Espagne: rillettes aromatisées à l'orange, tête fromagée enrobée d'algue nori, façon sushi, porchetta savoureuse servie avec une mostarda maison, mortadelle, jambon serrano et prosciutto Ruliano fondants en bouche. Le tout est agrémenté de légumes marinés maison. Outre ce plateau, le menu offre des entrées et des plats de viande et de poisson dont du maquereau et des ris de veau accompagnés de chips de prosciutto ou de jambon Cochons tout ronds, des Îles-de-la-Madeleine. Service agréable et ambiance énergisante.

Montréal

Vieux-Montréal

GRANGE VIN + BOUFFE

(Amérique du Nord)

120, rue McGill

514 394-9463

★★★ cuisine
★★★ service
★★★★ décor

M _ S**80$**

réservation / max. de personnes 60

Mis à part le bois brut intégré ici et là au décor et cette tête de cervidé qui nous épie, ce lieu n'a pas grand-chose de rustique. Cette grange est plutôt des plus modernes avec son design contemporain et son ambiance branchée attirant les jeunes professionnels à l'heure du 5 à 7. Avec son cellier bien garni, c'est l'endroit idéal pour partir à la découverte de nouveaux plaisirs vinicoles. Question aussi de se sustenter, des plateaux de fromages et de charcuteries figurent au menu, tout comme une vaste sélection de petits plats et de bouchées allumées à partager, comprenant par exemple huîtres, tartares, croquettes de crabe, mini-burgers de bison ou poutine de haricots verts.

Vieux-Montréal

HOLDER

(Amérique du Nord)

407, rue McGill

514 849-0333

★★★ cuisine
★★★ service
★★★★ décor

 M**50$** S**90$**

réservation / max. de personnes   30

Les années passent et Holder a toujours la cote. L'ambiance de belle brasserie française, avec ses hauts plafonds, ses cuivres reluisants et la lumière qui entre à pleines fenêtres, y est pour beaucoup. La cuisine également, qui s'inspire surtout des classiques bistro (foie gras au torchon, tartare, bavette et confit de canard), mais qui ose aussi quelques plats moins convenus (raviolis au homard, T-bone grillé en croûte d'épices, fish & chips). Et puis il y a le service, courtois et professionnel, une jolie carte des vins et le plaisir renouvelé de l'atmosphère légèrement électrique qui flotte dans la maison les – nombreux – soirs où la salle est comble. Bref, la clientèle apprécie et en redemande. Et elle a bien raison.

Vieux-Montréal

KITCHEN GALERIE POISSON

(Amérique du Nord)

399, rue Notre-Dame Ouest

514 439-6886

★★★ cuisine
★★★ service
★★★ décor

 M**40$** S**100$**

réservation / max. de personnes   10

Le petit frère du très populaire Kitchen Galerie est dédié aux produits de la mer. Sous la houlette du chef Jean-Philippe Saint-Denis, le Kitchen Galerie Poisson fait la part belle aux huîtres de toutes variétés: Kushi, Coromandel, French Kiss ou Raspberry Point, pas besoin d'attendre les mois en «r» pour se gaver. Attirante sélection également de poissons poêlés judicieusement préparés. Les portions sont généreuses. Le service, pas guindé pour deux sous, connaît la carte sur le bout des doigts. On vous conseillera tout aussi bien en matière de vins, avec une longue liste d'importations privées. Les desserts, servis de manière très ludique sur un chariot, présentent une jolie sélection de pâtisseries classiques en tous genres. On y retourne?

Vieux-Montréal

LOCAL (LE)

(Amérique du Nord)

740, rue William

514 397-7737

★★★★ cuisine
★★★★ service
★★★★★ décor

M**40$** S**100$**

réservation / max. de personnes   12

Nos attentes sont élevées lorsqu'on se présente au Local (resto du chef-vedette Louis-François Marcotte). Qui dit espoir dit parfois déception. La vérité? La faune est urbaine, branchée, les lieux sont vastes, aménagés avec goût, le service professionnel est avisé et... le menu fait montre d'un joli équilibre entre subtilité et créativité (que dire de la foisonnante et aventureuse carte des vins!). Sous les ordres du chef exécutif Charles-Emmanuel Pariseau, les pétoncles fondent, la guédille de homard réjouit et le canard confit fait bonne figure sur sa ratatouille estivale... Certains desserts manquent de finesse, mais encore là, c'est peut-être parce qu'on cherche des raisons de grogner.

Montréal

Vieux-Montréal

OLIVE ET GOURMANDO

(Amérique du Nord)

351, rue Saint-Paul Ouest

514 350-1083

★★★ cuisine
★★★ service
★★★ décor

M **30$** S **30$**

réservation / max. de personnes   0

Que ce soit pour le petit-déjeuner ou le lunch, en semaine ou le week-end, ce restaurant-boulangerie est plein à craquer et l'ambiance, bouillonnante. À côté des touristes, s'attablent des Montréalais venus des quatre coins de l'île. La raison de cette popularité nous apparaît fort simple: nous sommes ici au paradis de la gourmandise dans sa plus simple expression. Des cafés aux viennoiseries, en passant par les paninis, soupes et salades, on ne sert que des produits de première qualité et ceux-ci se marient avec personnalité. Pas surprenant que plusieurs affirment qu'on met ici la main sur les meilleurs sandwichs en ville. Et attention, coup de foudre assuré pour les décadents desserts dont le Turtle Bar, un sablé recouvert de pacanes, caramel salé et chocolat Valrhona.

Vieux-Montréal

ORIGNAL (L')

(Amérique du Nord)

479, rue Saint-Alexis

514 303-0479

★★★ cuisine
★★★ service
★★★★ décor

M _ S **100$**

réservation / max. de personnes   90

L'Orignal est idéal pour qui veut célébrer. Le décor de chalet rustico-chic – troncs de bouleaux, bois de grange, miroirs tarabiscotés, sémaphores, vieux piano droit et fausse tête d'orignal – confère à l'endroit une atmosphère décontractée que la trame sonore, haute en décibels, vient appuyer. Les groupes s'en donnent à cœur joie. Les assiettes sont à l'avenant: les amalgames complexes d'ingrédients, de textures et de goûts sortent des sentiers battus avec des résultats parfois inégaux, mais toujours surprenants. Des exemples? Poulet grillé, purée de champignons et crottes de fromage B.B.Q., ou encore omble chevalier servi avec une purée de pois verts, têtes de violon, maïs frais et salsa de crevettes.

Vieux-Montréal

RESTAURANT COMMUNION

(Amérique du Nord)

135, rue de la Commune Ouest

514 937-6555

★★★ cuisine
★★★ service
★★★★ décor

M **30$** S **90$**

réservation / max. de personnes   50

En misant sur le partage et l'ouverture aux autres, le Communion a peut-être inventé un nouveau concept: l'*open* resto. Le soir, les plats principaux se partagent à deux pendant que le chef Alexandre Arpin ouvre sa cuisine à des toques invitées. Et chaque mois, la carte des vins est confiée à un importateur privé différent; si on a aimé un vin, on peut repartir avec une bouteille. Au menu, on retrouve des amuse-bouches vraiment intéressants comme des brochettes de pieuvre, un tartare de saumon à l'orange et un tartare de canard aromatisé à la truffe. Du côté des plats principaux, on a le choix entre une viande, un poisson ou un plat végé. Les jeunes professionnels du Vieux-Montréal et les Montréalais l'ont adopté dès son ouverture.

Vieux-Montréal

TOQUÉ!

(Amérique du Nord)

900, place Jean-Paul-Riopelle

514 499-2084

★★★★★ cuisine
★★★★★ service
★★★★★ décor

 EP M**60$** S**160$**

réservation / max. de personnes 10

Il y a de ces endroits inoubliables. Le Toqué! en est incontestablement un. Tout concourt à faire vivre une expérience complète: le service personnalisé et attentionné, d'abord, installe l'atmosphère dans cette grande salle aérée au look moderne. La carte des vins, impressionnante, démocratise son offre avec un bon choix au verre. Côté gastronomique, c'est l'extase, grâce au chef Normand Laprise et à son équipe, qui utilisent et maîtrisent toutes les techniques de la cuisine sans jamais tomber dans la surenchère. Les aventureux se laisseront tenter par le menu dégustation. La carte met en valeur avec raffinement et inventivité des produits irréprochables, dont la plupart proviennent d'artisans québécois qu'on prend soin de nommer. On adore aussi le menu du midi à petit prix sans négliger la haute voltige gastronomique!

Vieux-Montréal

SANTOS

(Amérique du Nord)

191, rue Saint-Paul Ouest

514 849-8881

★★ cuisine
★★★ service
★★★ décor

M _ S**60 $**

réservation / max. de personnes   8

Le moins qu'on puisse dire du Santos, c'est qu'on ne s'y ennuie jamais. Autant bar branché que resto, la maison propose un vaste éventail d'événements – DJ, soirées pour les dames, groupe de jazz le dimanche, spectacles, partys de bureau, lancements de produits... – qui contribuent à l'ambiance passablement survoltée qu'on sent dès qu'on franchit la porte d'entrée de ce vaste et sympathique établissement. En fait, «Nourrir et amuser» est la devise de la maison, et à ce chapitre, il faut admettre que le patron remplit ses promesses. Bien sûr, on pourra chipoter sur la qualité et l'originalité des plats – exclusivement des tapas (tartares, produits de la mer, viandes grillées, charcuteries, légumes, salades, purées et autres bouchées d'inspiration ibérienne et latino) – qui ont meilleure allure au menu que dans l'assiette, mais au final, l'expérience des (nombreux) clients semble généralement positive. Et puis on apprécie l'offre substantielle de cocktails festifs et d'alcools de bonne qualité.

Vieux-Montréal

SINCLAIR

(Amérique du Nord)

125, rue Saint-Paul Ouest

514 284-3332

★★★★ cuisine
★★★★ service
★★★ décor

M**40 $** S**90 $**

réservation / max. de personnes 100

Les murs foncés du restaurant de l'hôtel St-Sulpice, installé en demi–sous sol, rendent l'ambiance des lieux un peu froide pour certains. Malgré cela, les lumières tamisées permettent de mettre agréablement l'accent sur la table et les bons plats du chef Stelio Perombelon. Son menu est à son image: quelque peu éclaté, fou-fou, et d'une précision redoutable. Adepte des légumes, le chef a un talent unique pour transformer de simples poireaux en œuvre d'art, foie gras râpé compris. Les ingrédients, d'excellente qualité, prennent vie dans des assiettes soigneusement dessinées, aux saveurs multiples mais toujours judicieuses. En été, la terrasse est un havre de paix.

Vieux-Montréal

TAVERNE GASPAR

(Amérique du Nord)

89, rue de la Commune Est

514 392-1649

★★ cuisine
★★★ service
★★ décor

EP M _ S**80 $**

réservation / max. de personnes 65

Dans le Vieux-Montréal, les idéateurs de la Taverne Gaspar ont choisi la voie de la bouffe de réconfort pour attirer touristes et locaux avides de cette cuisine de gastropub, à mi-chemin entre saveurs britanniques, françaises et québécoises. La déco mêle adroitement vieilles pierres et matières brutes. Les miroirs au plafond, les lustres dépareillés, les grandes tables rondes, le bar *vintage*, les écrans de télé branchés sur les chaînes sportives: tout concourt à créer une ambiance conviviale, idéale pour les groupes prêts à passer une bonne soirée typiquement nord-américaine. Au menu: burgers, fish & chips et plats traditionnels, accompagnés d'un vaste choix de bières, vins et cocktails branchés. De tout, pour tous les goûts.

Vieux-Montréal

VALLIER (LE)

(Amérique du Nord)

425, rue McGill

514 842-2905

★★★ cuisine
★★★ service
★★★ décor

 M **50 $** S **80 $**

réservation / max. de personnes 100

Prise d'assaut en semaine sur l'heure du lunch par les travailleurs du centre-ville et par les touristes et Montréalais en balade dans le Vieux-Montréal les week-ends, cette vaste salle à manger séduit par son décor *vintage*-chic. Nos papilles, elles, sont charmées par une approche simple et honnête qui mise sur le réconfort, avec des emblèmes de la cuisine québécoise revampés tels que ce macaroni au fromage, ce pâté chinois au canard confit, ou encore celui à l'agneau braisé. Le menu présente un volet burgers, où le classique au bœuf côtoie des versions végé, au poulet ou au poisson, et emprunte aussi une direction bistro un peu plus conventionnelle où bavette, salade de chèvre chaud, tartares et cuisse de canard confite sont au rendez-vous.

Vieux-Montréal

VERSES RESTAURANT (HÔTEL NELLIGAN)

(Amérique du Nord)

100, rue Saint-Paul Ouest

514 788-4000

★★★ cuisine
★★★★ service
★★★★ décor

 EP M **65 $** S **110 $**

réservation / max. de personnes 15

Situé dans le chic Hôtel Nelligan, ce restaurant en impose par l'élégance qui s'exprime autant dans l'aménagement des lieux que dans les moindres attentions du personnel. Le voyage culinaire auquel on nous convie s'effectue donc en première classe vers une cuisine française modernisée par des efforts d'originalité et de sophistication. On pense par exemple à cette choucroute d'algues marinées en guise d'accompagnement pour un filet de vivaneau ou à ces salsifis à la crème de fleur d'ail qui flirtent avec des suprêmes de poulet rôtis. Les propositions apparaissent parfois plus excitantes sur papier, car cette cuisine demeure somme toute assez sage et aurait intérêt à prendre un peu plus de risques. Belle attention: un choix végétarien figure à la carte.

Vieux-Montréal

RESTAURANT SZECHUAN

(Chine)

400, rue Notre-Dame Ouest

514 844-4456

★★★ cuisine
★★★ service
★★ décor

M **35 $** S **60 $**

réservation / max. de personnes 60

Une adresse fréquentée assidûment par une clientèle de cols blancs et de professionnels du quartier qui apprécient la cuisine de bonne qualité et le service empressé et poli de la brigade de serveurs. C'est vrai que la maison connaît ses classiques et que les produits sont frais — le dîner «royal pour deux», par exemple, présente une intéressante panoplie de plats sichuanais, peu ou très épicés, qui nous font voyager dans cette immense région de la Chine à peu de frais. Par contre, si on espère faire des découvertes gastronomiques, ce n'est pas l'endroit, et le décor est un peu tristounet. Bref, un resto qui ne décoiffe pas, mais qui vous en donne pour votre argent...

Montréal

Vieux-Montréal

ATELIER D'ARGENTINE (L')

(Amérique latine + Antilles)

355, rue Marguerite-D'Youville

514 287-3362

★★★ cuisine
★★★ service
★★★★ décor

EP M**45$** S**90$**

réservation / max. de personnes 40

La cuisine de l'Argentine est métissée, elle prend donc toutes sortes de directions avec des spécialités comme les grillades de bœuf et les empañadas (beignets farcis de bœuf, poulet et/ou de fromage essentiellement) qui nous viennent tout de suite en tête, évoquant quelque chose d'un peu rustique et familial. Mais ici, on réussit le pari que simplicité et tradition peuvent rimer avec finesse. Les empañadas, par exemple, déclinées en plusieurs petites bouchées en entrée, sont délicieuses. Les plats de viande ou de poisson sont tous joliment et très bien exécutés avec de sympathiques accompagnements qui nous donnent d'ailleurs envie de filer à Buenos Aires! Le décor est magnifique avec deux salles distinctes et une partie bar pour commencer ou terminer la soirée. Côté desserts, bien sûr, il faut absolument en choisir un avec le fameux dulce de leche (sorte de confiture de lait). À découvrir.

Vieux-Montréal

HELENA

(Espagne + Portugal)

438, rue McGill

514 878-1555

★★★★ cuisine
★★★★ service
★★★★ décor

 M50$ S100$

réservation / max. de personnes 40

Montréal

Helena Loureiro, chef du Portus Calle, nous prouve une fois de plus que la cuisine portugaise peut être autre chose que des sardines et du poulet grillés. Pour cette deuxième adresse, elle mise sur les classiques portugais qu'elle retravaille avec raffinement et élégance en utilisant des produits d'ici et de son pays d'origine. Par exemple, le traditionnel porc-palourdes se décline avec du porcelet Gaspor et des coquillages du Portugal. Sous sa houlette, petiscos, caldo verde, pavés et croquettes de morue (bacalhau) et pastéis de nata deviennent des plats d'une extrême délicatesse et d'un grand esthétisme. Cette cuisine ensoleillée se laisse déguster dans un décor chaleureux aux couleurs toniques où chaque détail a été pensé avec soin.

Vieux-Montréal

PORTO MAR

(Espagne + Portugal)

201, place D'Youville

514 286-5223

★★ cuisine
★★ service
★★★ décor

 M40$ S80$

réservation / max. de personnes 50

Restaurant portugais du Vieux-Montréal où le poisson et la viande sont à l'honneur. On y vient surtout pour le décor intime et chaleureux créé par les murs de pierre de l'édifice et les poutres de bois apparentes au plafond. Au menu, des mets typiques du Portugal tels que le bitoque (steak garni d'un œuf) ou le caldo verde (soupe au chou), mais également des grillades et produits de la mer. Les plats sont simples, certains pourraient même trouver que ça manque d'épices ou de sauce en accompagnement, mais la cuisson des aliments, autant des viandes, des poissons que des légumes, est juste à point. Il faut se laisser tenter par les desserts, notamment la mousse au chocolat et les framboises chaudes sur crème glacée à la vanille. Un délice! Le service est rapide, voire expéditif. Pour une soirée romantique dans le cadre enchanteur du Vieux-Montréal.

Vieux-Montréal

STASH CAFÉ

(Europe de l'Est)

200, rue Saint-Paul Ouest

514 845-6611

★★ cuisine
★★★ service
★★★ décor

M40$ S70$

réservation / max. de personnes 14

Vrai, la cuisine traditionnelle polonaise n'a jamais été de celles que l'on considère d'emblée comme raffinées. Mais en dépit de leur simplicité, les ragoûts, les pierogis et autres plats à base de pommes de terre, de viande hachée, de chou et de betteraves regorgent de saveur. Pour un voyage express à Varsovie, optez pour le canard ou le sanglier rôtis à l'ancienne, copieusement arrosés de vodka. Le gâteau aux pommes se chargera de remplir le dernier petit coin vacant. Côté ambiance, les lampes colorées, les murs de pierre et les vieilles affiches donnent un cachet romantique à l'endroit, surtout lorsque le pianiste vient égrener quelques notes mélancoliques au piano droit.

Vieux-Montréal

AIX CUISINE DU TERROIR

(France)

711, côte de la Place-d'Armes

514 904-1201

★★★ cuisine
★★★ service
★★★ décor

M **50 $** S **120 $**

réservation / max. de personnes 60

Avec ses trois restaurants aux menus bien distincts, Aix Cuisine du terroir en demi-sous-sol, le lounge Suite 701 autour du bar au lumineux rez-de-chaussée et la Terrasse sur le toit surplombant le Vieux-Montréal, l'hôtel Le Place d'Armes propose au gastronome de choisir l'ambiance qui lui convient. Au Aix, on s'installe sur les banquettes en demi-lune dans un éclairage tamisé propice aux tête-à-tête et à la dégustation. Dans les assiettes, les ingrédients du terroir sont bien là: fromages québécois, agneau de Kamouraska, bœuf des Cantons-de-l'Est, foie gras du Lac Brome, charcuteries locales... On aimerait cependant que ces magnifiques produits soient mieux présentés et mieux mis en valeur grâce à des combinaisons de saveurs plus raffinées et surtout n'abusant pas trop du mariage sucré-salé. Les desserts, des classiques réactualisés – trio de crèmes brûlées, gâteau au fromage à la fève tonka, tarte au citron et sa crème anglaise coco... –, sont par contre fort réussis et très gourmands.

Vieux-Montréal

BOCATA

(France)

310, rue Saint-Paul Ouest

514 507-8727

★★★ cuisine
★★★ service
★★★★ décor

M _ S **100 $**

réservation / max. de personnes 12

Petit frère du Barroco, le Bocata est un bar à vin et restaurant qui a une forte personnalité. D'abord par sa déco, un bric-à-brac calculé où s'empilent livres anciens et candélabres, et où sont suspendus au plafond des jambons! Aux fourneaux, on retrouve le chef Benjamin Léonard, originaire du Limousin, qui concocte une cuisine paysanne aux bases traditionnelles françaises mais aux forts accents espagnols. Il travaille des produits fermiers d'ici et d'ailleurs comme le foie gras, le homard, la côte de veau, le lapin et le saumon bio d'Irlande. Le menu offre du jambon pata negra iberico et des légumes de la serre montréalaise Lufa. Pour nous inciter à partager, les plats sont travaillés en portions un peu plus grosses qu'une entrée.

Vieux-Montréal

BOURLINGUEUR (LE)

(France)

363, rue Saint-François-Xavier

514 845-3646

★★ cuisine
★★ service
★★★ décor

EP M **30 $** S **60 $**

réservation / max. de personnes 57

Vénérable restaurant français du Vieux-Montréal, ce Bourlingueur venu d'Alsace compte deux salles à manger séparées aux murs de pierres et boiseries anciennes. Il propose une cuisine familiale tout en classiques français, tels le confit de canard ou le foie de veau. Optez pour les valeurs sûres comme la soupe et la tarte à l'oignon, les mijotés ou la choucroute, spécialité alsacienne qui, malheureusement, n'est pas toujours offerte! Les entrées comme le saumon fumé ou la salade manquent singulièrement de style, tandis que le choix des desserts et des vins est minimaliste.

Vieux-Montréal

BONAPARTE

(France)

443, rue Saint-François-Xavier

514 844-4368

★★★★ cuisine
★★★★ service
★★★ décor

  M**50$** S**100$**

réservation / max. de personnes   60

Discrètement niché dans une jolie rue du Vieux-Montréal, le restaurant aux lumières tamisées de l'Auberge Bonaparte plaira aux palais adeptes d'une cuisine française humble, mais savamment exécutée. Si l'originalité ne semble pas être le mot d'ordre en cuisine, le service est affable et les plats marquent les esprits avec leurs saveurs bien dosées, leurs cuissons parfaites et leur présentation très soignée. Carré d'agneau rôti au porto, crustacés à la vanille et tombée de poireaux, filet mignon aux poivres et au cognac, les plats de ce restaurant on ne peut plus classique font mouche et garantissent aux partenaires d'affaires ou aux amoureux épris une expérience gastronomique hautement satisfaisante.

Vieux-Montréal

BORIS BISTRO
(France)
465, rue McGill
514 848-9575

★ ★ ★   cuisine
★ ★ ★   service
★ ★ ★   décor

M **60 $** S **75 $**

réservation / max. de personnes   20

Rue McGill, c'est l'une des adresses les plus fréquentées, entre autres en raison de sa splendide terrasse, bruyante et joyeuse, qui, durant toute la belle saison, est toujours pleine à craquer. Mais la cuisine du Boris Bistro n'est pas en peine non plus. Elle joue sur plusieurs registres – bistro (bœuf braisé aux lardons), sud-ouest de la France (jarret d'agneau confit), italienne (raviolis sauce à la sauge), classique (poitrine de canard), et même un peu osée (nem de foie gras et réduction de vinaigre de cidre) – avec généralement assez de bonheur et de réussite. La clientèle d'affaires le midi est remplacée le soir par une foule pas mal plus colorée, et le volume sonore et musical grimpe de quelques décibels.

Vieux-Montréal

CHEZ DELMO

(France)

275, rue Notre-Dame Ouest

514 288-4288

★★★ cuisine
★★★★ service
★★★★ décor

 M **70 $** S **110 $**

réservation / max. de personnes 75

Institution des années 1930 reconnaissable à ses deux longs bars, Chez Delmo a fait peau neuve dans un nouveau local, à deux pas du premier. Clin d'œil aux origines, les bancs du bar et l'enseigne ont été récupérés par les nouveaux propriétaires, qui ont donné un look lounge-chic à l'endroit. Les passionnés de produits de la mer trouveront ici des repas à la mesure de leurs envies: homard à la livre, doré, sole de Douvres, huîtres, pétoncles grillés... des classiques apprêtés avec finesse, comme il se doit. Petit bémol: les accompagnements, standards, pourraient être plus inventifs. Mention spéciale au service, très sympathique, professionnel et de bon conseil. En apéro, la carte des cocktails impressionne avec ses purées de fruits maison et ses flambés.

Vieux-Montréal

CHEZ QUEUX

(France)

158, rue Saint-Paul Est

514 866-5194

★★★ cuisine
★★★ service
★★★★ décor

 M _ S **95 $**

réservation / max. de personnes 45

Restaurant on ne peut plus français niché au cœur du Vieux-Montréal, Chez Queux est un lieu où tentures rouge vin et lampes Tiffany trônent au milieu des coins discrets de la salle à manger. Le service s'y veut aussi chic que le décor, sans toutefois y arriver complètement, les bonnes manières auxquelles on s'attendrait semblant parfois avoir été laissées au vestiaire. La cuisine, savoureuse, ne comblera pas les palais en quête d'originalité, mais plaira en revanche à ceux qui ont envie de déguster des plats français simples et impeccables, comme les ris de veau croustillants, le magret de canard ou les langoustines à la provençale. Une adresse hautement fréquentée par les touristes, certes, mais qu'on ne saurait passer sous silence.

Vieux-Montréal

OSCO!

(France)

Hôtel InterContinental
360, rue Saint-Antoine Ouest

514 847-8729

★★★ cuisine
★★★ service
★★★★ décor

M **50 $** S **85 $**

réservation / max. de personnes 40

Situé au cœur de l'hôtel InterContinental, ce restaurant offrant un cadre chic et lumineux accueille une clientèle surtout constituée de touristes et de gens d'affaires, et ce, tous les jours de 6 h 30 à minuit. Bien que l'on y serve des repas tout au long de la journée, c'est surtout le soir venu que se déploie tout le savoir-faire et la créativité du chef qui s'inspire des traditions culinaires provençales en ne négligeant toutefois pas de mettre à l'honneur les produits d'ici. Bouillabaisse, salade niçoise et tarte aux tomates figurent donc au menu sur lequel dominent les plats à base de poissons, de fruits de mer et de bœuf. À elle seule, la carte des vins mérite le détour avec ses importations privées, dont certaines issues de cultures biologiques et biodynamiques.

Montréal

Vieux-Montréal

PYRÉNÉES (LES)

(France)

320, rue Saint-Paul Ouest

514 842-5566

★★★ cuisine
★★★ service
★★★ décor

M**50 $** S**80 $**

réservation / max. de personnes 75

Situé dans le Vieux-Montréal, Les Pyrénées, comme son nom le dit, fait honneur à la gastronomie du Pays basque et de la Catalogne, insufflant une saveur à la fois espagnole et française à l'endroit. Le décor, chaleureux, souligne cette inspiration, sur fond de musique espagnole. Les serveurs, éminemment sympathiques, s'occuperont de guider votre choix parmi des plats honnêtes, mais où les saveurs se font parfois discrètes: soupe au poisson, paella, cassoulet à la toulousaine, jarret d'agneau, magret de canard, etc. Petit bémol: on souhaiterait davantage de découvertes et de plats typiques, étant donné la thématique de l'endroit. Côté vin, on est comblé par le choix français et espagnol. N'hésitez pas à essayer les desserts, comme le roulé catalan à l'orange.

Vieux-Montréal

XO

(France)

355, rue Saint-Jacques

514 841-5000

★★★★★ cuisine
★★★★★ service
★★★★★ décor

M**80 $** S**150 $**

réservation / max. de personnes 20

Le hall de l'élégant Hôtel Le St-James a été foulé par de riches banquiers au 19e siècle, des représentants de la monarchie anglaise, des vedettes de rock américaines, etc. Le défi du restaurant XO: combler tout un chacun et plaire aux gastronomes montréalais. Le magnifique décor de l'ancien Banker's Hall met la table pour des soirées huppées et confortables avec ses colonnes argentées, ses chaises capitonnées et ses impressionnantes balustrades. Dans l'assiette, les produits triés sur le volet sont savamment mis en valeur par leurs sauces et accompagnements aussi originaux que réussis, comme cette tire-éponge à la betterave trônant sur un risotto de homard. Tout est minutieux, délicat, savoureux. Le personnel, impeccable, prodigue de judicieux conseils afin de s'y retrouver dans la sélection de vins dont certains, d'importation privée, ne figurent pas sur la carte. Une expérience gastronomique (et historique!) qu'il faut franchement s'offrir.

Vieux-Montréal

CAFÉ BISTRO SERAFIM

(Grèce)

393, rue Saint-Paul Est

514 861-8181

★★★ cuisine
★★ service
★★ décor

EP M**45 $** S**65 $**

réservation / max. de personnes 65

Agréable surprise dans le Vieux-Montréal, le Café Bistro Serafim offre une sélection de plats faits maison, à base d'aliments biologiques et sans gluten, inspirés des saveurs méditerranéennes. Les entrées de salade grecque et pita, olives et tzatziki sont idéales pour une petite bouchée sur la terrasse en sirotant une Mythos, à l'ombre du Marché Bonsecours. L'établissement sert de bonnes petites pizzas et sandwichs pitas. Et que dire des desserts! Le classique baklava est l'un des meilleurs en ville. Le restaurant est également une boulangerie et épicerie fine, ce qui fait que la salle à manger ressemble un peu à un garde-manger dont les étalages débordent d'huiles d'olive importées et de tartinades de chocolat aux noisettes. L'établissement offre des soirées musicales pour les réservations de groupe et un service de traiteur. Le petit-déjeuner est servi toute la journée.

Vieux-Montréal

GANDHI

(Inde)

230, rue Saint-Paul Ouest

514 845-5866

★ ★ ★ ★ cuisine
★ ★ ★ ★ service
★ ★ ★ décor

 M**40 $** S**70 $**

réservation / max. de personnes 50

Lumière tamisée, espace aéré, grandes tables élégantes de bois dans un décor épuré et minimaliste, service réglé au quart de tour : ce restaurant indien du Vieux-Montréal se démarque en accordant une grande importance à l'art de la table. La cuisine, conventionnelle, est ici servie avec un souci certain des détails de finition et présentée avec esthétisme. Les plats tandouri cuits au four traditionnel, les currys à l'agneau, au poulet, au bœuf et aux crevettes fondent dans la bouche, tout comme ce canard tikka croulant sous une sauce onctueuse, riche et légèrement sucrée dans laquelle on trempera goulûment un pain naan moelleux. Vers la fin du repas, le serveur s'approchera doucement et proposera, en riant et en sachant pertinemment que le ventre n'a de place que pour une ou deux bouchées de plus, un beignet indien maison aussi délicieux que ce qui l'a précédé.

Vieux-Montréal

MIRCHI

(Inde)

365, place D'Youville

514 282-0123

★★★ cuisine
★★★ service
★★★ décor

M **30$** S **70$**

réservation / max. de personnes 40

Dans un quartier où fourmillent les restaurants classiques français, les steakhouses et la cuisine du terroir, le Mirchi se démarque. Le décor tout blanc de ce petit resto indien sur deux étages incite à se concentrer sur les délices qu'on nous sert, sous le bon œil de Ganesh qui veille. Outre les classiques plats tikka, korma, jalfrezi, tandouri et le poulet au beurre, on trouve sur la carte une belle sélection d'assiettes végétariennes. Et toutes les sauces sont faites maison avec un peu ou beaucoup de mirchi (piment rouge très épicé). Pour adoucir le tout, sont offerts différents riz, un pain naan et de la bière indienne rafraîchissante. Puis, il y a les desserts qui, sans être fabuleux, participent résolument au dépaysement que l'on recherche dans ce type de restaurant.

Vieux-Montréal

BEVO

(Italie)

410, rue Saint-Vincent

514 861-5039

★★★ cuisine
★★ service
★★★ décor

M **40$** S **80$**

réservation / max. de personnes 60

Le Bevo bar + pizzeria est installé dans la petite rue Saint-Vincent, en plein cœur du Vieux-Montréal. Les rues pavées y sont piétonnes et à la belle saison, la foule afflue. Dans la première salle à gauche, admirez le beau four à bois. C'est là que le pizzaïolo s'exécute. À droite, le bar, à l'éclairage rougeoyant et funky, agrémenté de fauteuils-boules suspendus. Original! Sur la carte, nous retrouvons avec bonheur les plaisirs des trattorias de village: arancinis, pizzas, cavatellis, porchetta. Une cuisine traditionnelle bien exécutée par le chef Giovanni Vella. Les portions sont très généreuses et les pizzas, délicieuses. Gros coup de cœur pour celle au Nutella! Tard en soirée, le Bevo se transforme en bar, cocktails branchés inclus.

Vieux-Montréal

DA EMMA

(Italie)

777, rue de la Commune Ouest

514 392-1568

★★★ cuisine
★★★★ service
★★★★ décor

M **120$** S **140$**

réservation / max. de personnes 40

Le décor vraiment original de ce restaurant italien vaut à coup sûr une visite. Dans la cave d'une belle bâtisse de pierre près du canal de Lachine, les clients ont vue sur la cuisine où officie *mamma* Emma. La carte des vins est impressionnante et le service, quasi irréprochable, mais ce qui est dans l'assiette reste très classique et sans grand éclat. De l'amuse-bouche tomaté aux desserts (tel ce tiramisu copieux mais peu raffiné), en passant par un assortiment complet de pâtes et de viandes, veau en tête, on semble utiliser ici de bons produits de base sans faire vraiment d'efforts créatifs. Une curiosité à essayer: les tripes à la romaine.

Montréal

Vieux-Montréal

GRAZIELLA
(Italie)
116, rue McGill
514 876-0116

★★★★★ cuisine
★★★★ service
★★★★★ décor

 M**40 $** S**120 $**

réservation / max. de personnes 70

Tout est réjouissant ici, à commencer par la délicatesse avec laquelle Graziella Battista assemble et met en valeur les ingrédients méticuleusement choisis. La touche personnelle de cette grande chef est omniprésente et chaque détail est pensé. Les terrines et pétoncles sont irrésistibles. Les pâtes, dont les gnocchis, deviennent extraordinaires. Le risotto mérite qu'on l'attende pour qu'il soit cuit pour nous. Le jarret ou filet de veau, la caille prennent une autre dimension vers le 7e ciel. Quant aux desserts, vous l'aurez deviné, il faut forcément se laisser tenter. La carte des vins est bien sûr à l'unisson. L'expérience est enrichie par un magnifique décor et le grand soin que l'on prend de chaque convive.

Vieux-Montréal

MANGIAFOCO
(Italie)
105, rue Saint-Paul Ouest
514 419-8380

★★★★ cuisine
★★★★ service
★★★★ décor

 M _ S**90**$

réservation / max. de personnes 20

Bien sûr, on y va pour croiser Jean-François Stinco, guitariste du groupe Simple Plan, à l'origine du concept de ce nouveau restaurant très bien situé dans le Vieux-Montréal. Mais on y va surtout pour se régaler tout en profitant d'un lieu moderne, convivial, dont il faut prendre le temps d'admirer le décor et les multiples détails et aménagements. Le convoyeur à pizzas, le mobilier, la vue sur la cuisine et même sur la plonge, car ici on ne veut absolument rien cacher, sont un charme pour les yeux. Côté cuisine, on met aussi le paquet et on a su très bien s'entourer de chefs de renom pour proposer des pizzas d'une qualité extraordinaire cuites au four à bois, une déclinaison de mozzarellas, un carpaccio de bœuf tranché épais mais qui ne perd rien en finesse, un gravlax de saumon et autres salades aux ingrédients subtils. Il y a aussi plusieurs plats faits pour être partagés. Il s'agit avant tout d'une cuisine de produits rigoureusement choisis, y compris les vins que la sommelière prendra plaisir à vous faire découvrir.

Vieux-Montréal

MUSCADIN (LE)

(Italie)

639, rue Notre-Dame Ouest

514 842-0588

★★★ cuisine
★★★ service
★★★ décor

 M 60 $ S 100 $

réservation / max. de personnes 100

Avec ses belles boiseries, sa déco 18ᵉ siècle et ses superbes vaisseliers remplis de verres de toutes sortes, Le Muscadin plonge sa clientèle dans une ambiance feutrée propice aux plaisirs de la table. La carte, aussi classique que le restaurant, propose un choix varié de pâtes et de plats de veau, en plus de quelques options de fruits de mer, bœuf et volaille. Le tout, servi sans fla-fla, se rapproche davantage d'une gastronomie de réconfort que d'un repas haut en couleur. Mais la cave à vin, avec ses 20 000 bouteilles italiennes, est tout simplement impressionnante et l'on saura vous conseiller le bon mariage avec chaque mets. C'est donc surtout pour cette raison que l'on choisit ce restaurant qui allie la simplicité à l'ambiance des chics soirées.

Vieux-Montréal

OSTERIA VENTI

(Italie)

372, rue Saint-Paul Ouest

514 284-0445

★★★ cuisine
★★★ service
★★★ décor

 M 50 $ S 100 $

réservation / max. de personnes 25

Bienvenue dans le monde des *venti*, les vingt régions de l'Italie, des Abbruzes à la Sicile, des Pouilles au Piémont, appétissantes de saveurs du terroir à la rusticité paysanne. Un joli bistro à l'ambiance animée et conviviale. Le décor: pierre de taille et briques rouges rehaussées de poutres sombres, de banquettes rouges et de tables de bois. La faune, éclectique, n'hésite pas à venir en famille, même avec le dernier-né. Crostini, antipasti, primi, secondi, contorni... le menu est vaste, mais il ne faut surtout pas manquer les charcuteries maison, excellentes. Les pâtes et viandes grillées de cette cuisine dépouillée et savoureuse sont également impeccables. Choix intéressant de vins au verre d'importation privée et desserts sympathiques.

Vieux-Montréal

VIA VIVOLI

(Italie)

747, rue du Square-Victoria

514 284-5320

★★ cuisine
★★ service
★★★★ décor

 M 65 $ S _

réservation / max. de personnes 60

Repaire de nombreux gens d'affaires du secteur, le Via Vivoli est un restaurant de cuisine italienne où l'on peut se sustenter de pâtes, d'escalopes de veau, d'antipasti ou de nombreuses salades-repas. Niché dans le magnifique espace du Centre de commerce mondial de Montréal, l'établissement propose une ravissante terrasse «intérieure» nimbée de lumière et fort agréable, en plus d'une salle à manger un brin petite, mais décorée avec goût. Le service est gentil, courtois et la cuisine fera amplement le bonheur des travailleurs en quête d'un repas roboratif, les portions étant plutôt généreuses, mais laissera peut-être sur leur faim les véritables amateurs de cuisine italienne ainsi que les fins palais. Le restaurant n'est ouvert que le midi, du lundi au vendredi, mais les groupes de vingt personnes et plus peuvent profiter d'un service de banquet.

Vieux-Montréal

OTTO
(Italie)
901, square Victoria
514 395-3180

★★★★ cuisine
★★★★ service
★★★★ décor

 M**60$** S**120$**

réservation / max. de personnes 120

On va au Otto comme on va au W, l'hôtel dont le restaurant fait partie: pour s'évader avec une classe très contemporaine. On prend place sur la terrasse ou dans la salle au design tendance, puis on est servi par un personnel pimpant et très bien habillé. Le menu italien flirte avec les saveurs du Japon au gré de l'imaginaire d'un chef qui assure: risotto aux champignons, joue de veau à la truffe noire à se pâmer, salade fraîche de roquette et de ricotta, osso buco et pâtes côtoient filet mignon Angus, tempura de crevettes et autres saumons sauvages grillés. On finit en beauté avec un gelato.

NÜVÜ

(Amérique du Nord)

1336, rue Sainte-Catherine Est

514 940-6888

★★ cuisine
★★★ service
★★★★ décor

 M**40 $** S**80 $**

réservation / max. de personnes   80

Voici sans doute l'un des plus spectaculaires restaurants du Village avec sa déco contemporaine arrosée de projections multimédias et de lampes DEL qui changent de couleur au cours de la soirée. Tout un show. Au menu, une table d'inspiration française plutôt éclectique, bien dessinée et présentée avec classe. Les ingrédients locaux côtoient avec plaisir des recettes tantôt classiques, tantôt exotiques. Tataki de thon, beignet de crabe, tartare de saumon, foie de veau, magret de canard... les cuissons sont cependant parfois maladroites et les plats manquent d'éclat. La carte des vins, qui comporte un choix d'importations privées, est intéressante et abordable.

Village

O'THYM

(Amérique du Nord)

1112, boulevard De Maisonneuve Est

514 525-3443

★★★ cuisine
★★★ service
★★★ décor

 M**40 $** S**110 $**

réservation / max. de personnes   12

Dans son genre – «apportez votre vin» –, c'est l'une des meilleures adresses en ville. Année après année, la qualité des produits et des préparations se maintient, le service est toujours discret et efficace, le décor élégant et lumineux plaît encore à l'œil et l'addition demeure raisonnable. Quant au menu, il évolue au gré des saisons, des trouvailles quotidiennes du chef, tout en conservant une série de classiques indémodables (magret de canard en croûte de sel, souris de veau braisée au laurier, saumon boucané et pétoncles bardés de prosciutto, par exemple) ainsi que quelques entrées dignes de mention, dont ces excellents raviolis géants aux crevettes de Matane. Un conseil: réservez parce que l'endroit est toujours bondé, au lunch comme en soirée; les tables de cette qualité sont rares dans le quartier.

Village

PICA PICA

(Amérique latine + Antilles)

1310, boulevard De Maisonneuve Est

514 658-2874

★★ cuisine
★★★ service
★★★ décor

M**40 $** S**80 $**

réservation / max. de personnes   35

Le Pica pica est extrêmement convivial et festif. Le long bar, l'éclairage tamisé, l'ambiance lounge, l'immense terrasse, tout ici contribue à faire de ce restaurant l'endroit idéal pour les petites ou grandes occasions entre amis. En plus de son service attentionné et de ses délicieux cocktails – mojitos aux saveurs variées et autres boissons originales avec jus d'hibiscus –, le restaurant fait la part belle aux tapas, aux ceviches et aux viandes grillées. Les inspirations culinaires sont d'ailleurs aussi diversifiées que le nombre de plats, passant de la cuisine espagnole à la cuisine cajun ou française. À essayer absolument: les gambas bravas, une spécialité de la maison!

Montréal

GR

Village

CHIPOTLE & JALAPEÑO

(Amérique latine + Antilles)

1481, rue Amherst

514 504-9015

★★★ cuisine
★★ service
★★ décor

 M**20**$ S**40**$

réservation / max. de personnes   20

À la fois restaurant, comptoir et mini-épicerie, ce sympathique local, réparti sur deux petits étages, offre une cuisine réconfortante, très proche de ce que l'on déguste réellement au Mexique. Une soupe de tortillas très savoureuse, un mole poblano bien parfumé et un gâteau tres leches des plus réussis jalonnent une courte carte de plats authentiquement mexicains à prix doux. Le restaurant ne sert pas de vin, mais tient néanmoins quelques bières. Le service, bien qu'un peu hésitant, est réalisé avec beaucoup de gentillesse. Enfin, une rareté à Montréal: la section mini-épicerie du restaurant vend deux fromages mexicains très prisés, le panela et l'Oaxaca. À se procurer pour la prochaine boustifaille exotique à la maison!

Village

BE BAP

(Extrême Orient)

1429, rue Amherst

514 524-7878

★★ cuisine
★★ service
★★★ décor

🍴 **EP** M**30$** S**40$**

réservation / max. de personnes   20

Ce comptoir à riz familial affiche un air pimpant avec son mur et ses baguettes vert tonique, ses chaises moulées en acrylique transparent, ses lustres à breloques et la cuisine ouverte sur les va-et-vient du chef-propriétaire Jung-Kwon Seo, de sa mère et de sa tante. C'est l'endroit idéal pour déguster les spécialités coréennes que sont le bibimbap (un grand bol de pierre chaude rempli de riz, de viandes, de légumes et surmonté d'un œuf frit) et le bulgogi (des morceaux de bœuf grillés). On y sert aussi des soupes-repas, des grillades, des sautés et un excellent kimchi, du chou nappa lacto-fermenté. Le midi, vous pouvez choisir entre du riz multigrain, infusé au thé vert ou parfumé au jasmin. En tout temps, on peut emporter des plats chez soi.

Village

ÉLLA-GRILL

(Grèce)

1237, rue Amherst

514 523-5553

★★ cuisine
★★ service
★★★ décor

M _ S**60$**

réservation / max. de personnes   20

Petit restaurant tout blanc niché au cœur du Village, le Élla-Grill s'est donné pour mission d'offrir une cuisine grecque de qualité à prix très abordable. On y propose toutes sortes de grillades et salades méditerranéennes, mais les poissons et le poulet y sont parti-culièrement à l'honneur. Si les produits sont de qualité, les portions s'avèrent souvent timides et les accompagnements (servis à part et que l'on partage), un peu décevants, comme ces fèves de Lima, tomates et aneth qui annihilent les saveurs délicates des grillades. Les desserts manquent un peu de tonus. Le restaurant attire toutefois une clientèle nombreuse qui vient pour un repas ou simplement pour grignoter quelques-uns des nombreux hors-d'œuvre proposés, accompagnés d'un verre de vin, pour une belle soirée à prix effectivement raisonnable.

Village

MIYAKO

(Japon)

1439, rue Amherst

514 521-5329

★★★ cuisine
★★ service
★★ décor

☂ **EP** M**30$** S**60$**

réservation / max. de personnes   20

Si la façade du Miyako peut facilement passer inaperçue, les sushis valent la peine qu'on s'arrête dans ce petit restaurant japonais sans prétention situé dans le Village. À l'intérieur, le décor est un peu défraîchi (préférez l'intimité des tatamis à la salle) et le service, épars mais sympathique. Peu importe, c'est la qualité du poisson frais et l'excellent rapport qualité-prix qui retiennent l'attention et vous feront revenir. On se laisse tenter par les sashimis, rouleaux ou cornets et par les diverses spécialités, dont le rouleau Enfer, délicieux avec ses pétoncles grillés légèrement pimentés. En entrée, les gyozas sont fabuleux et, pour ceux qui n'ont pas envie de cru, le teriyaki de bœuf fait bonne impression. Un seul vin au verre (rouge ou blanc).

Village

PHÓ 21

(Vietnam)

1454, rue Amherst

514 286-4334

★★ cuisine
★★★ service
★★ décor

M **20 $** S **40 $**

réservation / max. de personnes   60

On se sent tout de suite chez soi dans cette salle à manger simple aux tons doux et à l'éclairage tamisé. Impression que vient d'ailleurs prolonger la possibilité d'y déboucher sa propre bouteille. Ce sont surtout les soupes fumantes et bien aromatisées, servies dans de beaux gros bols carrés, qu'il faut goûter. La tum yum, qui, avec le pad thaï, emprunte à la gastronomie thaïlandaise, est particulièrement savoureuse avec ses morceaux de poulet marinés et grillés. Autre attrait de l'endroit: l'accueil et le service absolument irréprochables. Ayant sincèrement à cœur le bonheur de la tablée, le patron n'hésite pas à pimenter le repas d'informations sur la cuisine vietnamienne, toujours avec déférence. C'est ce qui fait qu'on ressort de l'endroit ravi, malgré quelques fausses notes culinaires.

Ville Mont-Royal

MAHJONGG BISTRO DE CHINE

(Chine)

7655, boulevard Décarie

514 735-8868

★★★★ cuisine
★★★ service
★★★★ décor

M **30 $** S **80 $**

réservation / max. de personnes   25

Situé dans le complexe de l'hôtel Ruby Foo's, le Mahjongg a été bâti sur l'emplacement du fameux restaurant du même nom, aujourd'hui disparu. Perpétuant la tradition, le chic établissement au look élégant et au service discret propose des plats sino-canadiens qui ont fait la renommée du Ruby Foo's: soupe won-ton, côtes levées à l'ail, chow mein, en plus de plats inspirés de la cuisine chinoise moderne comme le poisson aigre-doux ou le poulet aux noix. Le secret, ici, est dans l'exécution et la fraîcheur des aliments; il suffit de plonger ses rouleaux impériaux au poulet, parfaitement croustillants, dans les délicieuses sauces maison aux cerises et aux prunes pour se rendre compte que le Mahjongg est à des lieues du traditionnel buffet chinois. Et c'est tant mieux!

Ville Mont-Royal

SIRÈNE DE LA MER (LA)

(Moyen-Orient)

114, rue Dresden

514 345-0345

★★ cuisine
★★★ service
★★★ décor

M **70 $** S **100 $**

réservation / max. de personnes   30

Comme ce restaurant abrite une petite poissonnerie, pas surprenant que la majorité du menu propose des produits frais de la mer. L'offre se décline en grillades diverses dont du bar chilien sur planche de cèdre, du thon en croûte d'épices, du saumon de l'Atlantique, de la pieuvre et des calmars. On a pensé aux carnivores qui se tourneront vers le carré d'agneau ou le rib steak. Et comme l'endroit est libanais, les entrées et les desserts le sont également. On trouvera donc un assortiment de salades méditerranéennes comme du taboulé, du baba ghanouj, de l'houmous et du foul medammas. La carte des desserts comprend des atayefs et des halawats. Les serveurs, ultragentils et efficaces, s'affairent autour de grandes tablées familiales.

DAOU

(Moyen-Orient)

2373, boulevard Marcel-Laurin

514 334-1199

★★★ cuisine
★★★ service
★★★ décor

🌂 **EP** M**30$** S**60$**

réservation / max. de personnes 50

Daou est probablement le restaurant de fine cuisine libanaise le plus connu à Montréal. Et avec raison, car on est ici bien loin des comptoirs de restauration rapide où l'on ne sert que shish taouks et falafels! Tout est frais, bon, savoureux, chaud et réconfortant. Qu'on en pince pour le houmous aux noix de pin, la salade fattouche bien citronnée ou l'incomparable tartare de viande (kebbé nayé), un petit détour chez Daou transporte directement les fins palais au pays des cèdres. Avec son décor quelque peu vieillot, sa salle à manger d'une propreté exemplaire, ses excellents vins libanais, sa cuisine de qualité et son service plus qu'affable, vous direz mille fois merci à la vie... ou tout simplement, comme les Libanais, *chukran*! Autre adresse au 519, rue Faillon Est, à Montréal.

Ville-Marie

CAFÉ DE L'USINE

(Amérique du Nord)

1901, rue de la Visitation

514 521-6002

★★ cuisine
★★★ service
★★★★ décor

🌂 M**30$** S**65$**

réservation / max. de personnes 30

Que ce soit pour un petit en-cas avant ou après le théâtre ou tout simplement pour casser dignement la croûte dans un décor résolument moderne, ce bistro satisfera les palais de tout un chacun: grignotines, table d'hôte très complète, plats à la carte de viande, de pâtes ou de poisson, desserts minimalistes; il y a là amplement de quoi passer un agréable repas, même si côté service, on dénote un certain manque de tonus en dépit de la grande courtoisie du personnel. Le traiteur Olive Orange dirige désormais les opérations en cuisine et réussit à surprendre à quelques égards, bien que certaines imprécisions jettent un peu d'ombre sur une cuisine qui demeure somme toute classique et modeste. Le lieu parfait pour les fringales entre le premier et le second acte!

Ville-Marie

CHEZ MA GROSSE TRUIE CHÉRIE

(Amérique du Nord)

1801, rue Ontario Est

514 522-8784

CRÉATIFS
DE L'ÉRABLE.ca

★★★ cuisine
★★ service
★★★★ décor

🌂 **EP** M _ S**110$**

réservation / max. de personnes 100

Le nom de ce resto situé à l'angle des rues Ontario et Papineau fait autant jaser que son enseigne géante, représentant la fameuse truie. À l'intérieur, le décor rétro-futuriste en met plein la vue avec ses murs de métal argenté, son plafond haut orné de globes de lampadaires antiques récupérés à Hydro-Québec et ses tables géantes (n'y cherchez pas une table pour deux, sauf en terrasse) réalisées à partir d'anciennes pistes de bowling. On y vient de préférence pour faire la fête en gang plutôt que pour un souper romantique, d'ailleurs il y règne souvent un joyeux vacarme. Le menu, avec ses plateaux de fruits de mer et ses entrées et plats à partager (belles pièces de viande et fruits de mer en sauce), semble d'ailleurs principalement conçu pour les groupes. La cuisine privilégie les ingrédients locaux. Mention spéciale pour les desserts dont les sorbets maison, exquis.

Montréal

Ville-Marie

GRAIN DE SEL (LE)

(Amérique du Nord)

2375, rue Sainte-Catherine Est

514 522-5105

★★★★ cuisine
★★★★ service
★★★ décor

M **45 $** S **90 $**

réservation / max. de personnes   25

Même en cherchant bien fort, on ne trouvera pas grand-chose à redire au sujet de ce superbe bistro de quartier qui offre une cuisine quasi impeccable, soignée sans être précieuse, goûteuse sans sacrifier à l'élégance. Les deux jeunes proprios mettent d'ailleurs tout leur cœur dans votre assiette et ça se sent: bons fournisseurs, beaux produits, service professionnel et attentif, belle carte de vins importés (à prix raisonnables) et quelques spécialités mémorables, dont plusieurs plats de boudin (au chocolat ou en version surf & turf!), un fish & chips divin ou encore ce Paris-Brest carrément décadent. Mais il y en a aussi pour tous — araignée de veau de lait, bison, échine de porc fumée, morue charbonnière, etc. — et la maison varie régulièrement le menu en fonction des produits saisonnniers. Bref, même si Le Grain de sel se trouve dans un coin un peu tristounet d'un quartier... un peu tristounet, l'expérience vaut largement le détour (de plus, il n'y a aucun problème de stationnement...).

Ville-Marie

GUADALUPE MEXICAINE (LA)

(Amérique latine + Antilles)

2345, rue Ontario Est

514 523-3262

★★ cuisine
★ service
★★★ décor

M **30 $** S **60 $**

réservation / max. de personnes   60

Avec sa décoration un brin surannée et ses redoutables margaritas de la *casa*, ce restaurant mexicain sera un véritable baume pour l'âme des plus nordiques d'entre vous. Le service peut être lent et on oublie même parfois des éléments de votre commande, mais le sourire des propriétaires et la qualité des plats ont tôt fait de susciter la tolérance à l'égard de ces légers irritants. Nachos et sauces piquantes de toutes les couleurs, soupe de tortillas, chiles rellenos, salade de cactus et enchiladas sauce mole, tout est fait avec un grand souci d'authenticité... et on est presque assuré de repartir avec un plat à emporter tant les portions sont gigantesques! C'est convivial, franchement chaleureux, et tout ce qu'il y a de plus mexicain à Montréal.

Ville-Marie

GRILL BARROSO (LE)

(Espagne + Portugal)

1480, rue Ontario Est

514 521-2221

★★ cuisine
★★ service
★★★ décor

M **35 $** S **50 $**

réservation / max. de personnes   72

Cette churrascaria portugaise est depuis longtemps implantée dans le quartier. Le gril au charbon de bois, les pompes à bière, l'écran de télé qui diffuse des matchs sportifs et les napperons-menus en papier confèrent à l'endroit une atmosphère décontractée de grande brasserie. Dans les assiettes, défilent les classiques du Portugal: poulet grillé, bitoque, sardines, pieuvre, crevettes, chouriço, foie de veau, croquettes de bacalhau (morue) et, en dessert, des pastéis de nata nature ou flambés. Il y a aussi des salades-repas et des sandwichs. Ce resto est recommandé si l'on se trouve dans le coin et qu'on recherche une table sans fla-fla. Quatre adresses: deux à Montréal, une à Repentigny et une autre à Lachine.

Ville-Marie

BISTRO SUR LA RIVIÈRE

(France)

2263, rue Larivière

514 524-8108

★★★ cuisine
★★ service
★★ décor

M **40$** S **40$**

réservation / max. de personnes 30

Le sympathique estaminet est connu des dîneurs du quartier (ex-Faubourg à m'lasse), qui viennent y déguster un des plats du jour, une salade composée ou un croque, sur le pouce. Le chef-proprio s'affaire dans la cuisine ouverte derrière le comptoir, où il surveille entre autres la cuisson de sa (fameuse) bavette. Personne ne tarit d'éloges à propos des frites qui accompagnent la juteuse pièce de viande ou les sandwichs. Alors que l'ardoise change tous les jours, l'excellent gâteau aux carottes, lui, est toujours au rendez-vous, pour le plus grand plaisir des habitués.

Ville-Marie

PETIT BISTRO (LE)

(France)

1550, rue Fullum

514 524-4442

★★★ cuisine
★★★ service
★★★ décor

🛢️ ☂️ **EP** M **65$** S **80$**

réservation / max. de personnes 50

Caché dans un coin tranquille de la ville, ce restaurant demeure un secret bien gardé, sauf pour les professionnels du quartier qui savent qu'ils seront servis rapidement et avec le sourire. Ainsi, le lieu s'anime surtout les midis de semaine. Dans un cadre chaleureux, on nous convie à une expérience typique des bistros français: au menu, annoncé sur de grandes ardoises, figurent des plats exécutés avec savoir-faire (salade de chèvre chaud, cavette, confit de canard, cassoulet). Le tartare de bœuf relevé avec justesse est préparé selon la tradition, soit devant nos yeux. À noter que quelques plats de poissons et de fruits de mer sont offerts. Au moment du dessert, la maison suit toujours la ligne classique avec des profiteroles, un fondant au chocolat et une crème brûlée, tous délicieux.

Ville-Marie

PETIT EXTRA (AU)

(France)

1690, rue Ontario Est

514 527-5552

★★★ cuisine
★★★ service
★★★ décor

🛢️ **EP** M **40$** S **80$**

réservation / max. de personnes 60

Ayant gagné la fidélité d'une importante clientèle d'affaires qui s'y donne rendez-vous les midis de semaine, cet élégant établissement attire, le soir venu, une horde de couples, de familles avec de très jeunes ou de grands enfants et de groupes de collègues ou amis. À quoi peut-on attribuer cette popularité? Au climat agréable, ni guindé ni trop décontracté, certes, mais surtout à la carte typiquement bistro (bavette, confit de canard, ris de veau, cuisse de lapin braisée), qui sait aussi nous surprendre en s'écartant tout doucement des sentiers battus par la proposition, par exemple, d'un ceviche de pétoncles baignant dans une purée de melon d'eau ou encore de calmars poêlés accompagnés d'une salsa d'orange. Une cuisine qui trouve son équilibre entre raffinement et réconfort.

Ville-Marie

RESTAURANT CARTE BLANCHE

(France)

1159, rue Ontario Est

514 313-8019

CRÉATIFS
DE L'ÉRABLE.ca

★★★★	cuisine
★★★★	service
★★★★	décor

M _ S**100$**

réservation / max. de personnes 55

À cette adresse qui détonne un peu rue Ontario, la salle à manger, doublée d'un coin bar, offre un décor résolument contemporain. Au grand tableau noir, le classique confit de canard voisine avec le pavé de loup-marin, signe qu'on ose ici, y compris avec une solide option végétarienne! Les amateurs de truffe seront aussi comblés car la carte exhale des effluves de ce champignon «magique» en cuisine... Du tartare de saumon bien épicé au foie gras délicat, des profiteroles au moelleux au chocolat, en passant par les ris de veau ou le sanglier, on va de surprise en surprise gustative jusqu'à la fin. Ne ratez pas l'assiette gourmande et délicieuse des desserts, surtout chocolatés, facile à partager!

Ville-Marie

TABLÉE VIN

(France)

1385, rue Ontario Est

514 750-5735

★★★ cuisine
★★ service
★★★ décor

M **60 $** S **90 $**

réservation / max. de personnes 110

Comme la plupart des «apportez votre vin», le Tablée vin trouve son inspiration dans le registre gastronomique français. La carte propose les classiques cuisses de canard confites, ris de veau, rognons, carré d'agneau et filet mignon, nappés de leurs sauces respectives et accompagnés de quelques légumes grillés. Le chef-proprio Louis Legault (il possède aussi Les Infidèles) se fait cependant un point d'honneur de mettre en valeur les produits du terroir québécois. Le midi, pizzas cuites au four à bois et pasta sont également servies. Au centre de la salle à manger spacieuse et élégante, un escalier en colimaçon surmonté d'un lustre glamour mène à une salle pouvant accueillir une soixantaine de convives. Bon point: un seul service par soir.

Ville-Marie

LALLOUZ

(Moyen-Orient)

1327, rue Sainte-Catherine Est

514 507-7371

★★★ cuisine
★★ service
★★ décor

M **25 $** S **40 $**

réservation / max. de personnes 60

À la kébaberie Lallouz, le typique sandwich du Moyen-Orient reprend ses lettres de noblesse. Les brochettes grillées avec soin fleurent bon les épices, tout comme les petites salades à partager servies en entrée. Classiques houmous ou baba ghanouj, mais aussi fines tranches de carottes au cumin, olives marinées, betteraves ou divine salade cuite de tomates, poivrons et ail grillés. En soirée, les belles côtelettes d'agneau, juteuses, rosées sont servies avec d'excellentes frites aux herbes et une mayonnaise relevée à l'harissa. Les desserts changent tous les jours, au gré de l'humeur du chef. Un beau menu qui s'accompagne d'une limonade fraîche, d'une bière ou d'un verre de vin. Simple et efficace!

Ville-Marie

PHÓ VIET

(Vietnam)

1663, rue Amherst

514 522-4116

★★ cuisine
★★★ service
★★ décor

M **20 $** S **40 $**

réservation / max. de personnes 40

Malgré son nom, le Phó Viet ne sert pas que des soupes tonkinoises. Il y en a, bien sûr, mais elles ne constituent pas l'ensemble du menu. Outre les classiques combinaisons, on retrouve des viandes et des fruits de mer sautés ou grillés – bœuf, poulet, crevettes –, servis avec du riz ou des vermicelles. À la carte, quelques spécialités dont une soupe cochinchinoise, un poisson grillé à la tonkinoise, une fondue vietnamienne et un sizzling impérial (plaque de fonte très chaude sur laquelle grésillent viande et légumes). Avec ses cuillères orange pop et ses verres de plastique lime, le restaurant affiche un petit côté bon enfant qui plaît aux résidents du quartier, attirés par la fraîcheur des aliments et les prix doux. Argent comptant seulement.

Villeray

TANDEM

(Amérique du Nord)

586, rue Villeray

514 277-3339

★★★ cuisine
★★★ service
★★★ décor

 M _ S**80$**

réservation / max. de personnes 12

Un duo de choc pour un resto chic: les deux copropriétaires du Tandem ont créé un adorable resto. La déco sobre, très zen, est rehaussée de tons orange vif et... d'un mur noir en guise d'ardoise. Au menu: cuisine française et ingrédients locaux. On reconnaît immédiatement cette cuisine bistro alignant tartare, escargots, bavette, morue, magret de canard et médaillon de cerf de Boileau. Des valeurs sûres peut-être, mais une cuisine surtout bien ficelée, dotée d'un charmant accent du Sud. Bref, un restaurant de quartier comme on les aime, au service généreux et amical, à l'ambiance détendue et à la cuisine soignée sans être compliquée.

Villeray

BOUCHON DE LIÈGE (LE)

(Amérique du Nord)

8497, rue Saint-Dominique

514 807-0033

★ ★ ★ cuisine
★ ★ ★ ★ service
★ ★ ★ décor

M **40 $** S **85 $**

réservation / max. de personnes   40

Le Bouchon de Liège a quelque peu changé. Après avoir voulu proposer une carte des vins très garnie, le propriétaire a décidé de transformer son établissement en «apportez votre vin». Pour le plaisir des clients, ce changement n'aura de conséquences que sur l'addition, car la qualité est toujours au rendez-vous et le service est très attentionné. Ce petit établissement de quartier propose une carte relativement courte qui se décline au fil des saisons dans un registre de cuisine française classique. Ainsi s'y retrouvent des plats comme le foie gras de canard au torchon, un tartare ou encore un bœuf Rossini. Les mets sont parfaitement exécutés et les assiettes, bien présentées. Les desserts valent également le détour pour ceux qui trouveraient encore une petite place dans leur estomac.

Villeray

COIN G (LE)

(Amérique du Nord)

8297, rue Saint-Dominique

514 388-1914

★ ★ cuisine
★ ★ service
★ ★ décor

M **30 $** S **60 $**

réservation / max. de personnes   20

Le Coin G, c'est la version bouffe réconfort du bistro de quartier. Beaucoup de lumière, un décor coquet, une clientèle d'habitués, un joli menu sans prétention mais soigné et réfléchi, et en cuisine, une équipe bien rodée, qui a compris ce qu'il faut mettre sous la dent du client pour qu'il se sente comme à la maison, ou presque. Des burgers tout chauds, bien sûr, déclinés en plusieurs versions, une bavette juteuse, un ou deux poissons, quelques pâtes, des entrées simples mais bien tournées, plusieurs salades-repas et trois ou quatre desserts, dont cette pointe de tarte au sucre dont le moelleux quasi décadent vous restera un bon moment en mémoire... De plus, le service est à l'avenant, sympathique, discret et efficace. Bref, on aimerait bien avoir une adresse comme ça à tous les coins de rue.

Villeray

CABAÑAS

(Amérique latine + Antilles)

1453, rue Bélanger

514 725-7208

★ ★ cuisine
★ ★ service
★ ★ décor

M **30 $** S **30 $**

réservation / max. de personnes   40

Avis aux amateurs: les pupusas, galettes de maïs farcies servies avec du chou mariné et une sauce tomate, sont ici savoureuses. À part ce plat, ce convivial resto familial propose d'autres spécialités salvadoriennes bourratives, comme le macho cansado (traducti libre: mâle épuisé!), une revigorante assiette de porc haché accompagné d'une é banane plantain grillée. On y trouve aussi un amalgame des saveurs d'Amérique un ceviche par ici, des enchiladas mexicaines par là, du poulet frit et des viand le tout escorté de riz et de fèves noires. C'est généreux, sans prétention, nos voisins de table papoter dans la langue de Cervantes, on se sent douc

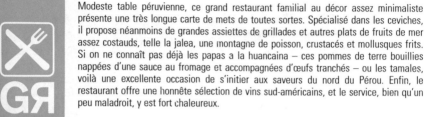

Villeray

ECHE PA ECHARLE

(Amérique latine + Antilles)

7216, rue Saint-Hubert

514 276-3243

★★ cuisine
★★ service
★ décor

M **35 $** S **65 $**

réservation / max. de personnes 100

Modeste table péruvienne, ce grand restaurant familial au décor assez minimaliste présente une très longue carte de mets de toutes sortes. Spécialisé dans les ceviches, il propose néanmoins de grandes assiettes de grillades et autres plats de fruits de mer assez costauds, telle la jalea, une montagne de poisson, crustacés et mollusques frits. Si on ne connaît pas déjà les papas a la huancaina — ces pommes de terre bouillies nappées d'une sauce au fromage et accompagnées d'œufs tranchés — ou les tamales, voilà une excellente occasion de s'initier aux saveurs du nord du Pérou. Enfin, le restaurant offre une honnête sélection de vins sud-américains, et le service, bien qu'un peu maladroit, y est fort chaleureux.

Villeray

PETIT COIN DU MEXIQUE (LE)

(Amérique latine + Antilles)

2474, rue Jean-Talon Est

514 374-7448

★★★ cuisine
★★★ service
★★★ décor

M **20 $** S **50 $**

réservation / max. de personnes 60

Agréable havre gastronomique, ce restaurant, bien que modeste, propose des plats très bien exécutés et imprégnés des plus authentiques saveurs du Mexique. Côté ambiance, le décor a été rafraîchi et on peut désormais y apprécier la chaleur des murs peints en jaune et en rouge, tout comme la chaleur du service, bien que ce dernier soit parfois expéditif. Délicieux tacos al pastor, tamales verde très réussis, sopa de tortilla parfumée, le restaurant offre des plats tous plus alléchants les uns que les autres, notamment des quesadillas farcies au fromage et aux champignons huitlacoche, sorte de truffes poussant sur le maïs, un délice beaucoup trop rare dans les menus des restaurants mexicains de Montréal. Un vrai petit coin de pur bonheur!

Villeray

RESTAURANT MELCHORITA

(Amérique latine + Antilles)

7901, rue Saint-Dominique

514 382-2129

★★ cuisine
★★ service
★ décor

M **45 $** S **45 $**

réservation / max. de personnes 50

Ne laissez pas le décor sans charme du Melchorita (où un écran de télévision est le principal point d'attraction) vous débouter. Car l'intérêt de ce minuscule restaurant réside d'abord dans sa cuisine péruvienne authentique, ses portions copieuses et ses prix très accessibles. Dans un français rudimentaire racheté par une charmante gentillesse, personnel vous guidera quant aux plats à choisir. Les fruits de mer et poissons servis che ou frits trouvent une place d'honneur dans le menu et se révèlent des options amment la gargantuesque jalea especial. En entrée, les empañadas volent la enu affiche une longue liste de jus exotiques qui n'étaient malheureusement de notre passage. Petits-déjeuners à découvrir!

Villeray

TAPEO
(Espagne + Portugal)

511, rue Villeray

514 495-1999

★★★ cuisine
★★★ service
★★★ décor

 EP M**35**$ S**100**$

réservation / max. de personnes 18

Grand et mérité succès pour cet établissement bondé même durant la semaine, fréquenté par une clientèle jeune et animée, qui propose des tapas renouvelées sous l'impulsion de la talentueuse chef Marie-Fleur St-Pierre. La salle moderne est divisée en deux parti~ dont l'une permet à un groupe plus nombreux de manger autour d'une seule grande ~ Sur le mur noir, le menu composé de petits plats, froids ou chauds, à partager e~ à la craie. Les classiques espagnols tels que tortilla, serrano, paella, choriz~ bravas côtoient des plats revisités comme la poêlée de champignons, le~ lardons ou la morue à l'artichaut et à l'huile de truffe. Côté desserts part belle avec la crème catalane. Le sommelier est de très bon co~ clients dans la carte des vins qui sont en grande partie d'impor~

Villeray

RESTAURANT PER TE
(Italie)
371, rue Guizot Est
514 389-3000

★★ cuisine
★★★ service
★★★ décor

M 60$ S 100$

réservation / max. de personnes   50

Le Per Te («pour toi» en italien) fait partie des restos de quartier qui poursuivent leur petit bonhomme de chemin sans faire de vagues. Le lieu est divisé en deux petites salles à manger intimes et confortables, décorées comme des salons et propices aux confidences. Le menu est quant à lui des plus classiques: pâtes, escalope de veau al limone, foie de veau aux poires et marsala, filet mignon aux quatre poivres, langoustes grillées et prosecco, carré d'agneau grillé au romarin, ragoût de lapin. En dessert, il faut à tout prix essayer la délicieuse torta caprese. L'accueil et le service sont assurés avec discrétion par le propriétaire, M. Luigi de Rose, que l'on adopterait volontiers comme ami tellement il est gentil et prévenant.

Villeray

PHÓ TRÀ VINH
(Vietnam)
7087, rue Saint-Denis
514 272-9883

★★★ cuisine
★★★ service
★★ décor

M 20$ S 25$

réservation / max. de personnes   20

La communauté vietnamienne du quartier s'y rassemble pour déguster une soupe tonkinoise, spécialité de la maison. Au nombre de 24, elles peuvent être au bœuf saignant, flanc cuit, tripes et tendons, ou encore au porc BBQ et crevettes ou tout simplement aux légumes. Servies en trois formats, elles sont accompagnées de feuilles de coriandre et de menthe fraîches et de germes de soja que l'on ajoute au bouillon à volonté. Le menu affiche aussi des viandes grillées servies sur riz, des viandes sautées servies avec vermicelles, et évidemment les combinaisons. Rigolos, les desserts consistent en des coupes de lait de coco dans lequel baignent des litchis, du tapioca ou des fèves rouges. Service prompt et prix doux.

Villeray

PHO TRÀNG AN
(Vietnam)
7259, rue Saint-Denis
514 272-9992

★★ cuisine
★★ service
★★ décor

M 20$ S 35$

réservation / max. de personnes   15

petit restaurant «apportez votre vin» attire autant les étudiants que les familles du
ier Villeray, venus manger sur place ou prendre des plats à emporter. Dans une
simple et conviviale, il est possible d'y manger des spécialités de l'Asie du Sud-
se retrouvent ainsi les plats typiques de ce genre d'établissement: bonnes
ises agrémentées de divers ingrédients, rafraîchissants rouleaux de
tillants rouleaux impériaux. Les combinaisons de viandes et poissons
de vermicelles sont aussi une bonne option. Quelques spécialités
constituent pas les meilleures propositions sur la carte. Côté
dra se rabattre sur une banane, une pomme ou un morceau
beignets.

BISTRO ON THE AVENUE

(Amérique du Nord)

1362, avenue Greene

514 939-6451

★★★ cuisine
★★★ service
★★★ décor

M**50**$ S**80**$

réservation / max. de personnes 40

Le Bistro on the Avenue est la version westmountaise d'un bistro parisien. On prend place sur une banquette dans une atmosphère feutrée, puis un aimable garçon en chemise blanche nous propose de découvrir le menu: des plats portant la marque d'une cuisine française américanisée. Un confit de canard, par exemple, ou même une salade de champignons portobello, un burger bistro maison ou une côte de bœuf braisée au cabernet. Des mets qui réconfortent et témoignent d'une maîtrise évidente aux fourneaux.

Westmount

TAVERNE SUR LE SQUARE (LA)

(Amérique du Nord)

1, Westmount Square

514 989-9779

★★★ cuisine
★★★ service
★★★ décor

M**65**$ S**100**$

réservation / max. de personnes 12

La taverne fait place ici à une jolie salle où se croisent les gens d'affaires le midi, les groupes d'amis et les familles le soir, dans ce beau coin attenant à un centre commercial. On y mange des plats réconfortants en portions généreuses: calmars frits, burgers, pâtes dont un fameux plat de macaronis à la crème et fromages canadiens qui comblerait l'appétit même d'un ogre en pleine crise d'adolescence. Grâce au service très à l'écoute et qui a à cœur de satisfaire chaque client, on oublie vite les quelques petites imperfections détectées ici et là en cuisine. Côté desserts, soufflé au citron et gâteau au chocolat sont tout aussi généreux. À essayer.

Westmount

PAVILLON (LE)

(France)

2000, chemin Remembrance

514 849-2002

★★ cuisine
★★★ service
★★★★ décor

 M**35**$ S**65**$

réservation / max. de personnes 40

Niché tout en haut du mont Royal, aux abords du lac aux Castors, cet établissement peut se targuer d'être l'un des restaurants montréalais offrant le plus beau paysage à sa clientèle. Cafétéria où l'on peut se sustenter à peu de frais le jour, les lieux se parent leurs plus beaux atours le soir venu et se transforment en élégant bistro. Une c· française simple (parfois trop simple, même) est à l'honneur: pavé de saumon, ba bœuf, tartares et pâtes composent l'essentiel de la carte, complétée par décadentes propositions sucrées. Si l'expérience gastronomique ne s'avère rable, il fait tout de même bon se poser ici après une journée de balade d ou encore de ski de fond ou de patin.

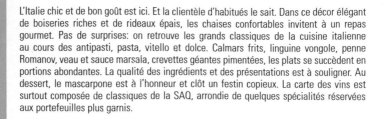

Montréal

Westmount

VAGO

(Italie)

1336, avenue Greene

514 846-1414

★★★ cuisine
★★★★ service
★★★ décor

M **40 $** S **90 $**

réservation / max. de personnes 20

L'Italie chic et de bon goût est ici. Et la clientèle d'habitués le sait. Dans ce décor élégant de boiseries riches et de rideaux épais, les chaises confortables invitent à un repas gourmet. Pas de surprises: on retrouve les grands classiques de la cuisine italienne au cours des antipasti, pasta, vitello et dolce. Calmars frits, linguine vongole, penne Romanov, veau et sauce marsala, crevettes géantes pimentées, les plats se succèdent en portions abondantes. La qualité des ingrédients et des présentations est à souligner. Au dessert, le mascarpone est à l'honneur et clôt un festin copieux. La carte des vins est surtout composée de classiques de la SAQ, arrondie de quelques spécialités réservées aux portefeuilles plus garnis.

Westmount

KAIZEN SUSHI BAR & RESTAURANT

(Japon)

4075, rue Sainte-Catherine Ouest

514 707-8744

★★★★ cuisine
★★ service
★★★★ décor

M **60 $** S **100 $**

réservation / max. de personnes 50

À peine entré dans ce temple de la cuisine japonaise, on est conquis par la salle à manger, tout en rotonde et tentures rouges, dégageant une chaleur que conforte l'ambiance jazz certains soirs. À l'arrière se trouve un plantureux comptoir à sushis. La présentation des plats est raffinée, mais le service manque un peu d'attention. Très diversifiée, la carte offre bien des spécialités, dont une délicieuse soupe aux fruits de mer, des huîtres, tempuras, sushis, sashimis, makis, ainsi que des plats principaux! À l'honneur, la morue noire d'Alaska et le bœuf Kobe dont la rareté n'a toutefois pas suffi à emporter notre adhésion. Indécis-audacieux? Optez les yeux fermés pour le menu gastronomique... mais attention aux généreuses portions!

Westmount

PARK

(Japon)

378, avenue Victoria

514 750-7534

★★★★ cuisine
★★★★ service
★★★ décor

M **70 $** S **120 $**

réservation / max. de personnes 8

Détenteur d'un permis d'importation privée de poissons, le chef-proprio Antonio Park fait venir de partout sur la planète la matière première qui lui sert à créer des sushis hors du commun. Assez courte, la carte offre un bibimbap, des sushis et sashimis, des côtes ...es et du bœuf Angus en version nippone. Il y a aussi le menu dégustation cinq ... dont le point d'orgue est un époustouflant plat de huit sushis, le plus intrigant ... vivaneau traité à l'acupuncture! Cette technique permet d'endormir le poisson ...er ses organes vitaux. Peu importe sa provenance, il est aussi frais que s'il ...êché. S'attabler au Park est une expérience réjouissante qui permet de ...ndre l'avion.

MONTÉR

Montérégie

HOSTELLERIE RIVE GAUCHE

(Amérique du Nord)

1810, boulevard Richelieu

450 467-4477

★★★★ cuisine
★★★★ service
★★★ décor

 M **50$** S **100$**

réservation / max. de personnes   40

On a droit ici à une expérience remarquable autant par l'accueil chaleureux, le service professionnel, le décor classique et soigné que le grand travail de recherche en cuisine. Le menu diversifié (agneau, veau, bœuf, cerf, poissons et canard) permet la découverte des producteurs locaux, dûment identifiés, et de leurs meilleurs produits. Le chef Jean-François Méthot et son équipe les travaillent avec grand soin. Les entrées sont remarquables, proposant des accords parfaits comme ce pétoncle et ce boudin noir aux pommes, échalote et vinaigrette. Les assiettes principales, quant à elles, sont d'un grand raffinement, offrant une déclinaison d'un produit ou le mariage de plusieurs, en plus d'accompagnements complexes. Les desserts sont divins et la carte des vins est délirante. À souligner, les jeunes enfants mangent gratuitement.

Belœil

CRÊPERIE DU VIEUX-BELŒIL (LA)

(France)

940, rue Richelieu

450 464-1726

★★ cuisine
★★★ service
★★★ décor

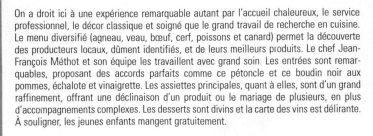 M **70$** S **70$**

réservation / max. de personnes   35

Si l'envie vous prend de manger une crêpe, il vous faut essayer cet établissement sis dans le Vieux-Belœil depuis plus de 20 ans. On tombe rapidement sous le charme de ce resto décoré à l'ancienne. Les crêpes de froment et de sarrasin, préparées sur de grandes plaques que l'on peut voir dès l'entrée, sont déclinées dans tout le menu, à l'exception des entrées. Celles-ci, dont le pâté de campagne et l'assiette de fromages, paraissent banales, mais s'avèrent savoureuses. Les crêpes sont présentées dans l'assiette sans distinction, mais cachent de généreuses garnitures parfois classiques comme la jambon-fromage, parfois un peu plus surprenantes comme la saucisse-fromage-compote de pommes. Il faut souligner les réjouissantes crêpes sucrées flambées.

Belœil

JOZÉPHIL (LE)

(France)

969, rue Richelieu

446-9751

★★★ cuisine
★★ service
★★★ décor

 M **50$** S **100$**

réservation / max. de personnes   45

...staurant bien situé au bord du Richelieu reçoit une clientèle friande de
...sique et travaillée. Le menu est bien élaboré et fait la part belle
...comme les abats, le foie gras, les poissons ou encore le tartare
...t la bisque de homard, savoureuse et à la texture onctueuse,
...onnelle, parfaitement poêlés et accompagnés d'un crous-
...e, sont à recommander.

Boucherville

LULU BISTRO

(Amérique du Nord)

1025-109, rue Lionel-Daunais

450 449-5885

★★★ cuisine
★★★ service
★★★ décor

M**50$** S**65$**

réservation / max. de personnes   40

Voici le genre d'établissement que l'on aimerait avoir dans son quartier! Un chouette bistro au look contemporain, où il fait aussi bon prendre un verre entre amis que souper en tête-à- tête ou en famille (les enfants ont droit à leur propre menu). On y sert une cuisine du marché et des classiques de la bistronomie généralement bien exécutés: poires poêlées au chèvre et prosciutto, tarte fine aux tomates et noix de pin, pavé de saumon et salsa de papaye-ananas, calmars frits, bavette, confit de canard. Tout un pan du menu est dédié aux 40 variétés de moules, qui sont présentées dans de jolies cocottes individuelles et servies, comme il se doit, avec des frites maison (que certains trouveront un peu molles par contre). Un endroit qui nous rappelle le plaisir d'être à table et qui met de la joie dans le quotidien.

Boucherville

TIRE-BOUCHON (LE)

(France)

141-K, boulevard de Mortagne

450 449-6112

CRÉATIFS
DE L'ÉRABLE.ca

★★★★ cuisine
★★★ service
★★★ décor

M**30$** S**80$**

réservation / max. de personnes   40

À Boucherville, où les bonnes adresses ne sont pas si nombreuses, Le Tire-bouchon est dans une classe à part. D'abord pour sa cuisine, d'inspiration bistro français métissée d'une touche maghrébine, qui à la fois séduit, réconforte et surprend la clientèle. Pastilla, briouate au chèvre, duo foie de veau et boudin noir, canard confit, tartares, steak-frites, joue de veau braisée, pavé de bar... la maison emprunte à droite et à gauche avec succès et chaque plat a son identité et sa propre signature. Mais également pour le service, efficace sans être empesé, sympathique sans prendre trop ses aises et qui fait tourner la salle rondement et avec bonheur. La clientèle un peu éclectique, qui rassemble autant les assidus que les familles, les jeunes couples que les moins jeunes couples, contribue à cette atmosphère détendue qu'on apprécie et que le décor, sobre et élégant, complète à merveille. À noter également: des prix raisonnables et une carte des vins qui ne manque pas de ressources.

Brossard

AUROCHS (L')

(Amérique du Nord)

9395, boulevard Leduc, local 5

450 445-1031

★★★ cuisine
★★★★ service
★★★★ décor

EP M**65$** S**110$**

réservation / max. de personnes   40

Les amateurs de steak seront ravis et rassasiés après une visite dans cet antre somptueux, en hommage à l'aurochs, bœuf sauvage légendaire. Ce steakhouse, dont le décor mar verre et boiseries, offre à la fois un espace bar, où l'on peut manger sur de hauts tabou et un espace plus intime aux larges fauteuils de cuir. Les steaks (du bœuf Angus seulement) sont goûteux, les cuissons, justes et les portions, gargantuesques. O différentes coupes, toujours servies avec des pommes de terre et un accompa choix. Il est possible aussi de déguster poissons ou fruits de mer ou encore d' version terre et mer. La sélection d'entrées est réjouissante et celles-exécutées. On mise sur des desserts légers, mais au goût exquis. Sur retrouve une belle sélection de bouteilles abordables.

Brossard

CUMULUS (LE)

(Amérique du Nord)

9330, boulevard Leduc

450 678-1038

 ★★ cuisine
★★ service
★★ décor

M **45 $** S **70 $**

réservation / max. de personnes 100

Situé dans le Quartier DIX30 à Brossard, Le Cumulus est un restaurant qui peut rappeler ces chaînes où le menu se déroule à l'infini: soupes, salades, pizzas, pâtes, grillades, burgers, menu pour enfants... Bref, c'est l'embarras du choix. En contemplant l'immense salle et sa décoration où trônent fausses colonnes, palmiers et autres fioritures, on se prend à craindre que la cuisine ne succombe aussi à cette surenchère rococo. Mais il n'en est rien; l'endroit tire son épingle du jeu en misant sur le fait maison, que ce soit pour la fondue parmesan ou ses «plats réconfort» (pâté au poulet, pain de viande, macaroni au fromage, etc.). En ajoutant le service convivial et prompt, il y a de quoi passer un agréable moment. Brunchs le dimanche.

Brossard

JARDIN DU SUD

(Chine)

8080, boulevard Taschereau

450 923-9233

★ cuisine
★ service
★ décor

EP M **15 $** S **25 $**

réservation / max. de personnes 80

Lieu de rencontre de la communauté chinoise de Brossard, Jardin du Sud propose une cuisine chinoise assez simple faite de soupes, nouilles, riz, servis avec divers accompagnements de viandes ou produits de la mer. Le menu, écrit en chinois, en anglais et dans un français très approximatif, ne donne pas beaucoup d'indications sur les plats, et les employés, bien que serviables, ne seront pas d'une grande aide, la plupart ne parlant pas français. Dans l'assiette, c'est inégal: certains mets manquent de saveur, d'autres sont plutôt réussis, comme le curry de bœuf. D'étranges sundaes (dont un avec des haricots rouges) font office de desserts. Tout cela dans une salle aux allures de cafétéria, en regardant la télé chinoise diffusée à plein volume. Dépaysement garanti! Aucun alcool offert.

Brossard

MAISON KAM FUNG BROSSARD (LA)

(Chine)

7209, boulevard Taschereau, local 111

450 462-7888

★★★ cuisine
★★ service
★★★ décor

M **30 $** S **50 $**

réservation / max. de personnes 500

Parmi la ribambelle de restaurants asiatiques à Brossard, le Kam Fung se démarque comme l'un des plus populaires. On ne s'y rend pas pour le décorum, car ce lieu ressemble ~~n~~ grand hall d'exposition bruyant et rempli de tables. Mais la qualité de la cuisine ainsi ~~l~~es portions généreuses des plats sont agréablement étonnantes. Parmi le très vaste ~~m~~enu, la traditionnelle soupe miso, mais aussi les dumplings de crevettes et les ~~p~~er sont à recommander. Ne pas louper non plus l'une des spécialités de la ~~m~~voir le canard rôti, que l'on mange sans faim tant il est tendre et bien ~~m~~midi, la formule dim sum (ces petits chariots proposant paniers de ~~m~~, beignets, plats en petites portions, raviolis) fait bien des adeptes. Le ~~m~~autre succursale à Montréal.

Brossard

MYSORE

(Inde)

8200, boulevard Taschereau, local 1270

450 904-0660

★★ cuisine
★★★ service
★★★ décor

M**30$** S**50$**

réservation / max. de personnes 100

Situé sur le boulevard Taschereau, le Mysore n'a rien pour attirer l'œil. Avec cette vue sur le parking, il vaut mieux se concentrer sur l'intérieur, chic et joliment décoré d'artefacts de la culture indienne. Le menu ressemble à ce que l'on trouve dans la plupart des restaurants indiens: suggestions pour une ou deux personnes, et un grand choix à la carte: soupe dal, samosas, bhajis, biryanis, currys, plats tandouri et le fameux poulet au beurre, annoncé comme la spécialité de l'endroit. Le résultat dans l'assiette est satisfaisant, mais les épices, si caractéristiques de la cuisine indienne, gagneraient à être plus affirmées, notamment dans les currys, un peu fades. Le service, quant à lui, est avenant, professionnel et discret.

Brossard

FONTANA (LA)

(Italie)

6000, boulevard de Rome, Quartier DIX30, local 230

450 656-7776

★★ cuisine
★ service
★★★★ décor

M**20$** S**65$**

réservation / max. de personnes 10

De la musique à plein volume propulsée par un DJ derrière sa console, un éclairage tamisé, des soirées dédiées aux dames où des tables d'hôte leur sont offertes gratuitement ainsi qu'une large sélection de cocktails et martinis... on se croirait ici dans un bar. Et puisque, de façon évidente, ce lieu du Quartier DIX30 mise gros sur l'ambiance (pour ceux qui apprécient le clinquant), nos attentes gastronomiques ne s'élèvent pas très haut, c'est pourquoi nous ne sommes pas déçus au moment de nous attaquer aux généreux plats de pâtes, aux paninis ou aux suggestions de la table d'hôte comme les escalopes de veau ou l'osso buco. Si la sélection d'entrées à partager s'avère plutôt séduisante, on craque surtout pour les gâteaux indécents et le comptoir à gelati.

Brossard

TOMATE BLANCHE (LA)

(Italie)

9385, boulevard Leduc, Quartier DIX30, local 10

450 445-1033

★★★★ cuisine
★★★ service
★★★★ décor

EP M**45$** S**120$**

réservation / max. de personnes 50

Du haut des escaliers de ce resto du Quartier DIX30 se dévoile une salle lumine... élégante au cellier imposant. La cuisine est typiquement italienne et se décli... table d'hôte qui met chaque mois en vedette les spécialités d'une région dif... botte et en un menu à la carte d'une grande variété. Parmi les entrée... fondantes et les croquettes de risotto sont rehaussées d'une sauce t... fraîcheur, le tartare de saumon est relevé avec originalité de pist... fins accompagnent plusieurs autres propositions. Pour la suite... figure avec son gâteau de risotto et sa sauce aux figues, o... les plats de pâtes, les escalopes ainsi que les belles p... produits de qualité finement présentés et assortis.

Brossard

NIJI

(Japon)

9385, boulevard Leduc, local 5

450 443-6454

★★★ cuisine
★★★ service
★★★★ décor

M **40 $** S **100 $**

réservation / max. de personnes 18

Ancré à la fois dans la tradition nippone et la modernité, le design, avec ses quelques touches de déco zen et son style raffiné et épuré, est agréable à l'œil. On vous y accueille avec beaucoup de courtoisie en salle, au long comptoir à sushis ou encore sur le tatami surélevé situé tout au fond du restaurant. Le menu, assez concis, propose entrées, salades et spécialités du chef, en plus de quelques plats de résistance, dont des grillades. Mais ce sont les sushis qui volent la vedette; réalisés dans les règles de l'art, ils sont d'une fraîcheur irréprochable. Excellent choix de sakés, dont certains sont offerts en trio dégustation pour une expérience 100 % nippone!

Brossard

SAO SAO

(Vietnam)

7209, boulevard Taschereau

450 443-2388

★★ cuisine
★★ service
★★ décor

M **25 $** S **35 $**

réservation / max. de personnes 40

Dans son décor rafraîchi, Sao Sao se tient loin du kitsch habituel des restaurants asiatiques, tout en proposant une cuisine vietnamienne authentique. On mise ici sur des plats simples, composés d'aliments frais, sans glutamate monosodique, il faut le souligner. Ce sympathique restaurant compte son lot d'habitués qui raffolent tout particulièrement des différents phos (soupes tonkinoises). Le menu présente également une variété de rouleaux, salades, sautés et grillades. Il faut découvrir les spécialités du chef, dont les brochettes de bœuf en feuille de bétel, au subtil parfum de citronnelle. Celles-ci sont accompagnées de feuilles de laitue fraîches servant traditionnellement à enrouler viande et vermicelles de riz, comme pourra vous l'indiquer le personnel heureux de partager ses us et coutumes.

Chambly

FOURQUET FOURCHETTE

(Amérique du Nord)

1887, avenue de Bourgogne

450 447-6370

★★★ cuisine
★★★ service
★★★★ décor

EP M **35 $** S **75 $**

réservation / max. de personnes 180

...our les sorties de groupe comme pour les soupers en tête-à-tête, ce restaurant ...é sur le fort et le bassin de Chambly exploite à plein la thématique Nouvelle- ...le décor de ses vastes salles à manger et les costumes de ses serveurs, mais ...nchant en cuisine pour les accents amérindiens. Son autre tendance est ...ts à la bière Unibroue. En entrée à partager, le pow-wow amérindien ... pour apprécier des charcuteries bien relevées. Orge, pousses de ...accompagnent un cerf bien juteux ou une truite estrienne... ...er du soleil, avec un troubadour qui passe entre les tables. ... plus.

Delson

COMO PIZZERIA

(Italie)

3, rue Principale Sud

450 635-6654

★★ cuisine
★★★ service
★★ décor

M**45**$ S**45**$

réservation / max. de personnes   10

Ce restaurant familial à l'ambiance animée est bien connu des gens du coin. On y propose un menu simple, composé essentiellement de pizzas, de sous-marins, de côtes levées, de poulet rôti et de quelques types de pâtes (offertes avec un choix de trois sauces). Nul besoin de plus puisque l'on va chez Como parce que les assiettes sont généreuses, les aliments, de qualité et les prix, abordables. Les serveurs fourmillent et offrent un service prompt et chaleureux. Une bonne adresse pour les repas en groupe ou en famille, ou si vous désirez vous rassasier à toute heure. Le restaurant dispose d'un service de livraison à l'horaire étendu et possède un autre établissement à La Prairie (577, boulevard Taschereau).

La Prairie

BOUQUET GARNI (AU)

(Amérique du Nord)

200, rue Sainte-Marie

450 444-7818

★★★ cuisine
★★★ service
★★★ décor

EP M**40**$ S**80**$

réservation / max. de personnes   10

Au sous-sol d'une des plus vieilles bâtisses de La Prairie, le Bouquet garni, qui bénéficie du même chef que l'excellent restaurant Au Vieux Fort, situé juste au-dessus, accueille avec beaucoup de soin les amoureux de fondues. Au fromage, à l'huile ou au bouillon, celles-ci se déclinent en une douzaine de variétés réussies et peuvent être dégustées à plusieurs comme seul, moyennant un petit supplément. Certaines d'entre elles sont d'ailleurs originales, comme la fondue au bleu stilton, servie avec des abricots secs et des morceaux de poires et de dattes, en plus du pain traditionnel. On peut aussi se gâter au dessert avec les fondues au chocolat blanc ou à l'érable.

La Prairie

CHEZ JULIEN

(France)

130, chemin Saint-Jean

450 659-1678

★★★ cuisine
★★★★ service
★★ décor

 EP M**70**$ S**110**$

réservation / max. de personnes   30

Le quartier historique de La Prairie offre une superbe toile de fond à cette bonne table compte son lot d'habitués. Il faut dire que le menu, d'inspiration française, est re aux deux semaines, démontrant le souci de recherche de l'équipe en cuisine, travailler autant avec les produits du Québec qu'avec les épices exotiques. prend soin de présenter le menu sur ardoise avec tous les détails qu'il f mettre en appétit. Les spécialités de la maison restent: le foie gras, le la la côte de veau de Charlevoix, le pavé de saumon ainsi que le carré siques sont toutefois réinterprétés constamment avec de nouvea épices ou sauces parfois un peu moins réussies.

La Prairie

VIEUX FORT (AU)

(France)

120, chemin de Saint-Jean

450 444-4346

★★★★ cuisine
★★★ service
★★★ décor

 M **40 $** S **75 $**

réservation / max. de personnes 100

On croirait le temps suspendu dans ce restaurant sis dans une magnifique maison historique. L'ambiance feutrée, les planchers qui craquent, l'odeur du bois, les épais murs de pierre invitent au calme et conviennent particulièrement bien aux soupers en tête-à-tête. Au Vieux Fort propose de nombreux classiques de la fine cuisine française et fait preuve d'une qualité toujours constante. Le menu est vaste et l'on souhaiterait que le sympathique serveur puisse un peu mieux nous guider. Le foie gras est réussi tout autant que le pain d'épice qui l'accompagne. Le filet de veau est cuit à la perfection et se révèle d'une grande tendreté. Les sauces sont veloutées et bien choisies autant pour le bison que la côte de bœuf, le chateaubriand ou le carré d'agneau. Dommage que l'on n'accorde pas autant d'attention aux légumes d'accompagnement. Au dessert, mieux vaut sortir de la table d'hôte pour choisir parmi les douceurs de la carte qui offre de belles et bonnes propositions.

Mont-Saint-Hilaire

CLAN CAMPBELL (LE) - MANOIR ROUVILLE-CAMPBELL

(France)

125, chemin des Patriotes Sud

450 446-6060

★★★ cuisine
★★★ service
★★★★ décor

 M **50 $** S **130 $**

réservation / max. de personnes 30

Le Manoir Rouville-Campbell a le charme d'une prestigieuse institution, et son emplacement au bord du Richelieu confère à l'endroit une beauté presque inégalée, qui donne envie de vivre une expérience gastronomique inoubliable. Quelques grandes réussites au menu, comme le potage érable et rutabaga, la morue charbonnière sur gnocchis tricolores de courge ou encore le filet de bœuf Angus à la sauce zinfandel, ont de quoi épater, mais quelques imprécisions dans les assaisonnements, la température des plats et le choix de certains accompagnements viennent un peu troubler la fête. Sinon, la grande qualité des bouteilles de vin impressionne et le service est très aimable, bien qu'un peu distrait par moments.

Saint-Bruno-de-Montarville

LOUIS XIV AURAIT AIMÉ...

(France)

1600, rue de Montarville

450 723-1249

CRÉATIFS
DE L'ÉRABLE.ca

★★★ cuisine
★★★ service
★★★ décor

 M **40 $** S **100 $**

réservation / max. de personnes 80

un joli secteur de Saint-Bruno, se trouve un bistro mi-champêtre, mi-moderne qui se
agréablement à toutes les occasions gastronomiques. Ici, la simplicité est de mise:
tes sont généreuses, la jolie terrasse est spacieuse et la vaste salle à manger
ambiance animée au rez-de-chaussée et plus intime à la mezzanine. La carte
e des classiques tartares de bœuf, cerf et saumon, d'un beau choix de
mignon, truite saumonée, boudin noir, etc., est bonifiée par le menu de
tous les jours. Et les plats sont servis dans des assiettes non
tartare de bœuf frais et délicat et le riche fondant au chocolat
e font honneur au charme convivial qui caractérise l'endroit.

Sainte-Marthe

AUBERGE DES GALLANT - RESTAURANT & SPA

(Amérique du Nord)

1171, chemin Saint-Henri

450 459-4241

★★★ cuisine
★★★ service
★★★★ décor

M **50 $**   S **100 $**

réservation / max. de personnes 200

Pour un repas en amoureux, entre amis ou pour une célébration en groupe (on s'y marie beaucoup), cette adresse, à moins d'une heure de Montréal, mérite qu'on y passe quelques heures, si ce n'est au moins une nuit, pour profiter du grand parc environnant, agréable en toutes saisons. Côté cuisine, les produits de la Montérégie et du Québec sont toujours privilégiés. Le saumon fumé maison, le foie gras, les pétoncles, le filet mignon de bœuf et les plats de poisson sont des incontournables assez justement réussis. Au printemps, on se rend aussi à La Sucrerie, à deux pas de l'auberge, version sophistiquée de la cabane à sucre.

Saint-Hubert

BISTRO DES BIÈRES BELGES

(Amérique du Nord)

2088, rue Montcalm

450 465-0669

★★ cuisine
★★ service
★★ décor

M **35 $**   S **70 $**

réservation / max. de personnes   35

Situé tout au bout d'une rue peu passante à Saint-Hubert, à côté du boulevard Taschereau, le Bistro des bières belges a établi sa réputation de restaurant accueillant et convivial il y a belle lurette dans le secteur. Nombreux sont donc ceux qui se rendent à cette adresse nichée dans une maison canadienne, avec ses boiseries, son toit rouge et sa terrasse, afin d'y siroter l'une des innombrables bières belges ou d'y déguster moules, frites, carbonade, tartares, viandes grillées ou gaufres belges recouvertes de crème chantilly et de fruits. L'été, on vous invite à prendre place sur une terrasse entourée de verdure, où il fait bon terminer sa journée. Enfin, bien que la bière soit ici à l'honneur, une carte des vins est aussi proposée aux clients moins friands de houblon.

Saint-Jean-sur-Richelieu

CHEZ NOESER

(France)

236, rue Champlain

450 346-0811

★★★ cuisine
★★★★ service
★★★ décor

M _   S **100 $**

réservation / max. de personnes

Ce restaurant «apportez votre vin» ne propose pas une cuisine audacieuse, ma[...]
à ses visiteurs d'être bien accueillis et de bien manger depuis 1988. Sous for[...]
thématiques au choix malheureusement un peu limité, la cuisine du c[...]
décline autour de plats de tradition française, mariés à des saveurs [...]
pomme en automne ou l'érable à la fin de l'hiver. Toujours de mani[...]
spécialités allant de la pintade farcie au prosciutto, sauce au cidr[...]
d'agneau provençal sont proposées au fil des saisons et vraime[...]
de cuisson que d'assaisonnement.

BAZZ JAVA JAZZ

(Amérique du Nord)

591, avenue Notre-Dame

450 671-7222

★★★ cuisine
★★★ service
★★★ décor

🔥☂ M _ S**120$**

réservation / max. de personnes 40

Très sympathique resto, sobre et élégant, qui mise sur une cuisine éclectique empruntant aussi bien à la France du terroir et à l'Italie du Nord qu'aux suaves parfums du Sud-Est asiatique. On y trouve, pêle-mêle, d'excellents cavatellis aux champignons sauvages, une belle pièce d'onglet de bœuf à l'anis étoilé, un savoureux gravlax de saumon au basilic thaï, des pétoncles poêlés à la lime, un canard à la truffe noire, des desserts raffinés... Bref, en cuisine, on se fait aller les papilles et l'imagination, et le client en est quitte pour plusieurs belles surprises. En salle, le service est efficace et discret, et durant la belle saison, la terrasse située à l'arrière de ce grand logement chic de Saint-Lambert modifié en salle à manger/cuisine est un réel plaisir pour les yeux.

Saint-Lambert

BIDON TAVERNE CULINAIRE

(Amérique du Nord)

35, boulevard Desaulniers

450 671-9000

★★★ cuisine
★★ service
★★★ décor

🍺🍴☂ EP M**40$** S**80$**

réservation / max. de personnes 60

Sans vouloir faire un (mauvais) jeu de mots, sérieux, au Bidon, on se bidonne. La jeune bande de *foodies* qui a démarré ce bidon n'a d'autre prétention que d'allumer ce coin ronronnant de la Rive-Sud. Pari réussi: voici un bel espace animé, sur deux niveaux, genre taverne chic un tantinet rustique. Très tendance: on propose ici quelques réjouissances de la cuisine québécoise renouvelée, appuyées de classiques de la brasserie à la française. Ainsi, la soupe aux pois croise celle à l'oignon. Les cochonnailles de porc font face à une poutine de smoked meat de magret de canard. La bavette de veau affronte le burger à l'effiloché de porc. Le service est cordial et bienveillant, du genre à vous convaincre d'y revenir.

Saint-Lambert

TAMALES

(Amérique latine + Antilles)

652, avenue Victoria

450 671-9652

★★ cuisine
★★★ service
★★★ décor

☂ EP M**30$** S**60$**

réservation / max. de personnes 50

'on met le pied au Tamales, dans cette jolie maison qui fait office de restaurant, le
est partout: dans le vert, le jaune et le rouge de la céramique à motifs, dans la
mariachis qui résonne dans nos oreilles, jusque dans les couverts, qui
lture aztèque. Avec un des nombreux cocktails tropicaux au menu, servis
assidu et sympathique, assis dans la salle ou sur la terrasse couverte,
oup sûr! Côté bouffe, la gastronomie mexicaine traditionnelle est à
affiné, mais de grosses portions, de la sauce épicée et beaucoup
burritos, tacos, quesadillas, enchiladas... combleront les plus

Saint-Lambert

PRIMI PIATTI

(Italie)

47, rue Green

450 671-0080

★★★★ cuisine
★★★★ service
★★★ décor

 M **40** $ S **95** $

réservation / max. de personnes 30

On ne se trompe pas en arrêtant son choix sur le Primi Piatti. Restaurant italien dont
menu est composé pour l'essentiel de pâtes, de poissons, de viandes et de pizzas
au four à bois, c'est vraiment un petit secret bien gardé de la Rive-Sud de M
Tant par son service distingué et souriant que par ses plats empreints d'origi
savoir-faire, l'établissement réussit à convaincre. Le décor a cette petite to
qui ajoute beaucoup de cachet au lieu. De la cuisine au service, tout a'
soigné, sobre et de bon goût. Et il faut y essayer la pieuvre grillée!

Saint-Lambert

CIGALES (LES)

(France)

585, avenue Victoria

450 466-2197

★★★ cuisine
★★★★ service
★★ décor

 M **45 $** S **75 $**

réservation / max. de personnes   60

Charmant bistro de l'avenue Victoria à Saint-Lambert, Les Cigales est un bon choix si l'on veut bien manger dans le quartier. Tartare de saumon, bavette au vin rouge et à l'échalote, foie gras poêlé et autres mets typiquement français y sont préparés sans grande originalité, mais la qualité des plats y est constante et la présentation, relativement soignée. Le service est attentionné, charmant même, et la vaste terrasse du restaurant est le havre idéal pour un lunch d'affaires ou un rendez-vous doux. À ne pas ignorer si on passe dans le coin!

Saint-Marc-sur-Richelieu

TROIS TILLEULS (LES)

(France)

290, rue Richelieu

450 584-2231

★★★★ cuisine
★★★ service
★★★★ décor

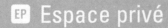 M **80 $** S **180 $**

réservation / max. de personnes   120

Franchir la porte du restaurant Les Trois Tilleuls, c'est franchir la porte d'un haut lieu de la restauration dont la réputation n'est plus à faire. Jouxtant joliment la rivière Richelieu, le restaurant promet, année après année, une aventure gustative des plus agréables aux visiteurs. Le décor de la vaste salle à manger, d'un chic un brin vieillot, n'empêche en rien l'expérience culinaire d'être pertinente, mais celle-ci gagnerait à être actualisée. Dans l'assiette, même si les plats sont bien pensés, la cuisine reste un brin convenue, parfois imprécise. Elle réussit néanmoins à plaire, surtout conjuguée à un service éminemment sympathique. Une très bonne table, qui mérite vraiment d'être essayée!

EP Espace privé

Nous vous indiquons les restaurants offrant une salle ou un espace privé pour vos célébrations en groupe. Le nombre de personnes pouvant varier selon l'aménagement désiré, nous vous laissons vérifier avec les établissements concernés.

Varennes

BISTRO V
(France)
2208, route Marie-Victorin, local 102
450 985-1421

★★★ cuisine
★★★ service
★★★★ décor

  M**55**$ S**110**$

réservation / max. de personnes   20

Cet établissement se veut le «petit frère» bistro du restaurant L'Autre Version, à Montréal
Et à n'en point douter, on est là dans un lieu tout ce qu'il y a de plus bon chic, bon ge
Le décor est épuré, les nappes, immaculées et la lumière entre à flots dans ce loca
coquet que convivial. La carte, fort alléchante, propose tous les types de plat
retrouve couramment dans un bistro: tartares, calmars, bavette, foie gras, j
canard confit. Tant et si bien qu'il est franchement difficile d'arrêter son c
pagnements ayant tous l'air plus succulents les uns que les autres! La
grande qualité et on sortira repu et comblé de cette fort bonne adre
l'on est non seulement très bien accueilli, mais bien traité.

Montérégie

WILLIAM BAR & GRILL

(Amérique du Nord)

295, rue Saint-Charles Ouest

450 928-7131

★★ cuisine
★★ service
★★★★ décor

M **40$** S **75$**

réservation / max. de personnes 200

L'attrait premier du William Bar & Grill réside dans la bâtisse patrimoniale de 150 ans où ce restaurant au style lounge a élu domicile, ainsi que dans la grande et populaire terrasse qui donne sur la rue Saint-Charles dans le Vieux-Longueuil, où l'on peut déguster cocktails, martinis, vins (dont des importations privées) et bières. Côté cuisine, la carte est éclectique, naviguant entre menu de pub standard (tartares, burgers et viandes sur le gril) et saveurs asiatiques (général Tao, choix de sautés) ou méditerranéennes (calmars frits, bruschetta, pâtes). Le rendu est honnête, quelques entrées, bien pensées, mais rien pour impressionner outre mesure.

Vieux-Longueuil

CHEZ PARRA

(France)

181, rue Saint-Charles Ouest

450 677-3838

★★★ cuisine
★★★ service
★★★★ décor

M **60$** S **90$**

réservation / max. de personnes 80

C'est dans un décor presque romantique (banquettes crème, fleurs et coussins rouges, grand miroir) que se déroulera votre expérience gastronomique dans ce chic restaurant aux accents français du Vieux-Longueuil. Pendant que vous sirotez un cocktail maison, il faut choisir entre les différentes propositions dont la bavette de veau, les filets de poisson confits, le jarret d'agneau braisé et les mignonnettes de bœuf. Et ils sont tous très bien exécutés. Mais peut-être opterez-vous pour cette assiette de tapas à partager ou pour la «petite soirée gourmande» à prix raisonnable (qui n'inclut cependant pas l'une des alléchantes entrées...). Et après une crème brûlée aux épices ou un cheesecake au Baileys, pourquoi ne pas rapporter l'un des délices de la maison offerts sur le menu des plats cuisinés à emporter?

Et l'addition, s'il vous plait

Les prix mentionnés pour le repas du midi et/ou du soir sont calculés pour deux personnes, avant taxes, service et boissons. Il s'agit d'une moyenne établie, lors de notre visite, en étudiant les propositions à la carte et les différents menus et tables d'hôte pour un repas généralement de trois services (plat, dessert). Le montant du pourboire est laissé à votre discrétion. Le code social et l'usage recommandent de laisser au moins 15 % du montant de l'addition avant taxes.

Vieux-Longueuil

INCRÉDULE (L')

(France)

288, rue Saint-Charles Ouest

450 674-0946

★★★★ cuisine
★★★ service
★★★ décor

M**35**$ S**95**$

réservation / max. de personnes   50

Créativité et saveurs traditionnelles, raffinement et simplicité, la maison sait recevoir et vous serez heureusement surpris, que ce soit le midi, le soir ou pour le brunch. Le déc- est en parfaite harmonie avec un côté classique (une maison ancestrale) et des acc- contemporains. Le menu regorge de plats bistro issus de la cuisine française, to- ment réussis: chèvre chaud, escargots, onglet de bœuf, foie de veau, lapi- poisson du jour... On se réserve, comme toujours, une place pour le dessert: c- pot de crème au chocolat, tarte au citron, paris-brest, la liste est invitant- vins est bien ficelée. On se promet de revenir bientôt après un si agréa-

Montérégie

Vieux-Longueuil

LOU NISSART

(France)

260, rue Saint-Jean

450 442-2499

★★ cuisine
★★★ service
★★ décor

EP M **50 $** S **70 $**

réservation / max. de personnes 35

S'inspirant des saveurs provençales et niçoises, Lou Nissart est un établissement français du Vieux-Longueuil dont le cadre rappelle les petits restaurants du sud de la France, avec ses murs orangés et son ambiance familiale. Au menu, des spécialités comme la joue de veau braisée, la bavette de bœuf ou le boudin noir, mais également une belle sélection de pâtes et de salades. La cuisson des viandes et poissons est parfaite, mais certains plats sont un peu moins réussis. La terrasse dans la cour arrière est particulièrement agréable lors des douces soirées d'été. Bon rapport qualité-prix.

Vieux-Longueuil

MESSINA PASTA & GRILL

(Italie)

329, rue Saint-Charles Ouest

450 651-3444

★★★ cuisine
★★★★ service
★★★★ décor

EP M **40 $** S **100 $**

réservation / max. de personnes 150

Que ce soit dans la grande salle à manger, la verrière, à la mezzanine ou sur la terrasse, vous trouverez votre compte dans ce chic lounge italien sis dans la charmante rue Saint-Charles. La carte alliant pâtes, grillades et tartares réserve de belles surprises, comme l'entrée à partager de poutine avec pommes et calvados et ce bout de côte mariné et braisé pendant sept heures. Et le service professionnel, sympathique et attentionné contribue grandement à la réussite de la soirée en répondant à vos questions ou en suggérant plats et vins avec un enthousiasme sincère. Ici, il est impératif de se garder une petite place pour le dessert: le gâteau aux carottes, fromage et caramel à lui seul donnera à votre sortie gastronomique des airs de fête.

Vieux-Longueuil

OLIVETO (L')

(Italie)

205, rue Saint-Jean

450 677-8743

★★★ cuisine
★★★ service
★★★ décor

M **35 $** S **70 $**

réservation / max. de personnes 45

...iveto a fêté ses 15 ans d'existence en conservant les recettes qui ont fait le succès de ...issement. Reconnu pour ses spécialités franco-italiennes, qui vont du jarret ... au plat de pâtes maison, ce restaurant à la cuisine «classique» propose d'excel-... mais aussi des cuisses de grenouilles persillées que l'on peut, ô bonheur, ...es doigts, ou encore de fabuleuses piccatas, ces fines escalopes de veau ... fromage et servies en sauce. Par contre, la constance n'est pas toujours ... l'exécution. Dommage, car la qualité des produits est là. La sélection ...e très intéressante, avis aux curieux!

LAVAL
LAURE

TORII SUSHI

(Japon)

2131, boulevard Le Carrefour

450 978-8848

★★★ cuisine
★★★ service
★★★★ décor

M **35 $** S **70 $**

réservation / max. de personnes 30

La grande salle à manger contemporaine, dont l'une des sections est couverte d'un ciel de lanternes blanches, grises et rouges, exhale le calme et la volupté. Le long des banquettes, courent des semblants d'aquariums remplis de petites pierres blanches éclairées. Très zen. Au menu: tempuras et teriyakis, en version crabe des neiges, poulet, légumes, saumon, crevettes, pétoncles ou bœuf. La carte des créations du chef regroupe une longue liste de sushis, makis, sashimis, mais également quelques pizzas aux fruits de mer. La réalisation des plats reste assez classique dans son ensemble. Belle carte des vins et service affable.

Chomedey

KAROUN

(Moyen-Orient)

411, boulevard Curé-Labelle

450 682-6820

★★ cuisine
★★ service
★★ décor

M **20 $** S **40 $**

réservation / max. de personnes 30

Envie d'un détour express dans les contrées du Croissant fertile? Rendez-vous dans ce secteur sud de Chomedey, où se trouvent à deux jets de pierre le très fréquenté Marché Adonis et Karoun, un vaste espace vitré aux hauts plafonds où est servie une bouffe moyen-orientale se situant une bonne coche au-dessus des chaînes. Dans un décor et avec un service qui ont des petits airs de cafétéria, on ne cherche nullement l'ambiance intimiste, mais un esprit familial et une cuisine à la fraîcheur irréprochable. Sortent du lot les brochettes juteuses à la cuisson impeccable et un assortiment composé de falafels croustillants, de feuilles de vigne et d'un houmous bien crémeux. Les aventuriers de la papille se laisseront tenter par le kebbé nayé, une version libanaise du tartare. Les assiettes débordantes de frites dorées, de riz et de salade croquante prouvent que la générosité est sans aucun doute une qualité de la maison.

Chomedey

CHANCHHAYA

(Thaïlande)

327, boulevard Saint-Martin Ouest

450 967-9466

★★ cuisine
★★ service
★★★ décor

M **30 $** S **60 $**

réservation / max. de personnes 50

…e dans un petit centre commercial comme il y en a tant le long des boulevards, … du Chanchhaya passe inaperçue. Pourtant, vu l'offre restreinte de restos …al, on se réjouit d'y trouver un resto thaï où l'on peut, en prime, apporter … est soigné, mais l'endroit gagnerait en charme si l'on diminuait un brin …emble pas déplaire à la clientèle qui s'y entasse, surtout composée …'échangeant des souvenirs de voyages. Au menu: viandes, fruits …es grésillantes, un pad thaï satisfaisant et des spécialités des …Cambodge, Vietnam, etc.). Différentes formules de table …dre à toutes les bourses.

Chomedey

ENOTECA MOZZA PIZZERIA

(Italie)

505, promenade du Centropolis

450 973-3400

★★★ cuisine
★★★ service
★★★★ décor

  M**50$** S**75$**

réservation / max. de personnes   60

Avec sa salle immense et ses portions gargantuesques, le Mozza lavallois se fond bien dans l'environnement du Centropolis, quartier par excellence du «*think big*». Les deux pièces maîtresses du lieu – un four à bois et un grand cellier – confirment sa double mission de pizzeria et d'enoteca. Le menu affiche une vingtaine de pizzas, dont quelques-unes sont *fresca*, c'est-à-dire qu'on a déposé sur le disque de pâte cuite une série d'ingrédients frais comme de la mozzarella de bufflonne, du prosciutto et de la roquette. Soyez avisés: la portion individuelle est une 16 pouces! Il y a également des pâtes et des plats plus sophistiqués. La carte des desserts offre un grand choix dont quelques-uns sont faits maison.

Chomedey

TIRE-BOUCHON (LE)

(France)

2930, avenue Pierre-Péladeau

450 681-1228

★★ cuisine
★★ service
★★★ décor

M **45 $** S **80 $**

réservation / max. de personnes 75

Convenablement situé au cœur du Centropolis, ce grand espace exploite un filon rare à Laval: la cuisine de bistro français. Un problème se pose à la base du concept: recréer une ambiance enveloppante et typiquement parisienne dans ce lieu tout neuf. On la suggère avec des éléments de déco judicieux, comme des petits rideaux de dentelle, des affiches de Toulouse-Lautrec et des bouteilles de vin dispersées au gré du mobilier. Dans l'assiette, on se rabat sur les tartares bien relevés, les grillades ou sur un savoureux jarret d'agneau braisé, présentés avec peu de finesse (mettons cela sur le compte de l'esthétique bistro!) mais en portions généreuses. Le tout est plutôt bien assaisonné, même si on tourne les coins ronds dans la préparation de certains plats. Vins à prix doux.

Sainte-Dorothée

MITOYEN (LE)

(Amérique du Nord)

652, place Publique

450 689-2977

★★★★★ cuisine
★★★★★ service
★★★★ décor

M _ S **100 $**

réservation / max. de personnes 90

Premier restaurant de l'excellent chef Richard Bastien (également propriétaire du Leméac et du restaurant du Musée des beaux-arts de Montréal), Le Mitoyen reste une valeur sûre. La chaleureuse maison ancestrale, avec ses foyers au feu de bois et sa déco champêtre mais élégante, séduit au premier regard. Le charme opère tout au long du repas, grâce aux plats toujours apprêtés avec soin et précision, qu'il s'agisse de gibier à plume ou à poil, de fruits de mer ou de poissons, ou des desserts. On y retourne pour la constante qualité des recettes et des produits. Carte des vins à l'avenant. En partant, on pourra se procurer le livre de recettes du chef, pour prolonger le plaisir à la maison.

Sainte-Rose

MENUS PLAISIRS (LES)

(Amérique du Nord)

244, boulevard Sainte-Rose

450 625-0976

CRÉATIFS
DE L'ÉRABLE.ca

★★★ cuisine
★★★ service
★★★ décor

M **35 $** S **100 $**

réservation / max. de personnes 65

En 30 ans d'existence, la carte a évolué, la cave aussi. Cette dernière est d'ailleurs géné-reuse et compte plusieurs excellents crus. On aimerait que la sélection de vins au verre reflète davantage cette opulence. Côté bouffe, on fait désormais davantage dans la cuisine dite «régionale», en mettant de l'avant les produits locaux: agneau du Québec, fromages québécois intégrés aux recettes, déclinaison décadente de notre chère poutine, servie avec du foie gras en clin d'œil au Pied de cochon, mais avec une réduction de cidre de glace, etc. ` qualité est au rendez-vous, et bien que le rendu soit inégal, l'expérience est toujours `able tant l'endroit recèle des charmes ancestraux un brin surannés, mais pas fanés.

Sainte-Rose

JARDIN BOUJO (AU)

(France)

1, boulevard Sainte-Rose Est

450 625-1510

★★★ cuisine
★★★★ service
★★★ décor

☂ EP M **50 $** S **90 $**

réservation / max. de personnes 45

«Boujo», c'est la fusion de «Bou» pour Boujemaa, chef d'origine marocaine, et de «Jo» pour Josée, née à Alma. Après avoir bourlingué à travers le monde, le couple a déposé ses valises dans le charmant village de Sainte-Rose, dans une rue bordée de maisons d'époque. Dans leur salle à manger chic et confortable – tables nappées, napperons en tissu, chaises en cuir rembourré, demi-mur lambrissé et plancher de bois franc –, ils chouchoutent leurs convives, lui dans la cuisine, elle à l'accueil et au service. La signature du chef: l'utilisation de fruits en sauce et de légumes frais pour rehausser filet mignon de bœuf, magret de canard, filet de doré, carré d'agneau, médaillon de cerf et suprême de poulet. Jolie terrasse à l'avant.

Sainte-Rose

SAINT-CHRISTOPHE (LE)

(France)

94, boulevard Sainte-Rose

450 622-7963

★★★★ cuisine
★★★★ service
★★★★ décor

🍷 ☂ EP M _ S **100 $**

réservation / max. de personnes 20

Avec ses boiseries, ses draperies, ses tables à double jupon, son papier peint embossé et ses lustres, Le Saint-Christophe offre le romantisme et la chaleur d'une belle vieille maison de charme. Si vous recherchez une cuisine française dans tout ce qu'elle a de plus classique, vous êtes au bon endroit. Le chef Jalby travaille les produits locaux et les légumes bio avec doigté, pour offrir foie gras au torchon, bisque de homard, filet mignon de bœuf sauce au vin, pétoncles poêlés, magret de canard sauce à l'orange, ris de veau, etc. Les desserts ne sont pas en reste, dont la fameuse tarte tatin, faite à la minute et à commander en début de repas.

Sainte-Rose

VIEILLE HISTOIRE (LA)

(France)

284, boulevard Sainte-Rose Est

450 625-0379

★★ cuisine
★★★ service
★★ décor

🔥 ☂ M _ S **100 $**

réservation / max. de personnes 50

Lorsqu'on entre, on a l'impression de pénétrer dans la demeure d'un parent. La déco est très personnelle, un peu passée, ce qui confère tout de même une certaine chaleur aux lieux. La faune, elle, est principalement locale, tranquille et occupée à un dîner en tête-à-tête autour de plats aux accents français (rôtisson d'agneau aux lentilles, foie gras au torchon, tartares, etc.) majoritairement exécutés de façon correcte mais dont les présentations ne sont pas toujours heureuses. Le menu change tous les trois mois, mais ce qui demeure constant, c'est qu'il faut y apporter son vin. Le plus réussi reste les desserts inventifs et jouant agréablement de contrastes sucré-salé.

Sainte-Rose

RESTAURANT AMATO

(Italie)

192, boulevard Sainte-Rose

450 624-1206

★★★ cuisine
★★★ service
★★★ décor

🌂 **EP** M **40 $** S **120 $**

réservation / max. de personnes 24

Pasta, veau, fruits de mer, l'apanage de tout resto italien qui se respecte sont au menu et, surtout, bien représenté. Certes, la carte ne se renouvelle pas souvent, mais on a l'impression que c'est beaucoup pour les classiques de la maison qu'on y vient. Le carpaccio de bœuf est particulièrement réussi et les assiettes de pâtes (du commerce), fort réconfortantes, à l'image du décor chaleureux et boisé. En été, la terrasse à l'arrière est fraîche et agréable. Les seules fausses notes résident dans le service un peu trop *piano* et des prix plutôt salés, tant pour le vin que pour la nourriture.

Boisbriand

RESTO PUB CITY

(Amérique du Nord)

20820, chemin de la Côte Nord

450 419-4995

★★★ cuisine
★★★ service
★★★ décor

🌂 **EP** M **40 $** S **75 $**

réservation / max. de personnes 250

Oubliez le décor extérieur, à deux pas de l'autoroute… Sous son toit cathédrale de manoir des temps modernes, le Pub City embrasse large: des amateurs de 5 à 7 au bar jusqu'à ceux qui aiment écouter de la musique et danser la salsa lors de soirées thématiques. La table est mise, côté ambiance! Le menu est aussi vaste que le restaurant lui-même. Le bœuf est notamment mis en valeur, en tartare comme en côtes levées, burger ou filet mignon, en portions généreuses et exécution sans mauvaise surprise. Quelques créations tendance et de jolis plats asiatiques sont proposés à la carte ou en table d'hôte, dont des tempuras de crevettes délicates en bouche. On aime le passage du plateau de desserts alléchants. Difficile de résister!

Boisbriand

PETIT BOUCHON (LE)

(France)

3375, avenue des Grandes Tourelles
Faubourg Boisbriand

450 435-8777

★★★★ cuisine
★★★ service
★★★ décor

🍷 🌂 **EP** M **50 $** S **90 $**

réservation / max. de personnes 14

Comme son nom l'indique, ce restaurant au décor contemporain a une cave de choix et se double d'un «bar à vin gourmand». Il faut passer outre son curieux emplacement, au cœur d'un centre commercial, pour se concentrer sur les délicieuses propositions de sa table. Les classiques français comme le tartare de bœuf (bien épicé) ou le cassoulet sont de mise, mais toujours avec un accent distinctif et un souci de présentation et d'exécution des plats de haute tenue. Même chose pour les «croûtes chaudes», des tranches de pain grillé garnies, qui figurent au menu à la carte. Ne ratez pas les desserts, notamment l'originale tortilla de gâteau au fromage ou la tarte au citron en verrine, aussi bien «léchés» que le reste!

PETITS FILS D'ALICE (LES)

(Amérique du Nord)

1506, chemin Oka

450 491-0653

★★★ cuisine
★★★ service
★★★ décor

🌂 **EP**   M _ S**65 $**

réservation / max. de personnes 100

Passé la porte de cette maison historique, l'impression d'étouffer un peu sous les plafonds bas et dans le décor vieillot se dissipe lentement... au fil des dégustations de fondues, spécialités du restaurant (même si la carte offre d'autres options). On démarre en grand avec une fondue suisse rehaussée d'une bonne trempette d'épices sèches. Suit un choix de fondues chinoises au bœuf, poulet, crevettes ou pétoncles, en formules de trois ou quatre ingrédients. La présentation étagée est originale et les sauces, classiques à souhait. On regrette le peu de légumes en accompagnement. Optez plutôt pour la fondue au chocolat en finale car les desserts proposés sur plateau ne sont guère à la hauteur de ce qu'ils laissent présager visuellement. La terrasse est prisée l'été.

Laurentides

TRUFFES (AUX)

(Amérique du Nord)

3035, chemin de la Chapelle

819 681-4544

★★★★ cuisine
★★★ service
★★★ décor

 M**60$** S**130$**

réservation / max. de personnes   85

Seul restaurant haut de gamme du village touristique de Tremblant, Aux Truffes est piloté par le chef-proprio Martin Faucher. Passé maître dans l'art de cuire à la perfection viandes et poissons, et de concocter des sauces délectables, il travaille des produits nobles comme le filet mignon de bœuf Angus, la longe de cerf de Boileau, le magret de canard de Marieville, le flétan et le homard. Ses ingrédients de prédilection étant la truffe noire et le foie gras de canard, il n'hésite pas à les introduire dans plusieurs de ses recettes. Son talent se déploie dans des soupers gastronomiques, mais également pour les petits-déjeuners et les lunchs. Prévoir une taxe supplémentaire de 3%, exigée par l'Association de villégiature Tremblant.

Mont-Tremblant

CHEVAL DE JADE (LE)

(France)

688, rue de Saint-Jovite

819 425-5233

★★★★ cuisine
★★★★ service
★★★ décor

M _ S**100$**

réservation / max. de personnes   45

L'élégante maison de bois qui abrite Le Cheval de jade, à l'entrée du village, est engageante. On s'y installe pour goûter aux plats que le chef Olivier Tali réussit le mieux: les poissons, les fruits de mer et le caneton à la rouennaise (servi uniquement sur réservation et non offert les samedis). Dans la salle, Frédérique Pironneau (la conjointe d'Olivier) et son équipe prodiguent un accueil chaleureux et un service sans faille. Le couple se fait un devoir d'offrir des produits de qualité, dans la mesure du possible bios et régionaux. Parfois, le chef sort en salle pour flamber des plats devant nos yeux, un moment privilégié dont il faut profiter car on y apprend quelques-uns de ses secrets culinaires. Bourré de talent, il réussit tout aussi bien les desserts.

Mont-Tremblant

SEB L'ARTISAN CULINAIRE

(France)

444, rue Saint-Georges

819 429-6991

★★★★ cuisine
★★★★ service
★★★ décor

M _ S**120$**

réservation / max. de personnes   40

Après avoir beaucoup bourlingué, le jeune chef Sébastien Houle s'est installé dans une petite maison du village de Mont-Tremblant. Au mur, il a accroché ses souvenirs de voyages et dans les assiettes, il mêle au gré de ses inspirations épices du monde et produits du terroir avec harmonie. Parfois, l'envie de reprendre le large est trop forte, et le chef part cuisiner en mer à bord de yachts privés, histoire d'ajouter de nouvelles saveurs à sa palette... mais il revient toujours à bon port pour nous régaler. Dans sa cuisine, il allie habilement bouffe réconfort et techniques de cuisine de pointe, et n'hésite pas à préparer des pièces originales comme le collier d'agneau ou les abats. Le tataki de canard, la poutine de légumes rôtis, le gibier et les mijotés font partie de ses spécialités. Les gourmands se garderont une place pour les desserts, particulièrement réussis. En été, le menu terrasse et la formule tapas sont particulièrement populaires. Très belle carte des vins.

Oka

SHAND THAÏ
(Thaïlande)
261, rue des Anges
450 479-9957

★★ cuisine
★★★ service
★★★ décor

🌂 M _ S**60**$

réservation / max. de personnes 40

La valeur ajoutée du Shand Thaï, c'est assurément son emplacement face à la marina d'Oka qui offre une vue magnifique sur le lac des Deux-Montagnes. Le décor intérieur est chouette, avec son énorme dragon de cuivre et le jardin d'eau où s'ébattent quelques carpes. Le menu à numéros (92 plats) annonce des spécialités thaïlandaises et cambodgiennes, dont plusieurs sautés de bœuf, poulet, crevettes, calmars ou poissons. Par-ci, par-là, se glissent un très chinois poulet du général Tao, de très américaines côtes levées et frites, et un très français carré d'agneau. Bref, il y en a pour tous les goûts. Afin de plaire à une clientèle au palais peu habitué à l'exotisme, l'établissement a dû adapter sa cuisine. Si vous voulez des plats relevés, il faut le demander.

Prévost

RAPHAËL (LE)
(France)
3053, boulevard Curé-Labelle
450 224-4870

★★★★ cuisine
★★★ service
★★★ décor

🍱 M _ S**80**$

réservation / max. de personnes 80

En bordure de la route 117, Le Raphaël doit son nom au chef qui a repris avec brio il y a quelques années les rênes du restaurant de ses parents. On aime bien l'accent particulier de la cuisine bistro d'inspiration française qu'il y prépare: délicats et savoureux carpaccio de bœuf et tartares de bœuf, wapiti ou saumon. Les moules à volonté se déclinent en 15 sortes qu'on peut accompagner de bières choisies. La carte offre des classiques (filet de bœuf, ris de veau, carré d'agneau...), mais aussi des plats surprenants et très réussis, comme cette «montgolfière danoise» (casserole de fruits de mer sous pâte feuilletée) copieuse et goûteuse ou une pissaladière au saumon! Les accompagnements de légumes sont variés et généreux, de même que les desserts: pouding chômeur bien québécois, tarte tatin ou fondant au bon chocolat. Service rapide en prime!

Sainte-Adèle

ÉTAPE GOURMANDE (L')
(France)
1400, boulevard Sainte-Adèle
450 229-8181

★★★★ cuisine
★★ service
★★★ décor

M _ S**90**$

réservation / max. de personnes 50

Défiant les modes, le chef-proprio Denis Genero persiste et signe dans son restaurant de Sainte-Adèle. Dans un décor jaune et bleu typique de sa Provence natale, il sert des plats inspirés de la gastronomie française classique. Filet d'agneau provençal, feuilleté d'escargots, filet de doré au jus à l'oseille, contre-filet de bison et pavé de porc aux figues et cassis côtoient des plats de canard et de foie gras, car M. Genero est membre de l'Ordre des canardiers, en plus d'être membre des Toques blanches internationales. Chaque repas se conclut par un petit morceau de fabuleux nougat maison au miel, pistaches et amandes, selon une recette secrète du chef, qu'on peut également rapporter chez soi.

Laurentides

Laurentides

Sainte-Adèle

EXPRESS GOURMAND (À L')

(France)

31, rue Morin

450 229-1915

★★★★ cuisine
★★★★ service
★★★ décor

🛢🌂 M _ S**90$**

réservation / max. de personnes 24

Cette adresse, au cœur du village de Sainte-Adèle, a un goût de «revenez-y». La maison ancienne aux vieux planchers de bois plante le décor, aussi chaleureux que l'hôtesse des lieux. La carte, qui change chaque saison, offre un bon assortiment de plats concoctés en cuisson lente. Ce mode convient tout autant aux viandes qu'aux poissons, leur procurant une onctuosité sans pareille. D'une exécution irréprochable, les mets sont servis dans d'originales assiettes-casseroles dont la composition est soignée: jus-bouillon entourant une belle purée de pommes de terre, surmontée de l'ingrédient principal et de quelques légumes de saison. On aimerait juste un peu plus de diversité des accompagnements d'un plat à l'autre. Les entrées et desserts respirent la simplicité et le bon goût. Garez-vous à l'arrière, pour voir le chef-cuistot vous saluer de la main en signe de «bienvenue» et de «bon retour».

Sainte-Adèle

RESTAURANT L'EAU À LA BOUCHE

(France)

3003, boulevard Sainte-Adèle, route 117

450 229-2991

CRÉATIFS DE **L'ÉRABLE**.ca

★★★★ cuisine
★★★★★ service
★★★★ décor

🛢 M _ S**180$**

réservation / max. de personnes 40

Avec Anne Desjardins et son fils Emmanuel aux commandes, L'Eau à la bouche a acquis une solide réputation. Dans la salle à manger chaleureuse, au plafond bas et aux tables joliment dressées, on se sent tout de suite bien. De l'accueil à la sortie, comme durant le repas, le service est irréprochable, y compris pour les vins, issus d'une cave exceptionnelle. Le menu suit les saisons, tant en formule découverte (avec accords mets et vins) qu'à la carte, courte mais alléchante. Les plats fleurent bon le terroir car on a ici le souci de s'approvisionner au plus près. Les entrées (foie gras, délicat tartare de saumon, ris de veau bien croustillants...) laissent présager une soirée magique pour le palais, mais la suite (plats principaux surtout) déçoit un peu. L'exécution est bonne, avec accompagnements de légumes variés, mais sans cette étincelle de saveurs qu'on attend d'un restaurant de haute cuisine gastronomique.

Sainte-Marguerite-du-Lac-Masson

BISTRO À CHAMPLAIN

(France)

75, chemin Masson

450 228-4988

★★★ cuisine
★★★★ service
★★★★ décor

🛢 EP M _ S**140$**

réservation / max. de personnes 140

Même si l'immense cellier du Bistro à Champlain compte 13 000 bouteilles en moins (achetées par la SAQ), le lieu demeure une référence pour les amateurs de bons vins. Des nectars de tous les coins de la planète volent la vedette aux plats de facture classique qui sortent des cuisines: carpaccio de saumon, salade de crabe ou de pieuvre, magret de canard rôti, risotto aux fruits de mer, ris de veau, bœuf Angus, servis avec purées, sauces et petits légumes du marché. Même approche convenue côté desserts: crème brûlée, crème caramel, fondant au chocolat. Le tout se déguste dans un décor d'ancien magasin général dont les murs sont recouverts de toiles d'artistes renommés, en particulier des Riopelle, des Marc Séguin et un Miro.

Saint-Hippolyte

AUBERGE DU LAC MORENCY, CHEZ HIPPOLYTE

(Amérique du Nord)

42, rue de la Chaumine

450 563-5546

★★★ cuisine
★★★ service
★★★ décor

EP M _ S**80$**

réservation / max. de personnes 100

Chez Hippolyte est le restaurant de l'Auberge du Lac Morency, qui fait partie du club vacances GeoHoliday. Voilà qui explique la forte présence dans la salle à manger de convives américains, européens et asiatiques. La population québécoise est également bien représentée car l'Auberge accueille congrès et mariages locaux. Tous s'attablent autour d'un menu qui fait la part belle aux produits d'ici comme le porcelet Gaspor, le bœuf Angus, la côte de Veau de grain du Québec, le magret de canard de Marieville et le sirop d'érable de la Ferme du boisé. L'établissement s'enorgueillit de posséder son propre fumoir ainsi qu'une cave à vins qui recèle plus de 4000 bouteilles, mais surtout d'offrir une vue imprenable sur le magnifique lac Morency.

Saint-Hippolyte

AUBERGE LAC DU PIN ROUGE

(France)

81, chemin du Lac-du-Pin-rouge

450 563-2790

★★★ cuisine
★★★ service
★★★ décor

M _ S**65$**

réservation / max. de personnes 55

À cette petite adresse champêtre, on a l'impression d'être reçu dans une maison privée: avec ses tentures, sa moquette et ses tables nappées, la salle à manger est confortable, et le terrain tout autour, bellement aménagé. Pour ceux qui veulent y dormir, des chambres sont proposées à l'étage. Dans les assiettes: feuilleté d'escargot, tartare de saumon, bavette de cerf, foie gras poêlé et vacherin glacé, entre autres propositions. La cuisine, d'inspiration française, n'a rien de mirobolant, mais elle a le mérite d'être réalisée avec soin. Les repas s'étirent face au soleil couchant qui se mire dans le lac. Ouvert les soirs de fin de semaine, ainsi que le dimanche matin.

Val-David

PETIT POUCET (AU)

(Amérique du Nord)

1030, route 117

819 322-2246

CRÉATIFS
DE L'ÉRABLE.ca

★★★ cuisine
★★★ service
★★★ décor

  M**40$** S _

réservation / max. de personnes 30

Cette version «cabane à sucre» ouverte à l'année fait le bonheur des familles qui s'attablent autour de gargantuesques déjeuners, brunchs ou lunchs, pour faire honneur à la cuisine québécoise traditionnelle. Au menu, on retrouve des œufs, cretons, saucisses, fèves au lard, patates sautées, et le fameux jambon fumé au bois d'érable maison. Les pâtés à la viande, les confitures de fraises, les marinades et les tartes au sucre sont également faits maison, et si le cœur vous en dit, vous pouvez les emporter car ils sont vendus dans l'espace boutique. L'immense foyer central au bois, les murs recouverts de bois de grange et le service assuré par une armée de femmes efficaces et souriantes font de cet endroit un incontournable.

Laurentides

Laurentides / Val-David

ZÈBRES (LES)

(Amérique du Nord)

2347, rue de l'Église

819 322-3196

★★★★ cuisine
★★★ service
★★★★ décor

 M _ S**90$**

réservation / max. de personnes   60

Les Zèbres est sans contredit l'une des meilleures tables de Val-David. Dans un décor moderne servant d'écrin à des œuvres d'art que l'on peut acheter (certaines sont signées René Derouin), le chef-proprio Jason Bowmer crée des petits bijoux de plats qui sont servis en salle par ses deux associés. On ne peut que recommander le carpaccio de cerf de Boileau, la pieuvre grillée, la macreuse de bœuf, les pétoncles frais du Nouveau-Brunswick et le trio de desserts. Ses agencements complexes, relevés avec caractère mais toujours empreints de délicatesse, démontrent qu'il maîtrise bien son art. Et il se fait un point d'honneur d'utiliser des produits du Québec ou provenant de ressources renouvelables et respectueuses de l'environnement.

OTTAWA
OUTAOUAIS

ZENKITCHEN

(Amérique du Nord)

634, rue Somerset Ouest

613 233-6404

★★★ cuisine
★★★ service
★★★ décor

M**50 $** S**80 $**

réservation / max. de personnes   8

Situé aux portes du Quartier chinois à Ottawa, ZenKitchen a tout du décor zen avec son éclairage tamisé, son ameublement moderne et ses jolies fleurs qui garnissent les tables. Si le décor et le service sont tout ce qu'il y a de plus apaisant, la cuisine, elle, ne l'est pas tout à fait. Chaque assiette est une explosion de saveurs bien tranchées. ZenKitchen innove en proposant une fine cuisine végétarienne orientale aux parfums de Thaïlande ou de Corée. Le chef explore le cru sous un tout nouvel angle et propose un repas dégustation de pures découvertes. La salade d'ananas accompagnée de purée d'avocats et vinaigrette épicée est particulièrement succulente. ZenKitchen est une expérience culinaire santé pour les amoureux de cuisine fusion asiatique.

Chinatown

YANGTZE

(Chine)

700, rue Somerset Ouest

613 236-0555

★★★ cuisine
★★★ service
★★★ décor

EP   M**25 $** S**55 $**

réservation / max. de personnes 280

Aussitôt franchie l'arche du Quartier chinois, le Yangtze se dresse en figure de proue et continue d'offrir des produits de qualité depuis 1982. Dans la salle spacieuse, les clients peuvent choisir parmi une profusion de mets cantonais et sichuanais. Que l'on opte pour le menu principal, composé de plats à la carte ou de propositions complètes assorties, pour le délicieux dim sum ou pour les fringales nocturnes, il y en a pour tous les appétits. À l'ardoise saisonnière, le bœuf façon Chine nordique et le trio des mers qui séduit par sa sauce onctueuse et la finesse des épices. À la carte, les plus classiques won-ton et général Tao sont succulents. Le canard figure aussi parmi les incontournables.

Little Italy

ATELIER

(Amérique du Nord)

540, rue Rochester

613 321-3537

★★★★★ cuisine
★★★★★ service
★★★ décor

M _ S**220 $**

réservation / max. de personnes   24

Avec sa façade austère dénuée d'enseigne et sa déco épurée, le restaurant Atelier ne préfigure en rien son menu dégustation 12 services où se mélangent habilement technique moléculaire, thèmes classiques, exotisme et inspirations du terroir. À chaque service, c'est la surprise et le ravissement: meringue de citron vert brûlée, bœuf musqué salé et orge soufflé, nachos de bière avec trempette en poudre, wapiti avec déclinaisons de céleri-rave et d'estragon, croustade avec sorbet de vinaigre de cidre et éponge au beurre. Les compositions aromatiques et visuelles séduisent. Les accords mets-vins proposés se révèlent audacieux. Le pari est gagné: Atelier donne raison au proverbe «À bon vin, point d'enseigne».

Little Italy

BLACK CAT BISTRO

(Amérique du Nord)

428, rue Preston

613 569-9998

★★★ cuisine
★★★ service
★★★★ décor

🍽🍹 M _ S**115$**

réservation / max. de personnes   15

Ce bistro chic a résolument la «zen attitude» avec son décor dans les tons de blanc et noir avec un zeste d'orange et sa superbe baie vitrée. C'est agréable et élégant. Côté cuisine, la carte propose à la fois des plats tout simples (terrine de porc, steak frites, burgers...) et d'autres très travaillés comme cet accompagnement de nage de chou-fleur, raisins secs et orge pour un poulet qui n'en demandait pas tant. L'équipe mise surtout sur les accords mets et vins et la qualité des bouteilles sélectionnées par la maison. Les desserts, financier aux noisettes ou pavé au chocolat, sont réussis. En prime, il y a aussi la gentillesse du personnel et le charme du propriétaire qui vous salue à votre départ.

Marché By

BENNY'S BISTRO

(Amérique du Nord)

119, rue Murray

613 789-6797

★★★ cuisine
★★★ service
★★ décor

🤝 **EP** M**40$** S _

réservation / max. de personnes   8

Un des favoris dans la région pour le brunch, Benny's Bistro est un petit restaurant adjacent à une boulangerie ouvert exclusivement pour le déjeuner ou le lunch. Le pain frais et les pâtisseries dans la vitrine de la boulangerie donnent l'eau à la bouche. Des rumeurs courent même à l'effet qu'on y retrouverait les meilleurs croissants en ville. Ils sont effectivement délicieux. Le Benny's Bistro est très fréquenté sur l'heure du midi et il n'est pas rare que les gens doivent faire la queue pour le brunch le week-end. Le menu est constamment renouvelé, mais vous pourrez toujours choisir un appétissant pain doré frais du jour ou encore une délicieuse frittata au fromage de chèvre.

Marché By

BLACK TOMATO

(Amérique du Nord)

11, rue George

613 789-8123

★★★ cuisine
★★ service
★★★ décor

🍽🤝🍹 M**60$** S**100$**

réservation / max. de personnes   40

Sorte d'hybride entre le restaurant et le pub écossais, la formule du Black Tomato est unique dans le quartier. Avec son ambiance décontractée et une touche tendance, l'endroit est fréquenté par une clientèle de professionnels, surtout pour le 5 à 7. La carte de bières et de scotchs contribue d'ailleurs à donner à l'établissement son petit air plutôt pub, mais la cuisine, elle, n'a rien du menu qu'on y retrouve traditionnellement. La carte présente des plats diversifiés, tous accompagnés d'une recommandation vin ou bière, autant pour grignoter en prenant un verre de vin que pour une expérience culinaire complète. Planches de charcuteries et fromages pour partager un goûter léger, ou salade de chèvre chaud enrobé d'une croûte de pacanes suivie d'un divin canard confit pour un repas complet. Le grands appétits seront ravis, les portions sont plus que satisfaisantes. Les desserts ne sont toutefois pas toujours à la hauteur du reste de la carte et le service est plus pub que restaurant. La terrasse urbaine à l'arrière, surplombée de superbes édifices en pierres, vaut à elle seule le coup d'œil. Le dimanche, le chef offre une table d'hôte très prisée pour le brunch.

Marché By

E18HTEEN

(Amérique du Nord)

18, rue York

613 244-1188

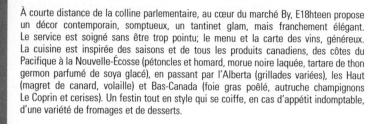

★★★★ cuisine
★★★★ service
★★★★★ décor

🍽 ☂ **EP** M _ S**130 $**

réservation / max. de personnes 135

À courte distance de la colline parlementaire, au cœur du marché By, E18hteen propose un décor contemporain, somptueux, un tantinet glam, mais franchement élégant. Le service est soigné sans être trop pointu; le menu et la carte des vins, généreux. La cuisine est inspirée des saisons et de tous les produits canadiens, des côtes du Pacifique à la Nouvelle-Écosse (pétoncles et homard, morue noire laquée, tartare de thon germon parfumé de soya glacé), en passant par l'Alberta (grillades variées), les Haut (magret de canard, volaille) et Bas-Canada (foie gras poêlé, autruche champignons Le Coprin et cerises). Un festin tout en style qui se coiffe, en cas d'appétit indomptable, d'une variété de fromages et de desserts.

Marché By

JOHN TAYLOR AT DOMUS CAFÉ

(Amérique du Nord)

87, rue Murray

613 241-6007

🍽 🥟 M**80 $** S**120 $**

réservation / max. de personnes 50

★★★ cuisine
★★★ service
★★★ décor

Domus Café est un assez petit restaurant faisant suite à un magasin d'objets liés à la table – paradis bien tentant. La carte est centrée sur des plats utilisant les aliments de saison, on y mange donc ce que les très bonnes fermes des alentours apportent tous les jours. Le résultat, dans l'assiette, est un mélange de simplicité des saveurs et de sophistication dans l'exécution. En plat principal, on propose, entre autres, le saumon sockeye sur lit de pommes de terre nouvelles et des endives crues au chèvre. Pour les amateurs, la carte offre des desserts très riches, mais il y a aussi le sorbet et la crème brûlée. La cuisine est ouverte sur le lumineux restaurant où règne un calme de bon aloi. La carte des vins est assez ample et les bons vins canadiens ne sont pas oubliés. On peut y prendre un brunch le dimanche.

Marché By

MURRAY STREET

(Amérique du Nord)

110, rue Murray

613 562-7244

★★★ cuisine
★★★ service
★★★ décor

🍽 🥟 ☂ M**30 $** S**90 $**

réservation / max. de personnes 30

Au Murray Street, c'est la viande qui est à l'honneur. Avec son «comptoir à charcuteries», l'établissement offre une impressionnante sélection de terrines artisanales, de viandes froides et de fromages canadiens, principalement québécois et ontariens. La carte propose aussi une série de plats petit format pour grignoter et des assiettes plus copieuses composées avec des produits saisonniers locaux de qualité. La carte des vins est bien fournie et comporte certaines sélections privées que le personnel saura sagement marier à votre repas. Le décor rappelle l'ambiance d'un chalet chic. L'endroit est suffisamment chaleureux pour un tête-à-tête, mais tout aussi propice aux 5 à 7.

Marché By

NAVARRA

(Espagne + Portugal)

93, rue Murray

613 241-5500

★★★★ cuisine
★★★ service
★★★ décor

🥫 🦞 ⛱ M _ S**115$**

réservation / max. de personnes 6

Navarra est un bistro chic avec son bar cramoisi, sa cuisine ouverte et ses tables nues. Ici, les plats se déclinent avec bonheur. Le talentueux chef a fait ses classes au Mexique, en Europe et au Canada, et il mêle les saveurs avec une audace certaine et un excellent goût. S'il favorise le sucré-salé, c'est toujours avec délicatesse. Les entrées sont raffinées, comme ce très bon foie gras aux pommes et confit de canard en tortilla. En plat principal, on retrouve des saveurs classiques, pâtes fraîches au pecorino ou côte de bœuf au vin rouge par exemple, mais agencées avec recherche et subtilité et rehaussées avec des herbes et épices. Les desserts sont à l'avenant. Une table qui vaut la peine d'être découverte.

Marché By

VITTORIA TRATTORIA

(Italie)

35, rue William

613 789-8959

★★★ cuisine
★★★ service
★★★ décor

🥫 🦞 M**40$** S**75$**

réservation / max. de personnes 60

Chaleureuse trattoria en plein cœur du Marché By, Vittoria Trattoria est une institution italienne dans le quartier. Ses grands murs en pierres, son éclairage tamisé et le four à pizza qui réchauffe la pièce principale créent l'ambiance parfaite pour un dîner en amoureux sans prétention ou pour une sortie agréable en famille ou entre amis. Les spécialités de la maison: pizzas sur feu de bois ou plats de pâtes traditionnels, mais on sert également d'intéressantes grillades, notamment une appétissante darne de saumon au pesto et à la coriandre. Les desserts sont de vrais délices, il faut essayer le fondant au chocolat accompagné de gelato à la vanille. Les propriétaires, qui sont des sommeliers de renom, renouvellent constamment leur imposante carte des vins. Le service est courtois, sans plus, et assez expéditif. Vittoria Trattoria est une valeur sûre, un bon restaurant italien à prix raisonnable, dans un décor stylé, où tout le monde trouve son compte. Il existe une deuxième adresse sur le chemin Riverside.

Marché By

WASABI

(Japon)

41, rue Clarence

613 241-3636

★★★ cuisine
★★★ service
★★★ décor

⛱ M**30$** S**50$**

réservation / max. de personnes 0

Le Wasabi propose une variété de plats japonais aux arômes subtils. Une salle ample, une terrasse et un comptoir-bar à partir duquel fraîcheur maritime et finesse des préparations nous mettent en appétit. Entre un bouillon clair de poisson aux arômes d'algues avec pâtes généreuses et fermes (udon kamo) et le trio de poissons maki, c'est l'envoûtement nippon assuré! Les sashimis maguro, sake ou shiro-maguro sont très réussis. Les repas bento, quant à eux, rassemblent un bel assortiment (tempura, gyoza et teriyaki) et constituent un choix sûr pour les indécis.

Ottawa

BECKTA

(Amérique du Nord)

226, rue Nepean

613 238-7063

★★★★ cuisine
★★★★★ service
★★★ décor

🛢 **EP** M _ S**120$**

réservation / max. de personnes 20

Chez Beckta, la cuisine s'inspire avec modernité de toutes les traditions du monde. Les entrées, mélangeant saveurs sucrées et salées ou conçues dans un esprit japonisant, sont délicieuses. Ce qui suit, entre autres le steak de bison ou le poulet de Cornouailles et leur farandole de légumes, est très honnête. Les desserts (surtout le «chocolata»!) sont divins. Ceci dans une maison victorienne à la décoration intérieure élégante, plutôt contemporaine, avec un excellent service . Quant aux vins provenant de nombreux pays, ils sont remarquables et innombrables; heureusement, on vous aide pour le choix.

Ottawa/Centre-ville

CAFÉ DU CNA (LE)

(Amérique du Nord)

53, rue Elgin

613 594-5127

★★★ cuisine
★★★ service
★★★★ décor

🛢 🍴 ☂ **EP** M**60$** S**130$**

réservation / max. de personnes 12

Situé en plein cœur d'Ottawa avec sa terrasse bordant le canal Rideau, le restaurant du Centre national des arts d'Ottawa est l'endroit idéal pour un repas d'avant-spectacle ou pour une bouchée au tomber du rideau. Son décor chic attire également une clientèle pour les dîners d'affaires. Il n'est pas rare d'y apercevoir des personnalités de la colline parlementaire. Le Café propose une carte variée et inventive inspirée des saveurs du monde avec toutefois de fortes influences asiatiques, tout en mettant en valeur les produits canadiens comme le foie gras québécois. On peut y déguster autant un steak-frites qu'un riz frit à l'indonésienne. Le chef ose des combinaisons de saveurs originales qui toutefois n'affolent pas les papilles à tout coup. La carte des vins diversifiée, élaborée par un sommelier de renom, présente un intéressant mariage de vins canadiens et d'importation privée. La liste des desserts est une belle surprise et propose notamment un décadent pain perdu à la banane. Le stationnement est gratuit pour le lunch et le brunch du dimanche.

Ottawa/Centre-ville

WHALESBONE OYSTER HOUSE (THE)

(Amérique du Nord)

430, rue Bank

613 231-8569

★★★★ cuisine
★★★ service
★★★ décor

🛢 M**80$** S**125$**

réservation / max. de personnes 12

Coup de cœur dans la région, The Whalesbone Oyster House est un bar à huîtres urbain situé dans le centre-ville d'Ottawa. On y sert une variété d'huîtres d'un peu partout au Canada, mais également des assiettes de fruits de mer apprêtés avec originalité. Tous les plats sont finement présentés. Le ceviche de pétoncles à la mangue épicée et le risotto garni de généreux morceaux de homard frais sont absolument succulents. Dans ce restaurant spécialisé en produits de la mer, les desserts maison sont une agréable surprise. C'est en fait un péché de venir au Whalesbone Oyster House et de ne pas goûter à la tarte aux bananes. L'endroit est minuscule, mais l'utilisation de l'espace est ingénieuse et favorise certainement les rencontres. L'ambiance électrisante qui incite à une charmante convivialité est probablement due à l'accent mis sur le bar et au service attentionné mais amical. L'endroit est fréquenté par une clientèle éclectique d'initiés. Que ce soit pour le brunch, le dîner ou le souper, il est fortement conseillé de réserver.

Ottawa/Centre-ville

WILFRID'S
(HÔTEL CHÂTEAU LAURIER)
(Amérique du Nord)

1, rue Rideau
613 241-1414

★★★★ cuisine
★★★★ service
★★★★ décor

M**60$** S**150$**

réservation / max. de personnes   50

Restaurant du majestueux Château Laurier, l'endroit est remarquable surtout en raison du cadre enchanteur du château lui-même et de la vue sur le parlement. On y sert une fine cuisine d'inspiration française, dans un décor classique et élégant. Les plats sont exécutés avec maîtrise et la présentation des assiettes est soignée et épurée. Le chef propose quelques options «Vitalité», des plats santé tout en fraîcheur, qui complètent agréablement le menu. Le service est attentionné et distingué. L'établissement est fréquenté principalement par la clientèle de l'hôtel, pour les dîners d'affaires ou pour un repas en famille. L'été, la terrasse offre une vue imprenable sur le canal Rideau et la colline parlementaire.

Ottawa

Ottawa/Centre-ville

222 LYON
(Espagne / Portugal)

222, rue Lyon Nord
613 238-0222

★★ cuisine
★★ service
★★ décor

M**40$** S**80$**

réservation / max. de personnes   12

Le 222 Lyon est un bar à tapas dans la tradition espagnole où l'on partage plusieurs petites assiettes, accompagnées d'un verre de vin. Les prix sont raisonnables et si certains plats rappellent des saveurs espagnoles authentiques -- boulettes de viande espagnoles, chorizo épicé --, d'autres sont moins bien réussis. Le restaurant, situé dans une maison à l'architecture pittoresque, comporte quelques éléments intéressants, notamment une jolie fenêtre qui donne sur la rue et un bar massif dont la configuration favorise les discussions animées. Le décor, qui rappelle un peu la maison des grands-parents, est composé de plusieurs éléments disparates, murs orangés, amoncellement éclectique de bibelots et de fleurs en plastique, le tout surplombé d'un écran de télévision au-dessus du bar. Le service est sympathique et donne l'impression d'être invité à manger à la maison. Pour une bouchée avec des collègues ou entre amis, dans une ambiance sans prétention.

Ottawa/Centre-ville

MÉTROPOLITAIN BRASSERIE
(France)

700, Sussex Drive
613 562-1160

★★★ cuisine
★★★★ service
★★★★ décor

M**90$** S**125$**

réservation / max. de personnes 225

Chic bistro français du centre-ville d'Ottawa, le Métropolitain, c'est un peu de Paris dans la capitale canadienne. Le décor rappelle en effet les bistros parisiens et le menu offre les classiques: tartare de bœuf, bœuf bourguignon, filet mignon, mais aussi quelques plats originaux dont une savoureuse salade de tomates au fromage de chèvre et une poutine au confit de canard. Les portions sont généreuses et la présentation des assiettes est appétissante. Que ce soit pour le 5 à 7, le souper ou le brunch, l'endroit, d'ailleurs très spacieux, est souvent plein. L'ambiance est généralement animée et les conversations bruyantes. Le service, qui ne se déroule pas nécessairement en français, est sympathique et très attentionné. La jolie terrasse, qui donne sur la rue, est au cœur de la ville, à deux pas du parlement, du canal Rideau et du marché By.

Ottawa/Centre-ville

CEYLONTA

(Inde)

403, rue Somerset Ouest

613 237-7812

★★ cuisine
★★ service
★★ décor

M **25** $ S **45** $

réservation / max. de personnes   65

Ceylonta propose de nombreux plats qui plairont particulièrement aux végétariens, comme ces currys de pommes de terre et pois chiches. Toutefois, les carnivores ne sont pas en reste car le menu comprend aussi quelques currys et tandouris à la viande. Ce restaurant de cuisine sri-lankaise concocte des préparations qui rappellent celles de l'Inde du Sud (c'est épicé!), mais sans véritable originalité ou raffinement. Maigre choix de desserts (tapioca ou riz au lait), préférez-leur un bon thé de Ceylan. Buffet le midi en semaine, brunch le dimanche et service traiteur-plats à emporter. Excellent rapport qualité-prix.

Ottawa/Centre-ville

AIYARA THAI CUISINE

(Thaïlande)

1590, chemin Walkley

613 526-1703

★★★ cuisine
★★★ service
★★★ décor

M **25** $ S **45** $

réservation / max. de personnes   20

Si l'éléphant blanc est le symbole du restaurant Aiyara, il n'en est aucunement l'attribut. Établissement situé dans un petit centre commercial, ses allures modestes cachent une valeur sûre. Le souci du détail est omniprésent dans la décoration, dans l'ornementation des couverts et dans l'assiette minutieusement présentée et décorée de délicates sculptures de légumes. Le menu varié propose des classiques thaïlandais et de l'Asie du Sud-Est, de même que quelques spécialités plus créatives. L'équilibre des goûts dans la soupe est saisissant et joue avec finesse du contraste frais-piquant. La palme revient toutefois au cari rouge de fruits de mer servi dans une noix de coco, dont la chair imbibée de sauce est une pure délectation.

Ottawa Est

COCONUT LAGOON

(Inde)

853, boulevard Saint-Laurent

613 742-4444

★★★ cuisine
★★★ service
★★ décor

M **25** $ S **50** $

réservation / max. de personnes   20

Sur un bout un peu morne du boulevard Saint-Laurent, le chef et propriétaire Joe Thottungal a créé Coconut Lagoon, un restaurant à l'image de son Kerala natal. Reconnue pour sa beauté et son attrait éblouissants, cette province de l'Inde au petit nom chantant propose une cuisine où règnent les épices dont le poivre, la cardamome, la feuille de curry et la cannelle. Les beignets dorés trempés dans un sambhar sont fabuleux, tout comme les thalis – des assortiments de currys. Une cuisine exécutée avec prouesses qui fait rêver de contrées lointaines. Service présent et affable, toujours prêt à offrir un bon conseil. Le décor n'a rien d'enlevant, mais c'est propret et les prix demeurent bien bas par rapport à certains restaurants plus en vue.

New Edinburgh

FRASER CAFÉ

(Amérique du Nord)
7, rue Springfield
613 749-1444

★★★ cuisine
★★★ service
★★ décor

 M **60** $ S **95** $

réservation / max. de personnes   45

Domaine des frères Fraser, ce resto au décor plutôt contemporain avec cuisine ouverte est très lumineux. Dans les assiettes, on retrouve d'excellents produits saisonniers et locaux, choisis pour leurs modes de culture et d'élevage les plus naturels possible. L'étonnement est garanti devant les préparations très éclectiques. À essayer absolument: les *kitchen choices* en entrée et en plat principal. Pas de description, la surprise est dans l'assiette. Il nous arrive d'être parfois un peu perplexe... on ne sait pas toujours ce qu'on est en train de découvrir, mais l'important n'est pas là: c'est goûteux, original et très bon. Des délicatesses d'inspiration nipponne au curry d'agneau remarquable, c'est un mélange de saveurs de tous les pays, vins inclus. Et puis, on y va aussi pour voir et être vu.

Westboro

ALLIUM

(Amérique du Nord)
87, avenue Holland
613 792-1313

★★★★ cuisine
★★★ service
★★★ décor

M **45** $ S **95** $

réservation / max. de personnes   8

Si vous êtes de ceux qui aiment les couleurs changeantes du kaléidoscope, alors Allium est pour vous. Son aire ouverte de style urbain industriel accueille le lundi un bar à tapas, les autres jours, un bistro fusion à l'ambiance et au service décontractés. Le menu s'y renouvelle fréquemment. Chaque plat est d'une généreuse complexité, intégrant de nombreux ingrédients locaux dans des compositions parfois unifiées, parfois contrastées et souvent assemblées avec relief. Les poissons sont adroitement mis en valeur, comme ce délicieux thon mariné à la betterave, mais les plats végétariens s'avèrent aussi séduisants et sophistiqués. Gardez-vous une place pour le dessert: la tarte aux bananes et au toffee est une riche réussite.

Westboro

JUNIPER

(Amérique du Nord)
245, chemin Richmond
613 728-0220

★★★★ cuisine
★★★★ service
★★★★ décor

 M **50** $ S **100** $

réservation / max. de personnes   8

Une grande salle vitrée au chic urbain. Des tableaux originaux de taille imposante. Un accueil chaleureux et un service professionnel en français. Voilà au premier abord ce qui charme l'esprit et prédispose à un agréable repas chez Juniper. À la carte, des plats qui mélangent habilement des influences européennes et japonaises avec de fins ingrédients régionaux. Les huîtres trois façons proposent une belle progression harmonieuse. Les travers de porc teriyaki sont subtilement fumés. Le tartare de bœuf aux champignons délicat et intelligent. Les entrées volent la vedette et la carte des desserts n'est pas sans attraits. Enfin, le travail du sommelier mérite mention: une cave variée avec une sélection peu commune de l'Ontario.

Westboro

WELLINGTON GASTROPUB

(Amérique du Nord)

1325, avenue Wellington

613 729-1315

★★★★ cuisine
★★★★ service
★★★ décor

M**55$** S**95$**

réservation / max. de personnes   20

Favori des gens du coin, le Wellington Gastropub a fait sa marque dans le quartier. Une clientèle diversifiée mais essentiellement d'initiés fréquente le bistro à l'ambiance animée. Il ne faut pas se laisser tromper par le décor décontracté de l'endroit ou par l'allure excentrique des serveurs, le service est très attentionné et on y mange divinement. Du pain jusqu'au dessert, chaque service est une découverte de saveurs. On sert d'abord du pain frais accompagné d'huiles recherchées. Le menu, qui tient sur une seule feuille, est renouvelé tous les jours, mais offre toujours des options goûteuses. On peut, par exemple, y déguster une truite croustillante servie sur riz frit et bok choy ou bien du ventre de porc accompagné d'une polenta façon Wellington Gastropub. Le tout arrosé d'un verre de vin ou d'une bière locale, sélectionnés parmi l'imposante liste . Au rayon desserts, la maison fait sa propre crème glacée dont les parfums varient chaque jour. Il faut réserver, le restaurant est toujours plein.

Westboro

ABSINTHE CAFÉ

(France)

1208, rue Wellington Ouest

613 761-1138

★★★ cuisine
★★★ service
★★★ décor

M**40$** S**80$**

réservation / max. de personnes   75

L'Absinthe Café, au nom évocateur de la fée verte de Zola, fait un clin d'œil aux bistros parisiens du 19e siècle. La grande salle à l'allure tendance contraste joyeusement avec le mobilier en cuir plus classique et suscite une ambiance ludique et branchée. Le menu est simple et accessible. On y retrouve les incontournables foie gras, steak-frites, de même que quelques plats plus relevés, tels la crêpe de farine de pois chiches et le trio de gravlax, ceviche et galette de crabe. Le service est cordial, attentionné et parle français. Voilà assurément un resto sympa pour une soirée entre amis.

Westboro

A'ROMA SMALL PLATES & WINE

(Grèce)

239, rue Nepean

613 232-1377

★★★★ cuisine
★★★ service
★★★ décor

M**40$** S**90$**

réservation / max. de personnes   30

Un coup de cœur à Ottawa, A'roma Meze Small Plates & Wine propose une expérience culinaire selon la tradition grecque, au cours de laquelle les convives partagent un repas composé de plusieurs petites assiettes. Dès que l'on entre dans le restaurant, on est envahi par l'enthousiasme des conversations des tablées déjà affairées à déguster les fameux petits plats. Le menu affiche une authentique fine cuisine grecque, exécutée par le chef-propriétaire Michel Tatsis et son équipe dans l'un des deux établissements, dans Wellington Village ou rue Nepean. Les incontournables spécialités de la maison telles que la salade grecque, le canard confit croustillant et les spanakopitas sont un pur délice, mais au A'roma Meze, le choix est simple, tout est bon! La présentation soignée des plats donne l'eau à la bouche et le service attentionné nous guide vers le parfait accord mets et vin, dont l'offre au verre est considérable. A'roma Meze propose une cuisine supérieure, dans une atmosphère détendue, pour partager un repas en famillle ou entre amis, comme en Grèce ou enfin presque!

CHEZ FATIMA

(Afrique)

125, promenade du Portage

819 771-7568

★★★ cuisine
★★★ service
★★ décor

EP M**25$** S**50$**

réservation / max. de personnes   70

Ce petit restaurant familial qui a pignon sur rue dans le Vieux-Hull depuis une dizaine d'années a fait sa marque notamment grâce à sa sympathique propriétaire, Fatima, qui vous accueille à chaque visite avec son hospitalité toute marocaine. Elle y sert une cuisine typique de l'Afrique du Nord, dans un décor simple mais chaleureux, à l'image de l'établissement. Qu'on opte pour la formule buffet, qui n'a d'ailleurs rien du réchauffé, ou qu'on se laisse tenter par l'un des tajines ou couscous du menu à la carte, tout est savoureux et les prix sont plus que raisonnables. Le midi, l'endroit est surtout fréquenté par des professionnels qui travaillent dans les bureaux gouvernementaux juste en face. Le soir, l'ambiance est plutôt familiale et bon enfant. Si le service est loin des gants blancs, il est tout de même attentionné, Fatima passe elle-même de table en table pour s'en assurer. Pour digérer, la maison offre gracieusement le thé aux herbes fraîches, servi dans un verre comme le veut la tradition marocaine. Chez Fatima propose aussi ses services de traiteur et des plats à emporter.

GAZELLE (LA)

(Afrique)

33-B, rue Gamelin

819 777-3850

★★★ cuisine
★★★ service
★★★★ décor

M**40$** S**60$**

réservation / max. de personnes   35

La Gazelle, c'est la cuisine généreuse et épicée du Maroc dans une ambiance amicale. En entrée, on emploie habilement la feuille de brick dans la pastilla ou dans la trilogie de briouates, une heureuse combinaison de feuilletés de chèvre, de kefta et d'épinards aux herbes de l'Atlas. On enchaîne avec les couscous et les tajines, préparés avec les oignons caramélisés typiques du Nord du Maroc et un ras el hanout (mélange d'épices de finition) au profil frais et ample. La carte des desserts s'avère limitée. Cela dit, La Gazelle demeure un choix avisé pour les amants de la cannelle et de la fleur d'oranger.

ARÔME (L')

(Amérique du Nord)

3, boulevard du Casino

819 790-6410

★★★★ cuisine
★★★★ service
★★★★ décor

 **EP** M**70$** S**120$**

réservation / max. de personnes   19

Restaurant de l'hôtel Hilton du Casino de Hull, L'Arôme est un établissement haut de gamme au décor classique, avec une magnifique terrasse donnant sur le lac Leamy. Après avoir passé l'impressionnant lobby de l'hôtel et le majestueux escalier en colimaçon, on entre dans le restaurant à l'ambiance feutrée et vue spectaculaire. Le service est efficace et assez sympathique. La nourriture est simplement succulente, digne d'un grand hôtel. On y offre un grand choix de grillades, poissons et fruits de mer. Le carré d'agneau et la côte levée fondent dans la bouche. Les accompagnements de purée de pommes de terre aux oignons frits et salade de tomates aux herbes, entre autres, sauront vous surprendre. La présentation des assiettes est invitante et créative. L'endroit est fréquenté principalement par les clients de l'hôtel, mais la qualité de la cuisine et l'ambiance attirent quelques initiés. Pour une soirée spéciale en amoureux avant d'aller au casino, ou tout simplement pour profiter de la beauté de la terrasse. Le stationnement est gratuit.

Outaouais

Hull

BACCARA (LE)

(Amérique du Nord)

1, boulevard du Casino

819 772-6210

★★★★★ cuisine
★★★★ service
★★★★ décor

🍶 **EP** M _ S**160$**

réservation / max. de personnes 60

C'est en empruntant la longue passerelle qui surplombe les machines à sous, chatoiement de sons et de lumières du Casino du Lac-Leamy, qu'on arrive au Baccara. L'intérieur du restaurant offre une aire de calme et de contrastes: mobilier classique et architecture vitrée moderne; vue sur la cuisine ouverte et sur le lac. La table s'enorgueillit de fins produits régionaux interprétés dans le grand art de la tradition française avec quelques habiles accents d'Orient. Le foie gras poêlé aux truffes croustille et fond à souhait, le poivre de Sichuan donne une impression mémorable au marbré de cerf, la bavaroise au beurre d'arachide surprend l'esprit et séduit le palais. Justesse et soin du détail font du Baccara un restaurant de bonne fortune et de grandes occasions.

Hull

BISTRO ST-JACQUES

(Amérique du Nord)

51, rue Saint-Jacques

819 420-0189

★★★ cuisine
★★★ service
★★★ décor

☂ **EP** M**45$** S**90$**

réservation / max. de personnes 55

Situé dans une charmante maisonnette en briques du Vieux-Hull, le Bistro St-Jacques marie bons plats et service attentionné. Les attablés sont éclairés aux chandelles pour se délecter de mets français de type bistro. Le menu affiché varie selon les saisons et fait largement appel à des produits biologiques et locaux. Classiques assiettes de charcuteries, moules-frites, steak-frites et autres crème brûlée côtoient tartare de canard, râble de lapin farci et médaillon de cerf du Québec. La présentation des assiettes est soignée, tout comme la sélection des vins. Certains trouveront l'endroit parfois bruyant.

Hull

EDGAR

(Amérique du Nord)

60, rue Bégin

819 205-1110

★★★ cuisine
★★ service
★★ décor

🍴 ☂ M**35$** S _

réservation / max. de personnes 0

Edgar est un minuscule café gourmand de 11 places situé dans une petite rue résidentielle. Il faut vraiment connaître l'endroit pour s'y rendre, mais une fois qu'on y a goûté, on ne peut s'empêcher d'y revenir. Edgar est ouvert exclusivement pour le lunch et le brunch du week-end. Tous les matins, les fourneaux s'activent pour la préparation de pâtisseries maison dont le parfum envahit rapidement l'unique pièce qui sert de cuisine et de salle à manger. En semaine, le menu lunch est simple mais goûteux: soupes, salades et probablement les meilleurs sandwichs de la région. La fin de semaine, Edgar est un incontournable pour le brunch. Le menu propose entre autres une crêpe-bol remplie de pommes et cheddar et une bedaine de porc au sirop. Edgar, c'est aussi de savoureux mets pour emporter à petits prix comprenant des plats aussi variés que du poulet au citron confit et romarin ou un classique de l'établissement, le mac'n'cheese qui n'a rien d'ennuyeux.

Hull

BRASSEURS DU TEMPS (LES)

(Amérique du Nord)

170, rue Montcalm

819 205-4999

★★★ cuisine
★★★ service
★★★ décor

 M **60$** S **80$**

réservation / max. de personnes 60

Établi dans une ancienne église patrimoniale, le BDT, comme l'appellent affectueusement les habitués, est une microbrasserie locale au charme inégalé. Pour ceux qui sursauteraient à l'idée qu'une brasserie ait installé ses pénates dans un ancien lieu de culte, le petit musée du BDT remonte le passé brassicole de l'Outaouais et rappelle que le site est également celui de la première brasserie de la région, en 1821. À l'extérieur, la terrasse qui donne sur le canal Montcalm est un incontournable rendez-vous estival. L'imposante sélection de bières maison saura plaire à tous les goûts. Le menu présente plusieurs classiques de pub réinventés: burgers, brochettes, salades et tapas. Le service est jeune, dynamique et efficace. Quelques soirées par mois, des artistes de renommée et des talents de la relève se produisent sur la scène du BDT. Un endroit décontracté pour déguster une bière locale entre amis.

Hull

FLEUR DE SEL/ARGOÄT (L')

(France)

59, rue Laval

819 772-8596

★★★ cuisine
★★★ service
★★★★ décor

M **40 $** S **60 $**

réservation / max. de personnes 30

Le restaurant végétarien Fleur de sel et la crêperie L'Argoät font depuis 2008 un heureux ménage dans une maison au charme antique et à la terrasse verdoyante. Dans une ambiance sympathique, on propose aux convives une cuisine agréable où cohabitent deux mondes culinaires. D'une part, les plats végétariens et de poissons présentent des signatures aromatiques simples et séduisantes. Cannelle et gingembre enrobent admirablement la poire en marinade et le gorgonzola. Le cumin donne du panache à la tourte de millet et boulgour. D'autre part, les galettes de sarrasin viennent en plusieurs déclinaisons traditionnelles et créatives. Pour conclure, les amateurs de crêpes sucrées apprécieront les fruits confits, confitures et compotes maison.

Hull

TARTUFFE (LE)

(France)

133, rue Notre-Dame-de-l'Île

819 776-6424

★★★★ cuisine
★★★★ service
★★★ décor

M **45 $** S **100 $**

réservation / max. de personnes 30

Le bon goût, expression issue du classicisme français, prend tout son sens au restaurant Le Tartuffe. Sa fine cuisine française tire habilement profit d'une riche sélection de produits régionaux et se permet quelques subtils emprunts au répertoire indien. La table d'hôte met cette diversité en valeur dans un trois services dont on apprécie la constance. Que ce soit dans les portobellos grillés sur velouté de chou-fleur à l'huile de truffe, le carpaccio au poivre long et vanille ou le duo de côte grillée et ris de veau, les éléments centraux sont élégamment secondés par les accompagnements et par ce secret que l'on dit dans la sauce. Aux beaux jours d'été, la tonnelle verdoyante procure un juste équilibre d'intimité et de lumière.

Hull

PIZ'ZA-ZA

(Italie)

36, rue Laval

819 771-0565

★★★ cuisine
★★★ service
★★★ décor

EP M **55 $** S **55 $**

réservation / max. de personnes 52

Ce restaurant-bar à vin spécialisé en pizzas fines est rapidement devenu une institution dans le quartier. L'endroit simple et branché est toujours plein à craquer à l'heure du 5 à 7 et la terrasse est rapidement prise d'assaut lorsque les premiers rayons de soleil du printemps se font sentir. La carte des vins est renouvelée selon les arrivages de saison et offre une impressionnante sélection de vins au verre et à la bouteille, pour tous les goûts et portefeuilles. Le menu propose, bien sûr, d'innombrables pizzas, mais aussi quelques autres options comme des pâtes et salades. Mais qu'on se le tienne pour dit, la spécialité de la maison, c'est la pizza, l'une des meilleures dans la région. Le service est rapide et efficace malgré l'achalandage. Bonne adresse pour prendre un verre et casser la croûte dans une ambiance animée.

FOUGÈRES (LES)

(Amérique du Nord)

783, route 105

819 827-8942

★★★★ cuisine
★★★ service
★★★ décor

M **55 $** S **100 $**

réservation / max. de personnes 60

Avec son petit magasin adjacent - roi des confitures, huiles et autres gourmandises –, ce restaurant réparti dans plusieurs pièces et une véranda offre une élégance contrôlée par un cachet rustique qui fait la signature de la maison. La soupe campagnarde, les pâtes au sanglier fumé et le canard sous toutes ses formes sont très réussis. Et on fond de plaisir devant la tarte au citron caramélisée. La cuisine est de base française mais utilise avec bonheur des produits locaux et frais. La présentation des plats est impeccable.

Old Chelsea

CAFÉ SOUP'HERBE

(Amérique du Nord)

168, chemin Old Chelsea

819 827-7687

★★★ cuisine
★★★ service
★★ décor

M **45 $** S **65 $**

réservation / max. de personnes 40

Le Café Soup'Herbe est un coquet restaurant végétarien situé dans le charmant Vieux-Chelsea. Son décor convivial, avec ses tables et chaises en bois qui donnent l'impression d'être au chalet, met en valeur les œuvres des artistes locaux. La jolie terrasse à l'avant est courue l'été, ainsi que les brunchs du dimanche. Le service est sympathique et efficace. L'établissement offre un menu pour enfants et des chaises hautes. D'ailleurs, la carte diversifiée plaira à toute la famille: soupes, salades, pâtes, pizzas, et spécialités d'inspiration mexicaine, thaïlandaise ou grecque, apprêtées à la façon Soup'Herbe. On y sert, entre autres, un surprenant spanakopita maison. De l'entrée au dessert, tous les plats sont faits maison, hormis quelques condiments. La présentation des assiettes est appétissante et met en valeur la fraîcheur des aliments servis. Les desserts sont absolument succulents. Le gâteau aux pommes nappé de coulis de caramel est un péché.

Old Chelsea

ORÉE DU BOIS (L')

(France)

15, chemin Kingsmere

819 827-0332

★★★★ cuisine
★★★ service
★★★ décor

EP M _ S **80 $**

réservation / max. de personnes 150

Pas de déception dans ce pilier de la cuisine française à Chelsea. Le décor est évidemment rustique pour faire écho à la nature environnante, mais le menu s'avère raffiné. Les entrées sont très classiques, comme ces feuilletés d'escargots ou de champignons et cette soupe à l'oignon. Les poissons, volailles et pièces de viande, mijotées ou agrémentés de sauces à la crème, mettent en valeur les produits régionaux et sont servis avec des accompagnements de légumes de saison recherchés. Vaste choix de desserts préparés par la chocolaterie maison, très alléchants. Belle carte des vins.

Outaouais

Montebello

CHANTIGNOLES (AUX), CHÂTEAU MONTEBELLO

(France)

392, rue Notre-Dame

819 423-6341

★★★ cuisine
★★★ service
★★★★ décor

M 60 $ S 120 $

réservation / max. de personnes 75

Situé sur le majestueux site du Château Montebello, à environ une heure de route d'Ottawa, le restaurant Aux Chantignoles offre une expérience unique, principalement en raison du décor de ce luxueux hôtel en bois rond. Au centre du lobby circulaire trône un immense foyer entouré de sofas confortables, d'une autre époque. Un double escalier mène vers la somptueuse salle à dîner où les tables disposées près de la baie vitrée, qui donne sur la rivière Ottawa, créent l'ambiance idéale pour une soirée romantique, après avoir passé une journée sur le terrain de golf ou au spa. L'endroit est toutefois générale-ment fréquenté par une clientèle de congressistes et les grandes tablées peuvent rendre le tout un peu bruyant. La carte propose plusieurs classiques de la cuisine française. Certains plats sont bien maîtrisés, comme la côte de bœuf de l'Ouest, le tartare de truite arc-en-ciel ou le magret de canard. Pour l'organisation de conférences dans un décor typiquement canadien ou pour une soirée en amoureux après avoir profité des installations du site de l'hôtel. Formule buffet disponible le midi.

Wakefield

CHEZ ERIC CAFÉ & BISTRO

(Amérique du Nord)

28, chemin Valley

819 459-3747

★★★ cuisine
★★★ service
★★ décor

M 30 $ S 85 $

réservation / max. de personnes 35

Chez Eric Café & Bistro est un petit restaurant établi dans une maison patrimoniale à Wakefield, à une trentaine de minutes d'Ottawa, où l'on sert des plats goûteux, qui valent le déplacement. Le décor rustique est idéal pour un souper romantique ou un goûter d'après-ski. Dès que l'on pousse la porte, on est charmé par les arômes qui s'échappent de la cuisine à aire ouverte. On peut y apercevoir le chef Che Chartrand et son équipe qui s'affairent à préparer des plats surprenants, faits avec des produits locaux. Le menu du soir change régulièrement, selon les arrivages saisonniers et selon l'inspiration du chef, mais on y offre toujours au moins un repas végétarien et un poisson. La présentation des plats est appé-tissante et colorée. La carte des vins, qui propose plusieurs crus biologiques, est courte mais intéressante. Terrasse paisible en été. Brunch servi les samedis et dimanches.

CANTONS-DE-L'EST
MAURICIE

Ayer's Cliff

AUBERGE RIPPLECOVE

(Amérique du Nord)

700, chemin Ripplecove
819 838-4296

★★★★ cuisine
★★★★★ service
★★★★★ décor

 **M 90 $ S 140 $**

réservation / max. de personnes **120**

Institution depuis plus d'un demi-siècle, ce haut lieu de villégiature niché dans les bois, en bordure du magnifique lac Massawippi, ne laisse pas indifférent. Dans un décor somptueux un brin suranné, on se laisse choir sur une jolie chaise confortable au bord de la fenêtre ou près du foyer, et on entame un repas qui s'avérera fort agréable de la mise en bouche au dessert. Le service est affable, on s'assure continuellement du bien-être des clients. La carte, d'influence tantôt française, tantôt asiatique, est un peu hétéroclite, mais des plats comme le carré de chevreau en croûte de noix de pin ou les ris de veau sous vide sont de véritables réussites. Certains choix dans l'exécution et la présentation des plats sont un peu surprenants, mais le tout demeure dans l'ensemble très bien fait. La carte des vins est complète et les desserts, surtout le gâteau aux carottes et sa quenelle à l'ananas, sont délicieux.

Canton de Lingwick

RUÉE VERS GOULD (LA)

(Amérique du Nord)

19, route 108, Gould
819 877-3446

★★★ cuisine
★★ service
★★ décor

M _ S 70 $

réservation / max. de personnes **60**

Dans le pittoresque hameau de Gould, colonisé par des Écossais, l'auberge se niche dans l'ancien magasin général. La salle à manger porte encore les vestiges de son histoire avec l'immense étagère débordant d'objets bric-à-brac. Les vieilles tables et chaises dépareillées créent une atmosphère des plus conviviales, tout comme les nappes au motif écossais et le serveur en kilt! En effet, la très goûteuse cuisine rend hommage aux fondateurs: haggis, scones, pâté de foie de lapin ou de hareng fumé, stovies à l'agneau (un ragoût), lapin des Scots, hindle wake (du poulet farci de pruneaux et de mie de pain) et autres viandes apprêtées à la bière ou au scotch. À propos, même si la maison offre du vin, c'est surtout la carte des bières de microbrasseries et des scotchs fins qui fait briller l'œil. Dépaysement assuré!

Cookshire

NUAGES FOUS (LES)

(Amérique du Nord)

50, route 108
819 565-9090

★★★★ cuisine
★★★ service
★★★ décor

M _ S 90 $

réservation / max. de personnes **50**

Sur réservation, les propriétaires de cette table champêtre située à 5 minutes du centre-ville de Lennoxville accueillent leurs convives comme à la maison, celle-ci chaleureuse et tout en boiseries. La verrière est particulièrement agréable. La cuisine du chef Serge Boulanger s'apprécie en table d'hôte ou gourmande, toutes deux renouvelées chaque mois. Les plats sont classiques comme la bavette de cheval au vin rouge et à l'échalote, ou exotiques comme le carré d'agneau au pilaf de noix de coco, par exemple. Côté douceurs, nous avons dégusté un sorbet au pamplemousse et au Campari mémorable et une tarte aux pommes et au sucre à la crème chaud qui nous a fait soupirer d'aise. Un charmant endroit pour laisser le temps filer, comme des nuages fous.

Cantons-de-l'Est

Danville

TEMPS DES CERISES (LE)

(France)

79, rue du Carmel

819 839-2818

★★★ cuisine
★★★ service
★★★★ décor

🌂 M **30 $** S **80 $**

réservation / max. de personnes 80

En ouvrant le menu du restaurant Le Temps des cerises, on tombe sur la liste des divers fournisseurs de cette table champêtre franco-belge. Il faut savoir qu'à Danville, les produits du terroir sont tellement proches qu'ils viennent parfois avec un nom de famille, comme dans le cas de ce gigot d'agneau des Laberge relevé au thym. En cuisine, on semble priser les cuissons lentes (la joue de porc doit sa tendreté à la bière Buck), les explorations capiteuses (audacieux nougat de foie gras de canard et chocolat servi avec un chutney de canneberges) et les noms de desserts qui font jaser (une «gosse d'orignal» au chocolat blanc?!). Optez pour le menu dégustation si la hauteur des plafonds de cette ancienne chapelle vous ouvre grand l'appétit.

Eastman

BICOQUE (LA)

(Amérique du Nord)

391, rue Principale

450 297-3222

🌂 M **40 $** S **95 $**

★★★★ cuisine
★★★ service
★★★★ décor

réservation / max. de personnes 35

Au cœur du village d'Eastman se niche une salle joliment aménagée dans des tons de paille et de terre cuite, agrémentée de lourds rideaux et de panneaux décoratifs. Le chef propose une cuisine du terroir et du marché mise en valeur par les techniques françaises. Il manie l'art de la sauce et du flambé avec brio. Non seulement constate-t-on son souci du produit, mais aussi on se réjouit du traitement spécial qu'il réserve à chaque plat. Le croustillant d'escargot à la crème flambé à la sambuca nous a laissé un souvenir indélébile, tout comme les ris de veau (spécialité de la maison), qui fondaient en bouche. Le midi, les propositions se font bistro: steak-frites, sandwich à l'échine de porc, etc. Une excellente adresse à garder jalousement en poche.

Eastman

SPA EASTMAN

(Amérique du Nord)

895, chemin des Diligences

450 297-3009

 EP M **45 $** S **75 $**

★★★ cuisine
★★★ service
★★★ décor

réservation / max. de personnes 72

Vous pouvez savourer la fine cuisine santé du Spa Eastman sans profiter des installations du centre (si vous pouvez résister au nouveau Eastman-les-Bains!). Le décor moderne et épuré de la salle à manger s'accorde parfaitement à celui du spa, mais c'est la vue panoramique sur les jardins et le mont Orford qui vole la vedette. Formule semi-buffet pour le souper: potage et comptoir à salades (garni de légumes, graines, pousses et germinations) en libre-service; ensuite, plat principal et dessert servis à table. Que les amateurs de chair se rassurent, ils ne seront pas en reste. Tous les soirs, le menu propose quatre options: une viande, un poisson, un plat végétarien et des pâtes. Durant la belle saison, les légumes, fleurs et fines herbes cultivés dans les jardins se retrouvent dans votre assiette. Autrement, la maison privilégie autant que possible les produits naturels, bios et locaux. Impressionnante carte de vins bios.

Cantons-de-l'Est

ATTELIER ARCHIBALD

(Amérique du Nord)

150, rue Saint-Jacques

450 991-3336

★★★★ cuisine
★★★ service
★★★★ décor

 M**40$** S**65$**

réservation / max. de personnes 100

Dans ce resto, tout incite à la fête. De la vaisselle aux éléments de déco éclectiques et rigolos, en passant par les plats réconfort retravaillés façon gastronomie. Le macaroni est ici servi en croquette croustillante sur une fabuleuse sauce tomate, les calmars frits empruntent des airs asiatiques et le pâté chinois est composé de bœuf braisé, d'une purée de patates douces et d'une crème de maïs. Le menu est vaste et va des pizzas, burgers et pâtes aux braisés, grillades, moules et poissons, toujours présentés avec soin et beaucoup de créativité. Les desserts sont tout aussi éclatants, dont la fameuse brochette banane, guimauve et chocolat noir. Que ce soit en groupe à de longues tables ou entre amis dans la section lounge, vous aurez droit à un repas réjouissant.

Hatley

PLAISIR GOURMAND

(Amérique du Nord)

2225, route 143

819 838-1061

★★★★ cuisine
★★★ service
★★★ décor

  M _ S**100$**

réservation / max. de personnes 32

Dans le charmant village de Hatley, un couple nous accueille dans le décor champêtre discret de sa maison ancestrale aux tons de beurre et de crème. Il propose une cuisine du terroir qui ne fait pas dans la demi-mesure: autant que faire se peut, les produits sont de la région. Éric, le chef, les met d'ailleurs magnifiquement en valeur, avec finesse et savoir-faire. En entrée, le gros pétoncle saisi à la salsa d'ananas et de gingembre a remporté le Prix du public au concours Créations de chefs Sauternes-Barsac. En plat, le jarret d'agneau braisé dans son jus d'ail et de romarin est devenu la spécialité de la maison (avec raison). Auteure d'une carte des vins qui se marie au style culinaire de la maison, Jinny, la somme-lière, est de bon conseil. Ses desserts (elle en est la conceptrice) closent le repas sur une note à la fois délicate et réconfortante. Le cadre idéal pour une partie de campagne.

Lac Brome

AUBERGE QUILLIAMS

(France)

572, chemin Lakeside

450 243-0404

★★★★ cuisine
★★★★ service
★★★ décor

 M _ S**120$**

réservation / max. de personnes 100

On tombe sous le charme dès que l'on pénètre dans cette salle en demi-lune largement fenestrée offrant une magnifique vue sur le lac. On y est reçu dignement par un personnel expérimenté qui sait nous présenter aussi bien la recherchée carte des vins que le menu. Celui-ci est court bien que varié, et on semble n'y mettre que des plats solidement réussis. La spécialité de l'endroit est bien évidemment le canard, produit emblématique de la région. Que vous le dégustiez en rillettes, gésiers, foie gras, magret ou confit, les présentations sont admirables, les accompagnements, bien choisis, et que dire des sauces goûteuses et bien agencées. Il ne faut toutefois pas hésiter à opter pour l'une ou l'autre des propositions comme le cerf, le saumon ou le veau. Des interprétations classiques, réalisées selon les règles de l'art.

BISTRO LADY OF THE LAKE

(Amérique du Nord)

125, chemin de la Plage des Cantons

819 868-2004

★★★★ cuisine
★★★ service
★★★ décor

M _ S**90$**

réservation / max. de personnes 70

Avec ses couleurs méditerranéennes et son magnifique site en bordure du lac Memphrémagog, on ne peut que se sentir en vacances lorsque l'on s'attable au Lady of the Lake. L'escale est d'autant plus agréable que la nourriture que l'on y sert réjouit nos papilles. Le menu, de type bistro, offre un large éventail de propositions dont de nombreuses entrées comme le chèvre chaud accompagné d'une salsa de betteraves, la croquette de saumon ou encore les tempuras de crevettes. Le choix est aussi vaste pour la suite avec, entre autres, le pavé de thon aux herbes, la bavette de bison et sa savoureuse sauce au porto, ou le filet mignon. Les cuissons sont à point et les accompagnements font honneur à l'assiette. Il y a une belle carte de desserts ainsi qu'un menu pour enfants.

Magog

PÉCHÉS DE PINOCCHIO (LES)

(Amérique du Nord)

469, rue Principale Ouest

819 868-8808

★★★★ cuisine
★★★ service
★★★★ décor

M**50$** S**90$**

réservation / max. de personnes 60

Créatifs, ludiques et généreux: voilà qui décrit en trois mots les propriétaires de cette table. Ils ont aussi un goût certain pour la déco, qui sied bien à leur cuisine: chic, sans être guindée. Calé dans une haute banquette de cuir chocolat, on apprécie les traits d'humour omniprésents (sur les murs, le menu et même l'uniforme des cuisiniers), on admire les promesses du cellier vitré et on lorgne la cuisine semi-ouverte. Les assiettes sont splendides, le mariage des saveurs, des couleurs et des textures, savamment recherché. Le menu se renouvelle régulièrement, mais à la faveur générale, certains plats ont été promus au rang de classiques, comme le tartare de canard. Espérons que le surprenant dessert Rose bonbon le soit aussi. Côté vins, de belles découvertes à prix raisonnables. On est tenté de pécher, et souvent.

Magog

GUACAMOLE Y TEQUILA

(Amérique latine + Antilles)

112, rue Principale Ouest

819 868-0088

★★ cuisine
★★★ service
★★★ décor

M**25$** S**55$**

réservation / max. de personnes 100

Pour chasser la grisaille ou souligner le 5 à 7, margarita en main, l'endroit est tout indiqué. Rehaussées ici et là de rose vif, les chaises tressées, la vaisselle en terre cuite et les lanternes viennent tout droit du Mexique, comme la cuisine qui revendique fièrement son authenticité. Les spécialités sont faites maison, des tortillas au chorizo. On sert entre autres les tacos al pastor, garnis de porc mariné dans un mélange de piments et agrémentés de morceaux d'ananas. Parmi les plats découverte, le cochinita pibil (porc mariné sur feuille de banane) et l'encacahuatado (porc à la sauce aux arachides). Une cuisine roborative qui gagnerait à être accompagnée de légumes frais et croquants. Au dessert, on se garde une petite place pour le pastel de tres leches. Seconde adresse: 2340, rue King Ouest à Sherbrooke.

Magog

CAVALLINI

(Italie)

101, rue du Moulin

819 847-2798

★ ★ ★   cuisine
★ ★ ★ ★   service
★ ★ ★ ★ ★   décor

M   _   S**120**$

réservation / max. de personnes   60

Une vue sur le lac et sur la montagne, une terrasse spacieuse, un intérieur aux boiseries sombres et généreuses, accentuées de tons chauds... Cavallini est sans contredit un bel endroit. Vous trouverez sur le très classique menu les antipasti, pâtes maison et viandes qui obtiennent la faveur générale. Vous aviez en tête une escalope de veau marsala et champignons, mais elle ne figure pas à l'ardoise? Faites fi de votre dépit et décrivez plutôt au serveur empressé ce qui vous ferait envie. Le chef se fera un plaisir de vous contenter. Les desserts sont offerts à la carte ou en assortiment à partager (notamment tiramisu, fondant au chocolat et mousse au citron). Plutôt brève, la carte des vins est exclusivement italienne.

North Hatley

PILSEN RESTAURANT & PUB

(Amérique du Nord)

55, rue Principale

819 842-2971

★ ★   cuisine
★ ★   service
★ ★ ★   décor

M**30**$ S**65**$

réservation / max. de personnes   100

À North Hatley, le Pilsen est une véritable institution. Toutes les raisons sont bonnes pour faire un arrêt à ce pub situé au cœur du village et offrant un joli point de vue sur le lac Massawippi. Pour un en-cas, les propositions de grignotines sont nombreuses (nachos, calmars frits, chips Pilsen...) et la bière maison s'avère de circonstance. Si l'endroit propose une petite table d'hôte, c'est le traditionnel menu bistro qui mène le bal avec ses portions généreuses (vous serez repu après un plat de pâtes ou de moules et frites). Les grillades sont à conseiller. Vous avez la dent sucrée? La Massawippi mud pie s'impose. Un seul dilemme: par beau temps, il faut choisir entre trois accueillantes terrasses.

Cantons-de-l'Est

Bons mots:
«La gastronomie est l'art d'utiliser
la nourriture pour créer le bonheur.»

– Theodore Zeldin

North Hatley

MANOIR HOVEY

(France)

575, rue Hovey

819 842-2421

★★★★★ cuisine
★★★★★ service
★★★★ décor

M**40$** S**140$**

réservation / max. de personnes   80

Après l'incendie de février 2011, les propriétaires de ce manoir membre de Relais & Châteaux ont saisi l'occasion de transformer la salle à manger. Désormais lumineuse, elle permet à tous les convives d'admirer les jardins et le lac Massawippi. Le chef Roland Ménard a profité de ce congé forcé pour réinventer la carte, dont l'assise classique met en valeur les emprunts tantôt au terroir, tantôt à la vague moléculaire. À elle seule, la description des plats fait saliver, et effectivement on se régale: terrine de cerf, navet mariné, foie gras granulé à l'amande, fromage de chèvre, laitue frisée... ou flétan du Pacifique à l'étouffée, fumet corsé, spätzle à l'encre de seiche, coquillage à la diable, panais... Carte des vins bien étoffée. Ajoutez à cela un traitement quasi princier! On quitte ces lieux fastes et bucoliques l'air digne et la panse comblée.

Saint-Ignace-de-Stanbridge

ŒUF (L')

(France)

229, chemin Mystic, Mystic

450 248-7529

★★ cuisine
★★★ service
★★★ décor

 **EP** M **50$** S **85$**

réservation / max. de personnes 48

Pour changer des restos à la page, on file à la campagne dans cette charmante auberge au décor patiné. L'illusion est quasi parfaite: on se transporte aussitôt dans un petit bistro français sans prétention, mais combien authentique. Si le menu n'inspire guère par la pauvreté de ses descriptions, il se marie sans conteste à l'ambiance: œuf en meurette, salade aux lardons, gratin de fruits de mer, lapin à la moutarde, confit de canard et compagnie. Les vins ne sortent pas des sentiers battus: que les produits les plus populaires de la SAQ. L'ancien magasin général fait aussi office de chocolaterie, de bonbonnerie et de glacerie, d'où les desserts succulents accompagnés d'une carte des thés fort intéressante. En été, la terrasse pourvue de moustiquaires qui s'ouvre sur le jardin est des plus agréables.

Sainte-Catherine-de-Hatley

AUBERGE SAINTE-CATHERINE-DE-HATLEY

(Amérique du Nord)

2, Grand'Rue

819 868-1212

★★★★ cuisine
★★★★ service
★★★ décor

M _ S **90$**

réservation / max. de personnes 40

Voici un endroit sympathique où vous arrêter pendant vos pérégrinations sur les chemins des Cantons. Tenue depuis une quinzaine d'années par la charmante famille Gagnon, l'auberge séduit par la vue splendide qu'elle offre sur le mont Orford et la campagne estrienne, même en basse saison. À l'intérieur, le décor aurait besoin d'être rafraîchi. Qu'à cela ne tienne, la mère et le fils – sommelier – nous traitent comme de la grande visite. Très succincte, la table d'hôte que vient compléter un menu bistro en offre néanmoins pour tous les goûts. Si les viandes et poissons sont apprêtés à la perfection, les accompagnements manquent parfois de panache. Soulignons les efforts remarquables de la chef Mélanie Gagnon pour mettre les produits de la région en valeur.

Sherbrooke

CLASSYCO CAFÉ

(Afrique)

133, rue Frontenac

819 565-4148

★★★ cuisine
★★★ service
★★★ décor

M **20$** S **35$**

réservation / max. de personnes 50

Avec sa cuisine de l'île Maurice et son décor bleu outremer, ce petit resto familial «apportez votre vin» est un rayon de soleil dans le centre-ville de Sherbrooke. Le menu propose une formule simple: quelques amuse-bouches, une soupe surprenante avec sa saveur d'ananas et un plat principal qu'on compose selon ses envies. Sur un lit de riz ou de pâtes (au choix), sélectionnez vos protéines (calmars, poisson, porc, poulet...) et votre sauce (rougail mauricien, curry à l'indienne, cajun, poivre de Madagascar...). Les assaisonnements, assez doux, ne choqueront pas les papilles peu habituées aux saveurs exotiques qui pourront même choisir des sauces au fromage ou à l'italienne. Les desserts, de banales tartes au sucre ou aux fruits, n'évoquent pas non plus l'île Maurice.

Sherbrooke

ROSE DES SABLES (LA)

(Afrique)

270, rue Dufferin

819 346-5571

★★ cuisine
★★ service
★★ décor

 M **25 $** S **50 $**

réservation / max. de personnes 80

Ce restaurant se veut la pierre angulaire d'une bouffe marocaine sans esbroufe. Le voyage débute en entrée avec l'«assiette Rose des sables» qu'on partage avec son voisin de table car on y retrouve un peu de tout, de la merguez à la pastilla (du poulet et des amandes dans une pâte feuilletée), en passant par les feuilles de vigne maison. Servis dans une vaisselle traditionnelle, les tajines d'agneau s'imposent ensuite, surtout qu'on les apprête de moult façons (abricots, pruneaux, artichauts...). Que vous preniez une simple brochette ou une assiette de kefta (des bâtonnets de viande hachée savamment épicée), vous aurez droit à une généreuse portion de couscous. Un petit extra de tzatziki avec ça?

Sherbrooke

ANTIQUARIUS CAFÉ

(Amérique du Nord)

182, rue Wellington Nord

819 562-1800

★★★ cuisine
★★★ service
★★★★ décor

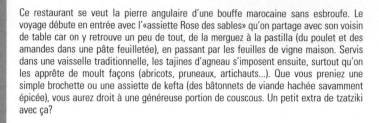 M **30 $** S **60 $**

réservation / max. de personnes 65

Le décor de l'endroit se prête particulièrement bien à la mission culturelle que les propriétaires se sont donnée: tableaux sur murs de brique, antiquités et boiseries à foison, plafonds ouvrés et scène aménagée à l'avant du café. On se plaît bien dans cette ambiance conviviale et on a grande envie d'y retourner pour pianoter sur son portable ou assister à une prestation de jazz en sirotant une Sapporo ou un café. L'été, la terrasse permet de profiter de l'atmosphère du centre-ville. Au menu, sandwichs gourmets, pâtes et salades. Le soir, on peut déguster un tartare de bœuf ou de saumon, un saumon au fenouil ou une bavette à l'échalote. Si elles ne sortent pas des sentiers battus, les interprétations sont résolument modernes.

Sherbrooke

CARTIER (LE), PUB ST-MALO

(Amérique du Nord)

255, boulevard Jacques-Cartier Sud

819 821-3311

★★ cuisine
★★★ service
★★ décor

M **30 $** S **70 $**

réservation / max. de personnes 100

Avec sa double personnalité, Le Cartier version resto et St-Malo version pub est devenu un incontournable pour les rencontres en famille ou entre amis; tout le monde peut y trouver son compte. Si la majorité des classiques de l'endroit proviennent du menu ensoleillé des débuts (généreuses salades, luxuriants sandwichs, jus maison...), les burgers, tartares, pizzas, bavettes et autres classiques du côté pub tirent la couverture de leur bord. Avec ce choix exhaustif, le raffinement est limité, mais cela importe peu quand le mot d'ordre est convivialité. Autres raisons de prendre place sur l'immense terrasse animée par beau temps ou à la mezzanine vitrée: un grand choix de décadents desserts (le gâteau St-Malo peut créer une dépendance) et une formule pour l'heure du thé.

Sherbrooke

AUGUSTE

(Amérique du Nord)

82, rue Wellington Nord

819 565-9559

 CRÉATIFS DE L'ÉRABLE.ca

 Chefs créateurs Cantons-de-l'Est

★★★★★ cuisine
★★★★ service
★★★★ décor

 M40$ S70$

réservation / max. de personnes   50

Dans un décor très «bistro chic», le personnel de cuisine s'active derrière le zinc. Sur le tableau noir, le menu abonde en produits locaux. Le chef Danny St-Pierre est visiblement fier de ses partenariats avec les producteurs, commerçants et artisans de la région. Dans l'assiette, ce savoir-faire et cette passion fondent merveilleusement en bouche. Parmi les incontournables qui ont fait la réputation de la maison: la fameuse poutine inversée, les tartares, le poisson frit à l'anglaise, la torta choco-noisettes et la pavlova aux petits fruits. C'est aussi l'endroit tout indiqué pour les amateurs de boudin, de langue de bœuf ou de foie de veau. Un menu est spécialement dédié aux enfants, chose rare dans ce genre d'établissement. La carte des vins propose de belles découvertes, notamment en importation privée.

Sherbrooke

ENTR'AMIS (L')

(Amérique du Nord)

734, 13ᵉ Avenue Nord
819 346-5227

★★★★ cuisine
★★★★ service
★★ décor

M **40 $** S **80 $**

réservation / max. de personnes   12

Seule adresse du genre dans l'arrondissement de Fleurimont, cette table vaut le détour. Depuis 2001, le chef Michel Lessard propose une cuisine qui emprunte ses parfums tantôt à la France, tantôt à l'Italie, tantôt à l'Asie. Outre la carte et la table d'hôte, on peut opter pour l'une des deux formules découverte – avec l'une, vous vous en remettez au chef, avec l'autre, il vous propose des trios à déguster en entrée et en plat principal. La soupe de poissons et crustacés au brandy et le carré d'agneau en croûte, sauce à la dijonnaise, comptent parmi les spécialités de la maison. Service empressé.

Sherbrooke

MÉCHANT STEAK SHERBROOKE

(Amérique du Nord)

111, rue Wellington Nord
819 791-5544

★★★ cuisine
★★★ service
★★★★ décor

M **45 $** S **85 $**

réservation / max. de personnes   50

Le nom ne trompe pas. Ici, on sert de la viande sous toutes ses formes: différentes coupes de bœuf, côte de veau, confit de canard et côtes levées. Mais le menu fait aussi la part belle aux fruits de mer et aux poissons. Pour une touche d'originalité, on choisit des plats signés Méchant Steak: des tranches de bacon entières pour la César ou un parfum de cardamome pour le généreux pouding chômeur, par exemple. On passe une agréable soirée dans une ambiance feutrée, sous l'éclairage tamisé des jolis luminaires. On y va aussi pour le brunch musclé ou l'apéro, yeux dans les yeux avec le crâne de bœuf qui trône derrière le bar. Très succincte, la carte des vins se renouvelle régulièrement et s'est récemment bonifiée d'importations privées, ce qui devrait éviter de lasser les habitués. Une adresse aussi à Magog.

Sherbrooke

RESTO-CLUB LA TOQUADE

(Amérique du Nord)

196, rue Wellington Nord
819 569-9164

★★★ cuisine
★★★ service
★★★ décor

M **40 $** S **60 $**

réservation / max. de personnes   62

Belle surprise que ce resto-bar sans prétention. Le décor moderne et branché sied à merveille à ce petit nouveau de la populaire rue Wellington. On y passe en vitesse le midi pour un burger au chèvre chaud ou une salade de prosciutto, pomme, cheddar et noix de Grenoble ou on s'y attarde suffisamment au 5 à 7 (martini en main) pour terminer par un pavé de saumon à l'asiatique en fin de soirée. L'ambiance (soutenue par une trame lounge) et le personnel affable nous donnent envie d'y aller pour siroter un café et lire un bouquin en cherchant un visage familier. Le genre d'endroit que l'on aime voir apparaître dans son quartier et qui peut rapidement attirer sa horde de réguliers.

Sherbrooke

PIZZICATO

(Amérique du Nord)

47, rue King Ouest

819 575-4335

★★★ cuisine
★★★ service
★★★★ décor

 M**30**$ S**55**$

réservation / max. de personnes 50

C'est avec un plaisir manifeste que les Sherbrookois retrouvent leur Pizzicato chéri, enthousiasme que le restaurateur François Pichette leur rend bien. Proie des flammes en août 2009, l'arrêt ravitaillement des cinéphiles est désormais situé à quelques portes de l'ancienne adresse. Si le menu est resté à peu de choses près le même, le décor et l'ambiance ont subi une cure jeunesse: du blanc accentué de rouge et d'anthracite, une fenestration gigantesque permettant de se rincer l'œil et un éclairage vif le jour, enveloppant le soir. Comme jadis, des salades goûteuses (nous avons renoué avec la délicieuse tiède à la pancetta), des pâtes gourmandes et, bien sûr, les fameuses pizzas fines et carrées déclinées en 25 interprétations, sages ou folichonnes. Des musiciens jazz perchés à la mezzanine enrobent le tout la fin de semaine.

Cantons-de-l'Est

Sherbrooke

SEBBY'S

(Amérique du Nord)

83, rue Queen

819 569-9755

★ ★ cuisine
★ ★ service
★ décor

M **30 $** S **70 $**

réservation / max. de personnes 100

«Le seul vrai steakhouse en Estrie»? Chose certaine, on peut se fier à Sebby's quand vient le temps d'assumer son côté carnivore. La promesse de ce restaurant chouchou de la communauté anglophone de la région, qui sait prendre en charge les gros appétits: le bœuf y est canadien, de qualité Angus Pride AAA, du filet mignon de 7 oz au Texas T-bone de 18 oz. Ne vous laissez pas berner par le décor bric-à-brac (sur les murs: une collection de tasses, des objets désuets, des natures mortes...), car l'ambiance de cette brasserie à l'âme américaine (avec du country dans les haut-parleurs) est propice aux échanges animés. Et avec son poulet et ses côtes levées, on en vient à considérer Sebby's comme un St-Hubert avec une belle personnalité. *Cheers!*

Sherbrooke

TABLÉE DU PONT COUVERT (LA)

(Amérique du Nord)

5675, route 147, Milby

819 837-0014

★ ★ ★ ★ cuisine
★ ★ ★ ★ service
★ ★ ★ décor

M **45 $** S **90 $**

réservation / max. de personnes 24

La charmante demeure faisant face audit pont couvert séduit d'emblée, et l'imposant fumoir impressionne. L'intérieur aussi donne le ton champêtre au repas, avec ses boiseries, son foyer et son piano. Le chef-restaurateur André Lapalme est un amphitryon passionné, c'est le moins que l'on puisse dire. En plus de faire des merveilles en cuisine, il accueille, sert et entretient ses clients, cultive ses légumes et fines herbes, cuit un pain amérindien savoureux, fume chairs et fromages et tient une petite épicerie du terroir. Sa truite fumée est à se mettre à genoux. Une profusion de légumes bien frais soutient merveilleusement les confit de canard, veau de grain et lapin délectables. La tablée idéale pour apprécier les produits des Cantons dans toute leur splendeur.

Sherbrooke

BISTRO KAPZAK

(Europe de l'Est)

20, rue Wellington Sud

819 791-1176

★ ★ ★ cuisine
★ ★ ★ service
★ ★ ★ ★ décor

EP M **40 $** S **85 $**

réservation / max. de personnes 50

Fidèle à ses ascendances, le chef Jason Kacprzak propose une cuisine bistro nord-américaine tout ce qu'il y a de plus tendance, les accents polonais et les produits locaux en plus. Bien entendu, le bortsch (délectable) et les pierogis, mais aussi le fromage oscypek et la saucisse kobassa qui relèvent certains mets. Les joues de veau à la Guinness sont le plat phare de la maison, mais ne négligeons pas le magret et son foie gras, le risotto aux pattes de crabe ou les côtes levées cuites sous vide. Ingrédient vedette de la cuisine polonaise, la pomme de terre se trouve jusque dans la crêpe fraises et rhubarbe. Très brève, la carte des vins comporte certaines importations privées. En revanche, les amateurs de vodka seront ravis. Le décor très dans l'air du temps surprend avec ses trois arbres tronqués au milieu de la salle. On y retourne.

Sherbrooke

BOUCHON (LE)

(France)

107, rue Frontenac

819 566-0876

★★★★ cuisine
★★★★ service
★★★★ décor

 M**65**$ S**85**$

réservation / max. de personnes   70

Toujours aussi classe ce restaurant, que l'on choisisse la vue sur la rivière, la lumineuse salle ou encore la terrasse en été. On y sert une cuisine raffinée de type bistro. Tartare, bavette, carpaccio, foie gras, confit de canard, filet mignon, ces classiques sont présentés dans leurs plus beaux atours grâce à de beaux produits, des légumes croquants, des accompagnements variés, des sauces exquises et des présentations soignées. On a également porté une grande d'attention à la carte des vins ainsi qu'aux divins desserts. Un choix sûr.

Sherbrooke

RESTAURANT LO RÉ

(France)

17, rue Peel

819 822-4177

 Chefs créateurs Cantons-de-l'Est

★ ★ ★ ★ cuisine
★ ★ ★ ★ service
★ ★ ★ décor

M **35** $ S **80** $

réservation / max. de personnes   50

Le chef Stéphane Lo Ré propose une cuisine du marché qui, forcément, s'inspire des produits de saison et des spécialités du terroir. Il fait la part belle aux légumes et apprête les viandes à la française. Les plats, canard au cidre de glace, porc au caramel de beurre salé et saumon à la crème de courgette au basilic, par exemple, sont très réussis même si certains assaisonnements sont trop subtils. À essayer en finale, le Café gourmand accompagné de quatre desserts en portion dégustation. Avec beaucoup d'affalité, on veille sans relâche à ce que rien ne manque à votre bonheur. À la fin du repas, le chef vient lui-même s'enquérir si sa cuisine a eu l'heur de vous plaire. Un endroit charmant tenu par une famille non moins charmante, où l'on aurait bien envie de devenir un habitué.

Sherbrooke

TABLE DU CHEF (LA)

(France)

11, rue Victoria

819 562-2258

Chefs
créateurs
Cantons-de-l'Est

★★★★★ cuisine
★★★★ service
★★★★ décor

  M**45**$ S**100**$

réservation / max. de personnes 70

La table, c'est un ancien presbytère fait de matériaux nobles. Le chef, c'est le renommé Alain Labrie. La Table du chef, c'est une histoire d'amour qui se confirme. Qu'on soit assis dans la verrière, avec mur de pierre d'un côté et vue sur mont et vallée de l'autre, ou encore dans la salle principale où se niche le précieux cellier de verre, l'ambiance invite à se recueillir devant les divins plats: suprême de pintade au jus de canard à l'érable et au citron vert, pétoncles au chorizo ou lapin braisé et son ragoût de légumes à l'ail. Renouvelé régulièrement, le menu dégustation permet d'apprécier le talent du chef, rigoureux autant qu'inventif. Du début à la fin, il nous fait soupirer d'aise. Diversifiée, la carte des vins témoigne d'une recherche minutieuse. Grand choix au verre et en demi-bouteille.

Sherbrooke

PETIT PARISIEN (LE)

(France)

243, rue Alexandre

819 822-4678

★★★ cuisine
★★★ service
★★ décor

 M _ S**70$**

réservation / max. de personnes   35

Le Petit Parisien a changé de mains! Les nouveaux propriétaires ont remanié le menu et la formule, qui s'accordent désormais mieux au nom de l'établissement. Exit la carte, c'est table d'hôte pour tous, déclinée en cinq services. La maison s'approvisionne autant que possible en produits québécois. Riches et savoureux, les accompagnements s'harmonisent bien avec les réconfortantes viandes en sauce. Très brève, la carte des desserts mise tout sur les incontournables, comme la crème brûlée. Le décor un peu suranné mériterait d'être rafraîchi, mais ce resto reste un petit endroit sympathique où il fait bon se régaler de plats au beurre et à la crème sur des airs de chanson française.

Sherbrooke

SHALIMAR

(Inde)

263, rue Queen, Lennoxville

819 823-9683

★★★ cuisine
★★★ service
★★ décor

M**25$** S**50$**

réservation / max. de personnes   40

Ce n'est assurément pas pour le décor que l'on va au Shalimar, mais bien pour sa cuisine indienne fort respectable. Si les cartes des vins et des desserts sont élémentaires, celle des plats est en revanche bien étoffée. Currys, plats tandouri, masala, vindaloo, naans, pakoras, chutneys et plats végétariens: tout y est, et convenablement exécuté. Devant tant de choix, votre cœur hésite? Allez-y un soir de buffet (du vendredi au dimanche) ou optez pour un thali (combinaison de diverses spécialités), version carnée ou végétarienne. Les propriétaires cultivent leur potager biologique et vous font profiter de leurs produits en saison. Commandes à emporter.

Sherbrooke

DA LEONARDO

(Italie)

4664, boulevard Bourque

819 564-0666

★★★ cuisine
★★★★ service
★★ décor

M**35$** S**75$**

réservation / max. de personnes   20

Sur le boulevard Bourque, les enseignes sherbrookoises se suivent et se ressemblent, sauf dans le cas du Da Leonardo. Si le restaurant a quitté le centre-ville pour s'établir dans le secteur de Rock Forest, cette table conviviale demeure une abordable immersion dans les traditions culinaires italiennes. Que ce soit en plat principal ou en accompagnement, les pâtes y sont fraîches; n'hésitez pas à payer l'extra pour les avoir farcies (les agnolottis au fromage et épinards fondent en bouche). Ici, le secret est dans la sauce, dont la viandeuse «Leonardo». Le menu propose aussi une belle déclinaison d'escalopes de veau de lait, mais qu'ils soient en entrée ou en table d'hôte, les ris de veau s'imposent. Pour le dessert, un seul mot: tiramisu.

Sherbrooke

DA TONI

(Italie)

15, rue Belvédère Nord

819 346-8441

★★★★ cuisine
★★★★ service
★★★★ décor

 🍴 ☂ M **35 $** S **80 $**

réservation / max. de personnes 100

Chez Da Toni, on est un invité de marque qui fait un peu partie de la *famiglia*. Le valet s'occupe de la voiture, le personnel est plein d'attentions, les choix du sommelier nous guident, le chef nous régale. La carte des vins, truffée d'importations privées, est exceptionnelle et en parfait accord avec le menu. Le magnifique cellier vitré occupe la place qui lui revient: le centre de la salle, elle-même très chic, à l'italienne. En plus des classiques qui ont fait la renommée de l'enseigne et dont il poursuit la tradition, le chef propose une table d'hôte aux accents parfois français. Les viandes sont cuites à la perfection et nappées de sauces goûteuses. Quelques originalités, dont un café espagnol en fin de repas.

Sherbrooke

SUSHI EXPRESS

(Japon)

40, boulevard Jacques-Cartier Nord

819 823-2333

★★★ cuisine
★★★ service
★★★ décor

☂ M **30 $** S **60 $**

réservation / max. de personnes 20

Il y a le décor zen et les typiques plateaux à emporter. Or, malgré la petitesse de la salle, donnez-vous la peine de manger sur place. Strictement fonctionnel à la caisse, le service se révèle étonnamment sympathique et rigoureux en salle. Une mise en bouche vous fait patienter tandis qu'on prépare votre sélection parmi la généreuse carte. En plus des traditionnels nigiris, sashimis et makis, on propose des sushis tartares, des sushis chauds et même des sushis burgers originaux et goûteux. Ici, la tempura est à base de riz soufflé. Les desserts valent qu'on se réserve une petite place, comme la glace au thé vert enroulée dans une feuille de soya frite. Maintenant trois adresses.

Sutton

BISTRO BEAUX LIEUX

(Amérique du Nord)

19, rue Principale Nord

450 538-1444

★★★ cuisine
★★ service
★★★ décor

☂ M _ S **90 $**

réservation / max. de personnes 15

L'endroit est pimpant, avec ses murs olive rehaussés de rose vif. Les trois salles attenantes aux plafonds dépareillés accueillent autant la faune locale que les touristes, qui viennent s'y sustenter après les sports d'hiver ou d'été. Les lieux semblent permettre au chef Christian Beaulieu de donner libre cours à sa créativité, qu'il exprime essentiellement par des mélanges de saveurs inusités et des présentations inhabituelles. De la mozzarella fraîche sur flan au basilic entouré de compote de tomates cerises. Un jarret d'agneau sur salade tiède de pois chiches et de merguez au ras-el-hanout. Les desserts sont plus sobres, tout comme la carte des vins, peut-être un peu trop accessible. Un incontournable pour qui se trouve dans la région.

Mauricie

Grandes-Piles

AUBERGE LE BÔME

(Amérique du Nord)

720, 2ᵉ Avenue
819 538-2805

★★★ cuisine
★★★ service
★★★★ décor

EP M _ S**90 $**

réservation / max. de personnes 20

À la table de Matilde la chef, les produits régionaux sont omniprésents et bien identifiés. Ici, on aime fumer son propre saumon et faire ses rillettes, servir de la saucisse de caribou, de l'omble chevalier ou des cailles grillées aux délicats parfums asiatiques. Du début à la fin (il ne faut pas rater à cet égard le gelato maison à la bière de La Tuque), on est conquis par la finesse des plats comme par l'ambiance très bon enfant que Matilde l'Italo-Montréalaise et Jean-Claude le Français donnent à leur auberge. Celle-ci occupe une belle ancestrale au cœur du village. Les chambres et lieux communs sont décorés de superbes antiquités. Convivialité imposée avec bonheur.

Grand-Mère

FLORÈS (LE)

(France)

4291, 50ᵉ Avenue
819 538-9340

★★★★ cuisine
★★★★ service
★★★ décor

EP M**40 $** S**80 $**

réservation / max. de personnes 200

En pleine campagne se trouve cette charmante auberge qui allie hébergement, soins de santé et gastronomie. Jumelée aux saveurs régionales, la cuisine française y est audacieuse, quoiqu'un brin salée. En entrée, le tartare aux deux saumons, servi avec pain ciabatta rôti, devrait plaire aux amateurs, tandis que le popcorn de ris de veau au jus corsé est une option très intéressante pour quiconque souhaite s'initier en douceur aux abats. En table d'hôte gastronomique, on se laisse facilement tenter par la spécialité de la maison: le carré d'agneau en croûte de poivre rose et fines herbes. En été, une petite terrasse intime permet de s'évader du décor un peu trop chargé de la salle à manger.

Saint-Alexis-des-Monts

AUBERGE DU LAC-À-L'EAU-CLAIRE

(Amérique du Nord)

500, chemin du Lac-à-l'Eau-Claire
819 265-3185

★★★★ cuisine
★★★★ service
★★★★ décor

EP M**40 $** S**70 $**

réservation / max. de personnes 240

Membre du réseau Hôtellerie champêtre, l'Auberge du Lac-à-l'Eau-Claire est située sur un vaste territoire en pleine nature. Dans une salle à manger au décor classique et de bon goût, on savoure autant la fine gastronomie que la vue sur le «pays de lacs et de montagnes»! La célèbre truite de Saint-Alexis-des-Monts est évidemment la spécialité de la maison, proposée en plusieurs déclinaisons: fumée à chaud ou à froid, tartare, gravlax, amandine, forestière... Amateurs de pêche, vous pourrez même déguster vos propres prises apprêtées par le chef. Les moins fanatiques d'oméga-3 opteront pour le pressé de cerf ou le magret de canard. Le gargantuesque brunch dominical vaut assurément le prix et le déplacement.

AUBERGE LE BALUCHON

(Amérique du Nord)

3550, chemin des Trembles

819 268-2555

★★★★★ cuisine
★★★★ service
★★★★ décor

 M **40 $** S **100 $**

réservation / max. de personnes 210

À l'Auberge Le Baluchon, la cuisine est authentiquement régionale, empreinte du souci de valoriser les produits des artisans du terroir. On goûte ainsi foie gras, truite, canard, cerf ou sanglier des producteurs locaux. On a aimé, entre autres, le duo rognons à la moutarde et ris confits à la crème d'érable en entrée. Certains plats – tartare et salade César pour deux – sont servis pour être personnalisés par les clients à la table, ajoutant ainsi à l'expérience. Les desserts atteignent la perfection, comme par exemple ce cube intense de chocolat aromatisé à la Sang d'encre, une bière shawiniganaise. On vous conseille de commencer l'expérience par un apéro à l'Éco-café, puis d'emprunter les trottoirs de bois qui longent la rivière du Loup et ses chutes avant le repas pour profiter au maximum du cadre champêtre magnifique de cette auberge.

Mauricie

MARMITE (LA) - AUBERGE GOUVERNEUR

(Amérique du Nord)

1100, promenade du Saint-Maurice

819 537-6000

★★ cuisine
★★★ service
★★ décor

M **45 $** S **70 $**

réservation / max. de personnes   50

Outre son service très convivial, l'atout du restaurant de l'Auberge Gouverneur de Shawinigan réside en son offre de buffets qui se décline tout au long de la journée. Saumon, crevettes, gigot d'agneau, rôti de bœuf, table de desserts: sans surprendre, on propose tout de même un rapport qualité-prix intéressant. Du buffet méchoui aux brunchs du dimanche, les gros appétits sont gagnants car on en sort bien repu. La cuisine à la carte y est correcte, sans plus. Il est presque inutile de s'attarder au décor puisque la vue qu'offrent les larges fenêtres donnant sur la rivière Saint-Maurice et la Cité de l'énergie volent assurément la vedette. Le soir, on se contente du foyer central, élément contemporain qui tranche quelque peu avec le style champêtre de la salle à manger.

Shawinigan

MICRO-BRASSERIE LE TROU DU DIABLE

(Amérique du Nord)

412, avenue Willow

819 537-9151

★★★ cuisine
★★ service
★★★ décor

M _ S **65 $**

réservation / max. de personnes   20

L'ambiance très animée et tout aussi bruyante de cette micro-brasserie ne vous fera pas descendre en enfer... Décor chaleureux, terrasse conviviale, sélection de jeux de société, spectacles au calendrier: de quoi être aux anges! Ça tombe à point, car la cuisine y goûte le ciel. Le menu est composé d'aliments frais et régionaux, de la truite de Saint-Alexis aux cochonnailles maison. Souvent sur l'ardoise des plats du jour, le tartare de bison est un vrai péché. On envoie vite la (très) succincte carte des vins au diable après avoir jeté un coup d'œil au choix de bières détaillé. Chaque buveur trouvera son houblon de prédilection, format verre, pinte ou palette de dégustation. La Sang d'encre, une stout irlandaise, ravira tous ceux qui n'ont pas peur du noir...

Shawinigan

POINTE À BERNARD (LA)

(Amérique du Nord)

692, 4ᵉ Rue

819 537-5553

★★★ cuisine
★★★ service
★★ décor

☂ **EP** M **30 $** S **75 $**

réservation / max. de personnes 100

Avec ses pâtes, pizzas et moules, la carte de La Pointe à Bernard est plutôt classique et permet au client de créer une table d'hôte personnalisée et proportionnelle à son appétit. Attention, les portions ont tendance à être généreuses! La bavette demeure incontournable, de même que le canard du Lac Brome, qu'on sert à toutes les sauces et sous toutes ses formes. La section «Menu du gastronome», qui varie selon l'inspiration du chef français, étonne – et surtout impressionne – nos papilles. Si cette audacieuse cuisine tranche avec le décor un tantinet vieillot, le contraste ne fait que rendre l'endroit plus sympathique. Surveillez l'ardoise: on y trouve une sélection de vins à prix doux.

Shawinigan

PIÑATA (LA)

(Amérique latine + Antilles)

902, promenade du Saint-Maurice

819 537-7806

★★ cuisine
★★★ service
★★★ décor

☂ **EP** M **25 $** S **65 $**

réservation / max. de personnes 200

Avec une jolie vue sur la rivière Saint-Maurice et un décor sympathique, l'endroit est plutôt convivial. Le gaspacho ou la sopa de tortilla sont des options intéressantes pour les *muchachos* qui veulent éviter les entrées frites ou gratinées. Qu'on retrouve les célèbres classiques (tacos, burritos, enchiladas, tortillas) ou qu'on découvre des saveurs plus exotiques (chair et pousses de cactus, sauce mole au chili et chocolat, crème glacée frite), la cuisine est honnête et sans surprise. Sombreros à votre disposition pour agrémenter vos fiestas et sélection de tequilas pour boire ou faire flamber vos fajitas.

Shawinigan

CITÉ D'ANGKOR (LA)

(Extrême-Orient)

452, avenue Willow

819 536-2488

★★ cuisine
★★★ service
★★ décor

🍶 M _ S **40 $**

réservation / max. de personnes 25

À en croire l'achalandage, La Cité d'Angkor semble être le rendez-vous des Shawiniganais amateurs de cuisine cambodgienne et thaïlandaise. D'ailleurs, mieux vaut réserver pour ne pas se cogner le nez à la porte du petit établissement de la rue Willow. Dans un décor traditionnel typique, le restaurant familial où l'on peut apporter son vin ou sa bière offre une bonne sélection de plats caractéristiques de la cuisine asiatique. Les rouleaux impériaux, poulet du général Tao, banh bung, pad thaï et autres spécialités ne déçoivent pas, sans toutefois surprendre ou réinventer le genre. Côté desserts, le choix se limite aux beignets frits, tapioca ou litchis dans le sirop.

CASTEL DES PRÉS (LE)

(Amérique du Nord)

5800, boulevard Gene-H.-Kruger

819 375-4921

★★★ cuisine
★★★★ service
★★★★ décor

 M**40$** S**80$**

réservation / max. de personnes   60

En périphérie de Trois-Rivières et en retrait d'un boulevard industriel peu engageant, Le Castel des prés fait figure d'oasis au milieu du désert! Dès l'entrée, on est charmé par la chaleur des lieux. À droite, direction Chez Claude pour une ambiance aussi chic que zen; à gauche, L'Étiquette affiche un style résolument bistro avec bar à vin bien garni et, à l'extérieur, deux terrasses ouvertes l'été! Le menu, avec table d'hôte de la semaine et spéciaux du jour alléchants, est toutefois le même des deux côtés. La carte est bien fournie (en classiques français, surtout pour les viandes, comme en poissons et fruits de mer bien de chez nous). Sans impressionner le palais en finesse des saveurs, l'exécution des plats est très honnête, les assiettes sont copieuses et le service, aussi rapide que sans reproche. La carte des vins offre un bel assortiment au verre.

Trois-Rivières

CARLITO (LE)

(Amérique du Nord)

361, rue des Forges

819 378-9111

★★★ cuisine
★★★ service
★★★ décor

 M **35 $** S **80 $**

réservation / max. de personnes 200

On y va pour l'ambiance festive et pour y prolonger les 5 à 7 en partageant quelques entrées tirées d'une sélection impressionnante. Pour le plat principal, mieux vaut connaître les forces de l'établissement: si le filet mignon est toujours un choix sûr, le tendre jarret d'agneau et la côte de veau font aussi très bonne figure. Le grand cellier vitré n'est pas là que pour épater la galerie: outre la carte régulière, déjà exhaustive, les fins connaisseurs doivent absolument consulter la carte spécialisée, plusieurs fois primée par *Wine Spectator*. Au dessert, l'assiette dégustation justifie à elle seule l'embauche récente d'un chef pâtissier. Une fois qu'on a bien mangé, on n'a qu'à prendre la porte mitoyenne vers le pub irlandais Le Trèfle pour continuer la fête.

Trois-Rivières

GRAND HÉRON DE L'AUBERGE DU LAC SAINT-PIERRE (LE)

(Amérique du Nord)

10911, rue Notre-Dame Ouest

819 377-5971

★★★★ cuisine
★★★★ service
★★★ décor

 M **50 $** S **90 $**

réservation / max. de personnes 60

Avec sa large fenestration laissant entrevoir les berges du lac Saint-Pierre, Le Grand Héron bénéficie d'un cadre naturel exceptionnel. Une très jolie compensation pour le décor qui aurait besoin d'être légèrement actualisé. À la table de l'Auberge, qui est membre du réseau Hôtellerie champêtre, on retrouve une fine cuisine québécoise d'inspiration française, en formule table d'hôte exclusivement. Les produits régionaux y sont en vedette, du wapiti au bison, en passant par les ris de veau, un classique de la maison. En entrée, la crème brûlée au fromage de chèvre noir surprend et charme le palais, alors qu'en fin de repas, les desserts de la chef pâtissière sont tout simplement décadents.

Trois-Rivières

GRILL (LE)

(Amérique du Nord)

350, rue des Forges

819 376-4745

★★★ cuisine
★★★★ service
★★★★ décor

M **40 $** S **100 $**

réservation / max. de personnes 80

Plus qu'une maison de grillades, Le Grill se définit comme un resto-boucherie au décor résolument urbain et branché. Les viandes y sont vieillies dans une chambre à température contrôlée pendant une période de 21 à 28 jours. La boucherie vitrée permet aux clients de choisir leurs pièces à griller sur place ou à emporter à la maison. Les carnivores craqueront pour le plateau «mixed grill» pour 2 personnes, ou tout simplement pour le classique filet mignon. Attention, les sauces sont facturées en extra avec les steaks (celle au Jack Daniel's est à goûter). On apprécie que le gérant visite systématiquement chacune des tables pour veiller au bien-être et à la satisfaction de ses clients. Bonne nouvelle: l'établissement agrandira bientôt sa superficie.

Trois-Rivières

KINIPI À LA BOUCHE

(Amérique du Nord)

8210, boulevard des Forges, Place Ki-8-Eb

819 693-9999

★★★ cuisine
★★★★ service
★★★★ décor

M**80 $** S**80 $**

réservation / max. de personnes   4

Situé au cœur du spa nordique KiNipi, le restaurant KiNipi à la bouche propose, dans un chaleureux décor contemporain, une cuisine recherchée et savoureuse. La carte y est brève et sans prétention, ne proposant qu'une douzaine de plats: salades, baguettines réinventées, pizzas fines, pâtes maison (gnocchis, rotolos, etc.), ainsi qu'une table d'hôte quatre services fréquemment modifiée. Le jeune chef flirte avec les quatre étoiles en assemblant délicieusement les textures et les goûts des produits régionaux. Il faut goûter sa crème d'oignons doux infusée à l'estragon frais. S'il est accessible tous les jours, midi et soir, pour les utilisateurs du spa, l'établissement n'est ouvert au grand public que du mardi au samedi soir.

Trois-Rivières

MONDO (LE)

(Amérique du Nord)

120, rue des Forges

819 840-0404

★★★ cuisine
★★★ service
★★★ décor

 M**25 $** S**70 $**

réservation / max. de personnes 250

Sise en plein cœur du centre-ville, la succursale trifluvienne du Mondo est fort jolie. Bien qu'on y serve des saveurs des quatre coins du monde, la cuisine y est majoritairement italienne. Chaque convive y trouvera son compte. L'effort dans la présentation des assiettes vaut une mention et permet au resto bar de se démarquer. Les portions y sont copieuses et on ne lésine pas sur les accompagnements, dont les colorés légumes de saison. Situé au deuxième étage, le Mondo Lounge, ouvert du jeudi au samedi, offre une ambiance plus feutrée et se spécialise en grillades, sushis et fruits de mer. Les petits-déjeuners, servis la fin de semaine seulement, n'ont rien à envier à ceux des établissements spécialisés.

Trois-Rivières

POIVRE NOIR

(Amérique du Nord)

1300, rue du Fleuve

819 378-5772

★★★★★ cuisine
★★★★★ service
★★★★ décor

 M**50 $** S**120 $**

réservation / max. de personnes 52

Coup de cœur assuré! Passé le stationnement peu accueillant menant au restaurant, le visiteur est ébloui de bout en bout. Première vedette, surtout au coucher du soleil: le Saint-Laurent, que l'on peut admirer à travers d'immenses baies vitrées. La vaste salle au décor contemporain préserve l'intimité grâce à un bel espace entre les tables. Le service stylé est impeccable et le chef, très allumé! Bien montées et aérées, les assiettes font déguster un large éventail d'éléments carnés ou non, avec des accompagnements irréprochables. Mélange des genres, contraste des textures et saveurs inusitées ravissent le palais. Le foie gras poêlé, spécialité du chef, est particulièrement réussi. Tout comme les desserts, dont un ananas confit avec crème glacée à la noix de coco et un foie gras sucré.

Trois-Rivières

ROUGE VIN (LE) - HÔTEL GOUVERNEUR

(Amérique du Nord)

975, rue Hart

819 376-7774

★★★ cuisine
★★★★ service
★★★ décor

 M **30$** S **80$**

réservation / max. de personnes 130

Du menu bistro à la table d'hôte élaborée, le restaurant de l'Hôtel Gouverneur offre de tout pour tous les goûts et tous les portefeuilles. La cuisine y est respectable et les portions, plutôt généreuses; pas nécessaire d'opter pour le buffet du midi ou le buffet de fruits de mer afin de manger à satiété. La fin de semaine, l'ambiance est agréablement bonifiée par la présence discrète d'un pianiste. Pour une atmosphère plus festive en saison chaude, on monte sur la terrasse pour un 5 à 7 au bord de la piscine. Sans l'ombre d'un doute, l'établissement tire sa force d'un service impeccable et courtois.

Trois-Rivières

SUSHI TAXI

(Japon)

4240, boulevard des Forges

819 379-3838

★★★★ cuisine
★★★ service
★★ décor

M **40$** S **80$**

réservation / max. de personnes 32

Cette franchise de petite chaîne de sushis vaut assurément qu'on oublie son emplacement sur un très passant boulevard bordé de centres commerciaux. Le décor intérieur ne laissera pas de souvenirs impérissables, mais on aime manger au comptoir ou face au comptoir, derrière lequel les cuisiniers s'affairent sous nos yeux. Au royaume du sushi ayant pour slogan «Mange-moi tout cru», un écart est de rigueur pour goûter à la sushi pizza, délicate spécialité de l'endroit. Le mieux ensuite est de commander un assortiment de sushis et de partager entre convives. Ils sont tous plus goûteux les uns que les autres, avec de belles touches originales. Les desserts, des cupcakes variés, présentent beaucoup moins d'intérêt, surtout si l'on s'est bien sustenté auparavant!

QUÉBEC ET ENVIRONS
CHAUDIÈRE-APPALACHES

PUB DE LA CHAPELLE

(Amérique du Nord)

2492, avenue Royale

418 663-6630

★★★ cuisine
★★ service
★★★★ décor

 M **30 $** S **85 $**

réservation / max. de personnes 120

Prenez un lieu original, en l'occurrence une chapelle anglicane centenaire adroitement rénovée dont on a conservé quelques éléments d'origine. Ajoutez-y une généreuse pincée d'ambiance et d'éclairages savamment orchestrés. Combinez le tout à une cuisine d'inspiration québécoise, et vous obtenez l'étonnant résultat qu'est le Pub de la chapelle. Situé près du parc de la Chute-Montmorency, à Beauport, l'endroit joue habilement la carte du *comfort food*: soupe à l'oignon à la bière noire, cassoulet, mijoté d'autrefois, pâté chinois réinventé, magret de canard, côtes levées de cerf rouge (divines!), le tout très joliment présenté. À noter que des chansonniers, conteurs et humoristes prennent souvent d'assaut le jubé. Informez-vous de la programmation.

Cap-Rouge

BOUCANES (LES)

(Amérique du Nord)

955, route Jean-Gauvin

418 704-7043

★★ cuisine
★★★ service
★★★ décor

 M **25 $** S **50 $**

réservation / max. de personnes   65

Installé dans un secteur en constante expansion, Les Boucanes propose une carte d'inspiration sudiste, principalement composée de viandes, poissons et volailles fumés comme on en sert dans les grands barbecues de la *Bible Belt*. En vedette, on y retrouve des produits boucanés dans le fumoir maison: poulet, côtes levées, burgers à l'effiloché de porc en sauce BBQ accompagnés de frites craquantes et de salades aussi fraîches que basiques. Le résultat est simple mais sympathique, le décor, beau, sobre et chaleureux, le service, décontracté. On ne s'étonne pas d'y croiser de très jeunes adultes (voire des couples d'ados), des familles et des groupes d'amis qui s'y sentent tous à leur place.

Cap-Rouge

CHIC ALORS!

(Amérique du Nord)

927, route Jean-Gauvin

418 877-4747

★★★ cuisine
★★★ service
★★★ décor

 M **30 $** S **45 $**

réservation / max. de personnes   70

Situé dans un nouvel édifice, tout juste à côté de l'ancien, Chic alors! a cependant conservé la recette originale qui donne à ses pizzas le petit supplément d'âme qui étonne et charme. L'accueil aimable et efficace, le service irréprochable et une ambiance passe-partout ont fini de convaincre toutes les clientèles (familles, couples, groupes d'amis de tous âges), qui abondent ici de jour comme de soir. Mais le secret du succès de cette pizzeria de luxe se trouve avant tout dans les produits. Le mariage parfait de crème, d'emmenthal et de bacon d'une carbonara à la fois fine et décadente; la coriandre fraîche et les oignons confits admirablement dosés d'une fameuse pizza au poulet teriyaki. Et toujours la pâte: légère, croquante, au goût mémorable.

CAFÉ DE LA VIE

(Extrême-Orient)

600, rue Bouvier

418 623-8368

★★ cuisine
★★ service
★★ décor

EP M**30**$ S**60**$

réservation / max. de personnes   0

Populaire surtout pour les dîners d'affaires, ce café qui jouxte la boutique d'articles de plein air du même nom a peu à envier à bien des restos d'inspiration asiatique établis. On n'y réinvente pas le genre, certes. Mais dans une ambiance détendue, se réchauffant l'hiver près de l'âtre où quelques bûches se consument, on peut y discuter ou s'y amuser (avec possibilité de louer l'endroit pour des événements festifs, des réunions, des conférences) en dégustant une soupe au lait de coco épicée, un calmar frit, une salade copieuse, un plat du wok (général Tao, pad thaï, bœuf croustillant, etc.) ou un sandwich. Une cuisine rapide, sympa, joliment proposée.

PORT DE LA GOULETTE (AU)

(Afrique)

1201, 3ᵉ Avenue

418 524-7070

★★ cuisine
★★ service
★★ décor

 M **25 $** S **55 $**

réservation / max. de personnes   50

Aux plats plus connus (gyros, shish taouk, harissa, tajine, pita, couscous royal) s'ajoutent de nouvelles propositions sur le menu de ce restaurant: ojja (sauce tomate à l'ail amère où mijotent merguez ou crevettes), chapatas (sandwichs sur pain carré artisanal), pastilla (feuilleté aux amandes et poulet) et bouza (crème pâtissière parfumée à l'eau de fleur de géranium). La citronnade tunisienne maison, les vins tunisiens et algériens et les thés nous donnent le goût d'un apéro au bord de la Méditerranée. Au Port de la Goulette, on accoste dans un restaurant où l'exotisme des arômes et l'authenticité des saveurs marocaines et tunisiennes dominent. Un rare et paisible îlot en plein cœur de Limoilou où, sur la terrasse, on regarde couler le paisible courant de la 3ᵉ Avenue.

Limoilou

MAIZERETS (LE)

(Amérique du Nord)

2006, chemin de la Canardière

418 661-3764

★★★ cuisine
★★★ service
★★★ décor

 EP   M **30 $** S **65 $**

réservation / max. de personnes   45

On vient d'abord au Maizerets pour la pizza. Luxueuses, garnies de produits frais, ces belles européennes ou traditionnelles répondent aux attentes des plus conventionnels, aux exigences des puristes comme des amateurs d'exotisme (excellente bœuf thaï), ou encore aux désirs passagers de ceux qui vivent au gré des saisons (les amateurs de homard sont bien servis). Mais son intarissable popularité, ce restaurant — qui réussit aussi très bien les fruits de mer, les grillades et les pâtes — la doit également à un service impeccable, et à cette ambiance qui règne dans la jolie maison occupée jusqu'à l'étage par une salle à manger élégante où il fait bon vivre. Ici, les gens s'attardent, parlent longtemps, et l'écho de leurs bonheurs retentit dans tout le quartier Limoilou, indiquant le chemin à suivre pour les rejoindre.

Limoilou

SOUPE & CIE

(Amérique du Nord)

522, 3e Avenue

418 948-8996

★★ cuisine
★★ service
★★★ décor

 M **20 $** S **35 $**

réservation / max. de personnes   50

Un concept original que Soupe & Cie. C'est la simplicité d'un plongeon dans l'exotisme truculent de soupes hautes en saveur et au fumet odorant. Le gaspacho côtoie la pho bo vietnamienne, la bouillabaisse gorgée de rouille et la soupe mexicaine coiffée de tortillas et de guacamole. On vient y goûter l'ambiance un peu sombre arrosée du feu jaune des lampions, on accroche son manteau à l'une des louches fixées au mur et on se tire une bûche ou on se prélasse côté banquette, garnie d'une orgie de coussins moelleux. Les tartares y sont fameux, on y sert les bières Archibald dans un pot Mason doté d'une anse, et on ne manque jamais d'appétit pour couler dans l'onctuosité de leurs soupes-desserts au chocolat.

GR

Québec

Limoilou

SALSA (LA)

(Amérique latine + Antilles)

1063, 3ᵉ Avenue
418 522-0032

★★ cuisine
★★ service
★★ décor

 M**25$** S**30$**

réservation / max. de personnes   45

On se déplace de partout en ville pour venir profiter de ce favori du secteur Limoilou. Le charme d'un décor bigarré, l'exotisme de la cuisine et l'ambiance détendue en font un des restaurants sud-américains les plus agréables et conviviaux de Québec. Outre quelques plats complets, les mets d'origine mexicaine et salvadorienne y sont servis dans leur plus simple appareil. Cela permet de s'en faire un festin puisqu'on ne se lasse pas des délicieuses pupusas (pâte farcie de fromage et de porc), tostadas de tinga (poulet effiloché, laitue et crème sur une tortilla frite), enchiladas verde (à la sauce verte infernale), ni bien sûr des éternels tacos, guacamole et chili. L'été, c'est une des plus agréables terrasses du quartier.

Limoilou

HOSAKA-YA SUSHI

(Japon)

491, 3ᵉ Avenue
418 529-9993

★★★ cuisine
★★★ service
★★ décor

M**30$** S**55$**

réservation / max. de personnes   8

Hosaka-Ya sushi compte parmi les rares restos qui nous aimantent grâce à leur personnalité, leur âme. On a toujours envie de revenir dans ce minuscule demi-sous-sol illuminé de bois blond, où un personnel aimable et chaleureux nous accueille joyeusement. Si les sushis ne sont pas dénués de qualités, ce qui vaut le détour, ce sont les plats et les tsumamis, petites portions qu'on compare à des tapas, qui s'inspirent à la fois de ce qu'on sert dans les izakayas (bistros japonais) et de la cuisine de la mère des trois frères propriétaires. Un souci d'authenticité rehausse avec éclat ces mets aux assaisonnements précis, aux saveurs délicates, tout en nuances, dans lesquels on perçoit le soin et l'amour qui ont présidé à leur préparation. Une denrée rare! À noter qu'un Hosaka-Ya ramen a ouvert ses portes dans Saint-Roch.

Limoilou

FISTONS (LES)

(Moyen-Orient)

601, 3ᵉ Avenue
418 977-9239

★★★ cuisine
★★ service
★★ décor

M**15$** S**30$**

réservation / max. de personnes   50

Issus de familles qui baignent dans l'alimentation, les deux proprios des Fistons sont tombés dans la potion dès leur plus jeune âge. L'ambiance du lieu qu'ils occupent est décontractée, idéale pour les groupes. Le menu est simple, évoquant une restauration rapide d'inspiration méditerranéenne à laquelle on aura cependant insufflé beaucoup d'âme. Pas de fadeur ici, nos compères empruntent aux traditions familiales et font honneur à leurs origines. Parmi nos favoris de cette carte: les feuilles de vigne farcies, l'houmous, les pizzas (dont la pâte est divine), la panoplie de burgers, tous savoureux (particulièrement le très bon kefta), et un shish taouk qui tutoie la perfection du genre. Avec ses grands écrans à cristaux liquides, l'endroit est aussi un repaire d'amateurs de sport en soirée.

Québec

47ᴱ PARALLÈLE / SAVEURS DU MONDE

(Amérique du Nord)

333, rue Saint-Amable

418 692-4747

★★★★ cuisine
★★★★ service
★★★★ décor

🗄 🍽 **EP**   M **45 $**   S **100 $**

réservation / max. de personnes 120

On aime, on aime, on aime. Quoi donc? La passion et le souci du détail qui s'incarnent dans les plats, jamais fades, toujours inspirés et bellement présentés. Les judicieux mariages de saveurs et de textures. Le menu Tour du monde gastronomique, qui nous transporte dans une région ou un pays différent chaque mois (Italie, Asie, Mexique, Scandinavie, Québec...). L'impressionnante carte des vins, garnie de plusieurs importations privées, mais qui ne dédaigne pas les propositions abordables. Le service, aimable, empressé, informé. L'élégance du décor, avec son aquarium, ses grosses tiges de bambou suspendues et son béton bien intégré. Autre chose? Si, deux splendeurs en particulier: les pétoncles poêlés sauce ponzu sur flèche de bacon rôti et le dessert de pommes en pot.

Montcalm/Grande Allée

BISTRO B

(Amérique du Nord)

1144, avenue Cartier

418 614-5444

★★★★ cuisine
★★★ service
★★★★ décor

🗄 🦪   M **45 $**   S **95 $**

réservation / max. de personnes 85

Dès son ouverture, le Bistro B a connu un succès fulgurant. Nous étions plusieurs à attendre impatiemment le moment de nous attabler enfin dans le nouveau resto de François Blais, jeune chef maintes fois primé à l'époque où il officiait au Panache. Il propose toujours une cuisine du marché qui ne fait aucun compromis sur la fraîcheur des produits, mais la travaille ici en version bistro. Devant l'ardoise, on hésite longuement: viande, poisson, risotto, foie gras? L'un des attraits principaux de l'endroit reste le comptoir qui ceinture la cuisine. Perché sur un tabouret, on a tout le loisir d'observer la brigade s'activer. Même la chaleur des plaques de cuisson vient nous lécher le visage! La cave à vin recèle de fort belles surprises à déguster dans une atmosphère joyeusement bruyante.

Montcalm/Grande Allée

JACK SALOON

(Amérique du Nord)

1155, rue De La Chevrotière

418 522-5350

★★ cuisine
★★ service
★★★ décor

M **40 $**   S **55 $**

réservation / max. de personnes 60

Véritable ovni dans le secteur de la Grande Allée, le Jack Saloon joue au cowboy avec ses côtes levées, son décadent hamburger Krispy Kreme (un beigne au miel y remplace le pain), son chili et ses oignons français. Mais au-delà de cette virilité culinaire – à laquelle participe un décor tout en bois où s'alignent crânes de buffles et imprimés de Winchester –, on cultive ici une finesse certaine qui se goûte dans les sauces originales (essayez la tonifiante Dr Pepper et Sailor Jerry) ainsi que dans les tartares et les huîtres qui, comme le reste, s'éloignent courageusement des sentiers trop battus par la caravane des restos tex-mex. Pour boire quelques bières, manger du fast-food rénové (le menu est quand même limité) et faire la fête à quelques pas des boîtes de nuit, c'est l'endroit.

Montcalm/Grande Allée

RESTAURANT DU MUSÉE

(Amérique du Nord)

Musée national des beaux-arts du Québec,
parc des Champs-de-Bataille

418 644-6780

★★★★ cuisine
★★★ service
★★★ décor

 M**40$** S _

réservation / max. de personnes 100

La cuisine du chef Jean-Pierre Cloutier mérite sa place parmi les œuvres d'art exposées au Musée national des beaux-arts du Québec. Son resto est une vraie halte gastronomique qui vaut à elle seule le déplacement au verdoyant parc des Champs-de-Bataille. Que ce soit pour le brunch du week-end ou pour le lunch, on y déguste des plats finement cuisinés à base de produits locaux, mariant les saveurs avec originalité et gourmandise. Si certaines propositions restent simples, telles ces quiches, soupes et salades ou omelettes, d'autres sont plus élaborées, comme ce foie gras poêlé au pain doré de romarin ou cette verrine aux calmars fumés, purée de poivrons et poireaux, par exemple, de vrais délices. Les desserts, soignés et raffinés, font honneur aux produits de saison.

Montcalm/Grande Allée

VOO DOO SUPPER CLUB

(Amérique du Nord)

575, Grande Allée Est

418 647-2000

★★★ cuisine
★★★ service
★★★★ décor

 M40$ S100$

réservation / max. de personnes 150

Converti en *supper club*, le Voo Doo met encore plus l'accent sur son ambiance, pour laquelle il était déjà renommé. Fidèle à l'atmosphère pétillante qui règne dans le complexe du Maurice Night Club, où il loge, le resto s'anime au gré de soirées thématiques et de prestations de DJ qui provoquent la fièvre de la danse chez les gourmands au pied leste. Si des modifications ont été apportées à la carte, elle demeure en terrain international avec des plats de diverses origines. Bœuf au sel, tartares, poutine au filet mignon, spare ribs géants (quelle sauce!), bento box, risotto, bouillabaisse: on voyage. Des entrées aux desserts, les plats sont savoureux, sans fausse note et très joliment présentés. La carte des vins recèle quant à elle de belles surprises, notamment plusieurs champagnes.

Montcalm/Grande Allée

ZEN

(Chine)

966, boulevard René-Lévesque Ouest

418 687-8936

★★ cuisine
★★ service
★★ décor

EP M**25**$ S**50**$

réservation / max. de personnes 50

Aux limites des quartiers Montcalm et Saint-Sacrement, un discret bâtiment de brique brune aux volets rouges abrite le restaurant Zen, qui propose une cuisine végétarienne asiatique à prix sages. Membre de la chaîne ontarienne Zen Gardens, l'endroit sait tenir la fadeur à distance et apprête généralement bien ses divers plats (dumplings, nouilles sautées, pavé de soja, seitan et champignons frits), ses nombreuses soupes, ses sushis végés. Les cocktails (sans alcool, comme toutes les boissons servies ici) aux propriétés thérapeutiques variées plairont aux granolas endurcis, tandis que les amateurs de thé apprécieront la possibilité de réserver pour une cérémonie à la chinoise. On aimerait cependant un service plus efficace et, surtout, plus bavard. Dos fragiles, soyez prévenus: les chaises sont affreusement inconfortables.

Montcalm/Grande Allée

ASTRAL (L')

(France)

1225, cours du Général-De Montcalm

418 780-3602

★★★ cuisine
★★★ service
★★★ décor

M**40**$ S**130**$

réservation / max. de personnes 230

Au restaurant rotatif L'Astral, perché au sommet de l'hôtel Loews Le Concorde, on mange d'abord des yeux, car la vedette, c'est le paysage urbain qui s'étend en mode panoramique: les Plaines, Saint-Roch, Limoilou, le port, le Château Frontenac... Qu'à cela ne tienne, la cuisine, misant sur les qualités de nombreux produits de la Belle Province (agneau, saumon, porcelet, pintade...), fait office de solide personnage de soutien. Certes, on aimerait que quelques plats soient davantage peaufinés, mais en général, on passe de bons moments à cette table. Formule buffet les soirs de fin de semaine et pour le populaire brunch du dimanche.

Montcalm/Grande Allée

CAFÉ SIROCCO

(France)

64, boulevard René-Lévesque Ouest

418 529-6868

★★ cuisine
★★ service
★★★★ décor

EP M**35**$ S**70**$

réservation / max. de personnes 90

Inspiré par les cafés méditerranéens, le Sirocco propose une cuisine ensoleillée qui fait la part belle aux entrées. En été, on aime piger dans la prolixe carte de martinis et siroter notre cocktail à l'étage, soit sur la terrasse, soit dans la salle adjacente, généreusement ouverte sur l'extérieur. Pour agrémenter cette expérience estivale, rien de mieux qu'un tartare ou quelques tapas. En hiver, on préfère puiser dans le réconfort de la nage de poissons et fruits de mer ou des divers plats de viande (osso buco, poulet braisé au citron confit et olives...). Si les assiettes manquent parfois de finition, elles sont généralement fort satisfaisantes. Avis aux détenteurs de portefeuilles maigrichons: plusieurs formules permettent de multiplier le nombre de services pour une poignée de dollars.

Québec

GR

Montcalm/Grande Allée

COCHON DINGUE (LE)

(France)

46, boulevard René-Lévesque Ouest

418 523-2013

★ ★ ★   cuisine
★★★★   service
★★★★   décor

 M**30$** S**60$**

réservation / max. de personnes   30

Institution locale qui multiplie les adresses, Le Cochon dingue doit son succès à quelques principes simples. D'abord, le service y est d'une extrême diligence. Au point où le personnel semble toujours à l'affût, devinant vos désirs afin de les exaucer. En résulte une expérience toujours agréable. Mais c'est aussi le menu, qui décline sous tous les angles une cuisine réconfortante et truffée de classiques de bistro, qui a valu à cette table sa popularité. Ajoutez à cela des thématiques, selon la saison (canard en automne, cuisine hivernale de type tartiflette), des déjeuners aux accents régionaux (dont le très bon Charlevoix) et l'accueil chaleureux réservé aux enfants, et vous obtenez une sympathique table familiale.

Montcalm/Grande Allée

ÉPICES INDIENNES

(Inde)

1114, avenue Cartier

418 522-4979

★★ cuisine
★ service
★★ décor

M**20$** S**45$**

réservation / max. de personnes   25

Les épices, l'exotisme, le local à la déco quétaine de restaurant asiatique occidentalisé. Ici, tout y est. Dans un sous-sol de l'avenue Cartier, Épices indiennes propose un simulacre de la richesse des textures et de la subtilité des saveurs de l'Inde, tels le vindaloo (sauce rouge onctueuse diablement pimentée, une spécialité de Goa), le riz biryani (même technique qu'un riz pilaf, mais cuit sur feu de bois avec de la cardamome verte), l'aloo gobi (un curry aux pommes de terre) et le thali (assiette végétarienne variée). À peu de frais, ces plats où le sucre est très présent font tout de même voyager loin de nos repères.

Montcalm/Grande Allée

TAJ MAHAL (LE)

(Inde)

24, boulevard René-Lévesque Ouest

418 523-2007

★★★ cuisine
★★ service
★★★ décor

M**25$** S**45$**

réservation / max. de personnes   30

Déclinant la vaste palette des effluves et couleurs de l'Inde, le menu de ce classique restaurant indien déborde de propositions toutes plus intrigantes et invitantes les unes que les autres. On y plonge avec empressement et, presque jamais déçu, on en sort ivre de saveurs après s'être délecté d'un très bon pain naan, d'un tikka masala sucré et onctueux, d'un fabuleux poulet tandouri, de masala rogans qui nous catapultent dans le tourmenté Cachemire, d'un méphistophélique Bangalore phal qui ravit l'amateur d'épices puissantes... Malgré le service inégal – et parfois en version originale non sous-titrée –, il s'agit d'une très bonne adresse du genre.

Montcalm/Grande Allée

CICCIO CAFÉ

(Italie)

875, rue Claire-Fontaine

418 525-6161

★★★ cuisine
★★★ service
★★ décor

M**35$** S**65$**

réservation / max. de personnes   60

Ambiance paisible, cuisine sans fla-fla, sélection musicale éclectique et recherchée, bon rapport qualité-prix: les raisons de craquer pour le Ciccio Café ne manquent pas. Il s'agit en effet d'un repaire de choix pour manger des plats italiens (hormis quelques incartades en terre asiatique) simples et goûteux, rehaussés de fabuleuses sauces débordantes de saveur: escalopes de veau variées, rognons trifolati, casserole de fruits de mer, pâtes en tout genre... Proximité du Grand Théâtre oblige, le service est rapide – nombreux sont les clients pressés par le début d'un spectacle. Mais courtoisie et gentillesse ne souffrent nullement de cette promptitude. Seule faiblesse: les desserts. Quand même l'un des meilleurs restos italiens à Québec.

Montcalm / Grande Allée

SAVINI
(Italie)
680, Grande-Allée Est
418 647-4747

★★★ cuisine
★★★ service
★★★ décor

 M**35**$ S**80**$

réservation / max. de personnes 170

Le Savini n'a rien perdu de son attrait et confirme son statut d'incontournable de la Grande Allée. Moitié resto, moitié boîte de nuit, cette trattoria italienne en met plein la vue avec son décor et plein les oreilles avec ses musiciens et ses disc jockeys. Son menu, lui, navigue en terrain connu parmi les classiques de la cuisine italienne (pizzas, pâtes, osso buco, carpaccios, grillades, fruits de mer, etc.). La présentation comme les accompagnements sont simples, mais les plats s'avèrent goûteux, mieux préparés et plus savamment assaisonnés que dans la première année d'existence de cette adresse rapidement devenue célèbre partout au Québec.

Montcalm/Grande Allée

GRAFFITI

(Italie)

1191, avenue Cartier

418 529-4949

★★★ cuisine
★★★★ service
★★★★ décor

🎲 🦀 ☂ **EP** M **40$** S **85$**

réservation / max. de personnes 85

Depuis plus de 25 ans, son art culinaire regorge de créations raffinées. Au Graffiti, l'ambiance chic côtoie la chaleur d'un service irréprochable où la fresque des assiettes explose de couleurs. Situé avenue Cartier, le restaurant propose l'intimité d'une verrière où la faune de l'épicurienne artère défile sous nos yeux. À l'atmosphère gourmande s'ajoute une belle sélection de vins au verre, une impressionnante palette française où s'immiscent des crus californiens et italiens, des mousseux, des champagnes, des sauternes et une sélection de 15 portos. Aussi français qu'italien, le menu rassemble ris de veau, canard, foie gras, pâtes et tartares, mais revisite aussi la bavette de cerf, le jarret d'agneau et les gambas sur risotto aux pousses des bois.

Montcalm/Grande Allée

MORENA

(Italie)

1040, avenue Cartier

418 529-3668

★★★ cuisine
★★ service
★★★ décor

🍲 M **40$** S **45$**

réservation / max. de personnes 24

On aimait déjà les produits importés et les plats prêts-à-manger de l'épicerie-traiteur Morena. Voilà qu'un agrandissement a donné l'idée aux proprios d'installer quelques tables et d'offrir des mets authentiques en formule *osteria* (bistro italien). Produits frais, plats bien faits, ambiance conviviale: on passe ici du bon temps. Surtout que manger entouré d'étalages de sauces tomate, huiles d'olive et biscuits, ça stimule l'appétit! Les classiques se pressent sur la carte: polpettine, arancini, vitello tonnato (aussi en crostini), divines olives ascolane (frites et farcies de feta et de tomates séchées), salade de pieuvre grillée, cassatina, cannoli... Le midi, on peut aussi déguster pizzas, pâtes, poissons, viandes et salades. C'est d'ailleurs le meilleur moment pour s'attabler à cet endroit, qui ferme entre 18 h et 20 h, selon les journées.

Montcalm/Grande Allée

MÉTROPOLITAIN

(Japon)

1188, avenue Cartier

418 649-1096

★★★★ cuisine
★★★ service
★★★ décor

EP M **35$** S **65$**

réservation / max. de personnes 45

Frais, beaux, bons, bien faits. Voilà qui caractérise les populaires sushis concoctés dans ce temple du poisson cru. Le Métropolitain ne lésine pas non plus sur la qualité des entrées; en témoignent ses tartares, ses gyozas et ses diverses tempuras, dont la panure est presque une œuvre d'art. Aux côtés des sashimis d'une exquise fraîcheur et des makis variés, figurent quelques mets japonais tels les yakitoris (mini-brochettes), le poulet teriyaki façon Tokyo et les fruits de mer teppanyaki (servis pétillants sur assiette chaude). Ne manquez pas de terminer avec le gâteau royal, où sucre et friture forment une alliance quasi illégale... Pour couronner le tout, le rapport qualité-prix est excellent, et le service, très aimable, quoique parfois un peu trop prompt.

LAPIN SAUTÉ (LE)

(Amérique du Nord)

52, rue du Petit-Champlain

418 692-5325

★★★ cuisine
★★★★ service
★★★★ décor

 M 30 $ S 70 $

réservation / max. de personnes 8

C'est la plus mignonne des adresses du groupe Restos Plaisirs, c'est aussi sa plus typée et l'une des plus touristiques. Typée parce qu'on y décline (vous l'aurez deviné) le lapin de toutes les manières ou presque (mais aussi le canard, le saumon et l'agneau), touristique parce qu'elle se situe dans une jolie maison au cœur du Petit Champlain. L'été, la terrasse trouve son ombre sous les arbres de la petite place devant, et on s'y laisse charmer par des plats qui manquent parfois un peu de finition, mais qui portent en eux le charme d'une cuisine rustique, à l'image du terroir français dont elle s'inspire le plus souvent. Si vous avez un faible pour les abats (foies et rognons de lapin), les tourtes aux croûtes généreuses et les cassoulets fumants, vous êtes au bon endroit.

Petit Champlain

MARIE-CLARISSE (LE)

(France)

12, rue du Petit-Champlain, escalier Casse-cou

418 692-0857

★★★ cuisine
★★★★ service
★★★ décor

M 35 $ S 110 $

réservation / max. de personnes 50

Sous ses voûtes de pierre bardées de boiseries d'origine, Le Marie-Clarisse abrite des produits de la mer frais et goûteux. Il apporte une brise de fraîcheur au quartier touristique du Petit Champlain avec sa carte qui change quotidiennement selon les arrivages: homard, pattes de crabe, pétoncles géants, crevettes, moules, flétan, vivaneau. En soirée, la terrasse qui donne au pied de l'escalier Casse-cou vaut à elle seule le déplacement. Et les délicatesses du service sont innombrables. Bien que la carte des vins mériterait d'être revisitée (avec un plus grand choix de vins blancs), la cuisine ne déçoit pas et on plonge goulûment sa cuillère dans la fameuse bouillabaisse qui fait la réputation du restaurant depuis plus de 35 ans.

Sainte-Foy

BATIFOL (LE)

(Amérique du Nord)

2810, boulevard Laurier

418 653-0646

★★ cuisine
★★ service
★★★ décor

M 30 $ S 75 $

réservation / max. de personnes 60

Déclinée en une sorte de best of des cuisines du monde, la carte du Batifol exerce son pouvoir d'attraction chez les affamés en quête de valeurs sûres. Envie d'un filet mignon, de nems de canard confit, d'un tajine de poulet, de moules-frites, de poulet au beurre, d'une paella, d'une escalope de veau aux champignons ou d'un brie fondant? Vous voilà servis. Ils figurent tous au très vaste menu de ce restaurant qui compte aussi une succursale à Sainte-Foy. Celle-ci, à Lac-Beauport, est chaleureuse et se prête aux fêtes de famille. Les enfants y sont d'ailleurs bienvenus, et un menu leur est destiné. S'il ne faut pas escompter de la haute voltige culinaire, les choses sont cependant faites avec soin et le service y est sympathique.

Sainte-Foy

BÊTE (LA)

(Amérique du Nord)

2875, boulevard Laurier, Delta 3, local 170

418 266-1717

★★★★ cuisine
★★★ service
★★★★ décor

 **EP** M**45$** S**120$**

réservation / max. de personnes 120

Dans un décor baroque qui convoque des envies d'excès et appelle aux plaisirs de la chère, La Bête propose une carte qui brille autant par la variété et la qualité de ses viandes que par l'excellence de tout ce qui entoure l'expérience carnivore. Les accompagnements y sont enfin amenés à un degré supérieur (purée de pommes de terre au foie gras, frites au gras de canard et parmesan, légumes cuits parfaitement), les poissons et fruits de mer composent des entrées et des plats principaux complexes, soignés et finement assaisonnés, sans parler des desserts carrément décadents. Les amateurs de steak ne sont évidemment pas en reste. La maestria des maîtres du gril et les classiques du BBQ (poulet, côtes levées) sont au cœur d'une expérience culinaire qui conjugue un classique de la restauration au présent.

Sainte-Foy

BISTANGO

(Amérique du Nord)

1200, avenue Germain-des-Prés

418 658-8780

★★★★ cuisine
★★★ service
★★★★ décor

EP M**40$** S**95$**

réservation / max. de personnes 115

Depuis plus de 25 ans, le Bistango réunit maintes tablées de gens d'affaires matin et midi, alors que les soirées voient défiler des clients de l'Hôtel ALT autant que des habitués qui connaissent – et apprécient – la constance de cette cuisine. Sur l'ardoise qu'on dépose près de vous, les inspirations du moment savent surprendre (produits rares, accompagnements audacieux...). La carte propose des plats apprêtés avec soin, non dénués d'une touche d'inventivité, qui rallieront les amateurs de tapas, de viande ainsi que de poissons et fruits de mer, grands privilégiés traités avec beaucoup de doigté. L'ambiance est feutrée, l'éclairage tamisé, le service courtois. Bref, voilà un resto confortable, où il fait bon étirer le temps devant une trouvaille pigée dans l'imposant cellier où s'alignent de nombreuses importations privées.

Sainte-Foy

BRIGADE (LA)

(Amérique du Nord)

859, avenue Myrand

418 681-2666

★★★ cuisine
★★ service
★★★ décor

M**35$** S**65$**

réservation / max. de personnes 50

Le nouveau bistro La Brigade aligne une pléthore de valeurs sûres (pâtes, pizzas, viandes braisées...), trafiquées selon les envies d'une équipe qui affiche ainsi son penchant pour la délinquance. Un peu casse-croûte de luxe, surtout bistro, la carte laisse deviner que rien dans l'assiette ne sera convenu: un burger à l'agneau nommé Hannibal Lecter ne laisse pas indifférent! Et si les choses ne sont pas toujours parfaites dans ces réinventions culinaires, le charme de l'ensemble opère. Tartares savoureux, grillades impeccables, poutines déclinées à toutes les sauces, présentations inventives: La Brigade a la décadence jubilatoire, comme en témoigne aussi la décoration stylée. Ce resto fait penser à un punk en habit de soirée.

Sainte-Foy

COHUE (LA)

(Amérique du Nord)

3440, chemin des Quatre-Bourgeois

418 659-1322

★★★★ cuisine
★★★★ service
★★★ décor

 M35$ S70$

réservation / max. de personnes 140

Petit trésor insoupçonné tapi au creux de Place Naviles, à Sainte-Foy, La Cohue se révèle un lieu de délices bistro dont on se chuchote le nom entre initiés, de crainte que le secret ne s'évente... C'est qu'on y mange fichtrement bien, autant lorsqu'on pige dans la carte régulière (foie de veau, boudin noir, jarret d'agneau, bavette de bœuf, tartares divers...) que dans l'alléchant et créatif menu «Les plats chaleureux de la semaine». Chaque mets, ici, déborde de saveur. C'est tout simple, mais c'est parfois tout ce qu'il faut. Même les salades nous arrachent des cris de stupéfaction. Le service, lui, est à la fois très attentionné et décontracté, à l'affût du moindre besoin et plein d'entrain. Et l'ambiance? Enjouée, chaleureuse. Bons moments garantis.

Sainte-Foy

COSMOS CAFÉ

(Amérique du Nord)

2813, boulevard Laurier

418 652-2001

★★★ cuisine
★★★ service
★★★ décor

🏀 ☂ **EP**   M**30$** S**60$**

réservation / max. de personnes 100

Souvent bondé, jamais ennuyeux, le Cosmos Sainte-Foy est réputé pour sa décoration rutilante, son ambiance électrique, ses desserts pantagruéliques, ses déjeuners fruités et copieux de même que pour son vaste menu qui emprunte au *diner* à l'américaine (burgers, sandwichs, clubs), au bistro français (tartares, grillades) et à la trattoria (pizzas, pâtes). Et si on fait de tout ou presque ici, on l'exécute bien, parfois même très bien, jusqu'à la présentation, inégale mais souvent soignée. Malgré l'achalandage, demeure le souci de livrer des plats savoureux, bien fignolés. Il faut goûter les burgers, nombreux et inspirants, de même que les pâtes et les grandes et belles salades, tous servis par un personnel dévoué et efficace.

Sainte-Foy

CALAO

(Amérique du Nord)

2820, boulevard Laurier

418 653-4999

★★★ cuisine
★★★ service
★★★★★ décor

M **35 $** S **70 $**

réservation / max. de personnes 120

Installé dans le rutilant Complexe Jules-Dallaire, le Calao s'est rapidement fait un nom avec son convivial barbecue coréen qui permet de faire ses propres grillades à même une table prévue à cet effet (en nombre limité, mieux vaut réserver), et une carte où se décline une cuisine orientale qui affirme ouvertement son penchant pour la fusion. Du Japon à la Thaïlande, en passant par l'Italie et l'Amérique, les traditions se marient ici de manière surprenante, formant le plus souvent d'heureuses unions. Les soupes y sont riches, parfumées à souhait. La salade de fruits épicée, absolument mémorable et les fritures, exquises. Mais sa popularité, ce resto la doit aussi à son décor, avec aquariums, murs de bulles, banquettes somptueuses et un bar à cocktails aussi spectaculaire qu'immaculé.

Sainte-Foy

GAB'S RESTO-BISTRO

(Amérique du Nord)

1670, avenue Jules-Verne

418 877-6565

★★★ cuisine
★★★ service
★★★ décor

M **35 $** S **65 $**

réservation / max. de personnes 55

Après plus de 15 ans, l'histoire continue de s'écrire au Gab's grâce à une cuisine simple, bien faite et constante, ainsi qu'à des serveurs alertes qui semblent se soucier sincèrement de votre bonheur. La carte à large spectre va des plats bistro (tartares, bavette sauce bordelaise, moules et frites) aux pizzas et aux pâtes, en passant par diverses grillades et quelques mets asiatiques (dont un respectable porc croustillant à la mandarine et aux noix de cajou). La section agrandie du resto, où trônent le bar et ses fauteuils rouille, est d'un chic apprécié pour les repas en tête-à-tête. L'ancienne partie, elle, demeure égayée par divers matchs diffusés sur écrans géants (muets, heureusement!). À vous de choisir l'ambiance qui sied à vos envies.

Sainte-Foy

GALOPIN (LE)

(Amérique du Nord)

3135, chemin Saint-Louis

418 652-0991

★★★★ cuisine
★★★ service
★★★ décor

M **45 $** S **80 $**

réservation / max. de personnes 50

Valeur sûre du secteur Sainte-Foy–Sillery, Le Galopin pave son chemin de succès depuis près de deux décennies. Ses forces: une cuisine raffinée et constante, un rapport qualité-prix presque imbattable et la capacité de se réinventer. L'endroit s'est en effet récemment doté d'un comptoir à tartares, qui permet aux amateurs d'observer la préparation de leur «cru» avant de laisser leurs papilles juger de ses atouts. La carte des vins fait aussi bonne figure, tout comme le service, courtois et informé, mais souffrant parfois d'étranges ralentissements. Si le menu change fréquemment, côté viandes ou côté poissons, les saveurs sont toujours franches, bien accordées, et les présentations, soignées. Bref, on y mange fichtrement bien, et pour pas cher vu la qualité. Férus de ris de veau, notez cette adresse!

Sainte-Foy

TANIÈRE (LA)
(Amérique du Nord)
2115, rang Saint-Ange
418 872-4386

★★★★★ cuisine
★★★★★ service
★★★★ décor

 M _ S**200$**

réservation / max. de personnes 40

La Tanière est un repaire d'excellence mais surtout de créativité gastronomique, laboratoire d'une cuisine moléculaire véritable qui n'occulte pas la spécialité traditionnelle de la maison, le gibier. Cet antre est plus moderne qu'autrefois: des tableaux colorés et abstraits encadrent des tables aux sièges massifs où trône le menu, un cube de verre surmonté d'un macaron au foie gras. Que ce soit le 8, le 14 ou le 20 services, on ne cesse d'être fasciné par les textures, la présentation des plats et l'intrigant accord des vins qui rend l'expérience vraiment mémorable. Le caviar de truffe blanche côtoie un œuf mollet et crémeux qui ne coule pas, l'air au miel s'évapore sur le palais... Ici, l'expérience envahit tous les sens.

GR

Sainte-Foy

ZIBO!

(Amérique du Nord)

2828, boulevard Laurier, 4e étage

418 524-5525

★★★ cuisine
★★★ service
★★★★ décor

☂ EP M **40 $** S **70 $**

réservation / max. de personnes 80

Bien qu'il s'agisse d'une franchise de chaîne (on en trouve aussi à Rosemère, Anjou, Brossard et Laval), Zibo! propose une cuisine non dénuée de personnalité, marquée par un souci de la qualité des produits et de l'exécution. Parfait pour les 5 à 7 (côté bar) autant que pour les repas en famille (le menu navigue entre pâtes, burgers, grillades, poissons, pizzas, etc.), l'endroit en jette grâce à sa déco urbaine-chic habillée de noir, de bois et de pierre, rehaussée de lustres clinquants et d'un cellier central, avec en prime une vue panoramique sur les environs du Complexe Jules-Dallaire. Autres atouts? Un service aimable et efficace, une carte des vins assez fournie pour satisfaire les connaisseurs, et d'excellentes salades.

Sainte-Foy

FENOUILLIÈRE (LA)

(France)

3100, chemin Saint-Louis

418 653-3886

★★★★ cuisine
★★★★ service
★★★ décor

🍶 🦋 EP M **35 $** S **105 $**

réservation / max. de personnes 60

Bien que le décor soit discret et que le restaurant partage ses locaux avec un hôtel Best Western, sa table n'en demeure pas moins l'une des plus réputées de Québec. La cuisine du terroir, d'inspiration française, ne s'écarte pas du classicisme et s'amarre aux produits de saison pour renouveler son menu six ou sept fois par année. Salade niçoise, foie gras, viandes braisées (joue de veau), viandes sauvages (cerf), fruits de mer et poissons d'arrivage, les saveurs s'expriment ici avec finesse. La qualité des produits et de la cave à vin est irréprochable. Il en va de même du service, hautement personnalisé, assuré par un maître d'hôtel d'expérience qui veille au grain.

Sainte-Foy

MONTE CRISTO L'ORIGINAL

(France)

3400, chemin Sainte-Foy

418 650-4550

★★★★ cuisine
★★★ service
★★★★★ décor

🍶 🦋 ☂ EP M **70 $** S **150 $**

réservation / max. de personnes 300

Dans ce resto du Château Bonne Entente, on cuisine des produits d'une qualité irréprochable (et idéalement locaux) avec tous les égards auxquels ils ont droit. Donc, sans les dénaturer. En résultent des saveurs franches relevées d'accompagnements surprenants flirtant ici avec l'exotisme (granité au saké et wakamé), là avec le moléculaire (espuma de César). Si les viandes et les poissons s'avèrent traditionnels, leur mode de cuisson s'écarte souvent du déjà-vu, comme en témoignent le croustillant popcorn de ris de veau et le délicieux saumon confit dans l'huile d'olive. Sobre, élégante et inspirant la quiétude, la déco laisse toute la place aux plats, qui en mettent plein la vue. Les amateurs de vin seront ravis de la carte, qui n'a pas perdu en intérêt malgré son régime minceur.

Sainte-Foy

PARIS GRILL
(France)

2820, boulevard Laurier

418 658-4415

★★★ cuisine
★★★★ service
★★★★ décor

 M**35 $** S**60 $**

réservation / max. de personnes 25

En voilà un qui ravit les cœurs en exploitant le filon d'une cuisine classique dans un cadre qui la marie chaleureusement à la modernité. En accord avec l'architecture du Complexe Jules-Dallaire qui abrite ce grand restaurant, ses verres, ses chromes et ses banquettes créent des espaces d'intimité pour deux comme pour plusieurs, le menu de type bistro convenant à merveille au tête-à-tête comme aux plus bruyantes libations. Tartares, steak-frites, abats, confits, poissons, boudins, copieuses salades et quelques originalités (dont les flammées, petites cousines alsaciennes de la pizza) sont décrits dans le détail et servis prestement par un personnel qui précède et prolonge un travail en cuisine où l'exécution, sans relever de la haute voltige, s'avère tout à fait convenable.

Sainte-Foy

MICHELANGELO

(Italie)

3111, chemin Saint-Louis

418 651-6262

★★★★ cuisine
★★★★ service
★★★★★ décor

EP M **60 $** S **110 $**

réservation / max. de personnes 120

Repaire des gens d'affaires et des amateurs de cuisine italienne, le Michelangelo est renommé pour ses deux riches cartes: celle des plats et celle des vins. On y boit effectivement très bien (mais cher), et on y mange avec bonheur des pâtes faites maison, des fruits de mer, du poisson, du veau, des abats et divers risottos. Peu importe ce que l'on choisit, on peut être certain d'une chose: tout ce qui se trouve dans notre assiette sera impeccablement cuit. Pour certains plats cependant, on aimerait une explosion de saveurs plus frappante, comme le veut la tradition italienne. Quant au décor d'inspiration Art déco, il nous dépayse agréablement en même temps qu'il contribue à créer une ambiance feutrée, intime, à laquelle participent aussi les serveurs, discrets et efficaces.

Sainte-Foy

MOMENTO RISTORANTE

(Italie)

2480, chemin Sainte-Foy

418 652-2480

★★★ cuisine
★★ service
★★★★ décor

M **35 $** S **70 $**

réservation / max. de personnes 130

Un chaleureux petit italien au décor raffiné, aux banquettes de cuir qui s'allongent, blanches et rouges, parallèlement aux fenêtres qui nous offrent un horizon montagneux. Un service courtois, une carte des vins sobre mais de bon goût, aux appellations connues et accessibles. Une cuisine qui nous insuffle des envies par ses sonorités (carpaccio, fondue provolonetta, gnocchis, osso buco, carbonara, veau parmigiana), créative dans sa présentation et honnête en bouche, où certains raccourcis devraient être abolis au profit de saveurs plus typiques et d'arômes plus concis. Les dolci y sont fameux, du Royal truffé jusqu'aux profiteroles, en passant par le fondant aux trois chocolats.

Sainte-Foy

PIAZZETTA SAINT-LOUIS (LA)

(Italie)

3100, rue de la Forêt

418 650-6655

★★ cuisine
★★★ service
★★★ décor

EP M **30 $** S **60 $**

réservation / max. de personnes 25

À Québec, la Piazzetta est un incontournable pour ses délicieuses pizzas carrées à pâte fine. Les garnitures y sont toujours fraîches et démontrent un savoir-faire dans les accords de saveurs italiennes. Les classiques (focaccia des Abruzzes, bruschetta) de la maison côtoient des créations d'autres pays, comme les roulés mexicains ou les entrées à découvrir (dukkha égyptien, salade d'inspiration beauceronne). La cuisine épate cependant moins lorsque l'on sort des sentiers battus, et l'assaisonnement surprend parfois par son manque de raffinement. Le local, un peu fourbu mais sympathique, est animé par un personnel bon vivant très accueillant. Attention toute particulière portée à la carte des vins, composée à plus de 90 % d'importations privées.

Sainte-Foy

KIMONO SUSHI BAR

(Japon)

1137, route de l'Église

418 648-8821

★★★ cuisine
★★★ service
★★★★ décor

M**40$** S**70$**

réservation / max. de personnes 25

Même s'il a déménagé à Sainte-Foy, le Kimono Sushi Bar n'a rien perdu de son panache. En fait, son décor a élevé d'un cran l'élégance qu'on lui connaît et ses sushis sont mieux fringués que jamais. La qualité des sashimis et des nigiris est irréprochable, et les makis figurent parmi les meilleurs à Québec, bien qu'il faille s'attendre à un excès de mayonnaise ou de tempura. Sous les jeux de lumière douce des nouveaux aquariums muraux, assis sur des banquettes ovales en cuir, les gastronomes découvriront une carte de plats chauds d'inspiration japonaise offrant davantage de choix qu'auparavant. Les commandes pour emporter font toujours partie des options, et les spéciaux en formule 5 à 7 sont toujours très intéressants.

Sainte-Foy

NIHON SUSHI

(Japon)

1971, rue de Bergerville

418 687-2229

★★★ cuisine
★★ service
★★ décor

EP M**30$** S**70$**

réservation / max. de personnes 30

Nihon Sushi s'inscrit dans cette rare lignée d'établissements où le sushi est considéré comme un art. Dans un décor dénué de toute ostentation si ce n'est le papier peint orné de cerisiers au-dessus des tables, le restaurant est un temple dédié à la symphonie du goût. Par exemple, le maki Dragon marie l'onctueuse saveur de beurre de l'escolar, le sucré de la sauce teriyaki et, enfin, l'amertume du poisson flambé. Les créations sont omniprésentes: langoustine au croquant de taro, homard à la mayonnaise au miel et wasabi, maki de pétoncle à la mangue, pomme et pamplemousse rose... Le personnel est accessible et surtout disponible: on vous conseille parmi le grand choix de nouveautés avec amabilité. Côté vins, l'offre est restreinte, et une plus grande sélection de sakés serait gagnante.

Sainte-Foy

SUSHI TAXI

(Japon)

1001, route de l'Église

418 653-7775

★★★ cuisine
★★★ service
★★★ décor

M**35$** S**70$**

réservation / max. de personnes 25

Sushi Taxi a bâti sa réputation sur la fraîcheur de ses produits de la mer, irréprochable, et sa créativité dans le monde des sushis, parmi les meilleurs à Québec. Assemblages de saveurs osés et inusités satisferont les fans finis de makis, temakis et autres nigiris. En tartare ou tataki, dans des feuilles de nori, de riz ou de légumes, le choix est grand, et le résultat, réussi à tout coup, ou presque. Côté entrées, on reste assez classique (tartares, rouleaux, soupe asiatique), avec quelques touches d'originalité çà et là (sushi pizza). Le service est sympa, et l'ambiance, décontractée dans un décor «bubblegum» aux tons de rose et blanc. Le seul hic se trouve du côté des desserts, franchement décevants pour une adresse où la qualité est autrement au rendez-vous.

Sainte-Foy

BANLAO

(Thaïlande)

2690, chemin Sainte-Foy

418 652-8188

★★ cuisine
★★ service
★★ décor

M **25 $** S **40 $**

réservation / max. de personnes   25

Soixante-treize plats. C'est ce que contient le menu du Banlao, un discret resto thaï situé près de l'hôpital Laval. On peut donc tergiverser longtemps entre les caris panang ou coco (avec crevettes, poulet, etc.), les sautés au basilic, le pad thaï, le poulet aux arachides (servi avec des épinards croustillants sucrés fort réussis)... Et ô bonheur, les entrées savent s'écarter des traditionnels rouleaux, entre autres avec une rafraîchissante salade de crevettes à la citronnelle et des mini-brochettes de poulet satay. Plats savoureux, bien exécutés, à prix minimes: pas étonnant que l'endroit compte rarement des tables vacantes, ce qui engendre une ambiance animée et un service un brin pressé, mais toujours très aimable. Une excellente adresse pour les budgets serrés.

Saint-Jean-Baptiste

RESTAURANT CARTHAGE

(Afrique)

399, rue Saint-Jean

418 529-0576

★★ cuisine
★★ service
★★★ décor

M **20 $** S **40 $**

réservation / max. de personnes   60

Le décor exotique de cet établissement, avec ses coussins, ses tables basses et ses tableaux aux cadres en faux or limé, en fait un lieu tout à fait unique à Québec. La carte de ce restaurant «apportez votre vin», peu onéreuse, fait voyager: couscous, tajine de poulet, houmous, feuilles de vigne farcies, kefta de bœuf aux fines herbes et au fromage, côtelettes d'agneau, assiette shish taouk, baklavas. Le menu ne se noie pas dans une mer de propositions. L'atmosphère s'égaie le week-end lors des danses traditionnelles du ventre. Et pour les mordus, une section près de la fenêtre permet aux clients de s'asseoir par terre à la tunisienne.

Saint-Jean-Baptiste

BILLIG (LE)

(France)

526, rue Saint-Jean

418 524-8341

★★★ cuisine
★★★★ service
★★ décor

M **20 $** S **35 $**

réservation / max. de personnes   20

Des crêpes. Bretonnes, traditionnelles, de froment. Une ambiance bistro hautement sympathique dans un petit local plein de vigueur, avec sa micro-mezzanine au fond de la salle et ses ardoises au mur. Un resto de quartier comme on les aime, avec un petit choix de bières pas compliquées et une coquette carte des vins (bios, français ou provenant du Vignoble Sainte-Pétronille), tous offerts au verre. Le choix de crêpes bretonnes ne manque pas, de la Béarn (au canard confit) à la Savoyarde (pommes de terre et lardons), en passant par la Belle-Îloise (pétoncles, crevettes et champignons). Les crêpes-desserts peuvent toutes être flambées sur demande, et l'on craque pour le typique kouign-amann breton qui détend autant que le personnel.

Saint-Jean-Baptiste

CAFÉ HOBBIT

(France)

700, rue Saint-Jean

418 647-2677

★★★ cuisine
★★★ service
★★★★ décor

 M **30 $** S **65 $**

réservation / max. de personnes   12

Depuis ses débuts de café-théâtre accueillant artistes et rêveurs, on s'abandonne au sein de ses murs de pierres grises vêtus de vieilles photos en noir et blanc. Le service coule avec charme et professionnalisme et c'est toujours avec le sourire que l'on vous propose un vin bien adapté à votre plat. Côté bistro? Une cuisine minimaliste et recherchée: burger de cerf aux champignons sauvages, ris de veau aux artichauts et sauce crème au basilic, canard confit, boudin noir, tataki de marlin. Les accompagnements témoignent d'un respect sans fard des accords de saveurs classiques (boudin et pommes, ris de veau déglacés au calvados), mais surtout d'une maîtrise de la technique et d'un palais raffiné.

Saint-Jean-Baptiste

GROLLA (LA)

(France)

815, côte d'Abraham

418 529-8107

★★★ cuisine
★★★★ service
★★★ décor

EP   M **40 $** S **90 $**

réservation / max. de personnes   50

La sympathique Grolla, c'est comme un petit bout d'hiver. Son chalet vous offre un fragment de voyage, un instantané de réconfort à la chaleur d'un âtre sis au creux des Alpes. On y vient pour partager des bouffées de rire en se régalant d'une fondue, d'une pierrade (viandes et fruits de mer saisis sur une pierre brûlante) ou d'un plateau de charcuteries. On se laisse imprégner de l'âcre odeur de fromage, assaillante et lourde, des poutres de grange rabotées et des épis séchés qui pendouillent en bouquets au-dessus des tables et sièges aux coussins à carreaux blancs et rouges.

Saint-Jean-Baptiste

MOINE ÉCHANSON (LE)

(France)

585, rue Saint-Jean

418 524-7832

★★★★ cuisine
★★★ service
★★★ décor

 M _   S **65 $**

réservation / max. de personnes   12

Manger (et boire) au Moine échanson est une véritable fête! Dans ce coquet local où le bois est roi et où trône un immense tableau noir garni d'appétissantes inscriptions, on fait bombance selon un menu thématique qui varie au gré des saisons: alsacien, méditerranéen... Finement exécutés, les plats renferment ce petit supplément d'âme et d'originalité qui transforme un repas en festin. Pour chacun, deux suggestions de vins hors des sentiers battus (bios, naturels, etc.) qui invitent à la découverte. Toujours au menu: des fromages et des charcuteries au poids ainsi que des desserts rien de moins que divins. Mention honorable pour les présentations, qui troquent la traditionnelle assiette contre la tuile de céramique, la planche de bois ou la poêle de fonte.

Saint-Jean-Baptiste

ENZÔ SUSHI

(Japon)

150, boulevard René-Lévesque Est

418 649-1688

★★★ cuisine
★★★ service
★★★★ décor

M **40 $** S **75 $**

réservation / max. de personnes 20

Plusieurs des clients d'Enzô sont fidèles au menu dégustation cinq services, qui propose des sushis ne figurant pas à la carte, pour la plupart nappés de sauces tièdes (basilic, porto-champignons...). C'est un genre, et pas toujours un gage de succès. Si bien qu'on gagne à se tourner vers le menu sushis normal, dont la rubrique «Spécialités» compte des propositions savoureuses et bien apprêtées, pas trop déroutantes mais qui savent faire quelques pas hors des sentiers battus. Divers plats (attention, portions généreuses!) garnissent aussi la carte, comme le bar noir du Chili, les tempuras de crevettes, le poulet frit katsu ou les viandes et légumes teriyaki. L'ambiance est branchée, mais le décor évite le tape-à-l'œil, avec sa dominante de blanc et ses objets japonais bien choisis.

Saint-Roch

AFFAIRE EST KETCHUP (L')

(Amérique du Nord)

46, rue Saint-Joseph Est

418 529-9020

★★★ cuisine
★★★★ service
★★★ décor

M **30 $** S **60 $**

réservation / max. de personnes 28

Dans ce petit local sans prétention, des passionnés concoctent du *comfort food* actualisé, une cuisine emplie de chaleur et sans cesse renouvelée. Du gratin dauphinois, du jarret d'agneau servi sur un lit de lentilles, des rillettes de canard maison, des pétoncles, des ribs de bison qui se trempent les côtes dans de moelleuses pommes de terre en purée. Un réconfort en bouche et un arôme qui nous rappellent l'enfance. Le choix de vins est limité, mais la sélection est très soignée et accompagne à merveille le menu qui change toutes les semaines.

Saint-Roch

BOUDOIR

(Amérique du Nord)

441, rue du Parvis

418 524-2777

★★★ cuisine
★★★ service
★★★★ décor

M **35 $** S **70 $**

réservation / max. de personnes 500

Woks, currys, tartares, grillades et salades asiatiques se partagent la majorité de la carte du Boudoir, endroit branché du quartier Saint-Roch surtout connu pour les soirées endiablées qui l'animent lorsque sa facette bar prend le dessus. Si on y boit beaucoup, on y mange également, et de mieux en mieux, malgré quelques inégalités entre les plats. Amants de tranquillité, vous serez avertis: le soir, la vocation fêtarde n'est jamais loin; ça parle fort, la musique joue des coudes pour se faire entendre, et la lumière ne pèche pas par excès... Une adresse à privilégier, donc, pour un souper animé entre amis ou pour le 5 à 7 (surtout l'été, lorsque les portes vitrées sont ouvertes sur la terrasse). Service aimable et carte de cocktails dans l'air du temps (on y «shake» entre autres du concombre, du thym, du basilic...).

Saint-Roch

AVIATIC BAR À VIN

(Amérique du Nord)

450, rue de la Gare-du-Palais

418 522-3555

★★★★★ cuisine
★★★★ service
★★★★ décor

 M**45 $** S**100 $**

réservation / max. de personnes 110

Le chef de l'Aviatic est un maître ès harmonies, un vrai. Rarement a-t-on connu de plus parfaites unions de saveurs et de textures que celles qu'il propose au gré d'une carte inventive aux couleurs internationales, constituée d'«entrées généreuses» à partager. Aucun doute, il joue dans la cour des grands, mettant à profit des techniques à la mode (moléculaire, cuisson sous vide) pour concocter des plats rien de moins que mémorables, où chaque accompagnement est l'indispensable pièce d'une symphonie savamment orchestrée. En prime: un service attentionné et de fort bon conseil (surtout pour les plats), une cinquantaine de vins au verre dont plusieurs importations privées, des cocktails à l'opposé de la banalité et un décor cosy-chic aux légers accents tropicaux. L'un des meilleurs restos de Québec.

Québec

Saint-Roch

CERCLE (LE)

(Amérique du Nord)

226-1/2 et 228, rue Saint-Joseph Est

418 948-8648

★★★★ cuisine
★★★★ service
★★★★ décor

M **40$** S **70$**

réservation / max. de personnes 300

Le Cercle est comme le vin qui repose dans son élégant cellier vitré: il se bonifie avec l'âge. Les tapas se font désormais plus discrètes sur sa carte, au profit de plats qui unissent avec brio réconfort et inventivité. Ce qu'on retient de ce resto dont l'ambiance électrisante ne fléchit jamais: la franche expression des saveurs, les cuissons impec-cables (des poissons, entre autres), les accompagnements recherchés, le service sans prétention mais diablement informé, l'impressionnante carte des vins (comptant du bio et de l'importation privée en quantité), les cocktails loin du Long Island Iced Tea, et les desserts qui frôlent la perfection. Pour les repas (brunchs, dîners, soupers) comme pour les spectacles inusités qui enflamment le bar adjacent, l'endroit est l'un des plus courus de la ville. Avec raison.

Saint-Roch

LARGO RESTO-CLUB

(Amérique du Nord)

643, rue Saint-Joseph Est

418 529-3111

★★★ cuisine
★★★ service
★★★★ décor

M **40$** S **75$**

réservation / max. de personnes 75

Au Largo Resto-Club, l'œil est ravi partout où il se pose. Les couleurs des peintures s'étirent vers les banquettes rouges et conviennent parfaitement aux spectacles de jazz offerts au deuxième palier, près du piano. La carte a peut-être perdu un peu de son esprit novateur, mais elle gagne en variété: cuisse de canard, bavette de bœuf, curry de poulet et poissons, ainsi qu'une sélection de desserts maison formidables. Une cuisine d'influen-ce méditerranéenne qui tend vers la bistronomie française. Les soirs d'été, l'atmosphère s'allège d'une fraîche brise qui s'immisce par les grandes fenêtres demeurées ouvertes.

Saint-Roch

POSTINO

(Amérique du Nord)

296, rue Saint-Joseph Est

418 647-0000

★★★ cuisine
★★★ service
★★★ décor

M **40$** S **55$**

réservation / max. de personnes 60

Le Postino a regagné notre faveur depuis que deux nouveaux chefs dirigent habilement ses cuisines. Rassembleurs et mitonnés avec soin, les plats de ce sympathique bistro mettent à l'honneur viandes, poissons, pâtes, risottos, boudin... Le menu, saisonnier, ne ferme pas la porte aux saveurs exotiques, comme cette soupe de pois chiches très parfumée, ni aux alliances de goûts peu banales, surtout dans les sauces et les ac-compagnements. Le service est aimable et informé, les prix se situent dans la catégorie «très raisonnables», et l'ambiance animée estompe le manque de personnalité de la déco. La carte des vins, elle, s'éloigne des lieux communs et compte plusieurs propositions au verre. Seule faiblesse: les desserts, qui ne sont pas faits maison.

Saint-Roch

QUEUE DE VEAU (LA)

(Amérique du Nord)

380, boulevard Charest Est

418 204-4555

★★★ cuisine
★★★ service
★★ décor

 M 30 $ S 70 $

réservation / max. de personnes 65

Nouvel arrivant dans le paysage de Québec et situé en plein centre-ville de Saint-Roch, La Queue de veau se veut une hyperbrasserie où le gril, les classiques québécois réinventés et la bière sont à l'honneur. Une cuisine teintée d'une subtile touche gastronomique à prix abordable. La rubrique «Je m'en souviens» du menu, avec son pâté chinois à la joue de veau braisée, côtoie des grillades savoureuses et des fruits de mer. Côté décor, la typicité de la brasserie française manque à l'appel. L'ambiance s'en voit effacée. L'établissement offre des bières en fût, qu'il utilise aussi dans ses recettes et sous forme de cocktails. Et pour les gros appétits, le format des portions est au rendez-vous!

Saint-Roch

TABLE

(Amérique du Nord)

395, rue de la Couronne

418 647-2458

★★★ cuisine
★★★ service
★★★★ décor

 M 45 $ S 65 $

réservation / max. de personnes 150

Le restaurant Table de l'Hôtel Pur invite à la convivialité autant par l'aménagement de son espace que par son menu. Assis à l'une des deux grandes tables de réfectoire surmontées d'une enfilade d'ampoules nues, on expérimente une promiscuité qui nous sort agréablement de notre bulle, au sein d'un décor épuré au design recherché. En extra: une vue sur la faune bigarrée du parvis de l'église Saint-Roch. Les plats en mini-formats, sortes de versions substantielles des tapas, se commandent très bien à deux, ce qui permet de goûter un maximum de mets parmi les calmars sautés, les betteraves rôties, le macaroni au fromage et à la truffe, les petits pains au maïs ou les figues au bleu et prosciutto. Certains, dont les saveurs s'expriment mal, sont moins réussis que d'autres. Mais au dessert, une valeur sûre: les churros.

Saint-Roch

VERSA

(Amérique du Nord)

432, rue du Parvis

418 523-9995

★★★ cuisine
★★★ service
★★★★ décor

 M 35 $ S 90 $

réservation / max. de personnes 100

La bistronomie du Versa a changé. Visuellement époustouflante, à la mesure de l'atmosphère bouillonnante qui y règne, elle est transportée par un désir de créativité et une technique qui n'étaient pas présents auparavant. Très prisé de la jeunesse professionnelle, le restaurant propose une carte des vins solide qui a remporté un prix du *Wine Spectator* trois années de suite. Le menu affiche crabe, saumon et calmars, mais aussi des produits dits moins nobles transformés: boudin, langue de veau, rillettes de cochon et flanc de porc. Bien que certains accompagnements soient superflus, le Versa promet des soirées incontournables et fait sa marque lorsqu'il est temps de jaser desserts.

Québec

Saint-Roch

YUZU RESTO + CLUB

(Amérique du Nord)

438, rue du Parvis

418 521-7253

★★★★ cuisine
★★★ service
★★★★★ décor

 M **35 $** S **100 $**

réservation / max. de personnes   50

Le Yuzu resto + club a changé d'enveloppe, nouveaux décor et menu à l'appui, mais n'a rien perdu de son essence. On s'y régale toujours d'une cuisine d'inspiration japonaise pimentée d'audace (désormais davantage bistronomique que gastronomique), où le produit est roi. De l'entrée au dessert, on va de bonheur en ravissement, que l'on croque dans un mini-burger au bœuf de Kobe ou qu'on engloutisse une huître Morimoto (au foie gras et oursin) ou un maki aux saveurs étonnantes. On a le même émerveillement avec l'assiette de magret de canard sauce teriyaki balsamique et la tarte tatin aux poires asiatiques. À la fois zen et chaleureuse, l'ambiance s'appuie sur une magnifique déco tout en textures, dont le point de mire demeure le mur «alvéolé» derrière le bar. En fin de soirée, l'endroit ouvre grand les bras à la fête. On danse?

Saint-Roch

DÉLI-MEX

(Amérique latine + Antilles)

300, rue de la Couronne

418 649-0830

★★ cuisine
★★ service
★★ décor

M **30 $** S **40 $**

réservation / max. de personnes   40

Ils se comptent sur les doigts d'une main, les restos mexicains qui survivent plus de cinq ans à Québec. Le Déli-Mex, lui, fêtait ses 10 ans en 2012. Un tour de force! Le midi, l'ambiance y est particulièrement chaleureuse. Le jaune des murs explose sous le soleil et les clients parlent fort, au sein du joyeux bric-à-brac qui règne dans le petit local: assiettes décoratives, sombreros, plantes, mobiles en coquillages... Au menu, des classiques du pays correctement apprêtés, tels sopes, enchiladas, fajitas, tostadas de tinga, tamales, chorizo à la mexicaine, poulet mole... Rien pour vous faire tomber en bas de votre chaise, cependant. Sauf les délicieuses tortillas de maïs maison, dont on ne manque pas d'acheter un paquet dans le coin épicerie, avant de partir.

Saint-Roch

PETITE BOÎTE VIETNAMIENNE (LA)

(Extrême-Orient)

281, rue de la Couronne

418 204-6323

★★★ cuisine
★★★ service
★★★ décor

EP M **30 $** S **65 $**

réservation / max. de personnes   50

Un authentique plaisir transpire de cette cuisine exotique qui ne se contente pas de classiques du wok, mais revoit avec enthousiasme une gastronomie orientale colorée, fine, aux parfums complexes. Décor lumineux, cocktails maison, carte des vins sympa et desserts enivrants (surtout le tapioca vert à la cardamome et au sirop d'érable) enluminent des plats qui allient le beau et le bon. Un canard aux épices de Hanoï cuit à la perfection, de divins dumplings (frits et vapeur), des salades composées, craquantes, qui marient entre autres verdure et poisson, un pad thaï superbe et des trouvailles comme le volcan de bœuf au curry rouge ne sont que quelques exemples de ce que recèle la carte de La Petite Boîte vietnamienne. Une table riche en découvertes, au cœur du quartier Saint-Roch.

Saint-Roch

BISTROT LE CLOCHER PENCHÉ

(France)

203, rue Saint-Joseph Est

418 640-0597

★★★★ cuisine
★★★★ service
★★★★ décor

M **45 $** S **90 $**

réservation / max. de personnes   60

Le Clocher penché ne fléchit pas. Devant l'avalanche de nouveaux restos qui rivalisent de créativité dans son secteur, il continue d'arpenter le même sillon. Celui d'une cuisine plus classique qui brille par son excellence. On a l'assurance d'y être servi avec intelligence, moult explications concernant les produits et la conception des plats (porcelet, poissons, macreuse, pâtes, saucisses, cassoulet) qui, eux, maintiennent un parfait équilibre de saveurs et témoignent d'un savoir-faire (cuissons, sauces, etc.) irréprochable. Dans un bel espace où l'on peut tout aussi bien faire la fête en groupe que dîner en amoureux, on déguste une cuisine du terroir changeant au gré des saisons, des arrivages.

Saint-Roch

BOSSUS (LES)

(France)

620, rue Saint-Joseph Est

418 522-5501

★★★ cuisine
★★★ service
★★★★ décor

M **40 $** S **60 $**

réservation / max. de personnes   60

Amateurs de cuisine bistro, vous trouverez aux Bossus plusieurs classiques du genre exécutés dans les règles de l'art, loin du tape-à-l'œil: escargots au Pernod; foie, ris et rognons de veau; bavette de bœuf à l'échalote; boudin aux poires; salade landaise; tartares... Et pour conclure en beauté, la classique crème brûlée. Sachez que les déjeuners du week-end ne sont pas non plus à dédaigner. L'ambiance est toujours joyeuse et animée. Tout en élégance et en simplicité, la déco vaut le coup d'œil avec ses boiseries sombres et ses miroirs format géant qui ornent un long mur de briques. Un petit clin d'œil à Paris rue Saint-Joseph.

Saint-Roch

TIARÉ TAHITI (LE)

(Océanie)

307, rue Saint-Paul

418 692-4004

★★ cuisine
★★ service
★★ décor

M **50 $** S **70 $**

réservation / max. de personnes   30

Manger polynésien à Québec, mission impossible? Faux. Remerciez Le Tiaré Tahiti, qui se spécialise dans les mets ensoleillés de ce chapelet d'archipels du Pacifique. Pensez poissons, vanille, curry, mangue, gingembre et noix de coco — beaucoup de noix de coco! L'invitation au voyage est lancée à la lecture du joli menu fait main, qui propose du poisson cru à la tahitienne (jus de citron et lait de coco), du bœuf aux patates douces, du poulet curry et mangue ou du mahi-mahi sauce vanille — plats dont les accompagnements manquent parfois de charme, malheureusement. Les cocktails à base de rhum et de téquila suivent la vague, leurs saveurs nous catapultant illico sur une plage chauffée à blanc. Très bon pour le moral, surtout en hiver. Décor sympathique, avec comme point de mire un mannequin-vahiné à l'accueil.

CALEBASSE (LA)

(Afrique)

220, rue Saint-Vallier Ouest

418 523-2959

★★ cuisine
★ service
★★ décor

M _ S**40**$

réservation / max. de personnes   30

Dès qu'on entre à La Calebasse, le dépaysement nous fait de l'œil grâce à la combinaison de musique africaine, de bambous décoratifs, de nappes colorées aux motifs tribaux, de murs d'un rouge torride. Le menu, qui pige dans les cuisines africaine et antillaise, poursuit dans la même veine avec son mafé (poulet sauce aux arachides), son yassa (poulet au citron et aux oignons caramélisés), son griot haïtien (porc mariné et grillé), ses accompagnements de bananes plantains frites et son dégué (dessert à base de semoule de mil). Si l'on se sent ailleurs, force est d'avouer que la cuisine n'honore pas toujours ses promesses. Espérons que le service n'est pas toujours aussi médiocre qu'il l'était le soir de notre visite – lent, nonchalant, mal informé.

Saint-Sauveur

FIN GOURMET (LE)

(Amérique du Nord)

774, rue Raoul-Jobin

418 682-5849

★★★ cuisine
★★★ service
★★★ décor

M**30**$ S**55**$

réservation / max. de personnes   35

Voilà un resto qu'on voudrait dans son quartier; mieux, au coin de sa rue. Sympathique et chaleureux au possible, il propose une cuisine dont la qualité étonne et ravit. Pizzas, salades, pâtes et burgers variés se côtoient sur la carte, mais des mets plus élaborés s'y sont aussi frayé un chemin: osso buco de porc, côtelette d'agneau, saumon grillé, cuisse de canard de Charlevoix nappée d'une exquise sauce bécassine... Sans parler de cette curiosité qu'est la poutine au fromage 1608 sauce au whisky. Les dents sucrées seront aux anges grâce aux «desserts de Marina», la proprio, qui concocte notamment un gâteau aux carottes et une tarte aux poires pour lesquels on vendrait presque sa mère. Service d'une grande amabilité, excellent rapport qualité-prix: on adore.

Sillery

BRYND SMOKED MEAT

(Amérique du Nord)

1360, rue Maguire

418 527-3844

★★ cuisine
★★ service
★★ décor

M**35**$ S**35**$

réservation / max. de personnes   82

Rares sont les artisans du smoked meat qui peuvent rivaliser avec les institutions montréalaises du genre. Mais une viande parfaitement apprêtée et découpée ainsi qu'un juste équilibre des épices permettent au Brynd de tutoyer les légendes des *delis* juifs métropolitains depuis maintenant 20 ans. Le menu y est simplissime, presque inchangé depuis les débuts: sandwichs au smoked meat majestueux y côtoient bagels, assiettes de saumon fumé et salades (composées de produits frais de qualité). Notre attention se concentre toutefois sur la viande, savoureuse et servie en abondance, puis ses accompagnements: des frites irréprochables, des oignons français à la friture exquise et une salade de chou en parfait équilibre entre l'aigre, le salé et le sucré.

Québec

Sillery

MONTEGO RESTO CLUB

(Amérique du Nord)

1460, avenue Maguire

418 688-7991

★★★ cuisine
★★★ service
★★★ décor

 M**40$** S**70$**

réservation / max. de personnes 240

Une ambiance de fête et un menu qui réchauffe les cœurs: les deux ingrédients principaux de la recette du Montego ne lassent pas une clientèle toujours aussi nombreuse qu'enthousiaste. S'asseoir ici, c'est intégrer un tableau vivant, incluant musiciens et noctambules en début de tournée, et déguster une nourriture qui répond à cet esprit de libations. Au menu, un amalgame de plats copieux tirés des classiques de la cuisine bistro et de la tradition italienne façon Marco Polo, donc avec plusieurs incursions orientales. S'y côtoient pâtes, pièces de bœuf Angus, crêpe au canard à la sichuanaise, salades, escalopes de veau, soupe thaïe, tartares, risottos et poulet du général Tao. Le service est prompt, l'exécution, tout à fait honnête et les desserts, spectaculaires.

Sillery

PAPARAZZI

(Amérique du Nord)

1363, avenue Maguire

418 683-8111

★★★ cuisine
★★★ service
★★★ décor

M**35$** S**75$**

réservation / max. de personnes 40

Ici, l'osso buco côtoie le tataki de thon, les légumes en tempura flirtent avec les nombreuses pâtes, et les escalopes de veau ne s'offusquent nullement de leur proximité avec des sushis en tout genre. Vous l'aurez deviné, le Paparazzi fait cohabiter deux cuisines pourtant fort éloignées, celles du Japon et de l'Italie. Le voisinage se manifeste sur la carte, mais aussi en salle, où le comptoir des maîtres sushis fait face à la cuisine ouverte. Tout autour, des boiseries, des meubles massifs et des chaises recouvertes de velours créent une atmosphère chaleureuse. Si les plats sont réussis dans l'ensemble, certains manquent d'assaisonnement. Notre coup de cœur: le filet mignon de bœuf en sashimi, bien tendre et formant un très joli couple avec sa sauce au gingembre.

Sillery

SAUMUM BISTRO

(Amérique du Nord)

1981, rue de Bergerville

418 687-1981

★★★ cuisine
★★ service
★★★ décor

M**30$** S**65$**

réservation / max. de personnes 55

Dans son fumoir offert aux regards, le Saumum café bistro fait séjourner crevettes, jambon, pétoncles, canard et autres, préparés sans nitrites ni abus de sel. Sous des dehors tout simples, ce resto de type «bistro français urbain» vous surprend avec des plats originaux, bien présentés, souvent santé, ainsi que des accompagnements soignés. Poulet fumé grillé au caramel balsamique, smoked meat maison, verrine de canard fumé, sauté de pétoncles et côtes levées fumées à l'érable se disputent les honneurs avec une exclusivité provinciale: le saumon blanc (non fumé, celui-là), au goût plus délicat que son confrère de l'Atlantique. Seule ombre au tableau: les desserts, peu emballants. À noter que plusieurs mets fumés emballés sous vide sont en vente pour emporter.

Québec

Sillery

PERLA (LA)

(Italie)

1274, avenue du Chanoine-Morel

418 688-6060

★★★ cuisine
★★★★ service
★★★ décor

M **35 $** S **85 $**

réservation / max. de personnes   20

Boiseries antédiluviennes et papier peint aux motifs fleuris, La Perla est un refus catégorique de rompre avec le passé. Figée dans le temps et dotée d'un service impeccable aux manières lisses, elle plaira aux habitués comme aux nostalgiques. Son menu propose tous les classiques de la cuisine italienne, sans les pizzas: antipasti et salades, pâtes, osso buco à la milanaise, escalopes de veau de lait, calmars, tiramisu. Exclusivement italienne (sauf les champagnes), la carte des vins propose un survol des principales régions de l'Italie. Côté saveurs, la cuisine y est réconfortante mais manque un peu de justesse dans son assaisonnement où le beurre, la crème et le sel occupent parfois une trop grande place.

Vieux-Port

48, CUISINE_MONDE (LE)

(Amérique du Nord)

48, rue Saint-Paul

418 694-4448

★★★ cuisine
★★★ service
★★★★ décor

M **25 $** S **60 $**

réservation / max. de personnes   50

Dans cette vieille taverne modernisée, une cuisine du monde tout aussi éclatée que le décor côtoie une myriade de tentations savoureuses: tapas, pizzas, burgers et entrées inspirées. Une offre très bistronomique, aux présentations originales et débordantes de couleurs, que ce soit les crevettes à la vanille de Madagascar servies dans une coupe ou le tiramisu offert sous forme de café brésilien. L'endroit respire l'intimité, et sa carte de vins et de martinis recherchés plaira autant aux néophytes qu'aux amateurs. Aux beaux jours, les épicuriens s'entassent sur la terrasse du 48, admirablement située près du fleuve, lors de 5 à 7 d'été baignés de soleil.

Vieux-Port

CHARBON (LE)

(Amérique du Nord)

450, rue de la Gare-du-Palais

418 522-0133

★★★ cuisine
★★★ service
★★★★ décor

M **45 $** S **100 $**

réservation / max. de personnes   80

Rouge comme les braises, le décor du Charbon est le théâtre de passions carnées. Dans une ambiance ouatée, on se coule dans les banquettes de cuir pour laisser libre cours à des appétits carnivores auxquels répond une carte où s'alignent poissons, fruits de mer, tartares et pièces de viande (AAA, Sterling Silver) aux proportions parfois pharaoniques, cuites sur charbon de bois, toujours à la perfection. Pour ceux qui voudraient un peu plus de délicatesse dans la composition des plats, on suggère de se tourner vers la table d'hôte, riche en découvertes, où les accompagnements et les sauces s'avèrent autrement raffinés. Quant à la carte des vins, elle recèle quelques perles et de belles trouvailles d'importation privée.

Vieux-Port

CHEZ VICTOR ST-PAUL

(Amérique du Nord)

300, rue Saint-Paul

418 781-2511

★★★ cuisine
★★ service
★★★★ décor

 M**45 $** S**50 $**

réservation / max. de personnes   60

Qu'il soit de bœuf (bio, si on le souhaite), d'agneau, de saumon, de poulet, de canard, de sanglier, voire végé, le burger est toujours apprêté avec grand soin Chez Victor. L'endroit met à contribution de nombreux producteurs et artisans locaux (boulanger, fromager, producteur de pommes de terre...), auxquels il a rendu hommage en affichant leurs photos format géant sur ses murs. Chic idée! On paie une visite à Victor pour manger simple et bon, pour se régaler de délicieuses frites (trempées dans diverses mayos maison), pour prendre une bière de microbrasserie dans une ambiance chaleureuse et un décor très «urbain». Bref, une destination à privilégier lorsqu'une envie de burger nous tenaille mais que les fast-foods nous rebutent. À noter que Victor compte une dizaine d'adresses dans la région.

Vieux-Port

LAURIE RAPHAËL

(Amérique du Nord)

117, rue Dalhousie

418 692-4555

★★★★ cuisine
★★★★★ service
★★★★★ décor

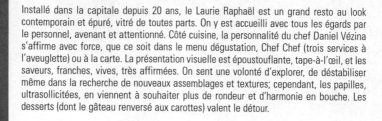

M **55$** S **150$**

réservation / max. de personnes 90

Installé dans la capitale depuis 20 ans, le Laurie Raphaël est un grand resto au look contemporain et épuré, vitré de toutes parts. On y est accueilli avec tous les égards par le personnel, avenant et attentionné. Côté cuisine, la personnalité du chef Daniel Vézina s'affirme avec force, que ce soit dans le menu dégustation, Chef Chef (trois services à l'aveuglette) ou à la carte. La présentation visuelle est époustouflante, tape-à-l'œil, et les saveurs, franches, vives, très affirmées. On sent une volonté d'explorer, de déstabiliser même dans la recherche de nouveaux assemblages et textures; cependant, les papilles, ultrasollicitées, en viennent à souhaiter plus de rondeur et d'harmonie en bouche. Les desserts (dont le gâteau renversé aux carottes) valent le détour.

Vieux-Port

SSS

(Amérique du Nord)

71, rue Saint-Paul

418 692-1991

★★★★ cuisine
★★★★ service
★★★★ décor

M **45$** S **90$**

réservation / max. de personnes 52

Pour un simple snack sympathique (SSS), on ne fait guère mieux. Il faut y revenir souvent pour en écumer la carte qui, sous des dehors simples, recèle pourtant le savoir-faire de l'équipe de son grand frère, le Toast!. Ainsi, chaque bouchée d'un croustillant poulet de Cornouailles, de pelures de pommes de terre frites (à la bedaine de porc, sauce SSS, foie gras et crème sure), de côtes levées ou d'un des sompteux tartares se déploie en bouche comme un trésor. L'équilibre d'une sauce BBQ royale, le goût de fumée de la crème sure, le mélange parfait d'herbes sur le poulet: toute cette félicité harponnée par la fourchette, on se sent l'esprit léger. On se surprend à parler fort, faire la bringue, et pourquoi pas commander une deuxième bouteille de vin, tiens?

Vieux-Port

TOAST!

(Amérique du Nord)

17, rue du Sault-au-Matelot

418 692-1334

★★★★★ cuisine
★★★★ service
★★★★ décor

M _ S **130$**

réservation / max. de personnes 40

Avec sa formule «succession d'entrées», le Toast! nous donne la chance de goûter trois plats où se révèle avec doigté la créativité du chef Christian Lemelin. Pas d'esbroufe cependant: chaque produit est pleinement mis en valeur, avec comme garde rapprochée des accompagnements finement choisis et apprêtés, selon ce que la saison en cours a de mieux à offrir. Tout est frais, goûteux, réjouissant, et respire le souci de combler. Notre plaisir est rehaussé par la possibilité d'ajouter du foie gras (la spécialité de l'endroit) à chaque plat, par une carte des vins à haut potentiel d'allégresse, et par un service informé et professionnel, mais peu guindé pour deux sous. Les amants des terrasses ne manqueront pour rien au monde celle qui se cache derrière, en mode cour intérieur fortement végétalisée. Un véritable havre de bonheur.

Vieux-Port

PANACHE

(Amérique du Nord)

10, rue Saint-Antoine

418 692-2211

 CRÉATIFS
DE L'ÉRABLE.ca

★★★★★ cuisine
★★★★★ service
★★★★★ décor

M**45 $** S**140 $**

réservation / max. de personnes   90

Rien à redouter du changement à la tête des cuisines de Panache: dans notre assiette, on retrouve avec bonheur les mêmes produits du terroir et de saison, magnifiquement mis en valeur au gré de mariages de saveurs créatifs, en parfait équilibre. Qu'on lorgne côté terre (pintadeau, canard, veau...) ou côté mer (pétoncles, flétan, tartare de bar, homard...), on a droit à une symphonie raffinée en bouche qui ne nous donne qu'une envie: applaudir. On apprécie aussi le service courtois mais pas coincé, toujours de bon conseil, ainsi que le charme rustique chic de la salle à manger, qui sied particulièrement bien à la saison froide avec son foyer, ses massives poutres bicentenaires et ses moelleuses banquettes.

Vieux-Port

CAFÉ DU MONDE (LE)
(France)
84, rue Dalhousie, Terminal des croisières
418 692-4455

★★★★ cuisine
★★★ service
★★★★ décor

 M**35 $** S**75 $**

réservation / max. de personnes   18

Le Café du monde s'est offert un nouveau décor, mais sous des dehors étincelants (avec vue imprenable sur le fleuve), il conserve le même esprit de bistro français cependant enraciné dans le terroir local. Boudin noir aux pommes et calvados, foie de veau et confit de canard à la salardaise figurent parmi les plats vedettes d'une carte où s'alignent aussi des tartares (très réussis), des spécialités régionales (le très bon pot en pot des Îles-de-la-Madeleine), ainsi que jarret d'agneau, cul de lapin, bavette de bœuf ou saumon en croûte de basilic. Si la présentation de certains plats est parfois très simple, cela n'atténue en rien l'enthousiasme de nos papilles, surtout si elles concluent sur la crème brûlée qui est simplement parfaite.

Vieux-Port

ÉCHAUDÉ

(France)

73, rue du Sault-au-Matelot

418 692-1299

★★★★ cuisine
★★★★ service
★★★ décor

 M**40$** S**90$**

réservation / max. de personnes 50

Pourquoi va-t-on à l'Échaudé? Pour sa cuisine savoureuse à double personnalité – bistro et du marché –, qui nous amène à tergiverser entre tartares et râble de lapin, nage de poissons et gibier, boudin noir et jarret d'agneau, bavette et flétan. Pour sa cave, plus que fertile en découvertes. Pour ses desserts créatifs, au taux de sucre bien équilibré. Pour son ambiance relaxe, qu'on fasse bonne chère à table, au comptoir ou sur la ravissante terrasse au ras des pavés. Pour son service, professionnel et sympathique. Pour ses formules midi, variées et à l'excellent rapport qualité-prix. Pour son menu 21 h, idéal pour les soupe-tard au portefeuille léger. Et parce qu'on y trouve un petit air de Paris, quelque part entre le brouhaha accueillant et la déco humble et chaleureuse. Assez vite, on a envie de devenir un habitué.

Québec

Vieux-Port

POISSON D'AVRIL

(France)

115, quai Saint-André

418 692-1010

★★ cuisine
★★ service
★★★ décor

 EP M _ S**85$**

réservation / max. de personnes 70

On a un peu l'impression que le temps s'est arrêté au Poisson d'avril. Rappelant une brasserie de bord de mer avec ses poutres apparentes, ses murs de pierre, ses nappes à carreaux bleus et blancs et sa déco d'inspiration marine, ce resto sert des classiques comme des crevettes poêlées à l'ail, une assiette du marinier et du saumon fumé accompagné de câpres, d'oignon rouge et d'huile. Et la formule plaît puisque l'endroit est souvent rempli. Ceux qui souhaitent manger plus actuel pourront se tourner vers les arrivages de poissons moins communs comme le requin, le mérou ou la daurade (aux cuissons pas toujours à point). Les moules (choix de 12 sauces) restent une valeur sûre, alors que les quelques plats de pâtes et de viande hameçonneront ceux à qui la mer n'ouvre pas l'appétit.

Vieux-Port

RESTAURANT INITIALE

(France)

54, rue Saint-Pierre

418 694-1818

CRÉATIFS
DE L'ÉRABLE.ca

★★★★★ cuisine
★★★★★ service
★★★★★ décor

 EP M**40$** S**150$**

réservation / max. de personnes 75

Le chef de l'Initiale, Yvan Lebrun, est un jazzman de la cuisine. Ses assiettes sont des pièces complexes, inventives, où il décline avec une ahurissante maestria une série de thèmes forts pour échafauder des plats qui relèvent du grand art. Fleurs de sureau, herbes maritimes, morilles ou cônes d'épinette viennent relever des poissons, des volailles ou des viandes, s'alignant avec les saisons pour convenir à l'esprit du moment et aussi mieux célébrer la fraîcheur des produits issus du terroir local. On reçoit chaque plat comme une offrande, le résultat d'une recherche qui se devine dans l'extrême finesse d'accords qui se poursuivent jusque dans un service de sommellerie enthousiaste.

Vieux-Port

MATTO 71 (IL)

(Italie)

71, rue Saint-Pierre

418 266-9444

★★★★ cuisine
★★★ service
★★★★ décor

M**35**$ S**70**$

réservation / max. de personnes   25

Avis à ceux qui cherchent un resto italien loin des clichés, où l'authenticité se révèle dans chaque bouchée: Il Matto 71 pourrait bien vous charmer. Fils de restaurateurs réputés, le propriétaire s'est inspiré des recettes de sa *mamma* pour concocter un menu qui compte de nombreux fidèles — les pappardelles aux champignons sauvages, entre autres, jouissent d'une renommée incontestable. Bravo à la cuisine constante, aux plats en apparence simples mais débordant de saveur, parfaitement assaisonnés, faits de produits de qualité, qu'il s'agisse des pâtes, du saumon, des pizzas ou des escalopes de veau. Si ce deuxième Matto se veut un brin plus sophistiqué que son aîné de Sainte-Foy, l'ambiance y demeure fort conviviale... voire assez bruyante. Parfait pour un souper entre amis, arrosé de grappa ou d'un limoncello en finale.

Vieux-Québec

CHEZ BOULAY

(Amérique du Nord)

1110, rue St-Jean

418 380-8166

★★★★ cuisine
★★★★ service
★★★★ décor

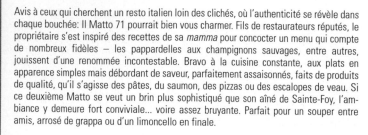 M**45**$ S**85**$

réservation / max. de personnes   100

Cette nouvelle table au cœur du Vieux-Québec porte le nom de Jean-Luc Boulay, célèbre pour son travail d'orfèvrerie culinaire au restaurant Saint-Amour. Mais ici, en cuisine, c'est Arnaud Marchand qui tient les rênes. Et avec vigueur! Bistro nordique — presque tous les ingrédients sont prélevés au nord du 49e parallèle —, Chez Boulay est une célébration du savoir-faire local où le service compétent et enthousiaste sert de courroie de transmission à cette idée d'une cuisine familière où l'exotisme est affaire de produits ou de techniques indigènes, souvent peu ou mal connus. Le résultat est brillamment exécuté, toujours savoureux, livré dans un décor qui agit comme un confortable écrin pour une cuisine qui n'est rien de moins qu'une perle.

PATRIARCHE (LE)

(Amérique du Nord)

17, rue Saint-Stanislas

418 692-5488

★★★★ cuisine
★★★★ service
★★★★ décor

M**55**$ S**140**$

réservation / max. de personnes   65

Au Patriarche, on retrouve la finesse d'une cuisine pleine d'attention et d'inventivité. C'est un refuge pour les curieux, dans une maison patrimoniale du Vieux-Québec élégante, bardée de murs de pierre et réchauffée d'un âtre aux flammes rousses. On y propose un menu dégustation du terroir qui figure parmi les plus belles propositions de table du secteur. Du gibier, de l'agneau du Québec, du foie gras, de la pintade, du veau, des poissons. Tout y est frais, composé en trilogies au savoureux alliage d'épices et de textures. Une découverte assurée, des ingrédients d'une indéniable qualité que l'on sait équilibrer avec brio. La carte des vins est raffinée et le service est aussi élégant et chaleureux que le décor.

Vieux-Québec

QUE SERA SERA

(Amérique du Nord)

850, place D'Youville

418 692-3535

★★★ cuisine
★★★ service
★★★ décor

🐚 **EP**   M _ S**90$**

réservation / max. de personnes   50

Le saviez-vous? Une fort jolie surprise se cache dans l'hôtel Courtyard Marriott de place D'Youville. Si le décor de la petite salle à manger ne casse pas des briques, la vue presque panoramique sur la cuisine nous fait tordre le cou plus d'une fois. Et ce qui en sort nous tire plusieurs cris d'étonnement. Raffinés et savoureux, les plats vont de la cuisine du marché à une tendance bistro ascendant casse-croûte revisité: pintade rôtie aux pommes et cinq épices, aiguillettes de canard sauce aux bleuets et romarin, burger de bison au Mamirolle fondant, tartares, poutine à l'humeur du chef... À essayer sans faute: les pétoncles poêlés au chorizo et tomates séchées, servis sur un sublime risotto. Et pour couronner le tout, le service est plus qu'aimable.

Vieux-Québec

CHEZ-SOI LA CHINE

(Chine)

27, rue Sainte-Angèle

418 523-8858

★★ cuisine
★★ service
★★ décor

🍴   M _ S**50$**

réservation / max. de personnes   40

Il y en a du choix au Chez-soi la Chine. Des nouilles et des riz frits, oui, mais des viandes surtout (canard, porc, bœuf, poulet...). Cuisinées selon la tradition shanghaïenne, ces dernières sont souvent rehaussées de sauces en bel équilibre entre salé, sucré et vinaigré, comme la sichuanaise ou la sha-cha. Les saveurs sont franches, les cuissons, à point. Mais les plats sont présentés sans autre accompagnement qu'un riz blanc, qu'il faut commander en extra. Disons que quelques légumes ne seraient pas de refus. Tandis que madame officie en cuisine, monsieur se charge du service, avec un humour et une discrétion appréciés. Certes, les plats arrivent dans des délais variables, mais on ne saurait tenir rigueur à ce couple si sympathique. Une adresse à retenir pour un souper entre amis, relax et abordable.

Vieux-Québec

RESTAURANT APSARA

(Extrême-Orient)

71, rue d'Auteuil

418 694-0232

★★ cuisine
★★★ service
★★ décor

M**30$** S**70$**

réservation / max. de personnes   20

Depuis 1977, la famille Khuong sert ici des spécialités cambodgiennes, vietnamiennes et thaïlandaises à une clientèle qui marie touristes et habitués. Dans cette salle au décor singulièrement hétéroclite, on déguste divers sautés de porc, poulet, bœuf ou crevettes, souvent accompagnés de légumes, parfois relevés du piquant du gingembre ou de la fraîcheur de la citronnelle. Sans conteste, ce sont les entrées qui s'avèrent les plus intéressantes, s'éloignant des habituelles propositions des restaurants asiatiques: mou sati (brochettes de porc, sauce aux arachides et concombres marinés), salade Apsara aux crevettes et à la citronnelle, crêpe vietnamienne aux crevettes et aux pousses de bambou... Le service, lui, est courtois et discret, comme le veut la tradition.

GR

Québec

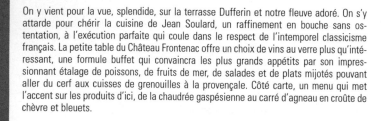

Québec

Vieux-Québec

CAFÉ DE LA TERRASSE (LE)

(France)

1, rue des Carrières

418 691-3763

 **EP**   M **60$**   S **120$**

★★★ cuisine
★★★ service
★★★ décor

réservation / max. de personnes 200

On y vient pour la vue, splendide, sur la terrasse Dufferin et notre fleuve adoré. On s'y attarde pour chérir la cuisine de Jean Soulard, un raffinement en bouche sans ostentation, à l'exécution parfaite qui coule dans le respect de l'intemporel classicisme français. La petite table du Château Frontenac offre un choix de vins au verre plus qu'intéressant, une formule buffet qui convaincra les plus grands appétits par son impressionnant étalage de poissons, de fruits de mer, de salades et de plats mijotés pouvant aller du cerf aux cuisses de grenouilles à la provençale. Côté carte, un menu qui met l'accent sur les produits d'ici, de la chaudrée gaspésienne au carré d'agneau en croûte de chèvre et bleuets.

Vieux-Québec

CHAMPLAIN (LE)

(France)

1, rue des Carrières

418 266-3905

M _   S **160$**

★★★★★ cuisine
★★★★ service
★★★★★ décor

réservation / max. de personnes 40

Jean Soulard continue de briller en cuisine sans tomber dans l'excès ni la faute de goût. L'excellence de ses plats repose sur la qualité des produits (locaux, le plus souvent), la justesse des cuissons, la succulence des sauces. L'esbroufe n'est pas invitée à la table du Champlain, pour le bonheur des palais allergiques à la surcharge de saveurs. La tradition côtoie habilement la modernité, autant dans la riche carte des vins que dans le menu, où des classiques français (comme le chateaubriand sauce béarnaise au guéridon) cohabitent avec une cuisine régionale actuelle. Même les serveurs, malgré leur costume d'époque, affichent une décontraction dans l'air du temps. Quant à la somptueuse déco de ce resto du Château Frontenac, elle crée un cocon agréablement suranné. À noter que la tradition du brunch dominical se poursuit.

Vieux-Québec

CONTINENTAL (LE)

(France)

26, rue Saint-Louis

418 694-9995

EP   M **40$**   S **130$**

★★★★ cuisine
★★★★★ service
★★★★ décor

réservation / max. de personnes 75

Cérémonieux sans être pompeux, imposant sans être grave, le décor du Continental, piqué de bouquets de fleurs et encadré de bois sombre, annonce un classicisme dans la forme qui ne cesse d'ébahir sur le fond. Le service y est sublime, assuré par des serveurs-cuisiniers qui terminent le montage et la cuisson de la plupart des plats sous vos yeux. Le menu rassemble foie gras, langoustines grillées au beurre à l'ail, noix de ris de veau et canard à l'orange tout en proposant le fameux «bœuf en boîte» flambé ou le filet mignon de veau à la sauce au porto déglacée. La cave déborde de bouteilles variées, classées par région et bien chambrées. La cuisine française est ici livrée avec acuité et inventivité.

Vieux-Québec

FRÈRES DE LA CÔTE (LES)

(France)

1190, rue Saint-Jean

418 692-5445

★★★ cuisine
★★★★ service
★★★ décor

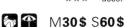 M**30$** S**60$**

réservation / max. de personnes   14

L'inaltérable charme de ce resto du Vieux-Québec tient à trois choses. Une bouffe réalisée avec soin, dans le respect d'une tradition qui cite abondamment le grand livre des classiques du bistro français (tartares, bouillabaisse, merguez, bavette, moules et frites, viandes braisées, foie, etc.). Un service expert, empressé mais jamais empesé, qui cherche à plaire au client tout en le déridant. Et finalement, l'ambiance: bruyante, parfois presque fiévreuse. Midi ou soir, mardi ou samedi, aucune différence, touristes et résidents du coin viennent ici pour s'amuser et renouer avec des plaisirs culinaires indémodables, pour trinquer et parler fort sans que cela ne gêne personne. Pas étonnant que les passants s'attardent devant les grandes fenêtres et soient tentés d'entrer, c'est la fête ici.

Vieux-Québec

CRÉMAILLÈRE (LA)

(France)

73, rue Sainte-Anne

418 692-2216

★★★ cuisine
★★★★ service
★★★ décor

 M **40 $** S **110 $**

réservation / max. de personnes   100

Dans cette vieille et accueillante maison du Vieux-Québec, les hauts murs respirent l'histoire. Des moulures épaisses, des tapis aux motifs végétaux, une ambiance feutrée qui se reflète en cuisine. Carte française et italienne, on y retrouve le réconfort des traditions plutôt que la surprise d'un plat réinventé. Le classicisme du menu cherche à nous border dans l'édredon des terrains connus: foie gras au torchon, tartare de bœuf, pâtes, cassolette de moules au safran, carré d'agneau au romarin, côte de veau rôtie, crêpes Suzette flambées. La carte des vins est splendide, l'on s'attarde à vous la décrire avec compétence, mais aussi avec cette courtoisie qui s'habille de chaleur et d'attentions.

Vieux-Québec

MISTRAL GAGNANT

(France)

160, rue Saint-Paul

418 692-4260

★★★ cuisine
★★★ service
★★ décor

M **30 $** S **80 $**

réservation / max. de personnes   14

Pour un voyage express en Provence, direction Mistral gagnant, sympathique restaurant du Vieux-Port qui dure grâce à une cuisine savoureuse, sans fla-fla, et une ambiance conviviale à souhait. Dans la colorée salle à manger, où le bleu et le jaune dominent, on déguste dans la bonne humeur une délicieuse bouillabaisse (quelle rouille!), un magret de canard aux pêches, des linguine au pistou, des ris de veau aux champignons... La carte s'éloigne parfois du sud de la France (salade César), mais y revient vite, notamment avec des entrées et des desserts faisant bon usage du pastis (feuilleté d'escargots, crème brûlée).

Vieux-Québec

SAINT-AMOUR (LE)

(France)

48, rue Sainte-Ursule

418 694-0667

★★★★★ cuisine
★★★★★ service
★★★★ décor

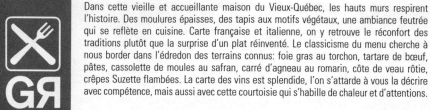 M **45 $** S **140 $**

réservation / max. de personnes   110

S'attabler au Saint-Amour, c'est s'abandonner à une opération de charme intensive et renouvelée à chaque service. C'est succomber avec délectation à des produits de qualité impeccablement mis en valeur, à des assaisonnements sans reproche, à de magnifiques présentations, au gré des plats de poisson, de viande, de gibier ou de foie gras concoctés avec fantaisie par Jean-Luc Boulay et sa brigade. C'est s'emballer devant la perfection d'un potage de cèpes, c'est imprimer dans le creux de ses souvenirs l'exotique tataki d'ananas chaud en croûte de noix de coco et caramel épicé. C'est vivre une expérience épique, bonifiée par un choix de vins allant de l'abordable rigoureusement sélectionné au grand cru, et menée par un service très attentionné et cordial. Bref, c'est tomber amoureux fou.

Vieux-Québec

PAIN BÉNI

(France)

24, rue Sainte-Anne

418 694-9485

★★★★ cuisine
★★★★ service
★★★★ décor

 M**35**$ S**95**$

réservation / max. de personnes   65

Le chef de ce petit bijou de resto ne craint pas de s'aventurer hors des sentiers battus, apprêtant brillamment ses produits – souvent régionaux – pour accoucher d'une cuisine du marché qui ouvre grand les bras à l'audace. Une pièce de chevreau pourra ainsi partager l'assiette avec des falafels et de la pieuvre grillée au citron confit, alors que des pâtes au homard baigneront avec bonheur dans un jus de volaille au foie gras. Les desserts? Aucun superlatif ne pourrait les décrire convenablement. Il faut goûter pour comprendre. Le service, lui, est efficace, sympathique et surtout avisé, autant en matière de nourriture que de vins. Comme il est situé en plein secteur piéton de la rue Sainte-Anne, on pourrait croire que le Pain béni est un autre de ces attrape-touristes. On aurait tort. Et on se priverait de fort joyeux festins.

Vieux-Québec

CONTI CAFFÈ

(Italie)

32, rue Saint-Louis

418 692-4191

★★★★ cuisine
★★★ service
★★★★★ décor

 M**30$** S**80$**

réservation / max. de personnes   75

On se laisse doucement enrober: le murmure du lounge, la chaleur de la brique et de la pierre, les rouges banquettes au-dessus desquelles s'élèvent des tableaux colorés. On vient nous servir, tout sourire, puis nous nous régalons d'un risotto au homard, d'un carpaccio mariné, d'un tartare de saumon, d'une escalope de veau au citron, d'un filet mignon coiffé de gorgonzola ou d'une aventure épicée en compagnie de penne all'arrabbiata. Le raffinement est multiforme. Le personnel nous guide, de façon judicieuse, vers un vin qui presque toujours ravit. Et bien que certains plats ou desserts nous séduisent moins que l'atmosphère, on ne peut que saluer la qualité constante de ces produits voués autant au plaisir du palais qu'à celui de l'œil.

Vieux-Québec

PORTOFINO

(Italie)

54, rue Couillard

418 692-8888

★★★ cuisine
★★★ service
★★★ décor

M**30$** S**80$**

réservation / max. de personnes   20

Le four à pizza s'embrase et les festivités aussi, tandis que montent les notes et la voix d'un chansonnier fougueux. L'endroit idéal pour trinquer à la dolce vita. Des classiques envahissent le menu (tartares, pizzas, gnocchis, risottos, antipasti, escalopes de veau) et, entre les lignes, un exotisme semble jaillir à travers la linguine à l'encre de seiche ou le suprême de canard mariné aux cinq poivres. Bien que goûteux et appréciés, les plats peuvent être d'inégale qualité. La prestigieuse cave à vins, quant à elle, ne souffre d'aucune imperfection.

Légende

Cuisine	
du grand art!	★★★★★
très bonne table	★★★★
bonne table	★★★
satisfaisante	★★
passable	★

Vieux-Québec

RISTORANTE IL TEATRO

(Italie)

972, rue Saint-Jean

418 694-9996

★★★★ cuisine
★★★ service
★★★★ décor

🛢 🍹 ☂ **EP**   M**40 $** S**85 $**

réservation / max. de personnes   40

Sous les projecteurs du Il Teatro, le restaurant du Capitole de Québec, une cuisine italienne savoureuse et bien exécutée tient la vedette. Le clou du spectacle: les pâtes, variées, toujours bien cuites, aux sauces et aux farces dont les goûts jouent le premier rôle. Les éternels indécis auront sans doute un léger vertige en parcourant la généreuse carte, qui distille sur de nombreuses pages une trentaine d'entrées (polpettes, croquettes de riz à la mozzarella, calmars grillés, salades, soupes, spécialités du fumoir...) suivies de carpaccios, de viandes, de poissons, de risottos et de pâtes en 20 déclinaisons. La carte des vins loge aussi à l'enseigne de la variété. Ambiance enjouée et sympathique à l'intérieur; immersion au cœur de l'action de place D'Youville sur la terrasse.

Île d'Orléans

ANCÊTRES AUBERGE & RESTAURANT (LES)

(Amérique du Nord)

391, chemin Royal, Saint-Pierre

418 828-2718

★★★ cuisine
★★ service
★★★ décor

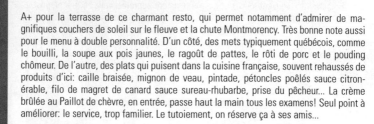 EP M _ S75 $

réservation / max. de personnes 150

A+ pour la terrasse de ce charmant resto, qui permet notamment d'admirer de magnifiques couchers de soleil sur le fleuve et la chute Montmorency. Très bonne note aussi pour le menu à double personnalité. D'un côté, des mets typiquement québécois, comme le bouilli, la soupe aux pois jaunes, le ragoût de pattes, le rôti de porc et le pouding chômeur. De l'autre, des plats qui puisent dans la cuisine française, souvent rehaussés de produits d'ici: caille braisée, mignon de veau, pintade, pétoncles poêlés sauce citron-érable, filo de magret de canard sauce sureau-rhubarbe, prise du pêcheur... La crème brûlée au Paillot de chèvre, en entrée, passe haut la main tous les examens! Seul point à améliorer: le service, trop familier. Le tutoiement, on réserve ça à ses amis...

Île d'Orléans

CANARD HUPPÉ (LE)

(France)

2198, chemin Royal, Saint-Laurent

418 828-2292

★★★★ cuisine
★★★★ service
★★★ décor

M _ S100 $

réservation / max. de personnes 50

Cette auberge champêtre célèbre le terroir de l'île d'Orléans avec une cuisine riche, inventive, en phase avec les saisons et l'air du temps. Les classiques y sont revisités brillamment, et on penche juste ce qu'il faut du côté de la modernité en cuisine, dans la mesure où cette modernité prend racine dans l'histoire culinaire d'ici. Volaille, gibier et poissons sont apprêtés avec le plus grand respect (cuissons impeccables, sauces mémorables), tandis que vins, fruits et légumes du coin ravissent les sens sous forme d'accompagnements finement présentés et habilement conçus.

Neuville

AUBERGE AUX QUATRE DÉLICES

(Amérique du Nord)

1208, route 138

418 909-0604

CRÉATIFS
DE L'ÉRABLE.ca

★★★ cuisine
★★★ service
★★★ décor

M _ S65 $

réservation / max. de personnes 50

Certifiée Table aux saveurs du terroir, l'Auberge Aux quatre délices met à l'honneur une impressionnante quantité de produits de Portneuf et des environs: terrines et pâtés de chevreau de la Ferme Mafix, légumes de la Ferme Chez Médé, fromages des fromageries des Grondines et Alexis de Portneuf, «porto» de bleuets Pérado... Et elle le fait avec brio, comme en témoignent le délicieux croustillant aux champignons ainsi que le mignon de porc laqué au sirop d'érable du comté et sauce au caramel de cidre. En extra: de très bons desserts, un excellent rapport qualité-prix, un service sympathique et un décor réchauffé par de nombreuses boiseries qui rappelle l'âge vénérable de la maison (plus de 250 ans).

Portneuf

AUBERGE LA BASTIDE
(Amérique du Nord)

567, rue Saint-Joseph, Saint-Raymond
418 337-3796

★★★★ cuisine
★★★★ service
★★★ décor

🅰 🅱 **EP**   M**30$** S**80$**

réservation / max. de personnes 60

Des produits frais, souvent locaux et magnifiquement apprêtés: voilà ce que propose La Bastide, auberge portneuvoise réputée dont le changement de propriétaires n'a nullement perturbé la cuisine. L'ancien chef a gentiment légué ses recettes, et l'équipe de cuisine qui officiait sous son règne est encore aux fourneaux. Se déclinant en trois ou cinq services, le menu met en vedette poissons, fruits de mer, viandes et gibiers, selon les saisons. Chaleureux et teinté d'une joyeuse authenticité, le service bonifie l'expérience, notamment grâce à de menues attentions qui révèlent un réel souci de bien faire. Une adresse à visiter absolument en été, alors qu'on peut profiter de la véranda donnant sur le terrain arrière, immense tapis vert qui se déroule jusqu'à la rivière Sainte-Anne.

Saint-Augustin

PUB SAINT-PHILIPPE
(Amérique du Nord)

3695, rue de l'Hétrière
418 977-1400

★★★ cuisine
★★★ service
★★★ décor

🅰 🅱   M**35$** S**75$**

réservation / max. de personnes 120

Avec un pied dans la bouffe de pub et l'autre dans la cuisine du marché, le Pub Saint-Philippe se veut rassembleur. On y mange autant des frites (impeccables), des nachos, des ailes de poulet, des fish & chips, des hot-dogs européens et des calmars frits (fameux!) que des plats plus raffinés comme le boudin noir, le jarret d'agneau, l'aile de raie et divers tartares (canard, pétoncles, bœuf, saumon...). Les burgers sont aussi rehaussés d'un petit plus, à preuve celui de cerf rouge à la gelée de groseilles, échalotes et fromage Clos St-Ambroise. L'ambiance de ce resto tout de bois et de banquettes marron est décontractée, mais le service est loin d'être relâché pour autant, en plus d'être extrêmement aimable. Les amateurs de scotch trouveront de quoi se revigorer le palais.

Wendake

TRAITE (LA)
(Amérique du Nord)

CRÉATIFS
DE L'ÉRABLE.ca

5, place de la Rencontre «Ekionkiestha'»
418 847-2222, poste 2012

★★★ cuisine
★★★ service
★★★★ décor

🅰 🅱 **EP**   M**55$** S**100$**

réservation / max. de personnes 150

Dans ce splendide décor moderne qui nous plonge en pleine nature, avec ses matières organiques, ses troncs d'arbres pelés en guise de colonnes et ses animaux empaillés, on sert une cuisine inspirée de celle des autochtones. C'est l'occasion de goûter des viandes qui figurent sur peu de menus (comme le phoque), des sauces à base de baies indigènes (chicoutés, baies de sureau...) ainsi que des aromates de la forêt boréale. Idéal pour ceux qui aiment manger hors des sentiers battus, même si certains mariages de saveurs pourraient gagner en équilibre. Malheureusement, il manque un guide pour nous diriger dans cette expédition. Le service fournit en effet très peu de renseignements sur la composition des plats et aucune mise en contexte. Une faiblesse facile à améliorer.

Environs de Québec

Lévis

INTIMISTE (L')

(France)

31-35, avenue Bégin

418 838-2711

★★★★ cuisine
★★★★ service
★★★ décor

  M**50$** S**95$**

réservation / max. de personnes 50

Salle à manger bon chic bon genre, lounge-bistro au décor contemporain ou jolie terrasse sur rue quand il fait beau: on a l'embarras du choix selon l'humeur du moment pour profiter d'un bon repas de cuisine «gastronomique fusion» au cœur du Vieux-Lévis. Aucune fausse note dans le jeu de cette partition qui oscille entre les classiques français (rillettes, canard, ris de veau...) et les purs produits québécois (cerf rouge, saumon, fromages fins...). Copieux sans excès, bien présentés, raffinés (surtout les sauces), originaux dans les accompagnements, les plats se succèdent pour ravir le palais!

Lévis

COSMOS CAFÉ

(Amérique du Nord)

5700, rue J.-B.-Michaud

418 830-8888

★★ cuisine
★★★ service
★★★★ décor

 M**30$** S**70$**

réservation / max. de personnes 100

Ce qui frappe au Cosmos, c'est d'abord le décor, conçu comme celui d'un club dédié aux sorties de nuit. C'est une dose de plaisir pour l'œil: des reflets fluorescents dansent avec douceur près des banquettes en velours violet et on admire l'extraordinaire mobile géant où scintillent des centaines de bulbes en verre. Bref, une ambiance branchée et époustouflante, à laquelle on s'accroche pour mordre dans un fameux burger Sputnik, dans la pizza du Sergent Tao au poulet pané et fèves germées ou dans les pâtes toujours bien concoctées. On ne s'aventure pas plus loin pour ne pas se perdre dans le dense choix qu'offre cette carte internationale.

Montmagny

MANOIR DES ÉRABLES

(Amérique du Nord)

220, boulevard Taché Est

418 248-0100

★★★★ cuisine
★★★★★ service
★★★★★ décor

  M**45$** S**125$**

réservation / max. de personnes 55

La carte de cet établissement réputé pour sa table comme pour sa partie hôtelière est alléchante. En neuf services, le menu gastronomique permet de faire le tour d'une cuisine de saison utilisant de bons produits régionaux. La table d'hôte cinq services suffit toutefois largement à satisfaire l'appétit. Elle mêle des classiques comme le foie gras ou le ragoût de boulettes à des propositions plus allumées comme un velouté de pintade, des raviolis aux chanterelles ou des pétoncles sur mijoté de bœuf. Le tout est copieux et savamment crémé, bien exécuté mais sans plus, ce qui déçoit un peu pour un établissement haut de gamme de cette catégorie. Dommage car sa cave à vins est exceptionnelle.

Saint-Antoine-de-Tilly

DU CÔTÉ DE CHEZ SWANN

(France)

3897, chemin de Tilly

418 886-1313

★★ cuisine
★★ service
★★ décor

M**35$** S**35$**

réservation / max. de personnes 18

Dans cette vieille maison de bardeaux bleus, on a l'impression d'être chez grand-maman. C'est petit, c'est tassé, c'est rustique, il fait chaud... et ça sent les crêpes! Normal: l'endroit sert des crêpes bretonnes. Minces et souples, elles sont faites de farine de sarrasin ou de blé entier bio. Au-delà des garnitures classiques (fromage, jambon, tomates), de fort belles propositions: saumon fumé, gouda et câpres; agneau fumé et gouda; chèvre, tomates, jambon, pesto... Et sous la rubrique sucrée: chocolat belge, crème de marrons, sucre d'érable, gelée de bleuets, banane-érable... De petits délices à prix d'ami! En décembre, on peut les déguster sur la terrasse d'hiver, sous une couverture, avec un chocolat chaud. Ouvert tous les jours, midi et soir, en été, sinon l'horaire varie. Informez-vous.

Saint-Eugène de L'Islet

AUBERGE
DES GLACIS

(France)

46, route de la Tortue

418 247-7486

CRÉATIFS
DE L'ÉRABLE.ca

  EP   M _   S**110$**

★★★★ cuisine
★★★ service
★★★ décor

réservation / max. de personnes   45

Voici une table qui se bonifie avec le temps sous la houlette d'un chef (Olivier Raffestin) qui semble prendre un malin plaisir à se renouveler! Reprise en 2006 par de nouveaux propriétaires, l'Auberge des Glacis s'est joliment agrandie depuis, offrant notamment de nouveaux clients «captifs» à son restaurant. Ils n'ont pas à s'en plaindre, tant la cuisine du chef d'origine française est allumée. Elle respire l'authenticité du terroir, avec un parti pris résolu pour l'utilisation de produits de proximité et des fournisseurs locaux réguliers, aussi bien pour les légumes que pour les viandes comme le lapin, le cerf ou le bison. En vedette: la charcuterie maison, les rillettes de saumon, le foie gras poêlé, les quenelles lyonnaises en trois versions, le lapin, une divine choucroute à la bière de Kamouraska, la crème brûlée au thé des tsars et une belle verrine chocolat-framboises.

Saint-Antoine-de-Tilly

MANOIR DE TILLY

(France)

3854, chemin de Tilly

418 886-2407

★★★ cuisine
★★★ service
★★★ décor

🗄️ 🦞 ⛱️ **EP**   M **40 $** S **110 $**

réservation / max. de personnes   80

Dès qu'on pénètre dans la salle à manger de cet ancien manoir seigneurial du 18e siècle, ce qui frappe d'abord, c'est la vue. Par beau temps, le fleuve miroite de tous ses feux, et on peut l'observer à l'envi depuis la verrière ou sur la terrasse. On s'intéresse ensuite à la carte, où divers produits de la terre et de la mer, souvent du terroir, nous chuchotent leurs promesses à l'oreille: porcelet, magret de canard du Canard goulu, saumon, terrines, rillettes, mignon de bœuf, foie gras au torchon... La carte des vins se fait elle aussi volubile à souhait. Les plats sont généralement réussis, mais manquent parfois un peu de saveur, de punch, notamment du côté des sauces dont les épices se révèlent trop discrètes. Le service, lui, est rapide et enthousiaste.

Saint-Georges de Beauce

MAISON VINOT

(Amérique du Nord)

11525, 2e Avenue

418 227-5909

★★★★ cuisine
★★★★ service
★★★ décor

🗄️ ⛱️ **EP**   M **45 $** S **90 $**

réservation / max. de personnes   35

Installé dans une belle ancestrale avec quelques chambres à l'étage, ce restaurant-gîte à l'ambiance chaleureuse offre une cuisine du marché d'inspiration française, particulièrement proche des producteurs beaucerons. C'est vrai pour le chevreau, le bison ou le jeune bœuf comme pour les légumes d'accompagnement, variés et généreux. Le canard est à l'honneur, en foie gras poêlé mais aussi en trio d'entrée d'abats bien goûteux. Le chevreau est réussi, servi avec une sauce aux marrons et au lait de coco délicate mais relevée. Gardez une petite place pour le dessert et optez les yeux fermés pour «l'orgasme au chocolat» ou le trio de plaisirs à l'érable! La carte des vins, notamment d'importation privée, est très bien fournie et le service se révèle sans tache.

Saint-Georges de Beauce

TABLE DU JUNIOR (LA)

(France)

10735, 1re Avenue Est

418 227-0888

★★★ cuisine
★★★★ service
★★★ décor

🗄️ ⛱️ **EP**   M **40 $** S **75 $**

réservation / max. de personnes   12

Très couru le midi comme le soir par les gens du coin, ce restaurant se déploie sur deux étages et en plusieurs salles, dont une ronde et une autre près du bar. Autant dire que ça roule côté service! La carte de «cuisine du monde» propose un grand choix, avec de belles touches originales. En entrée, les tartares sont impeccables, tout comme les salades. Les classiques grillades, poulet du général Tao, crevettes asiatiques, pâtes et burgers voisinent avec des propositions alléchantes: saumon en tartare à la mangue et avocat ou laqué à l'érable et canneberges, veau en croûte de parmesan... Le menu de tapas n'est pas à négliger pour les partages à table, idem pour les spéciaux en semaine. En dessert, la tarte au sirop d'érable ravira les becs sucrés. Belle panoplie de vins au verre.

Est du Québec

BAS-SAINT-LAURENT
CHARLEVOIX
ÎLES-DE-LA-MADELEINE
GASPÉSIE
SAGUENAY-LAC-SAINT-JEAN

Le Bic

AUBERGE DU MANGE GRENOUILLE

(Amérique du Nord)

148, rue Sainte-Cécile

418 736-5656

★★★★★ cuisine
★★★★★ service
★★★★ décor

🍴 ☂ EP   M _ S **110 $**

réservation / max. de personnes   0

Joyau de la gastronomie de la région, le Mange Grenouille, avec son ambiance à la fois champêtre, chic et intime, doit absolument être visité. Le chef Richard Duchesneau travaille de connivence avec les producteurs locaux (poisson, gibier, légumes, pain, etc.) pour le plaisir de tous les sens. Le service, aux petits soins, accompagne et conseille judicieusement chaque client. Il ne faut d'ailleurs pas hésiter à échanger avec le personnel passionné qui enrichit l'expérience. Puis on passe à l'attaque. Les escargots poêlés dans un fond brun dont le chef a le secret, le saumon fumé maison, les saveurs délicates du pétoncle à l'unilatérale ou l'original trio de veau: longe, ris et chair d'épaule. Rien n'est laissé au hasard. Surtout pas les desserts. On quitte repu, content et même détendu. À surveiller, la maison annonce l'ouverture le midi avec des menus tout aussi invitants.

Le Bic

CHEZ SAINT-PIERRE

(Amérique du Nord)

129, rue du Mont Saint-Louis

418 736-5051

★★★★★ cuisine
★★★★ service
★★★★ décor

 M **40 $** S **100 $**

réservation / max. de personnes 40

D'année en année, la chef-propriétaire Colombe St-Pierre se réinvente et étonne par des associations culinaires surprenantes mais réussies. Porte-étendard de la gastronomie régionale, elle ne fait rien comme tout le monde. À sa table, préparez-vous à un voyage en plusieurs dimensions et optez les yeux fermés pour le menu dégustation. La chef déconstruit, par exemple, un jambon à l'ananas en prosciutto fumé maison peu salé avec purée d'ananas et pacanes au garam masala. Le veau de pré salé est servi avec moelle et délicat lait de lardons. Sauces en finesse et légumes inconnus rehaussent les plats. Le gâteau au fromage de chèvre et pistaches ou le décadent brownie à la fleur de sel sont excellents. Bon signe: des rires fusent de la cuisine.

Rivière-du-Loup

AUBERGE DE LA POINTE, RESTAURANT L'ESPADON

(Amérique du Nord)

10, boulevard Cartier

418 862-3514

★★★ cuisine
★★★ service
★★★ décor

 EP M _ S **70 $**

réservation / max. de personnes 250

L'Auberge de la Pointe étend ses tentacules en plusieurs bâtiments dominant le fleuve. À sa table, pas d'espadon mais un bel assortiment de poissons et fruits de mer, voisinant avec du bœuf de première catégorie pour les amateurs de viande rouge. On craque pour le menu homard, offert à l'année en quatre versions, pour les plats en wok ou un «terre et mer» pour les plus ambivalents. À l'heure du dessert, le chariot passe et les choix sont difficiles! Mention spéciale pour le service personnalisé. Après souper, surtout au coucher du soleil, rendez-vous au café-bar qui a une superbe terrasse côté fleuve.

Témiscouata-sur-le-Lac

AUBERGE DU CHEMIN FAISANT

(Amérique du Nord)

12, Vieux Chemin (secteur Cabano)

418 854-9342

CRÉATIFS
DE L'ÉRABLE.ca

★★★★★ cuisine
★★★★ service
★★★★ décor

 M _ S **100 $**

réservation / max. de personnes 40

On ne change pas une formule gagnante! Ici, le chef Hugues Massey convie à une dégustation à l'aveugle de mini-plats se présentant en séries de trois ou quatre, pour huit services d'un menu découverte époustouflant de combinaisons réussies. Liette Fortin, sommelière, se charge avec brio des accords mets et vins, avec une sélection choisie de vins d'importation privée. On navigue toutes papilles et tous sens en éveil dans leur univers. Une aventure unique au Québec! Le Festival de la mer au printemps et celui du gibier en automne, en 10 services, sont devenus les rendez-vous des connaisseurs! On aime le décor résolument Art déco contemporain de cette auberge qui abrite aussi une galerie d'art.

Bas-Saint-Laurent

CAFÉ BOHÈME

(Amérique du Nord)

239, rue des Pionniers

418 235-1180

★★ cuisine
★★ service
★★★ décor

 M **40 $** S **45 $**

réservation / max. de personnes 30

Digne représentant de l'ambiance décontractée qui règne à Tadoussac, le Café Bohème réunit dans la bonne humeur touristes et résidents de tous âges. L'été, ses deux étages et sa terrasse sont bondés de gourmands venus déguster un panini, une pizza fine, des pâtes, une salade-repas, une assiette du fumoir ou une délicieuse pâtisserie maison (brownie, gâteau au fromage, aux carottes...). Le vaste choix de boissons attire lui aussi son lot d'assoiffés: bières de la Microbrasserie du Lac-Saint-Jean, cidre chaud, chai latte au soya, daiquiri aux fruits de saison, café de qualité, thés divers... Les murs limette et le vieux piano ajoutent à l'atmosphère conviviale qui anime cet ancien magasin général, toujours le lieu de rassemblement privilégié du village. Ouvert de fin avril à fin octobre.

Tadoussac

CHEZ MATHILDE

(Amérique du Nord)

227, rue des Pionniers

418 235-4443

★★★ cuisine
★★★ service
★★★ décor

M **40 $** S **80 $**

réservation / max. de personnes 16

Installé dans sa jolie maisonnette sise au cœur du village de Tadoussac, Chez Mathilde charmera les gourmands et amants de bonne chère au son du piano qu'on fait résonner le soir venu. La fine cuisine du chef-propriétaire Jean-Sébastien Sicard porte sa signature unique en incorporant, par exemple, un fond de caribou aux chipotles aux escargots servis avec un os à moelle en entrée. Belles pièces de viande et fruits de mer frais de la région sont en vedette en plats de résistance. Quant aux desserts, ils sont délirants, surtout le petit pot au chocolat, quoique la crème brûlée au thé chai fasse aussi forte impression! Déjeuners gourmets et menu bistro le midi. Service affable et souriant.

Bons mots:
«Que ton aliment soit ta seule médecine!»

— Hippocrate

Côte-Nord

Baie-Saint-Paul

MOUTON NOIR

(Amérique du Nord)

43, rue Sainte-Anne

418 240-3030

★★★ cuisine
★★★ service
★★★ décor

M **50$** S **75$**

réservation / max de personnes   60

Un peu à l'écart de la bouillante rue Saint-Jean-Baptiste, ce restaurant de cuisine française gagne à être connu, surtout en été car c'est l'un des seuls de Baie-Saint-Paul à avoir une terrasse surplombant la jolie rivière du Gouffre! On peut y voir des pêcheurs à l'œuvre tout en dégustant tartares, soupe à l'oignon, millefeuille au saumon fumé par un artisan de la région ou soupe aux moules, cari et fenouil vraiment réussie. Cassoulet et ris de veau font partie des spécialités de la maison. Tout est bon et copieux, avec un bel assortiment de légumes, mais sans l'étincelle élevant le tout au-dessus de la mêlée... Le décor vieillot, avec banquettes de bois, planchers qui craquent et fenêtres anciennes, a un charme indéniable.

Baie-Saint-Paul

SAINT-PUB (LE)

(Amérique du Nord)

2, rue Racine

418 240-2332

★★ cuisine
★★ service
★★ décor

M **35$** S **50$**

réservation / max. de personnes   50

Deux restos pour le prix d'un? Pas tout à fait, mais on peut manger du côté de la bouillante rue Saint-Jean-Baptiste au «vrai» resto ou choisir plutôt le pub de la Microbrasserie de Charlevoix attenante. Vue sur les cuves et dégustation des bières Dominus Vobiscum ou Vache folle requises! On propose ici un menu bistro sans grande surprise mais d'un assez bon rapport qualité-prix pour Baie-Saint-Paul. Moules, pâtes, burgers et smoked meat côtoient un poulet fumé qui a fait la réputation de l'endroit. On ne rate pas les plats parfumés à la bière, notamment la tarte au sucre!

La Malbaie

AUBERGE DES TROIS CANARDS

(Amérique du Nord)

115, côte Bellevue, Pointe-au-Pic

418 665-3761

★★★★ cuisine
★★★★ service
★★★★ décor

M _   S **130$**

réservation / max. de personnes   140

Repaire privilégié des vacanciers en visite dans Charlevoix et des Malbéens, cette adresse a vraiment tout pour séduire les gastronomes. Les fondateurs de l'endroit, «Les 3 doc», ont perché leur beau projet sur la côte Bellevue. La salle à manger est par conséquent dotée d'une vue imprenable sur le fleuve et les environs. Dans ce contexte bucolique, on commande une cuisine aux produits triés sur le volet: carpaccio de veau mariné, chaudrée de fruits de mer, magret de canard, ris de veau, risotto aux légumes. Tout est délicat, recherché, y compris la crème brûlée classique et le tiramisu frais et léger. On s'assoit, on se laisse conseiller par le personnel attentionné, on profite de la vue. On est comblé.

Charlevoix

La Malbaie

AUBERGE DES FALAISES

(France)

250, chemin des Falaises

418 665-3731

★★★★ cuisine
★★★★ service
★★★ décor

M _ S**120$**

réservation / max. de personnes 80

Au coucher du soleil, on allume un feu sur la terrasse, ce qui est du plus bel effet vu de la salle à manger tournée vers le fleuve Saint-Laurent! Le ton est donné pour une soirée chaleureuse. En menu cinq services ou dégustation, le restaurant de cette sympathique auberge accrochée à la colline propose un bon assortiment de plats au fort accent français. Ils mettent bien en valeur les produits locaux, veau de Charlevoix ou agneau du Québec. Les fromages de la région sont mis à contribution en gratin ou mousseline. L'émeu voisine avec le foie gras, la pintade avec la caille, l'agneau avec la rhubarbe. Au final, les compositions ravissent les palais curieux. Le duo de chocolats et le gâteau au fromage de chèvre et banane sont devenus des classiques...

La Malbaie

AUBERGE LA PINSONNIÈRE

(France)

124, rue Saint-Raphaël, Cap-à-l'Aigle

418 665-4431

★★★★★ cuisine
★★★★★ service
★★★★★ décor

M**80$** S**190$**

réservation / max. de personnes 125

À défaut de pinsons, on peut voir bien des oiseaux virevolter à travers les larges baies vitrées côté fleuve du restaurant de ce Relais & Châteaux réputé à Cap-à-l'Aigle. Sa table l'est tout autant avec des choix éclairés en formule à la carte ou menu «tentation» et un service sans reproche. La cuisine s'affiche «de tradition», avec notamment foie gras et magret de canard, mais sans craindre quelques métissages réussis. Les produits du terroir, comme l'agneau, le cerf, le canard, les gourganes ou les fromages, ont la cote! Quelques entorses appréciées: l'omble chevalier préparé en cuisson lente. Du début à la fin (des desserts et mignardises impeccables), les plats rivalisent de petites touches originales bien senties. Comme quoi l'authentique paie!

Havre-Aubert

AUBERGE CHEZ DENIS À FRANÇOIS

(Amérique du Nord)
404, chemin d'En haut
418 937-2371

★★ cuisine
★★ service
★★★ décor

M _ S**80**$

réservation / max. de personnes 25

L'Auberge chez Denis à François, située à l'entrée de Havre-Aubert dans une maison ancestrale, possède ce côté champêtre, un brin suranné, qui charme au premier coup d'œil. De la minuscule salle à manger à la déco classique, on a une jolie vue sur la mer. Le service est sans fla-fla et on s'y sent «comme chez l'habitant». Côté bouffe, le menu fait place aux produits de la mer tels que le loup-marin et la verrine de crabe et avocat en entrée, ou encore la gigantesque paella et le traditionnel pot-en-pot en plat principal. Si l'ensemble est satisfaisant, on souhaiterait, ici et là, quelques touches d'originalité et un peu plus de finesse dans l'exécution.

Havre-Aubert

CAFÉ DE LA GRAVE

(Amérique du Nord)
969, route 199
418 937-5765

★★★ cuisine
★★ service
★★★★ décor

M**45**$ S**60**$

réservation / max. de personnes 0

Les Îles-de-la-Madeleine s'enorgueillissent de quelques institutions. Parmi celles-ci, le cap des 30 chandelles passé, le Café de La Grave est un incontournable. Cette charmante maison rustique à la déco foisonnante est un lieu de rencontre animé où résonnent accordéon et violon. La carte reste simple et propose, outre l'intéressant menu du jour élaboré par le chef, plusieurs plats corrects tels sandwichs, pâtes, choucroute et saucisses. Pour un peu de dépaysement, on lorgne du côté des produits de la mer, dont les buccins frits, la copieuse chaudrée de palourdes dans une miche de pain, et le pot-en-pot de poissons en tourtière. On s'y rend pour l'ambiance festive et décontractée, la terrasse arrière donnant sur la baie de La Grave et le service sympa.

Havre-aux-Maisons

RÉFECTOIRE - DOMAINE DU VIEUX COUVENT (LE)

(Amérique du Nord)
292, route 199
418 969-2233

CRÉATIFS
DE L'ÉRABLE.ca

★★★★ cuisine
★★★ service
★★★★ décor

M**25**$ S**80**$

réservation / max. de personnes 40

C'est sur la colorée et charmante île du Havre-aux-Maisons qu'est situé le magnifique Domaine du Vieux Couvent, qui, comme son nom le dit, a déjà connu d'autres vocations que celles de restaurant et auberge qu'il a maintenant adoptées. Déco classique, ambiance feutrée et service courtois sont au programme du restaurant Le Réfectoire, ainsi qu'un riche menu créatif inspiré des trésors culinaires insulaires, où l'opulence est de mise. Incontournables calmars au parmesan ou au cari et rouille (demandez moitié-moitié!), moules à toutes les sauces, décadent burger au veau, homard et Tomme des demoiselles, riche lasagne au homard... Le tout accompagné d'un vin tiré de la très belle sélection à la carte. Pour une virée gastronomique qui comblera les plus gourmands.

CAFÉ LA CÔTE

(Amérique du Nord)

499, chemin Boisville Ouest

418 986-6412

★★★ cuisine
★★ service
★★★ décor

M **40 $** S **60 $**

réservation / max. de personnes 12

Institution reconnue aux Îles, l'animé Café La Côte jouit d'une vue agréable sur un port de pêche qu'on peut admirer, installé sur la grande terrasse, à moins qu'on ne préfère se réfugier à l'intérieur de la maison en bois à la déco colorée. Situé sur la place du Marché, où boutiques et salle de spectacle complètent l'offre touristique, l'endroit est la destination obligée de plusieurs visiteurs et compte aussi son lot d'adeptes locaux. Tenu par les mêmes proprios que La Table des Roy, on sent la touche sophistiquée de son grand frère dans la présentation visuelle et certains plats plus élaborés. Autrement, sandwichs, salades et pizzas forment l'essentiel du menu, sans oublier les petits-déjeuners, très populaires. Le service, assez expéditif mais sympa, va de pair avec l'affluence dont bénéficie l'endroit.

L'Étang-du-Nord

TABLE DES ROY (LA)

(Amérique du Nord)

1188, chemin La Vernière

418 986-3004

★★★★★ cuisine
★★★★ service
★★★★ décor

M _ S **120 $**

réservation / max. de personnes 50

Gros coup de cœur pour cette institution qu'est La Table des Roy, menée d'une main de maître par la chef Johanne Vigneault, dans une intime maisonnette au look moderne. Témoignant d'un talent pour les assemblages de goûts et d'une créativité affirmée, sa cuisine ne se limite pas aux traditions des Îles. La chef n'hésite pas à surprendre en convoquant la cuisine asiatique, comme pour ses sashimis de pétoncles avec salade de fruits exotiques au saké en entrée. En plat principal, la magie opère toujours, que ce soit pour les ris de veau en fin ragoût avec pétoncles et homard ou la morue en deux tons. Le service, impeccable et avenant, ne fait qu'ajouter au charme de l'endroit. Par beau temps, on termine son verre de vin près du foyer extérieur, sous les étoiles. Inoubliable.

Bonaventure

AUBERGE DU CAFÉ ACADIEN (L')

(Amérique du Nord)

168, rue Beaubassin

418 534-4276

★★ cuisine
★★ service
★★ décor

M **60 $** S **60 $**

réservation / max. de personnes 20

Pas très loin de la belle plage de sable Beaubassin, dans la zone de pêche artisanale située au bout du quai, niche ce café-resto drôlement sympathique. L'intérieur donne de suite envie de s'attabler pour un temps, soit dans un petit coin, regard perdu vers la marina, soit à une grande table dans la salle voisine. Têtes de violon poêlées (congelées fraîches pour pouvoir être servies hors saison), mactres de Stimpson en conserve, maquereau façon rollmops et éperlans en friture légère (issus de la pêche du jour) côtoient sur la carte de généreux plats de pâtes garnies de sauce crémeuse, façon acadienne. Cette adresse propose une cuisine sans prétention, exécutée avec soin dans un lieu accueillant.

Îles-de-la-Madeleine

Gaspésie

Carleton-sur-Mer

MARIN D'EAU DOUCE (LE)

(France)

215, route du Quai

418 364-7602

★★★ cuisine
★★★ service
★★★ décor

🍹 EP   M _ S**80$**

réservation / max. de personnes   60

Installé sur le quai face à la belle baie des Chaleurs, ce restaurant occupe une maison ancestrale très chaleureuse, avec vieilles boiseries et poêle à bois. Chef de Charlevoix devenu Gaspésien, le sympathique maître des lieux, Mustapha Benhamidou, offre ici une fine cuisine française aux accents très marins, savoureuse et raffinée dans sa simplicité. Le tajine est la seule référence à ses origines marocaines dans le menu. Spécialités délicieuses de saumon à l'amérindienne (au gros sel et sucre d'érable), de pétoncles rôtis sur lit de lentilles safranées, magret de canard aux pommes ou filet mignon sauce noisettes et roquefort. La tarte tatin est le meilleur choix final.

Gaspé

CAFÉ DE L'ANSE

(Amérique du Nord)

557, boulevard du Griffon

418 892-0115

★★ cuisine
★★ service
★★ décor

🖐 🍹 EP   M**30$** S**60$**

réservation / max. de personnes   100

Ce petit café-resto fait partie intégrante du Centre culturel Le Griffon, voué au patrimoine maritime du coin. L'ambiance y est vraiment relaxe et la grande terrasse donne sur le havre aux pêcheurs. D'ailleurs, les «crevettes du voisin», servies en toute simplicité en entrée, sont pêchées juste à côté. On ne peut plus frais! Assiette de la mer (avec de la morue, du saumon, des mactres de Stimpson), marmite du pêcheur, bière gaspésienne... les produits locaux ont véritablement la vedette! À l'été 2011, le Café de l'Anse a pris part au «Circuit des tables d'hôte Gaspésie gourmande», une initiative de l'association des producteurs locaux, qui permet d'offrir des menus à prix fixes à base de produits gaspésiens. En saison hivernale, le Café de l'Anse est ouvert seulement les samedis et dimanches pour les déjeuners.

Gaspé

MAISON WILLIAM WAKEHAM (LA)

(Amérique du Nord)

186, rue de la Reine

418 368-5537

★★★ cuisine
★★ service
★★★ décor

🍶 🖐 🍹 EP   M**45$** S**90$**

réservation / max. de personnes   40

La Maison William Wakeham est une bâtisse de 1860 dans laquelle prennent place une auberge (plusieurs chambres) et un restaurant au charme cossu et classique bourgeois. L'ambiance se veut donc feutrée et posée dans ce resto de plain-pied qui se présente en une enfilade de salles. La fine cuisine du marché, telle qu'annoncée, est au rendez-vous: généreux et goûteux ris de veau en entrée, pétoncles poêlés juste comme il faut, short ribs cuits 12 heures fondants à souhait et omble chevalier à la chair délicate et à la peau croustillante. Dommage que les garnitures pèchent par manque d'originalité et de saisonnalité. Quant au service, à trop vouloir faire «table nappée», il lui arrive de perdre un peu en simplicité et naturel. L'établissement ferme à la mi-octobre sauf pour les réservations de groupe.

Gaspésie

Mont-Louis

BROUE DANS L'TOUPET (LA)

(Amérique du Nord)

20, 1ʳᵉ Avenue Est

418 797-2008

★★★ cuisine
★★★ service
★★★ décor

🌂 **EP** M **40 $** S **80 $**

réservation / max. de personnes   46

Sur le bord de la route 132, ce restaurant d'habitués a d'abord pour vedette le coucher de soleil sur le fleuve! On l'admire de la salle à manger-solarium en dégustant du bon poisson frais ou un homard! Poissons et fruits de mer composent en effet l'essentiel du menu de saison. Le tartare de saumon est bien relevé, la bisque de crustacés, onctueuse, la chaudrée de moules et palourdes, consistante. Dommage que la bouillabaisse ressemble davantage à une chaudrée! On préfère ces mets de l'océan aux plats terriens conventionnels (grillades, pâtes...), même si certains méritent mention comme la pizza fine aux figues, chèvre et bacon. Les gourmands ne seront pas déçus par la crème brûlée espresso et chocolat noir ou la tartelette au citron, simplement bonne.

Percé

SACS À VIN (LES)

(Amérique du Nord)

50, route 132 Ouest

418 782-1414

★ cuisine
★ service
★ décor

🌂 M **30 $** S **60 $**

réservation / max. de personnes   30

Ceux qui sont à la recherche d'adresses hors circuit, à l'écart de l'agitation touristique et des envolées de prix, vont être ravis! Située en bas ou en haut de la côte de Percé (selon d'où l'on vient), cette binerie tenue par François propose différentes formules de table d'hôte: Le Gaspésien, Les Perles de la mer ou Le Coin du pêcheur. On prend donc place parmi les habitués et les quelques touristes aventureux pour goûter aux plats sans prétention de la maison: homard cuit à la vapeur, pétoncles à l'érable, galettes de morue. Le tout dans une ambiance à la bonne franquette qui rappelle ces troquets de village où l'on refait et défait le monde, les coudes bien appuyés au comptoir... Ouvert en saison de mai à octobre.

Sainte-Anne-des-Monts

GÎTE DU MONT-ALBERT

(Amérique du Nord)

2001, route du Parc

418 763-2288

CRÉATIFS
ᴰᴱ L'ÉRABLE.ca

★★★ cuisine
★★★ service
★★★★ décor

  M **80 $** S **90 $**

réservation / max. de personnes   150

L'immense tête d'orignal avec son panache trônant dans la salle principale vous accueille et semble «surveiller» les lieux; dans la salle adjacente, c'est un caribou. Étonnamment, l'acoustique est bonne malgré le haut plafond cathédrale et les gens... on s'entend presque manger! Une table qui propose des plats harmonieux issus des produits du terroir revisités. On en redemande! Surtout que le service est impeccable, professionnel. De l'authentique bien mené sur toute la ligne – saveurs originales valorisées – pour ce gîte gourmand qui loge au cœur du parc national de la Gaspésie.

Sainte-Flavie

CAPITAINE HOMARD

(Amérique du Nord)

180, route de la Mer

418 775-8046

★★ cuisine
★★ service
★★ décor

M**40$** S**80$**

réservation / max. de personnes   50

Impossible de rater cette enseigne homardesque qui vous fait de l'œil au bord de la route 132! La déco intérieure va en étonner plus d'un (on aime ou pas le style chargé «objets de la mer suspendus au plafond»), ainsi que l'accueil et le gadget remis pour gérer l'éventuelle attente. Mais comme le service en cuisine et en salle s'avère efficace, les enfants ont juste le temps de faire quelques glissades! Si la maison ne se prend pas au sérieux côté décorum, les produits, eux, le sont davantage. D'ailleurs, l'établissement est certifié Fourchette bleue. Le grand classique pour les mordus de fruits de mer? L'Assiette du capitaine! Un demi-homard servi chaud ou froid, du saumon fumé sur place, des bourgots, du crabe, des crevettes...

Alma

AUBERGE-BISTRO ROSE ET BASILIC

(Amérique du Nord)

600, boulevard des Cascades

418 669-1818

★★★ cuisine
★★★ service
★★★★ décor

 M**35$** S**100$**

réservation / max. de personnes   60

L'Auberge-bistro Rose et Basilic est de loin le restaurant offrant le plus bel environnement de toute la ville d'Alma. Sa vue sur la rivière, sa verrière et sa magnifique petite terrasse constituent sans contredit des atouts majeurs. Au fil des ans, les menus s'affinent et la carte, comme un bon vin, prend de la personnalité et de l'assurance avec l'âge. Le chef, dirait-on, ose plus, et mieux. On se laisse surprendre ici par une alliance inusitée, et là par une texture particulièrement réussie. S'il lui manque parfois une touche de naturel et un peu d'expérience, le personnel n'en est pas moins empressé et charmant. Le choix de desserts s'est lui aussi bonifié. Plus divertissant, il vient délicieusement conclure une soirée pleine d'agréables surprises.

Alma

CAFÉ DU CLOCHER (LE)

(Amérique du Nord)

19, rue Saint-Joseph Sud

418 662-4801

★★★ cuisine
★★ service
★★ décor

M**25$** S**70$**

réservation / max. de personnes   50

En plein cœur d'Alma, Le Café du clocher rassemble, le midi, les gens d'affaires des alentours. Les deux tables d'hôte ou les plats à la carte – dont le fameux hamburger montréalais! – sont servis efficacement à une clientèle souvent pressée. Jamais de déception: de la soupe au dessert, toujours maison, toujours cochon. Le soir, le menu se raffine et, comme cette fois ça a le temps, on déguste tranquillement un service de plus, soit l'entrée. Qu'on opte pour la populaire bavette de bœuf, tendre comme un gâteau des anges, ou pour un autre mets, la cuisine demeure simple et savoureuse. Relaxe, amicale, l'ambiance bistro aide à laisser le boulot à la porte et à passer une soirée décontractée et sans chichi, les meilleurs pour décrocher. Un conseil: réservez!

Alma

RESTAURANT LE BORDELAIS

(Amérique du Nord)

1000, boulevard des Cascades Ouest

418 668-7419

★★★★ cuisine
★★★ service
★★★ décor

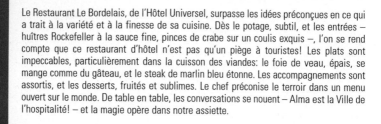

M **35 $** S **95 $**

réservation / max. de personnes   30

Le Restaurant Le Bordelais, de l'Hôtel Universel, surpasse les idées préconçues en ce qui a trait à la variété et à la finesse de sa cuisine. Dès le potage, subtil, et les entrées – huîtres Rockefeller à la sauce fine, pinces de crabe sur un coulis exquis –, l'on se rend compte que ce restaurant d'hôtel n'est pas qu'un piège à touristes! Les plats sont impeccables, particulièrement dans la cuisson des viandes: le foie de veau, épais, se mange comme du gâteau, et le steak de marlin bleu étonne. Les accompagnements sont assortis, et les desserts, fruités et sublimes. Le chef préconise le terroir dans un menu ouvert sur le monde. De table en table, les conversations se nouent – Alma est la Ville de l'hospitalité! – et la magie opère dans notre assiette.

Chicoutimi

CUISINE (LA)

(Amérique du Nord)

387, rue Racine Est

418 698-2822

★★★ cuisine
★★★ service
★★★ décor

 EP   M **35 $** S **135 $**

réservation / max. de personnes   70

À La Cuisine, il y a des étudiants rêvant d'avoir fini leurs études et des professeurs qui rêvent qu'ils les commencent. En salle, il y a des gens d'affaires, des artistes, des amis, des amoureux. Au beau milieu de la Racine, en plein cœur de Chicoutimi, La Cuisine est un lieu rassembleur, chic sans être guindé, savoureux sans être hors de prix. Des moules-frites au poulet général Tao, de la soupe asiatique au jarret d'agneau, du hamburger au risotto de homard, la carte, soignée, propose assez de choix pour ravir les gastronomes les plus difficiles. Un petit verre en importation privée, un dessert maison, le rire des amis, et voilà!

Chicoutimi

VIEILLE GARDE (LA)

(Amérique du Nord)

461, rue Racine Est

418 602-1225

CRÉATIFS
DE L'ÉRABLE.ca

★★★ cuisine
★★★ service
★★★ décor

 EP   M **35 $** S **135 $**

réservation / max. de personnes   18

La Vieille Garde n'a de vieux que le nom. Ce bistro à vin, ouvert récemment en plein centre-ville de Chicoutimi, se veut actuel, avec un désir d'offrir une cuisine bien de son temps et de son terroir. Les ingrédients, locaux ou bios, sont apprêtés à merveille. Les plats sont magnifiques et succulents. Les tartares, qu'ils soient de canard, de bœuf ou de poisson, sont d'une belle finesse, et les pétoncles se mangeraient presque au dessert! Le menu ravit par sa variété. Quant aux vins, il s'agit d'un pur plaisir: d'importation privée, ils sont servis en parfait accord avec les mets par des gens qui s'y connaissent. Le tout dans un décor branché sans être prétentieux, urbain tout en étant chaleureux. Un endroit à surveiller!

Chicoutimi

TEMAKI SUSHI BAR

(Japon)

449, rue Racine Est

418 543-4853

★★★★ cuisine
★★★ service
★★★ décor

🛢 🍱 **EP**   M _ S**90**$

réservation / max. de personnes   12

Au Temaki Sushi Bar, il faut attendre patiemment son tour pour avoir une table tant le restaurant est populaire. On comprend pourquoi dès qu'on goûte à n'importe quelle proposition de la carte. Fraîcheur, délicatesse, surprise (parfois piquante!) sont au menu des sushis. Vous pouvez remettre votre sort entre les mains du chef et le laisser décider de votre repas, ses choix vous combleront. Mention spéciale pour la bisque de crevettes, onctueuse et goûteuse à souhait, qui a tout pour faire chavirer le véritable amoureux des produits de la mer. Vins d'importation privée, saké et bières complètent le programme de cette soirée réussie!

Jonquière

BERGERAC (LE)

(Amérique du Nord)

3919, rue Saint-Jean

418 542-6263

★★★★ cuisine
★★★★ service
★★★ décor

🛢 **EP**   M**40**$ S**110**$

réservation / max. de personnes   40

On revient au Bergerac comme chez de vieux amis. L'ambiance sans fla-fla est chaleureuse, le service convivial est professionnel, à l'écoute de sa clientèle. Surtout, on y retourne pour cette cuisine toujours audacieuse, délicieuse, proche de son terroir mais résolument contemporaine. En plein centre-ville de Jonquière, on est à la fois proche de la campagne et en plein cœur d'une énergie urbaine. Ce contraste se traduit dans l'assiette, où se côtoient poissons exotiques et viandes de bois, recettes du monde et ingrédients locaux, tradition et innovation. Hésitant sur ce qui accompagnera votre repas? On vous proposera des vins d'importation privée au verre qui se marieront avec votre choix. N'oubliez pas les desserts maison, toujours jouissifs!

Jonquière

AUBERGE VILLA PACHON

(France)

1904, rue Perron

418 542-3568

★★★★ cuisine
★★★★ service
★★★★ décor

🛢 🍱 **EP**   M _ S**160**$

réservation / max. de personnes   50

Dans une ambiance classique, le chef Daniel Pachon, dont la réputation de maître cassoulet n'est plus à faire, nous offre des mets impeccables, ancrés dans la tradition de la grande cuisine française. Il y a longtemps que le chef est dans la région – et dans cette maison ancestrale de Kénogami –, et on peut le constater dans le choix des ingrédients, dont plusieurs sont issus du terroir régional. Le service est sympathique et attentionné, la carte des vins, riche, le site, enchanteur, et la table d'hôte, diversifiée. Entrées appétissantes, viandes fondantes, fruits de mer, le tout servi avec des sauces subtiles relevant du grand art. Des vins au verre peuvent être combinés avec chaque service. Le cassoulet, grande spécialité du chef, se déguste sur réservation.

AUBERGE DES 21, LE DOYEN

(Amérique du Nord)

621, rue Mars

418 697-2121

★★★★ cuisine
★★★★ service
★★★ décor

M **20 $** S **160 $**

réservation / max. de personnes 85

Il y a de la virtuosité à la table du Doyen, le restaurant de l'Auberge des 21. Du service empreint d'une courtoisie exemplaire jusqu'aux entremets qui, à eux seuls, pourraient constituer un repas, Le Doyen possède de la classe à revendre. Sans parler de la vue magnifique sur la fameuse baie qui donne son nom à ce coin de pays. Et les plats? Sublimes, mariant les ingrédients pittoresques de la région à une cuisine rigoureuse et sans faille. Les saveurs sont variées, évoquant la nature et le bois, notamment par les choix de viandes: pintade, saumon fumé ou autres gibiers d'élevage. Accompagnez le tout des vins (au verre ou à la bouteille) proposés par les sommeliers attentionnés, et la soirée sera simplement parfaite.

La Baie

OPIA

(Amérique du Nord)

865, rue Victoria

418 697-6742

★★★ cuisine
★★★ service
★★★ décor

M **35 $** S **120 $**

réservation / max. de personnes 78

Opia est un beau restaurant qui appelle à la détente. L'hiver, ses couleurs terre réchauffent, et l'été, sa terrasse qui s'avance vers la baie et le début du majestueux fjord du Saguenay est une oasis de douce fraîcheur. Une fois installé, il ne reste plus qu'à se laisser charmer par le service naturel et souriant. À cela s'ajoutent une ambiance relaxante et de la bonne musique. Sans oublier la carte remplie de délices. Les carnivores apprécieront le tajine d'agneau, la joue de bœuf, le râble de lapin ou le cassoulet de canard confit. Les amateurs de poisson se laisseront séduire par la chaudrée de la mer, les moules, les crevettes thaïes... Pour les autres? Pizza? Pâtes? Ou simplement un bon dessert bien cochon? Dans tous les cas, aucune déception!

Larouche

MARGOT (LE)

(France)

567, boulevard du Royaume

418 547-7007

★★★★ cuisine
★★★ service
★★★★ décor

M **35 $** S **100 $**

réservation / max. de personnes 100

Le Margot se présente autant comme un restaurant que comme une galerie d'art. Ses murs blancs, ses œuvres et ses curiosités donnent un cachet unique à l'endroit, mais l'art est aussi dans l'assiette. Entre le Saguenay et le Lac-Saint-Jean, il offre de la couleur locale (une entrée au fromage d'ici) et de l'exotisme (si, si, du kangourou!). Le menu est varié, les entrées, généreuses, les sauces, goûteuses, et le service est discret et souriant. La composition des saveurs est parfaite et les agencements, équilibrés. Oasis de tranquillité et de raffinement aux abords de la grande route, l'endroit vaut l'arrêt, même le midi, où des plats du jour sont offerts aux voyageurs en transit. Ceux qui aiment l'art sacré apprécieront le brunch dominical.

UN PEU,
BEAUCOUP,
ÉRABLEMENT!
LA ROUTE EST BELLE!

POUR UNE JOURNÉE, POUR UNE FIN DE SEMAINE
OU POUR UNE GRANDE VIRÉE

Chaque année, la Fédération des producteurs acéricoles du Québec revisite le tracé de la Route de l'érable afin de vous faire découvrir une nouvelle fournée de talents : cent artisans de différents horizons qui s'amusent à réinventer la cuisine à l'érable. Toute l'année durant, dégustez ris de veau caramélisé à l'érable ou nougat glacé aux pistaches, à l'érable et aux petits fruits confits, et appréciez le génie des gens d'ici.

Pour planifier un itinéraire gourmand sur la Route de l'érable, visitez dès aujourd'hui laroutedelerable.ca.

CRÉATIFS
DE L'ÉRABLE

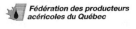

Fédération des producteurs
acéricoles du Québec

LA ROUTE
DE L'ÉRABLE

LES PRODUCTEURS ACÉRICOLES DU QUÉBEC VOUS INVITENT À DÉGUSTER L'ÉRABLE D'UNE FAÇON SAVOUREUSE, NOUVELLE ET IMAGINATIVE

PARCOUREZ LES PAGES DU *GUIDE RESTOS VOIR* ET DÉCOUVREZ CES CRÉATIFS DE LA ROUTE DE L'ÉRABLE

Index

Index Montréal

Index Montréal

Montréal

Index Montérégie

Laval

Laurentides

Cantons-de-l'Est

Mauricie

Québec et environs

Index Québec et environs

Chaudière-Appalaches

Bas-Saint-Laurent

Côte-Nord

Index Est du Québec

Sommaire
Guide gourmand Voir

Les adresses sont classées par catégorie.

guidegourmand.ca

1

Péché mignon

Voilà une belle expression pour relativiser un peu car la gourmandise, en ce qui nous concerne, est loin d'être un péché.

On adore faire des sorties au restaurant, c'est entendu, mais on aime aussi humer, flâner dans les boulangeries, les épiceries, les poissonneries, les boucheries et même aux rayons des chocolats pour tout vous confier! Et plus que tout, on aime aller à la rencontre de ces artisans et producteurs qui se donnent tant de mal pour remplir leurs étals de produits invitants pour se régaler à la maison.

Alors voici notre nouvelle sélection de ces commerçants qu'il fait bon fréquenter. Nous vous invitons à leur rendre visite et à garnir votre panier chez eux. N'hésitez pas à leur parler, ils se font toujours un plaisir de répondre aux questions et se mettent en quatre pour satisfaire vos demandes et vous offrir de beaux et bons produits.

Et pour faire vos emplettes tout en profitant de primes bonifiant chacun de vos achats (plus 25 % minimum à dépenser comme bon vous semble), visitez boutique.voir.ca: des boucheries, épiceries fines et autres commerces de bouche vous y attendent.

Bon appétit!

Sylvie Chaumette
Directrice générale Voir division gastronomie

guidegourmand.ca
info@guidegourmand.ca

Les jours d'ouverture des commerces indiqués dans ces pages peuvent être sujets à changement. Nous vous invitons à vérifier avant de partir faire vos emplettes.

Filets de bar « petit bateau », crémeuse de bettes orangées, pattes de crabe d'Alaska, beurre blanc vanille-limette

Recette de Jérôme Ferrer

Les ingrédients *(Portions: 4 à 6)*

500 ml (2 tasses) de crème 15 %
5 échalotes françaises, émincées
15 ml (1 c. à soupe) de beurre non salé
500 ml (2 tasses) de vin blanc
45 ml (3 c. à soupe) de beurre
Sel et poivre du moulin
Jus et zeste d'une limette
1 gousse de vanille, fendue dans le sens de la longueur
4 à 6 feuilles de bettes à carde, lavées et émincées
4 à 6 pattes de crabe royal d'Alaska
125 ml (½ tasse) de jus d'orange frais
4 à 6 filets de bar, la peau et les arêtes retirées, d'environ 120 g chaque
60 ml (¼ tasse) citron confit marocain

Les étapes *(Préparation: 45 minutes, Cuisson: 20 minutes)*

Préchauffer le four à 150 °C (350 °F).

Dans une casserole, faire revenir les échalotes dans 15 ml (1 c. à soupe) de beurre. À coloration, verser le vin blanc et porter à ébullition jusqu'à quasi-évaporation (plus des 3/4 du vin). Incorporer la crème et laisser mijoter de 10 à 15 minutes à feu doux.

Filtrer la sauce des échalotes et remettre dans une casserole à feu moyen en y ajoutant 15 ml (1 c. à soupe) de beurre, le jus des limettes et les gousses de vanille. Émulsionner à l'aide d'un fouet. Saler et poivrer. Au moment de servir la sauce, retirer les gousses.

Dans un sautoir, cuire les bettes à carde dans 15 ml (1 c. à soupe) de beurre. Ajouter les pattes de crabe et le jus d'orange. Laisser confire.

Étaler les filets de bar sur un carré de pellicule plastique de qualité. Napper du citron confit. Rouler le poisson pour former des boudins avec la pellicule plastique et bien sceller. Cuire à la vapeur de 6 à 8 minutes. Sur des assiettes, servir les filets de bar avec les bettes à carde à l'orange et les pattes de crabe. Napper du beurre blanc vanille-limette.

La production
de veaux de lait au Québec
Saviez-vous que…

Il y a 250 fermes de veaux de lait situées principalement en Montérégie, dans Chaudière-Appalaches et dans les Bois-Francs.

Une ferme familiale moyenne produit annuellement 600 veaux de lait.

Dans sa vie, un veau de lait boira 2 000 litres de lait.

Le lait servi au veau est de grande qualité, il est hautement énergétique et protéinique et s'apparente au lait maternisé que l'on donne aux nourrissons.

Aucune hormone de croissance n'est administrée aux veaux.

La viande de
Veau de lait du Québec
Saviez-vous que…

Le Veau de lait du Québec est un produit de grande qualité: c'est une viande rosée, tendre, savoureuse, qui a du raffinement.

C'est un choix santé puisque c'est une viande extra-maigre qui est une source de fer, de magnésium et une excellente source de vitamine B12 et de zinc.

C'est une viande polyvalente qui, selon la coupe, est suffisamment raffinée pour une grande réception ou convient tout à fait aux plats économiques de tous les jours.

C'est un produit 100 % québécois.

Tendre — Raffiné
Veau de lait du Québec
www.veaudelait.com

Les adresses gourmandes de Marie-Fleur St-Pierre

Restaurant *Tapeo* à Montréal
restotapeo.com

«Ce que j'aime, c'est aller faire une petite tournée au Marché Jean-Talon: ça permet d'avoir des produits plus frais pour le menu du jour. J'adore aller au marché et me laisser inspirer au fur et à mesure. C'est un petit luxe. Parfois j'y vais même durant ma pause! Comme le resto est à proximité, c'est facile. Ça nous permet aussi d'y envoyer des cuisiniers s'il nous manque des choses ou pour des achats de dernière minute.»

PAS JUSTE DES BAGUETTES

«Pour le pain, il y a une belle variété à La Bête à pain (voir p. 14). De semaine en semaine, ils font des choses différentes à la fois côté boulangerie et côté traiteur. Le pain brioché, les Jos. Louis de la pâtisserie CRémy, les pommes de terre farcies à la truffe…»

DE BONS GROS LÉGUMES

«Le début de la belle saison, c'est le kiosque Chez Birri du Marché Jean-Talon (7070, avenue Henri-Julien, Montréal, 514 277-1588) qui l'annonce. Au printemps, on y vend les semences, puis le kiosque évolue jusqu'à l'automne. Ils ont les plus beaux légumes du marché pour faire des purées à ma fille. Et puis j'y vais pour le bon service de Joseph.»

FAIRMOUNT, LA BELLE

«Pour la crème glacée, ça se passe chez Kem CoBa (60, avenue Fairmount Ouest, Montréal, 514 419-1699). Il y a 10-12 sortes de crème glacée (il faut goûter celle au beurre salé!). J'aime bien cette section de l'avenue Fairmount avec plein de petits commerces intéressants: la Drogheria Fine (68, avenue Fairmount Ouest, Montréal, 514 588-7477) pour les gnocchis, la Boulangerie Guillaume (17, avenue Fairmount Est, Montréal, 514 507-3199) qui fait du super bon pain, Fairmount Bagel (74, avenue Fairmount Ouest, 514 272-0667)…»

ADÉLARD BÉLANGER ET FILS
MARCHÉ ATWATER
MONTRÉAL SUD-OUEST
138, avenue Atwater
Montréal
514 935-2439
Ouvert 7 jours

TOUR D'HORIZON
D'abord on remarque le propret comptoir blanc qui contraste de belle façon avec les filets mignons, les gigots ou carrés d'agneau, les rôtis de bœuf, les faux-filets, les entrecôtes, etc. On hésite entre l'envie de préparer soi-même cette viande ou de succomber aux marinades maison qui garnissent notamment les brochettes de poulet au yogourt et fleur d'ail ou encore les côtes levées précuites dans une sauce barbecue alléchante. Puis, notre curiosité est piquée par la section des volailles et du gibier où la pintade et les cailles côtoient le lapin et le canard fraîchement confit. Le choix ne manque pas et les conseils viennent aisément à qui les demande.

LA PETITE HISTOIRE
Adélard Bélanger a ouvert son comptoir en 1933. Le grand-père a transmis son savoir à ses fils qui ont fait de même avec les leurs en 1986. Maintenant, ce sont les trois cousins Marc et René Bélanger et Éric Perrault qui tiennent la barre de l'établissement. «Nous sommes les seuls qui étaient présents à l'ouverture du Marché Atwater, explique fièrement René Bélanger. Nous honorons la tradition de notre grand-père en offrant un service personnalisé, commandant, par exemple, des produits pour des méchouis pour nos clients.»

COUP DE CŒUR >
Il faut essayer l'agneau de Jean-Denis Pelletier de la Bergerie des Cantons: carrés, gigots et saucisses! Le boudin aussi réjouira les amateurs.

BOUCHERIE DU JARDIN
COMPLEXE LES ARPENTS VERTS
MONTÉRÉGIE
245, rue Duvernay
Belœil
450 467-2140
www.levegetarien.com/les-arpents-verts/
Ouvert 7 jours

TOUR D'HORIZON
Une boucherie dans un complexe végétarien? Pourquoi pas! Quand les aliments sont frais, santé et triés sur le volet, difficile de résister. Spécialisée dans les viandes sauvages (perdrix, lièvre, wapiti, bison, chevreuil, etc.), les viandes marinées, comme ces côtelettes de veau framboises et érable, et les saucisses maison (dattes et fromage bleu, Toulouse, cari et noix de coco, lime-coriandre-citron, etc.), l'équipe de la Boucherie du Jardin a tôt fait de préparer exactement ce qui était prévu au menu. L'option plats cuisinés est toujours très tentante, surtout lorsque l'on sait que tout est fait sur place, de la mayonnaise maison à la mousse de foie gras aux truffes, en passant par les fèves au lard et le porc effiloché.

LA PETITE HISTOIRE
De la succursale de Sainte-Julie où il était employé il y a 14 ans, Alain Guillette est devenu propriétaire de la boucherie à Saint-Hilaire en 1998 avant d'acquérir celle de Belœil en 2004. Passionné par son métier, il réussit toujours à diversifier et revisiter les produits offerts. «Au fond, notre mission, c'est de faire les deux tiers de la préparation du repas afin que les gens puissent relaxer en arrivant à la maison, tout en mangeant santé.»

COUP DE CŒUR >
Le soin avec lequel le propriétaire choisit des viandes moins grasses. La partie poissonnerie judicieusement intégrée au commerce. Et le Complexe Les Arpents verts lui-même, qui permet de faire toutes ses courses au même endroit.

BOUCHERIE FLEURY
AHUNTSIC
3500, rue Fleury Est
Montréal
514 324-1674
Fermé le lundi

C'est le boucher Louis-Philippe Pelletier qui est à la barre de cette boucherie de quartier. Ses spécialités: les saucisses (dont le chouriço), les charcuteries et les viandes fraîches: agneau du Québec, cailles entières et poitrines de poulet marinées, pour ne nommer que ceux-là.

À DÉCOUVRIR
Les ailes de poulet de grain BBQ et les burgers prêts à cuire (poulet, merguez, bœuf épicé...).

BOUCHERIE MONSIEUR STEAK
HOCHELAGA-MAISONNEUVE
6069, rue Hochelaga
Montréal
514 256-6161
Fermé le lundi

Cette institution d'Hochelaga a été fondée en 1970. On y offre une vaste sélection de viandes, toutes préparées sur place, ainsi que plusieurs produits congelés, dont des abats. On aime: les prix vraiment abordables.

À DÉCOUVRIR
Le service de livraison de viandes fraîches et congelées, gratuit sur l'île de Montréal. Les commandes peuvent se faire en ligne ou par téléphone. Pratique!

BOUCHERIE VITO
MILE END
5140, rue Saint-Urbain
Montréal
514 277-1981
Ouvert du mardi au samedi

Fondée en 1984 par M. Vito lui-même, la Boucherie Vito représente l'essence même du petit commerce de quartier, avec ses habitués et son service sympathique. Dans les étals: poulet de grain de la Ferme des Voltigeurs, bavette de bœuf marinée, porc, côte d'agneau, charcuteries et fromages.

À DÉCOUVRIR
La bonne sélection d'huiles et de vinaigres.

BOUCHERIE DU MARCHÉ
MARCHÉ JEAN-TALON
ROSEMONT / PETITE-PATRIE
224, place du Marché-du-Nord
Montréal
514 270-7732
Ouvert 7 jours

TOUR D'HORIZON

Patrick Loyau et son équipe s'affairent comme des abeilles derrière le comptoir. Découper les pièces de viande appétissantes, confectionner les saucisses (gruyère et bacon, pomme et érable, agneau au cari, italienne forte, etc.), mariner les délices prêts à cuire comme ces côtes levées sauce barbecue et ces faisans farcis. Tout cela occupe l'équipe jusqu'à ce que le client se présente. À ce moment-là, les visages s'illuminent et l'on s'emploie à prodiguer des conseils judicieux et adaptés à chaque besoin.

LA PETITE HISTOIRE

Depuis 18 ans maintenant, la Boucherie du Marché attire une clientèle fidèle. «Je pense que les gens reviennent à cause de cette qualité du service qui nous caractérise, bien sûr, affirme Patrick Loyau, mais aussi parce que nous avons le souci de renouveler nos produits de qualité autant en importation qu'en cuisine. Par exemple, en ce moment, la demande est très forte pour notre entrecôte vieillie 60 jours et nous sommes les seuls distributeurs au Marché Jean-Talon du jambon de Bayonne de Pierre Oteiza, éleveur, producteur et artisan charcutier du Pays basque dont les façons de faire s'inscrivent dans une démarche de développement durable.»

COUP DE CŒUR >

Il faut goûter à la bavette marinée! L'épicerie fine intégrée au commerce nous permet de faire d'une pierre deux coups pour l'achat des épices, huiles, vinaigres, moutardes et produits fins de France.

TERRINES ET PÂTÉS
MARCHÉ ATWATER
MONTRÉAL SUD-OUEST
138, avenue Atwater
Montréal
514 931-9559
Ouvert 7 jours

TOUR D'HORIZON
Pour toute personne friande de délices à la viande, le comptoir de Marcel Sogne est un petit paradis. Tout est fait maison et l'on sait varier les plaisirs. On y retrouve, entre autres, des terrines de gibier, des rillettes d'oie, canard, porc ou lapin et des mousses inspirantes dont celle aux foies blonds de pintade, au canard à l'armagnac ou aux foies de volaille au porto. Comme dans tout comptoir de charcuterie qui se respecte, une variété de saucisses (porc fumé, viennoise, Toulouse, merguez, campagnarde, chipolata, etc.) et de jambons (de Parme, pancetta, champenois, speck, à l'ancienne, etc.) y est offerte. Et pour compléter l'offre, la maison mijote des petits plats à emporter qui connaissent un franc succès: brandade de morue, bœuf bourguignon, beignets d'aubergine, osso buco, poivrons farcis, etc.

LA PETITE HISTOIRE
Charcutier de formation, Marcel Sogne possédait un restaurant lorsqu'il a décidé de reprendre le commerce de son boucher au Marché Atwater, il y a maintenant 11 ans. En plus de signer la fabrication de plus de 60 recettes de terrines, mousses et pâtés, le chef rôtisseur prépare tous les petits plats lui-même. Tout cela ne l'empêche pas d'être très près de sa clientèle qui aime beaucoup le consulter sur la confection de ses délices.

COUP DE CŒUR >
Le jambon de Bayonne (certifié meilleur de France), la salade de museaux et le boudin blanc qui, pour la période des Fêtes, est confectionné avec du foie gras!

VIANDES MᶜCORMACK (LES)
VERDUN
947, rue de l'Église
Montréal
514 766-6566
www.viandesmccormackmeats.com
Fermé le dimanche

TOUR D'HORIZON

Lorsque l'on passe devant la boucherie MᶜCormack, sise à l'angle des rues de l'Église et Bannantyne, l'œil est d'abord attiré par les objets hétéroclites qui ornent les grandes vitrines: vieilles publicités, poupées d'un autre âge, disques vinyle… La porte poussée, on s'émerveille de l'univers rétro-kitsch avant de découvrir, au fond de la petite boutique, le comptoir des viandes et volailles. C'est clair, le client plonge ici dans un passé réconfortant qui le ramène aux années 1970, quand la viande était de la viande.

LA PETITE HISTOIRE

Fondé en 2002, le commerce Les Viandes MᶜCormack, du nom de l'ancêtre Marguerite St-Pierre MᶜCormack, d'origine écossaise, veut offrir des coupes traditionnelles sans trop de transformation, sans «fla-fla», de dire Jean-Luc Ouellette, qui œuvre aux côtés de son père Paul dans l'entreprise familiale. «Nous sommes une boucherie de traçabilité. Nous savons d'où vient notre bœuf, qui l'a élevé et quand il a été tué», dit-il. Pour cette raison, MᶜCormack a choisi de se spécialiser dans le bœuf vieilli sur place de 30 à 45 jours en carcasse. Outre le Kobe Wagyu de l'Alberta, la boucherie propose du bœuf Spring Creek, un produit de l'Alberta sans antibiotiques et sans hormones que l'on trouve plus souvent dans des restaurants haut de gamme montréalais que chez son boucher du coin.

COUP DE CŒUR >

Les Ouellette père et fils ont développé les Produits fumés Première Nation, fumant eux-mêmes, à chaud, truite, saumon, mais aussi bœuf, volailles et cerf. À découvrir!

CHARCUTIÈRE (LA)
LAVAL
3315, boulevard de la Concorde Est
Laval
450 664-1400
Ouvert 7 jours

Le comptoir à viande déborde à La Charcutière. Les experts bouchers-charcutiers peuvent réaliser toutes les coupes et préparations spéciales, il suffit de demander! Pâtés de campagne, saucisses merguez et jambons de Lorraine sont faits sur place.

À DÉCOUVRIR
La section épicerie fine, les comptoirs à pâtisseries et à fromages, les salades maison et la fruiterie. Il y a même un restaurant!

MAISON DU RÔTI (LA)
PLATEAU-MONT-ROYAL
1969, avenue du Mont-Royal Est
Montréal
514 521-2448
Ouvert 7 jours

La Maison du rôti est un incontournable. On y trouve de tout: les viandes classiques (porc, poulet, bœuf), du cheval, du canard, du bison... sans compter les brochettes, marinades, saucisses, charcuteries et fromages. Et le comptoir de plats préparés maison, dont des pâtés, quiches, sauces à pâtes et plats individuels.

À DÉCOUVRIR
Les sandwichs au rôti de porc ou de bœuf et les repas chauds à emporter.

MARCHAND DU BOURG
ROSEMONT / PETITE-PATRIE
1661, rue Beaubien Est
Montréal
514 439-3373
Ouvert du mercredi au dimanche

Au Marchand du Bourg, le boucher Marc Bourg a opté pour la boucherie à l'ancienne. Sa viande est donc de première fraîcheur et les animaux, respectés dans le processus d'abattage. Aucune viande n'est coupée ou préparée d'avance, tout se passe devant vos yeux!

À DÉCOUVRIR
Les meilleures pièces du bœuf Black Angus, dont la côte de bœuf vieillie.

GÂTEAULOGIE
OUTREMONT
1273, avenue Van Horne
Montréal
514 564-4555
www.gateaulogie.com
Fermé les dimanches et lundis

TOUR D'HORIZON

S'il n'est pas nécessaire d'attendre un événement spécial pour s'offrir une visite à Gâteaulogie, celle-ci prend toujours des airs de fête. Cette pâtisserie joliment tapissée et enrubannée de mauve et blanc s'inscrit fièrement dans la nouvelle vague nord-américaine des desserts qui étonnent l'œil et conquièrent la papille. Ce n'est pas parce que votre gâteau prend la forme du chapeau de Kate Middleton, du masque de Darth Vader ou même d'un sac de chips Lay's qu'on lésine sur les ingrédients: pur beurre, vanille de Madagascar, chocolat noir, etc. Et les saveurs des sablés, macarons et cupcakes, à déguster tous les jours, sont d'une inventivité remarquable: dulce de leche, pain d'épice, caramel salé et, au printemps, bacon et érable avec du véritable bacon!

LA PETITE HISTOIRE

Pamela et Barbara Battah, la fille et la mère, se sont lancées dans cette aventure à l'automne 2011. À la suite de ses études universitaires en administration, Pamela a fait un certificat en design de gâteau à Toronto et continué de perfectionner son art à New York. Entre les deux, elle a rencontré des maîtres pâtissiers dont Buddy Valastro (le Cake Boss!) chez Carlos Bakery au New Jersey. «Nous voulons offrir aux Montréalais des gâteaux d'une qualité égalant ce qui se fait à New York et Toronto depuis plusieurs années déjà», affirme Pamela.

COUP DE CŒUR >

Le cupcake Red Velvet, les macarons faits maison et le gâteau Reine Élisabeth sont tout simplement irrésistibles.

BÊTE À PAIN (LA)
AHUNTSIC
114, rue Fleury Ouest
Montréal
514 507-7109
Ouvert du mercredi au dimanche

Mise sur pied par le chef du St-Urbain, Marc-André Royal, La Bête à pain connaît un succès fou dans le quartier... et au-delà! D'abord, grâce à la qualité des pains frais et bios, de conception artisanale. Mais aussi pour les pâtisseries et viennoiseries faites sur place, chaque matin.

À DÉCOUVRIR
Les plats cuisinés, emballés sous vide, inspirés du menu du St-Urbain, et le service de traiteur.

BOULANGERIE MR PINCHOT
PLATEAU-MONT-ROYAL
4354, rue de Brébeuf
Montréal
514 522-7192
Ouvert 7 jours

On devient vite accro à Mr Pinchot! Le matin, les étals en vitrine débordent de pains et viennoiseries de toutes sortes: croissants, chocolatines, brioches, chaussons aux pommes... Le paradis! Sans compter le comptoir à pâtisseries, toujours fraîches, qui met l'eau à la bouche avec ses tartes, millefeuilles et éclairs au chocolat!

À DÉCOUVRIR
Les copieux sandwichs faits sur place.

CRÉMY
PLATEAU-MONT-ROYAL
2202, avenue du Mont-Royal Est
Montréal
514 521-9696
Fermé le lundi

Ancien pâtissier de l'ArHoMa, Rémy Couture a ouvert son propre commerce dans l'est du Plateau. Ses créations sont originales et irrésistibles. Essayez le Joe CRémy, un Jos. Louis de luxe, ou les Revellos, bouchées gourmandes sur bâtonnets.

À DÉCOUVRIR
Les confiseries maison: guimauves, beurre de pommes, pâtes de fruits...

MAMIE CLAFOUTIS
VERDUN
105, chemin de la Pointe-Nord
Montréal, île des Sœurs
514 508-8800
www.mamieclafoutis.com
Ouvert 7 jours

TOUR D'HORIZON
Il y a de ces endroits où l'on flânerait toute la journée. Est-ce parce qu'on y trouve cette convivialité qui nous rappelle mamie? Parce qu'il y a cette odeur de pain chaud avec sa tendre mie? Ou parce que chaque fois, votre douce mie vous offre un clafoutis? Il y a indéniablement ici un côté traditionnel et réconfortant, renforcé par des produits de qualité, frais, faits sur place au jour le jour. Viennoiseries craquantes (comme la chocolatine «Ô mon Dieu» fourrée de crème au chocolat), baguettes dorées, tartes de saison, sandwichs généreux et café revigorant, équitable, engagé et engageant.

LA PETITE HISTOIRE
«Nous (Joseph Sabatier et Nicolas Delourmel) avions vraiment envie d'un endroit où les recettes de nos grands-mères seraient honorées, explique Nicolas. Par exemple, nos pâtisseries, tout le monde peut les faire à la maison, mais plus personne n'a le temps.» Le coprésident ajoute qu'il considère l'endroit comme une «tarterie» (quel joli mot!). Et les tartes à l'ancienne attirent en effet l'œil dès qu'on pose le pied dans l'une des trois boutiques (île des Sœurs, Outremont et Plateau-Mont-Royal).

COUP DE CŒUR >
Les tartes (choco-orange, mangue-amandes, poire-pistaches, etc.), avec leur pâte feuilletée savoureuse (vendue sur place). Les cannelés, la ficelle au gros sel et les salons/jardins de thé invitant à s'offrir un moment dégustation bien à soi. Bières et vins à la succursale de l'île des Sœurs uniquement.

MI & STU
MILE END
6001, avenue du Parc
Montréal
514 488-5066
www.miandstu.com
Ouvert du mardi au samedi

TOUR D'HORIZON
Cette petite boulangerie/pâtisserie sans gluten, sans produits laitiers ni arachides est arrivée comme une bénédiction pour les nombreuses personnes aux prises avec ces allergies alimentaires. Mais elle a aussi su attirer son lot de clients interpellés par ses produits aussi jolis que délicieux. Que ce soit pour sa sélection de pains frais (dont le populaire similiseigle), ses muffins et biscuits, ses petits et grands gâteaux ou ses plats préparés, on ne ressort jamais les mains vides de l'adresse à l'auvent rose de l'avenue du Parc.

LA PETITE HISTOIRE
Amies de longue date, Mimi et Stéphanie se sont connues dans leur quartier en promenant tout bonnement leur chien. Leur amitié les a conduites à se lier en affaires et à fonder une entreprise basée sur les pains et pâtisseries que confectionnait déjà Mimi depuis une dizaine d'années. En plus de répandre du bonheur un petit cupcake à la fois, elles s'affairent à sensibiliser les restaurants et cafés à la contamination croisée et les invite à leur emboîter le pas, notamment en distribuant leurs produits.

COUP DE CŒUR >
Le décadent brownie fait de chocolat de première qualité. À découvrir: la variété de challahs, un pain juif brioché. Et pour les personnes intolérantes au gluten, une rareté: des baguettes et bagels frais!

MOULINS LA FAYETTE (LES)
PLATEAU-MONT-ROYAL
1481, avenue du Mont-Royal Est
Montréal
514 439-2026
www.lesmoulinslafayette.com
Ouvert 7 jours

TOUR D'HORIZON

Voici une jolie boulangerie/pâtisserie doublée d'un café avec des airs de bistro parisien. Au matin: café fraîchement moulu, croissants bien dorés et viennoiseries tentantes. Pour le lunch: sandwichs et salades faits sur place aussi goûteux que santé. Et les pâtisseries ne sont pas en reste, dont cette tartelette de saison faite avec des fraises du Québec ou cet indélogeable «Mont Saint-Sauveur», une généreuse (et très jolie!) mousse au chocolat sur gâteau praliné.

LA PETITE HISTOIRE

Le premier Moulin La Fayette a été fondé en 1994 par Johnny Jeulin, boulanger, pâtissier et chocolatier qui a quitté la France pour venir s'installer à... Saint-Sauveur! Rapidement, la popularité du Moulin a fait boule de neige et des concessions ont été vendues à des gourmands passionnés. Travaillant de pair avec leurs enfants, Joanne Villemaire et Richard Grondin ont donc décidé de faire le grand saut et d'établir leur commerce sur l'avenue du Mont-Royal à l'automne 2011. «Lorsqu'on fait ce qu'on aime et qu'on est bien entouré, le plaisir d'offrir des produits savoureux prend toute la place», affirme Joanne, aussi occupée que sereine.

COUP DE CŒUR >

Une bouchée de croissant nous transporte en France! Pour ses plats et sandwichs préparés sur place, l'équipe utilise des produits locaux résultant d'un bon voisinage avec les fruiteries, boucheries et épiceries fines du quartier. Un service traiteur est également disponible.

FABRIQUE ARHOMA (LA)
CENTRE-SUD
1700, rue Ontario Est
Montréal
514 598-1700
Ouvert 7 jours

Après la boulangerie ArHoMa, voici La Fabrique ArHoMa, son petit frère. Petit? Pas tant que ça, car ce local de 3500 pieds carrés comprend une mini-fabrique artisanale où pains, pâtisseries et viennoiseries (dont le fameux croissant aux pistaches) sont cuisinés. L'endroit compte aussi un comptoir et un petit café.

À DÉCOUVRIR
Les grandes baies vitrées qui permettent de voir les artisans à l'œuvre.

OLIVIER POTIER, ARTISAN EN GOURMANDISES
CENTRE-VILLE
1490, rue Sherbrooke Ouest
Montréal
438 381-6111
Fermé le lundi

Olivier Potier a ouvert en 2012 sa première adresse à Montréal. Ce pâtissier français de renom a travaillé au Québec avec Christophe Morel et Éric Gonzalez, dont on retrouve les chocolats et sandwichs en boutique. Dans son «laboratoire des gourmandises», il crée chaque jour des classiques réinventés, comme le saint-honoré aux bananes et les éclairs au citron ou à la vanille!

À DÉCOUVRIR
Les excellents pains de la boulangerie Le Pain dans les voiles, de Mont-Saint-Hilaire; leur baguette s'est classée au 2e rang au Mondial de la baguette en France. Rien de moins!

PÂTISSERIE SAN MARCO
VILLERAY
1581, rue Jean-Talon Est
Montréal
514 527-5401
Fermé le lundi

Spécialisée depuis 40 ans en gâteaux de qualité, concoctés selon la méthode traditionnelle, la Pâtisserie San Marco est l'arrêt tout indiqué pour qui recherche gâteaux de mariage et d'anniversaire originaux et uniques. On profite de son passage pour faire une réserve de viennoiseries, petits gâteaux et truffes.

À DÉCOUVRIR
La gamme de gâteaux pour besoins diététiques particuliers: sans produits laitiers, sans gluten ou végétaliens.

PÂTISSERIE LESCURIER TRADITION GOURMANDE
OUTREMONT
1333, avenue Van Horne
Montréal
514 273-8281
Ouvert 7 jours

TOUR D'HORIZON

Voici l'endroit où la tradition pâtissière se réinvente constamment. Des portions individuelles aux gâteaux géants destinés aux événements, la qualité est toujours là et les ingrédients utilisés sont d'une fraîcheur irréprochable. Tartes aux fruits, gâteau à la mangue et au cassis, charlotte à la mousse de yogourt, confiture de rhubarbe et framboises: les desserts jouent des coudes pour séduire les gourmands. Tout comme les chocolats fins et les viennoiseries faites sur place. Les quiches variées sont appétissantes (jambon, emmental, végétarienne, etc.), elles constituent d'ailleurs l'une des spécialités de la province française du fondateur de la maison, un Lorrain, comme de raison.

LA PETITE HISTOIRE

Depuis 1988, cette pâtisserie-chocolaterie attire une clientèle régulière avenue Van Horne. «Les clients adorent les nouveautés et nous partageons leur enthousiasme», confie Ève Richard, propriétaire. «Nous offrons plusieurs nouveaux chocolats chaque année et nous renouvelons nos pâtisseries selon les saisons. Mais surtout, nous sommes toujours prêts à répondre aux demandes particulières.»

COUP DE CŒUR >

Les quiches sortent comme des petits pains chauds à l'heure du souper. On craque pour les chaussons aux pommes généreux. Et il faut absolument goûter à cette tropézienne (sur demande seulement, pour garantir la fraîcheur) faite de gâteau brioché, crème pâtissière et fouettée, et parsemée de sucre!

PREMIÈRE MOISSON
MONTRÉAL ET ENVIRONS
17 succursales –
3 comptoirs express
premieremoisson.com

TOUR D'HORIZON

Dès que l'on met le pied dans une boulangerie Première Moisson, on a envie de tout acheter. Parfois même, c'est l'odeur du pain tout chaud qui nous y conduit malgré nous. On prend une bonne bouffée, on se remplit les yeux des pains dorés, des viennoiseries alléchantes, des pâtisseries colorées (fruits frais, caramel, chocolat, café...) et des charcuteries prometteuses. Et, tranquillement, on fait son choix.

D'abord, on se tourne vers la boulangerie où l'équipe s'affaire à conseiller judicieusement et efficacement. Tous les pains sont conçus à partir de farine de blé blanche ou de blé entier issue d'une agriculture qui permet de contrôler la chaîne d'approvisionnement de la terre à la table. D'ailleurs, certains pains sont carrément fabriqués à partir de farine biologique. Donc, peu importe le choix que l'on fera, notre petit-déjeuner, notre sandwich ou notre souper entre amis s'en trouvera bonifié.

Ensuite, on se dirige vers le comptoir des charcuteries où l'on découvre, entre autres, la gamme de produits Bleu-Blanc-Cœur. Qu'est-ce? Il s'agit en fait d'une étiquette d'agriculture responsable à vocation santé qui apporte aux aliments un meilleur équilibre en oméga-3 et oméga-6. On demande à goûter à ce jambon cuit au bouillon (extramaigre, nourri aux graines de lin et sans antibiotiques). Il fond dans la bouche... Et hop, dans le panier à provisions!

Puis, on s'attarde à ces pâtisseries et viennoiseries. Pain de Noël, mousse au chocolat, un gâteau pour la fête des Mères, une tarte aux petits fruits en été, etc. Il faut l'avouer, le repas n'est pas complet sans une gâterie sucrée pour le couronner. Et, tant qu'à faire, quelques croissants 100 % beurre pour déjeuner...

LA PETITE HISTOIRE

Bien qu'on ait l'impression que Première Moisson fait partie de notre vie depuis longtemps, l'entreprise a été créée relativement récemment, en 1992, par la famille Colpron-Fiset. Les mots d'ordre: «Respecter le caractère sacré du pain, en y mettant des vibrations de sérénité et d'amour aptes à régénérer et à élever les énergies. Joindre à la saveur la forme, l'odeur, la texture, et réapprendre au consommateur le plaisir du naturel.»

Pour y parvenir, la famille Colpron-Fiset a su créer des partenariats importants dont celui avec Les Moulins de Soulanges où le blé est développé sous l'accréditation «Agriculture raisonnée». Dans le but de préserver l'environnement, les agriculteurs accrédités cultivent leurs céréales de façon écologique. Première Moisson se révèle un précurseur dans le respect du travail des meuniers en acceptant de payer un juste prix pour cette matière première primordiale afin de poursuivre cette tradition de qualité déjà bien amorcée au fil des années. Résultat: le pain sur la table est aussi savoureux, encore plus santé, et la démarche environnementale est louable.

COUP DE CŒUR >

Le pain Grains germés! Fait de farines biologiques moulues sur pierre, ce pain contient neuf grains germés riches en minéraux, en plus d'être une source de fibres et de fer. Le fait que les succursales de Première Moisson se multiplient sans perdre cette saveur unique de boulangerie artisanale. Et cette odeur, persistante, réconfortante et gourmande...

BRÛLOIR (LE)
AHUNTSIC
343, rue Fleury Ouest
Montréal
514 508-2888
Ouvert 7 jours

Vincent D'Aoust est un biologiste passionné de café qui a ouvert sa brûlerie il y a un peu plus d'un an rue Fleury Ouest. Il y torréfie des cafés de qualité et se tient loin des mélanges maison. L'endroit est aussi un café où l'on se régale de paninis et viennoiseries.

À DÉCOUVRIR
Service de vente et réparation de machines à café neuves et usagées.

DISTRIBUTRICE (LA)
PLATEAU-MONT-ROYAL
408, avenue du Mont-Royal Est
Montréal
Ouvert 7 jours

Le concept de La Distributrice est génial! On y commande son café – pour emporter, pas le choix – directement d'une petite fenêtre qui donne sur un minuscule espace niché sous une cage d'escalier à deux pas du métro Mont-Royal. Un café de qualité, espresso ou *latte*, servi par un barista professionnel.

À DÉCOUVRIR
Le chocolat chaud et les beignes à l'ancienne l'hiver, le café glacé l'été.

SAINT-HENRI MICRO-TORRÉFACTEUR
SAINT-HENRI
3632, rue Notre-Dame Ouest
Montréal
514 507-9696
Ouvert 7 jours

Le Saint-Henri est un incontournable dans le monde du café à Montréal; on y trouve parmi les meilleurs cafés torréfiés de l'île, grâce au savoir-faire du proprio Jean-François Leduc, torréfacteur et barista professionnel. Pour du café en grains ou prêt à boire, c'est l'endroit où s'arrêter.

À DÉCOUVRIR
Les cours donnés sur place: De la cerise de café à la tasse (dégustation) et Espresso à la maison (cours pratique).

MAISON DE THÉ CHA NOIR
VERDUN
4646, rue Wellington
Montréal
514 769-1242
www.cha-noir.com
Ouvert 7 jours

TOUR D'HORIZON

En poussant la porte de la Maison de thé Cha Noir, on quitte Verdun et sa rue Wellington pour être transporté loin, très loin, dans un lieu qui tient à la fois de l'Orient et de l'Extrême-Orient. Pour arriver à l'espace boutique, on traverse le petit salon de thé où des clients dégustent du thé et grignotent des plats et des desserts. La boutique propose une centaine de sortes de thé, qui peuvent changer selon les découvertes de la patronne des lieux, des tisanes et des plantes médicinales élaborées par des herboristes et mélangées sur place. On peut également s'y procurer de jolies théières, dont certaines réalisées par des céramistes du Québec, et des accessoires nécessaires à la dégustation du thé.

LA PETITE HISTOIRE

Mellanie Thibeault a créé la Maison de thé Cha Noir en 2003 dans le but affiché de démocratiser l'art de la dégustation du thé. «Je recherche les thés offrant la meilleure qualité et la plus grande fraîcheur. Un thé se choisit d'abord par les yeux, ensuite par le nez. Sans être puriste, je suis fidèle à l'esprit du thé. Nous avons récemment acquis une cinquantaine de thés vieillis, dont une vingtaine de pu-erh, des thés rouges allant de 1996 à 2011. Nous proposons également des tisanes du Québec, dont le thé du Labrador.»

COUP DE CŒUR >

La Maison de thé Cha Noir a créé récemment un thé tout particulier, Les Douceurs d'Assam, un mélange de thé noir indien, de petits fruits, de cannelle, d'orange et de clous de girofle fort apprécié de la fidèle clientèle.

23

CACAO 70
CENTRE-VILLE
2087, rue Sainte-Catherine Ouest
Montréal
514 933-1688
Ouvert 7 jours

Cacao 70, c'est d'abord un impressionnant comptoir à chocolats où s'exposent une trentaine de variétés de pastilles de cacao en provenance des quatre coins du monde. C'est aussi un endroit où l'on peut manger un menu salé, mais surtout sucré, dont de décadentes fondues et pizzas au chocolat.

À DÉCOUVRIR
Les chocolats chauds, qui se dégustent à tous les cacaos, auxquels est ajouté le mélange maison (au choix: noir, mi-sucré ou au lait).

PRALINE & CARAMEL
LAURENTIDES
505, boulevard Antoine-Séguin
Saint-Eustache
450 491-0009
Ouvert du mercredi au dimanche

Praline & Caramel est un commerce de son temps, avec sa boutique virtuelle où l'on peut commander ses délicieux produits: des chocolats aux mille saveurs (fleur de sel, romarin, anis étoilé…) et, bien sûr, des caramels, qu'ils soient au chocolat noir ou au gingembre confit.

À DÉCOUVRIR
La chocolaterie a désormais un pied dans le monde réel, avec sa nouvelle boutique située à Saint-Eustache.

SUITE 88 CHOCOLATIER
PLATEAU-MONT-ROYAL
3957, rue Saint-Denis
Montréal
514 844-3488
Ouvert 7 jours

Ici, la fraîcheur est reine; chaque chocolat étant fait en petite quantité, on est assuré que celui qu'on croque est frais au maximum. Les ingrédients utilisés (beurre sans sel, aucun gras trans ni agent de conservation) ajoutent à la qualité des produits, qu'on craque pour les brownies, dômes, perles, truffes ou tablettes...

À DÉCOUVRIR
Les gaufres belges traditionnelles, nappées de chocolat au lait, noir ou blanc.

CABOSSE D'OR (LA)
MONTÉRÉGIE
973, chemin Ozias-Leduc
Otterburn Park
450 464-6937
www.lacabossedor.com
Ouvert du lundi au vendredi

TOUR D'HORIZON

Pour les résidents du coin autant que pour les aventuriers du mont Saint-Hilaire, La Cabosse d'or est souvent l'arrêt gourmand qui contribue à rendre la journée parfaite. En été, après une promenade dans le parc ou une partie de mini-golf en famille (thématique chocolat!), on va tranquillement déguster une crème glacée trempée dans un coulis au choix: praliné, noir, au lait, au café, blanc et caramel, etc. En hiver, on se prend un café-moka ou un chocolat chaud à l'ancienne en tête à tête, que l'on accompagne d'une pâtisserie ou d'un chocolat fin bien noir. Et avant de partir, on fait des réserves dans la boutique: tablettes, cacao et panier-cadeau!

LA PETITE HISTOIRE

Parce qu'ils aiment partager leur expertise chocolatée avec la clientèle, Martine et Jean-Paul Crowin se consacrent non seulement à la vente, mais aussi à l'explication de la fabrication et de la manipulation du chocolat. Le musée avec vitrine sur l'atelier et les visites guidées du week-end contribuent à instruire toute la famille sur le mode artisanal de conception de tous les délices offerts sur place. Cette relation avec les clients est si précieuse qu'on a, pour le 25e anniversaire en 2011, créé 25 chocolats différents inspirés des suggestions de ces derniers.

COUP DE CŒUR >

Les chocolats fins, artisanaux, délicieux. La très belle terrasse aux airs de vacances. Le salon de thé pour partager un bon moment. Et ce gâteau piémontais aux déclinaisons de noisettes.

CHOCOLATERIE BONNEAU
AHUNTSIC
69, rue Fleury Ouest
Montréal
514 419-7892
www.chocolateriebonneau.ca
Fermé le lundi

TOUR D'HORIZON

Dans ce charmant local aux couleurs crème, chocolat et cerise se niche une expertise chocolatière remplie de promesses pour les gourmands férus de cacao grand cru. Parce qu'ici, la matière première est triée sur le volet, la finesse des créations est mise de l'avant pour une expérience unique. Des chocolats fins aux crèmes glacées et pâtisseries, en passant par ces crêpes sucrées ou salées et ce café torréfié rue Fleury, on ne lésine pas sur la qualité. Grands crus de Valrhona, fruits frais, miels primés d'Intermiel, cidre de la Cidrerie du Minot, canard du Lac Brome ne sont que quelques exemples des ingrédients qui entrent dans la confection des produits de la chocolaterie.

LA PETITE HISTOIRE

Après 25 ans de carrière comme pâtissier-chocolatier dans son pays natal, la France, Yves Bonneau décide de s'installer à Montréal. Au grand bonheur des résidents d'Ahuntsic, il recrée, à l'automne 2011, son univers chocolaté où règnent crèmes glacées, fines crêpes gourmandes et surtout ses créations pur chocolat et fruits frais sans sucre ajouté.

COUP DE CŒUR >

La Fleurisette! Une pâtisserie à base de pâte de noisettes, crêpe dentelle, chocolat noir et au lait. Et l'expertise du maître chocolatier qui transparaît dans toutes ses propositions gourmandes et dans les formations qu'il offre où l'on apprend à manipuler le chocolat en le cristallisant, le fondant ou en préparant des ganaches, glaçages ou chocolats chauds.

JULIETTE ET CHOCOLAT
PLATEAU-MONT-ROYAL
377, avenue Laurier Ouest
Montréal
514 510-5651
www.julietteetchocolat.com
Ouvert 7 jours

TOUR D'HORIZON

À l'image de sa maître chocolatière et crêpière éponyme, Juliette et Chocolat respire la bonté, le réconfort, l'humour. En cuisine, on prépare des crêpes salées ou sucrées et des salades-repas croustillantes et colorées. L'immanquable comptoir de desserts propose pour sa part un florilège de délices décadents comme autant de variations sur le thème du chocolat: petits pots, fondants et brownies en plusieurs déclinaisons de saveurs. En plus du comptoir de pralines, une carte entière se consacre aux chocolats à boire, qu'ils soient chauds, frappés ou alcoolisés. En pleine expansion, les produits dérivés comprennent le saucisson au chocolat, les adorables sucettes brownies, une nouvelle gamme de caramels et autres mélanges à faire à la maison.

LA PETITE HISTOIRE

Née au Brésil au sein d'une famille française, Juliette Brun fonde le premier Juliette et Chocolat rue Saint-Denis, en 2003. Deux autres bars à chocolats sont venus se greffer au premier, initiant de plus en plus les Montréalais à la dégustation de chocolats d'origine ou de plantation, à la manière de bons vins.

COUP DE CŒUR >

Le chocolat à boire Mangaro 65 %: cultivé sur une ancienne terre de manguiers, il conserve les arômes des mangues. Parmi les créations de Juliette, la mousse gianduja et lime: la richesse d'un chocolat praliné avec un cœur frais et acidulé.

ALEXIS LE GOURMAND
GRIFFINTOWN
1407, rue Saint-Jacques
Montréal
514 935-7676
Ouvert 7 jours

Installée dans un espace industriel revampé, l'épicerie gourmet Alexis le Gourmand offre une bonne sélection de produits fins du terroir et d'importation européenne. Le choix de viandes, mûries sur place et vendues à la coupe, vaut le coup d'œil. Sur semaine, un menu du jour est proposé.

À DÉCOUVRIR
On peut commander à l'avance cochon de lait, dinde bio et gigot d'agneau; de quoi épater ses invités!

DIABLA (LA)
MILE END
4615, boulevard Saint-Laurent
Montréal
514 348-0336
Fermé le lundi

Cette petite épicerie au look minimaliste est le repaire des amateurs de saveurs mexicaines. La propriétaire, Ketrin, est une Libanaise qui a vécu au Mexique. Elle concocte artisanalement et sans agents de conservation des gelées, salsas, vinaigrettes, marinades et moles. Et on peut goûter à tout!

À DÉCOUVRIR
La dizaine d'empañadas maison.

ÉPICERIE FINE FLEUR DE SEL
ROSEMONT / PETITE-PATRIE
2381, rue Beaubien Est
Montréal
514 525-9769
Ouvert 7 jours

Cette jolie boutique est spécialisée en ingrédients fins et originaux. Cidre de bouleau? Sucre perlé? Vinaigre balsamique vieilli? C'est ici que vous en dénicherez. Comme le nom l'indique, on y trouve une variété étonnante de sels: sel de vin, sel à la vanille, au yuzu, aux cinq baies...

À DÉCOUVRIR
Les accessoires de cuisine haut de gamme, idéals pour les cadeaux: couteaux d'office, salières ou poivrières originales, contenants pour l'huile et le vinaigre.

BIO TERRE
MILE END
201, rue Saint-Viateur Ouest
Montréal
514 278-3377
www.bio-terre.com
Ouvert 7 jours

TOUR D'HORIZON
Dans les larges allées de l'épicerie Bio Terre, certifiée par Ecocert Canada, on retrouve des aliments frais, locaux autant que possible, qu'ils soient gourmands ou pour la vie de tous les jours (produits pour bébés, articles d'entretien ménager, cosmétiques, etc.). Les produits naturels, biologiques et écologiques sont choisis avec minutie et expertise. Innovant sans cesse dans le but de mieux servir sa clientèle, Bio Terre est l'adresse à retenir pour faire ses achats santé.

LA PETITE HISTOIRE
Anika Daigneault et Isabelle Larabée se rencontrent en 1998 lors d'une formation professionnelle en herboristerie. Elles décident alors d'allier leurs forces dans le but d'ouvrir un commerce de détail en alimentation et soins de santé naturels. Le projet se concrétise cinq ans plus tard dans le vaste local du quartier Mile End. Avec des employés qualifiés prodiguant de précieux conseils, l'épicerie attire une clientèle fidèle et croissante à l'affût des dernières tendances en matière de consommation responsable.

COUP DE CŒUR >
Parmi la gamme de produits verts, on trouve jusqu'à du papier parchemin et du papier d'aluminium 100 % recyclés, et même des articles pour une rentrée des classes écolo. À découvrir également, le rayon consacré à l'alimentation vivante qui permet aux curieux de s'initier aux délices crus d'entreprises locales, notamment avec les succulents produits de Crudessence et de Rawsome. À s'en lécher les doigts!

FOU D'ICI
CENTRE-VILLE
360, boulevard De Maisonneuve Ouest
Montréal
514 600-3424
www.foudici.com
Ouvert 7 jours

TOUR D'HORIZON

Enfin une épicerie fine en plein centre-ville, dotée, de surcroît, d'un comptoir à sandwichs, salades et petits plats. Une idée fort appréciée des travailleurs du coin! Que ce soit pour un lunch sur le pouce ou pour des courses après le boulot, c'est l'endroit idéal. Les pains et viennoiseries, poissons, viandes, fromages, fruits et légumes sont invitants. La sélection d'huiles et épices est très variée. Au comptoir, difficile de résister à cet appétissant effiloché de porc épicé. Surtout lorsque l'on sait que c'est le chef Daren Bergeron qui assure la conception des menus.

LA PETITE HISTOIRE

Christina Nacos, copropriétaire, nous explique que Fou d'ici est une combinaison des mots «*foodie*» et «ici». «Les gens qui fréquentent l'établissement sont des gourmands qui ont envie de bien manger et de manger santé, ajoute-t-elle. Le concept épicerie-traiteur est très populaire à New York et nous nous en sommes inspirés. En passant chez nous, nos clients s'assurent de se régaler de produits frais et gourmands à moindre coût qu'au restaurant.»

COUP DE CŒUR >

Les petits plats pour le lunch qui changent tous les jours, parfaits pour une dégustation sur place ou pour emporter. On aime aussi la belle sélection de fromages du Québec et le brownie qui fait l'unanimité des connaisseurs.

FOUVRAC
PLATEAU-MONT-ROYAL
1451, avenue Laurier Est
Montréal
514 522-9993
www.fouvrac.com
Ouvert 7 jours

TOUR D'HORIZON

Avec son décor rose fuchsia et noir, l'épicerie fine Fouvrac fait un clin d'œil à la mythique maison française Fauchon. Elle a en commun avec elle le souci d'offrir des produits de qualité qui assaisonnent le quotidien en cuisine: impressionnante sélection d'huiles d'olive et de vinaigres, cafés, chocolats fins, épices... Des articles pour la cuisine et idées-cadeaux se sont aussi fait une place sur les étagères autrement garnies de produits gourmands provenant des quatre coins du monde. De quoi embellir les soirées passées à table en bonne compagnie...

LA PETITE HISTOIRE

Fondée en 1985 par la famille Payette, la boutique a été rachetée en 1994 par Marc Doré, un ex-restaurateur de Saint-Lambert. Bien à l'écoute de ses clients et profitant de la vague épicurienne qu'a provoquée Daniel Pinard à la télévision, le commerçant a soigneusement développé ses gammes de produits, en plus d'ouvrir une seconde adresse, rue Fleury, en 2003. Son pari de vous y faire revenir est relevé à tous les coups.

COUP DE CŒUR >

Une annexe de la boutique est réservée à une importante collection de thés, parmi lesquels les thés en vrac de la réputée maison parisienne Betjeman & Barton, vendus en exclusivité nord-américaine. Du côté des arts de la table, le regard est vite attiré par les couleurs vives de la gamme de plats en bambou écologiques et artisanaux Bibol.

FRENCO
PLATEAU-MONT-ROYAL
3985, boulevard Saint-Laurent
Montréal
514 285-1319
Ouvert 7 jours

À la recherche de farine de pois chiches, gomme de guar, couscous de Jérusalem, fèves de cacao, et tout ça, en vrac? Frenco possède un vaste choix: farines, mais aussi riz, fruits séchés, noix, huiles, vinaigres, épices, beurre d'arachide, légumineuses...

À DÉCOUVRIR
Les chocolats pour cuisiner et à déguster, dont plusieurs sans sucre.

MARCHÉ 4751
HOCHELAGA-MAISONNEUVE
4751, rue Sainte-Catherine Est
Montréal
514 903-6775
Ouvert 7 jours

Le Marché 4751 se veut d'abord un commerce de proximité pour les résidents d'HoMa. Sur les étals: bières de micros québécoises, fromages, fruits et légumes, offerts à des prix plus que raisonnables. On y va aussi pour les cafés et sandwichs préparés sur place.

À DÉCOUVRIR
Le côté éco-responsable et santé de l'endroit: café équitable, aliments sans gluten et produits biologiques.

ROMARIN (LE)
AHUNTSIC
160, rue Fleury Ouest
Montréal
514 903-9396
Fermé le dimanche

Cette charmante petite épicerie fine est aussi un café de quartier. Côté épicerie, on s'y approvisionne en pains de Première Moisson, en cupcakes des Petits Gâteaux et aussi en cafés et thés.

À DÉCOUVRIR
Les paninis, salades et desserts maison, à déguster sur place ou à emporter.

LATINA
MILE END
185, rue Saint-Viateur Ouest
Montréal
514 273-6561
www.chezlatina.com
Ouvert 7 jours

TOUR D'HORIZON
Dès l'aube, ça bourdonne au Latina. Au cœur du Mile End, les artisans s'affairent dans les rayons boulangerie, charcuterie, fromagerie, boucherie, poissonnerie et dans la cuisine, afin d'offrir des produits de qualité pour tous les repas de la journée. Au fil des saisons, Latina est aussi le lieu idéal où trouver des spécialités festives telles que le crabe des neiges au printemps, le panettone en novembre ou le foie gras maison en décembre.

LA PETITE HISTOIRE
Depuis la fondation de cette épicerie de la rue Saint-Viateur dans les années 60, deux familles italiennes ont assuré sa gestion, privilégiant les saveurs de la mère patrie. Depuis 1999, la propriétaire Josée Chrétien en a conservé l'atmosphère familiale et l'héritage méditerranéen, tout en ouvrant ses portes aux productions artisanales locales et internationales. En perpétuel renouvellement, l'entreprise a élargi son offre et sa gamme de services en créant des plats frais ou surgelés et en développant son service traiteur. Depuis 2011, la boucherie est équipée d'une chambre de vieillissement et propose du bœuf vieilli à sec 40 jours et plus.

COUP DE CŒUR >
Le bœuf vieilli à sec: un produit unique à Montréal. Une large sélection de fromages anglais et québécois dont les succulents Cornish Yarg (GB), emballé dans des feuilles d'ortie, et Louis D'or (QC), élu meilleur fromage du Canada en 2011. À noter aussi, une impressionnante collection de bières de microbrasseries québécoises.

PASTIFICIO SACCHETTO
MARCHÉ JEAN-TALON
ROSEMONT / PETITE-PATRIE
7070, avenue Henri-Julien
Montréal
514 274-4443
www.pastificio.ca
Ouvert 7 jours

TOUR D'HORIZON

Les étals de pâtes colorées, le comptoir de pâtes fraîches qui font la renommée de l'endroit et la réserve de délicieuses sauces maison; il règne ici une ambiance familiale typiquement italienne. Mais ce qui frappe le plus, c'est la fabrication artisanale des pâtes à la vue des clients, preuve irréfutable de la qualité du produit, et procédé plutôt impressionnant.

LA PETITE HISTOIRE

Comme toutes les bonnes histoires de bouffe, celle-ci a débuté autour de la table. À son arrivée à Montréal, Giuseppe Sacchetto convie la famille à un repas de raviolis à la viande qui soulève l'enthousiasme général: impossible de trouver pareilles pâtes à Montréal! Sur le conseil de son beau-frère Benito, Giuseppe fonde avec lui La Maison du ravioli (La Casa dei ravioli) en 1975. C'est dans le respect du travail de cette institution qui existe encore que Giancarlo Sacchetto met sur pied Pastificio Sacchetto avec sa conjointe, Andrée, en 2004. Quand on lui demande ce qui fait l'unicité de son commerce, Giancarlo nous répond: «Mon père était un pionnier dans la fabrication des pâtes fraîches à Montréal, et encore aujourd'hui, notre produit se démarque par ses saveurs traditionnelles italiennes.»

COUP DE CŒUR >

Toutes les pâtes fraîches. Les raviolis aux champignons qui raviront les amateurs. À l'automne, on peut même se procurer des raviolis à la citrouille!

VRAC DU MARCHÉ (LE)
MARCHÉ ATWATER
MONTRÉAL SUD-OUEST
138, avenue Atwater, 2ᵉ étage
Montréal
514 933-0202
www.levracdumarche.com
Ouvert 7 jours

TOUR D'HORIZON
Voilà un petit espace rempli de trésors où la nostalgie du vrac d'antan côtoie une impressionnante diversification bien actuelle. Pour la clientèle fidèle depuis près de 30 ans, il y a les farines de toutes sortes, les bases de soupes et sauces (poivre, bœuf, poulet, fromage, béchamel), les lentilles, les pâtes sèches et céréales (incluant couscous et quinoa blanc, rouge et noir), les bonbons et les grignotines. Mais ce qui frappe en entrant, c'est l'impressionnante variété de noix, de chocolats, de fruits séchés et de graines très santé comme celles de lin, riches en oméga-3 et en fibres, et de chia, un super antioxydant.

LA PETITE HISTOIRE
Pour définir la philosophie de l'entreprise fondée par son père au milieu des années 1980, Gilles-Carl Ouellette nous dit simplement: «Le contact avec les clients est primordial. Quand on prend le temps d'écouter, explique-t-il, les gens nous parlent de ce qu'ils aiment, de ce qu'ils cuisinent, c'est un échange essentiel pour s'adapter aux besoins de chacun. Par exemple, nous avons en ce moment une forte demande pour des produits sans gluten, et nous y répondons avec plaisir.»

COUP DE CŒUR >
La grande variété de noix (marrons, pacanes, noix de pin, noisettes, pistaches, noix de macadamia, etc.), offertes à l'année et même sur commande, vaut à elle seule le détour.

FOUMAGERIE (LA)
WESTMOUNT
4906, rue Sherbrooke Ouest
Montréal
514 482-4100
Fermé le dimanche

Cette petite boutique de Westmount offre un bon choix de fromages d'ici et d'Europe, en plus de quelques charcuteries et saucissons. C'est aussi l'endroit tout indiqué pour se procurer quelques produits rares: caviar russe, vinaigres de luxe, etc.

À DÉCOUVRIR
Les sandwichs, délicieux et généreux, déclinés selon la sorte de fromage: stilton, chèvre, provolone, gruyère, cheddar, feta...

FROMAGERIE HAMEL (LA)
PLATEAU-MONT-ROYAL
2117, avenue du Mont-Royal Est
Montréal
514 521-3333
Ouvert 7 jours

Marchand fromager depuis plus de cinquante ans, la réputation de la Fromagerie Hamel n'est plus à faire. Outre la boutique de Mont-Royal, l'entreprise compte plusieurs adresses permettant de se régaler et de humer les bonnes odeurs des fromages d'ici et d'ailleurs. On peut ainsi se rendre aussi au Marché Jean-Talon, au Marché Atwater, rue Sherbrooke Est, à Repentigny et on annonce d'autres succursales à surveiller mais sans rien craindre quant à la constance de la qualité et du service à la clientèle toujours de haut niveau.

À DÉCOUVRIR
Justement on y va pour découvrir, d'autant qu'on vous informera et qu'on vous fera goûter avec plaisir.

YANNICK FROMAGERIE D'EXCEPTION
OUTREMONT
1218, avenue Bernard Ouest
Montréal
514 279-9376
Ouvert 7 jours

D'exception est bien le mot dans cette petite fromagerie où l'on trouve autant du feta grec, du Manchego espagnol que de la Mozzarella di Bufala Campana AOC et où la variété change au fil des saisons. Pas certains du choix à faire? N'hésitez pas à demander à goûter!

À DÉCOUVRIR
D'autres produits d'exception, comme l'huile de pistache et le vinaigre de Pineau des Charentes.

FROMAGERIE BEAUBIEN
ROSEMONT / PETITE-PATRIE
1001, rue Beaubien Est
Montréal
514 903-0932
www.fromageriebeaubien.com
Ouvert 7 jours

TOUR D'HORIZON
Située dans la Petite-Patrie près des voies cyclables, des transports en commun et de la SAQ Sélection, cette charmante petite fromagerie de quartier propose une vaste sélection de fromages fins dont la moitié est de provenance québécoise. Les jolies étagères de bois offrent autrement des produits fins pour accompagner chèvres, bleus, pâtes molles et autres savoureux fetas. Pains, charcuteries, confitures, olives, noix... de tout pour agrémenter l'heure de l'apéro ou du repas.

LA PETITE HISTOIRE
La passion des fromages et de la bonne bouffe, l'ingénieur civil Patrick Farley l'a développée en Europe où il a résidé pendant cinq ans. C'est pour doter son quartier d'une adresse où trouver de bons produits qu'il ouvrait en 2009 son lumineux commerce rue Beaubien. Auprès de son équipe jeune et dynamique, il transmet son amour de la bonne chère et contribue à développer le palais de sa clientèle.

COUP DE CŒUR >
Parmi nos fiers fromages québécois à découvrir derrière son comptoir: le subtil Zacharie Cloutier, le Bleu d'Elizabeth, le Gré des Champs, la Tomme de Grosse-Île, sans oublier Alfred Le Fermier. Ne manquez pas de vous faire conseiller par le personnel sur de nouvelles façons de marier les fromages: avec une goûteuse huile d'olive, avec une tartinade Fraise, 5 épices chinoises de Simon Turcotte ou pourquoi pas avec un moût de raisin?

FROMAGERIE COPETTE + CIE
VERDUN
4650, rue Wellington
Montréal
514 761-2727
www.fromageriecopette.com
Fermé le lundi

TOUR D'HORIZON
Il y a des lieux qui nous donnent envie de déménager pour pouvoir y retourner tous les jours. La Fromagerie Copette + Cie est de ceux-là! Dès la porte poussée, on se sent bien. Dans cette fromagerie tout en bleu et crème – comme le brillat-savarin! –, on retrouve, comme il se doit, des fromages, mais aussi une sélection de charcuteries fournies par Les Cochonnailles champenoises et La Bernoise, ainsi que des pains et viennoiseries de la boulangerie ArHoMa. Le comptoir de fromages propose une large gamme de produits du Québec ainsi que des classiques français.

LA PETITE HISTOIRE
Ouverte à l'automne 2008, cette fromagerie est l'histoire d'un rêve, celui de Luc Gendron, ancien directeur des ventes, et de sa conjointe d'origine belge, Cristel Henssen. D'ailleurs, la fromagerie tient son nom de la mère de la jeune femme. «Nous nous sommes lancés dans l'aventure par passion! Nous habitons le quartier et nous voulions offrir aux gens du coin un commerce de proximité», confie Luc Gendron. Au fil des années, l'offre ne cesse d'augmenter. La Fromagerie Copette est également devenue le principal point de chute du voisinage des produits de la Ferme Lufa. Tous les dimanches, les gourmands s'arrachent les gaufres toutes chaudes, à la fois craquantes et moelleuses.

COUP DE CŒUR >
La vaste sélection de fromages québécois! Ils composent 75 % de l'inventaire. Les propriétaires ont les produits québécois à cœur et le prouvent.

AQUA MARE
MARCHÉ JEAN-TALON
ROSEMONT / PETITE-PATRIE
7070, avenue Henri-Julien
Montréal
514 277-7575
www.aquamare.ca
Ouvert 7 jours

TOUR D'HORIZON

Une poissonnerie branchée, ça se peut? Certainement! Qu'on s'arrête au comptoir extérieur (une proue de bateau!) pour un fish & chips ou des calmars frits avant d'aller faire son marché ou qu'on entre pour se procurer un filet de truite ou de saumon, on se remplit les yeux et la panse de délices de la mer prêts à cuire. Morues, turbots, tilapias, bars, vivaneaux, huîtres, moules, crevettes, pétoncles, calmars, pieuvres, homards et crabes; tous jouent des coudes pour nous mettre en appétit. Et ils réussissent. Les différentes marinades aussi alléchantes les unes que les autres, avec des ingrédients comme l'aneth, le yogourt, le citron, le pesto et la fleur d'ail, ne facilitent pas les décisions lorsque vient le temps de choisir quoi rapporter à la maison.

LA PETITE HISTOIRE

Installée au Marché Jean-Talon depuis sept ans, l'équipe d'Aqua Mare conseille la clientèle sur sa grande variété de trésors de la mer. La proposition: offrir des produits frais et succulents prêts à cuire pour toute personne gourmande un peu pressée. Dans cet esprit, on s'affaire à découper, désosser, mariner et peser pour vous en deux temps, trois mouvements les poissons ou fruits de mer qui auront votre faveur.

COUP DE CŒUR >

L'été, il est impossible de résister aux calmars frits ou aux huîtres fraîches (la fameuse boîte aux huîtres!) à déguster sur place. En tout temps, les poissons marinés prêts à griller sont un incontournable.

GOÛT DE LA MER (LE)
PLATEAU-MONT-ROYAL
2221, avenue du Mont-Royal Est
Montréal
514 597-2227
Ouvert 7 jours

Cette petite poissonnerie de quartier est tenue par un sympathique couple originaire de la Grèce. Les produits y sont toujours frais: sole, morue, saumon, mais aussi des huîtres, crevettes et moules.

À DÉCOUVRIR
Le saumon biologique.

NORREF L'ENTREPÔT
ROSEMONT / PETITE-PATRIE
4900, rue Molson
Montréal
514 593-9999
Ouvert 7 jours

Norref est un grand importateur et distributeur indépendant de produits de la mer au Québec. La bonne nouvelle? Son entrepôt est aussi ouvert au public. On y trouve une grande variété de produits frais et surgelés, à prix abordables: des poissons en découpes ou entiers et des fruits de mer, du bourgot à la pieuvre, en passant par les calmars et les huîtres.

À DÉCOUVRIR
Le comptoir à sushis et à plats chauds pour emporter.

POISSONNERIE RENÉ MARCHAND
MONTÉRÉGIE
1455, avenue Victoria
Saint-Lambert
450 672-1231
Ouvert 7 jours

Établie depuis 40 ans sur la Rive-Sud, la Poissonnerie René Marchand compte de fidèles clients jusque sur l'île de Montréal. La fraîcheur des produits, la variété des poissons et fruits de mer ainsi que le service souriant ont établi sa réputation.

À DÉCOUVRIR
Les mille et un produits maison tels que la soupe aux palourdes et les brochettes de crevettes et saumon marinés.

POISSONNERIE DU MARCHÉ
MARCHÉ ATWATER
MONTRÉAL SUD-OUEST
154, avenue Atwater
Montréal
514 937-2863
Ouvert 7 jours

TOUR D'HORIZON

Amateurs de sushis, il y a ici de quoi faire une belle récolte: saumon de l'Atlantique, thon jaune (bien rouge), truite sauvage, grosses crevettes tigrées ou petites crevettes nordiques, pétoncles, morue noire, flétan, etc. Mais on est aussi très bien servi du côté des moules, des huîtres, du gravlax de saumon ou du homard. Ce dernier est d'ailleurs cuit sur place. L'été, un comptoir est installé à l'extérieur de la poissonnerie et l'on y sert, entre autres, de généreux lobster rolls ainsi qu'un délicieux tartare de saumon (celui-ci est aussi vendu à l'année à l'intérieur de la poissonnerie).

LA PETITE HISTOIRE

Il y a 40 ans, Amédée Archambault a instauré une poissonnerie qui permettait de faire un lien direct entre le pêcheur et le consommateur. Aujourd'hui, ses enfants, Nathalie et Christian, se font un devoir de poursuivre cette mission fraîcheur. «Je voyage partout au Québec, dans les Maritimes, à Boston, etc., dit Christian. C'est important pour moi de connaître le contexte de pêche et d'élevage des produits que nous offrons. Je peux presque nommer la mixture dont les poissons ont été nourris!»

COUP DE CŒUR >

Impossible de résister au saumon frais de l'Atlantique qui se vend souvent en 30 minutes après sa découpe. Et le souci sincère des propriétaires de respecter la pêche éco-durable nous met tout de suite en confiance.

SHAMROCK
MARCHÉ JEAN-TALON
ROSEMONT / PETITE-PATRIE
7015, avenue Casgrain
Montréal
514 272-5612
www.shamrockpoissonnerie.ca
Ouvert 7 jours

TOUR D'HORIZON
On entre chez Shamrock comme dans une cabane de pêcheur. Ici, pas de fla-fla, simplement des produits d'une grande fraîcheur, servis par une équipe d'experts enthousiastes. Gratter les écailles, tailler les filets, expliquer les cuissons font partie de leurs tâches quotidiennes, mais les connaisseurs peuvent aisément les tester avec des questions ou des demandes plus élaborées. De l'Atlantique ou du Pacifique arrivent des huîtres, des palourdes, des moules, du crabe et du vivaneau rouge. De la Méditerranée proviennent entre autres les anchois, les sardines et le bar rayé. Et enfin, saumon frais, morue, homard et crevettes débarquent du Nouveau-Brunswick. L'été, lorsqu'on ne peut résister à l'envie de déguster sur place, on se fait servir au comptoir extérieur une guédille au homard ou encore un sandwich au crabe ou à la morue accompagné de délicieuses sauces!

LA PETITE HISTOIRE
Depuis 1959, cette entreprise familiale dessert la Petite Italie en produits de la mer d'une fraîcheur irréprochable. La demande a évolué, l'offre aussi. Mais le petit-fils d'Armando Recine, fondateur, tient aujourd'hui la barre avec fierté et diversifie autant les produits que leurs déclinaisons: frais, séché, entier, filet, cru, cuit, etc. On retrouve d'ailleurs une belle sélection de caviars dans les réfrigérateurs.

COUP DE CŒUR >
Quand la saison du homard arrive, la poissonnerie en tient une très grande quantité et le cuit à la perfection! La variété de poissons exotiques est impressionnante.

EUROPEA ESPACE BOUTIQUE
VIEUX-MONTRÉAL
33, rue Notre-Dame Ouest
Montréal
514 844-1572
www.europea.ca/boutique
Ouvert du lundi au vendredi

TOUR D'HORIZON

S'offrir des boîtes à lunch dont le contenu a été conçu et préparé par l'équipe de Jérôme Ferrer, cela ne contribue-t-il pas aux petits plaisirs de la vie? Entre un sandwich d'agneau avec compotée de fenouil et oignons, un autre pommes, brie et noix de Grenoble ou encore une salade avec gravlax de saumon, cœurs de palmier et parmesan, il y a du choix pour faire des heureux! On ajoute une pâtisserie (macaron, madeleine, tarte fine, verrine) de Jean-Marc Guillot ou Roland Del Monte, tous deux Meilleurs Ouvriers de France, et le repas se termine dans la satisfaction la plus complète. Et pour égayer les réunions matinales, on fait livrer au bureau un assortiment de viennoiseries, jus de fruits frais et café responsable.

LA PETITE HISTOIRE

Depuis six ans maintenant que Jérôme Ferrer offre aux Montréalais un service de traiteur haut de gamme autant pour les déjeuners, les lunchs que les 5 à 7 et événements de plus grande envergure. Si la boutique Europea est toute petite, les délices qui en sortent tous les jours sont impressionnants et la qualité est au rendez-vous chaque fois. Pour compenser l'espace restreint qui ne permet pas toujours de manger sur place, l'équipe a développé un service de livraison qui a fait ses preuves, partout dans la métropole.

COUP DE CŒUR >

Les boîtes à lunch luxueuses à prix plus que raisonnables! L'originale formule des plateaux-repas trois services avec des propositions à faire saliver.

AGITATEURS GOURMANDS (LES)
PETITE ITALIE
6385, boulevard Saint-Laurent
Montréal
514 998-5391
www.lesagitateursgourmands.ca
Fermé le lundi

TOUR D'HORIZON

Établi sur le boulevard Saint-Laurent, à deux pas de la Petite Italie, voici un nouvel endroit branché qui comblera les gourmets et gourmands en quête de produits fins. Ici, la France est omniprésente: dans l'assiette, sur les étals, derrière les fourneaux et même sur les murs où trône une tour Eiffel qui semble veiller au grain.

Tout d'abord, on s'attarde au comptoir où salades et sandwichs donnent le ton. Dans des baguettes tout juste sorties du four, on dispose savamment du homard de Gaspésie, des légumes grillés, du canard confit, du jambon de Bayonne, du foie gras ou du saucisson sec directement importé de Lyon. On a vraiment l'impression de se faire plaisir! Et la bonne nouvelle, c'est que l'on peut également faire appel au service traiteur pour des boîtes à lunch livrées directement sur son lieu de travail, ou encore varier les plaisirs en confiant à ces Agitateurs gourmands le soin de préparer des bouchées et autres délices gourmets pour son prochain cocktail dînatoire, des événements corporatifs, des 5 à 7 entre amis, un anniversaire à la maison ou un mariage.

Et si l'on veut pousser l'expérience plus loin, il faut absolument s'inscrire à l'un des ateliers culinaires organisés sur place et animés par des chefs enthousiastes et créatifs. Ces ateliers proposent des thèmes variés (cuisine du terroir, accent de Provence, fusion océane, etc.) ou festifs (tête-à-tête, soirée célibataire, fête des Mères, etc.). Les chefs s'adaptent à chaque élève et, tout en apprenant à cuisiner, on partage un bon repas, un bon cru, un bon moment.

LA PETITE HISTOIRE

Toute cette agitation gourmande est le produit de la réflexion créative d'un professionnel des produits gastronomiques français, Daniel Akerib, et d'une directrice artistique spécialisée dans le stylisme alimentaire, Sandrine Tordjman. «Il y a le côté épicerie fine, boulangerie et même pâtisserie, mais ce que nous voulons faire avant tout, c'est préparer des plats cuisinés à partir d'ingrédients raffinés, destinés autant à une dégustation sur place qu'au service traiteur ou aux ateliers culinaires», affirme Daniel Akerib.

COUP DE CŒUR >

La gamme des produits de canard incluant les confits, les foies gras (blocs et entiers), les magrets cuits à l'étouffée; les pains frais qui sortent du four à la vue des clients plusieurs fois par jour; les pâtisseries de rêve au chocolat, les mousses de fruits; les incontournables boîtes à lunch chics, de prestige ou luxueuses, à prix raisonnables; les ateliers de cuisine conviviaux où l'on apprend à concocter des petits plats savoureux et où l'on enrichit ses connaissances culinaires, le tout dans la bonne humeur.

Et, aux beaux jours, la petite terrasse ensoleillée qui permet de savourer un moment gourmand.

AVEC PLAISIRS
LAVAL
2535, boulevard Chomedey
Laval
450 981-1111
Ouvert 7 jours

Le traiteur Avec plaisirs est reconnu pour ses efforts en développement durable, dont ses boîtes à lunch et cabarets compostables. L'entreprise, qui a désormais une succursale à Montréal, se démarque aussi par la qualité de ce qui se trouve dans l'assiette, succulent et santé.

À DÉCOUVRIR
Le menu fraîcheur, élaboré chaque mois par la nutritionniste Isabelle Huot.

BOUCANIER (LE)
PLATEAU-MONT-ROYAL
4475, rue Marquette
Montréal
514 439-6566
Fermé le lundi

Comme son nom l'indique, Le Boucanier est un fumoir. Mais pas de viande ici, que des produits de la mer! À partir des poissons fumés, le boucanier Jérôme Pelletier concocte de délicieux plats à emporter comme des pizzas, salades et bouchées de toutes sortes... sans oublier les étonnantes mousses et terrines!

À DÉCOUVRIR
L'originalité des produits de la mer fumés: saumon, esturgeon, aiglefin, crevettes...

COMPTOIR ESPACE GOURMAND (LE)
MONTÉRÉGIE
1052, rue Lionel-Daunais
Boucherville
450 645-1414
Ouvert 7 jours

En plus d'un service de traiteur, ce comptoir propose des repas prêts-à-manger, préparés avec des aliments provenant des producteurs de la région et majoritairement biologiques. Pour rapporter à la maison ou pour un pique-nique improvisé, on ne se trompe pas en s'arrêtant à l'Espace gourmand.

À DÉCOUVRIR
L'espace restaurant, avec quelques places où déguster la table d'hôte du midi.

GASTRONOMIA ROBERTO
ROSEMONT / PETITE-PATRIE
2227, rue Bélanger
Montréal
514 374-5653
www.gastronomiaroberto.com
Ouvert 7 jours

TOUR D'HORIZON

Voici un joli bistro aux multiples facettes. D'abord il y a le café. Torréfié à l'italienne, il est servi en version courte (espresso), gourmande (brésilien, espagnol, etc.) ou veloutée (cappuccino, *latte*), et il s'accompagne très bien d'un appétissant gâteau au chocolat fondant. L'expérience n'est toutefois pas complète si l'on n'a pas dégusté (sur place ou pour emporter) un sandwich ou un plat maison: pâtes fraîches, pizza, lasagne, poisson, etc. Dans la plus pure tradition italienne, c'est la fraîcheur des ingrédients qui est la clé du succès. Et cette fraîcheur se décline évidemment dans les gelati. En plus des parfums classiques comme fraise, tiramisu, vanille, pistache, on propose des délices glacés à la crème anglaise, au cantaloup, au chocolat-nougat-orange et même à la banane! Simplement irrésistible.

LA PETITE HISTOIRE

Très reconnu pour son café, Gastronomia Roberto a développé une expertise dans les plats préparés, que ce soit pour les repas de semaine ou pour toutes festivités gourmandes. Les résidents du quartier sont charmés autant par la chaleur et la convivialité du bistro que par la fraîcheur et la qualité des aliments de la boutique, du comptoir ou du service de traiteur. D'ailleurs, on en repart souvent repu, souriant et avec quelques provisions en main.

COUP DE CŒUR >

Le café Roberto, confectionné à partir d'espresso corsé et de crème glacée à la noisette! Les pâtes fraîches et les sauces généreuses qui constituent la base de tout repas réconfortant et délicieux.

MINI-TRAITEUR
PLATEAU-MONT-ROYAL
1291, avenue du Mont-Royal Est
Montréal
514 303-5726
Fermé le mardi

Elle-même jeune maman, Eva Barsovska a eu la bonne idée de fonder Mini-traiteur, un traiteur scolaire qui livre également à domicile. Purées pour bébés (sans œufs, sans sel, sans lait) et boîtes à lunch pour enfants sont à l'honneur. Tous ses plats, comme le repas «mini-morceaux» de poulet basquaise, sont sans agents de conservation, ni arômes artificiels, ni gras trans.

À DÉCOUVRIR
Les adultes aussi ont droit à leurs repas cuisinés santé, à découvrir en boutique!

PANTHÈRE VERTE
MILE END
66, rue Saint-Viateur Ouest
Montréal
514 903-7770
Fermé le lundi

Envie de manger santé? Les boîtes à lunch de la Panthère verte sont tout indiquées. Végétalien, bio et sans additifs, le menu propose salades et sandwichs, dont le falafel, qui a la réputation d'être le meilleur en ville, avec raison! On peut aussi commander en boutique pour emporter.

À DÉCOUVRIR
Les shooters énergisants (herbe de blé, maca), pour redonner du pep à sa journée.

PAS D'COCHON DANS MON SALON
Montréal
514 649-7559
Ouvert 7 jours

Le chef de La Salle à manger, Samuel Pinard, ne chôme pas! Il a trouvé le temps de fonder le traiteur Pas d'cochon dans mon salon, avec trois autres de ses cuisiniers. Cocktails dînatoires, service de lunchs et repas à partir d'animaux entiers sont proposés, ainsi que l'expérience BBQ *slow food*.

À DÉCOUVRIR
Les sandwichs de pulled pork BBQ. Cochons!

MILLINER CRÉATIVITÉ GOURMANDE
MARCHÉ JEAN-TALON
ROSEMONT / PETITE-PATRIE
7010, avenue Henri-Julien, local 1b
Montréal
514 270-0004
www.milliner.ca
Ouvert 7 jours

TOUR D'HORIZON

Quelle bonne idée pour un traiteur que de s'installer au Marché Jean-Talon, près de tous les produits gourmands! C'est bien ce que Milliner a fait, dans un espace qui prend des allures de repaire secret. Dans cette caverne d'Ali Baba, on retrouve osso buco, pâté chinois, braisé irlandais, risotto, en passant par les plats végétariens, les sans gluten (de plus en plus nombreux) et les sans lactose. Tout est préparé sur place, avec des produits frais, le plus souvent locaux. Les «Mini-gourmands» pour les 4 à 24 mois sont aussi colorés qu'alléchants! Et la méthode de congélation résulte de plus de quatre ans de recherche et développement. On se fait d'ailleurs un devoir d'expliquer comment faire chauffer votre repas, dans le respect du travail des chefs.

LA PETITE HISTOIRE

«Le plus difficile, c'est de se battre contre la perception des repas congelés, affirme Bertrand Milliner, propriétaire. Mais quand les gens goûtent à nos plats cuisinés, ils comprennent bien ce que nous cuisinons: des préparations santé de qualité qui ont l'avantage de faciliter le casse-tête des repas quotidiens.»

COUP DE CŒUR >

Les ailes de poulet dans leur sauce alléchante, la blanquette de veau qui remplace aisément un repas au restaurant et les prix extrêmement raisonnables vu la qualité des produits utilisés. Espace disponible pour déguster sur place.

UNIQUE S'EMPORTE (L')
ROSEMONT / PETITE-PATRIE
1041, rue Beaubien Est
Montréal
514 279-0015
Fermé le dimanche

TOUR D'HORIZON
La boutique de prêt-à-manger attenante au Bistro Unique se renouvelle! En plus des produits et créations du Bistro tels les pâtes fraîches, sauces maison, calzones, pizzas et antipasti pour emporter, elle offre désormais des viennoiseries, pains, sandwichs, desserts gourmands et chocolats fins. L'été, les clients se succèdent pour goûter la limonade maison ou la gamme de produits glacés. Dans le coin épicerie fine, on trouve un choix de produits d'inspiration italienne et québécoise, huiles, aromates, pâtes sèches et sans gluten importées.

LA PETITE HISTOIRE
Ouverte depuis 2007, la boutique connaît un nouvel élan grâce à la collaboration de la cuisinière-pâtissière Constance Tassé-Gagnon et de son complice Simon Valiquette. À l'écoute des gens du quartier, ils poursuivent la mission de l'entreprise, celle d'offrir une cuisine à emporter savoureuse et inventive, dans le plus grand respect du produit. La créativité de la jeune et dynamique équipe se retrouve dans l'atmosphère joyeuse du local ainsi que dans les imaginatifs mariages de saveurs.

COUP DE CŒUR >
Les dents sucrées se délectent de la barre croustillante aux pistaches et sa ganache. Tous apprécient les pâtes fraîches qu'on confectionne également avec des œufs de cane.

Les adresses gourmandes de Simon Côté-Tremblay

Restaurant *Pain béni* à Québec
painbeni.com

«C'est certain que je fais affaire avec de gros distributeurs. Mais j'ai développé de belles relations avec les plus petits. C'est important. Je sais que le travail qu'ils font n'est pas facile et j'essaie de les dépanner s'ils ont des surplus certaines semaines. C'est un échange.»

DE LA TERRE À L'ASSIETTE

«Je vais souvent au Marché du Vieux-Port à Québec (160, quai Saint-André, Québec, 418 692-2517). À l'automne, tous les producteurs de légumes sont là et c'est le fun de faire affaire directement avec eux. Le Marché abrite aussi la petite boutique La Route des Indes où l'on peut trouver toutes sortes d'épices. C'est une belle sortie à faire en famille et ça permet de montrer à nos enfants qu'il y a mieux que l'épicerie.»

PAIN FRAIS

«J'adore aller à la boulangerie La Boîte à pain (289, rue Saint-Joseph Est, Québec, 418 647-3666). Je m'approvisionne là pour la famille. Leur installation nous permet de les voir à l'œuvre derrière. J'y vais pour l'ambiance simple: il n'y a pas de fla-fla et les gens sont là pour toi. Coup de cœur pour les chocolatines.»

UNE DENT SUCRÉE

«Tutto Gelato (716, rue Saint-Jean, Québec, 418 552-0896), ça fait très longtemps que ça existe. Chaque printemps, à l'ouverture, c'est comme un événement. Il y a une file de monde jusqu'à l'extérieur! Ils font de la très bonne crème glacée. Mais aussi des gâteaux, cafés, biscuits…»

BOUTIQUE DE LA FERME EUMATIMI
SAINT-ROCH
241, rue Saint-Joseph Est
Québec
418 524-4907
Fermé le lundi

Une fort bonne idée que cette «antenne» de la Ferme Eumatimi. Grâce à elle, on peut savourer le succulent bœuf Angus élevé sans hormones et sans anti-biotiques dans cette exploitation agricole de Saint-Majorique. Aussi dans les comptoirs réfrigérés: un vaste choix de saucisses, des côtes levées, et diverses viandes de petits producteurs au profil irréprochable.

À DÉCOUVRIR
Les coupes moins communes, telles la souris, la macreuse et l'araignée.

CROC MIGNON (LE)
LIMOILOU
594, 3e Avenue
Québec
581 741-7050
Ouvert 7 jours

Deux objectifs priment au Croc mignon: mettre les viandes du Québec à l'honneur et encourager les échanges avec le boucher, fort sympathique par ailleurs. Avis à ceux qui se soucient de la provenance du contenu de leur assiette: la traçabilité est assurée. On aime aussi les produits sous vide ou préparés, comme les cuisses de canard confites et le pesto de coriandre.

À DÉCOUVRIR
Les cretons maison, impeccablement épicés.

DÉLECTA PLAISIR COCHON
CHAUDIÈRE-APPALACHES
860, rue Commerciale
Lévis
418 903-9696
Ouvert 7 jours

Dans cet immense local tout de blanc et d'inox vêtu, qui abrite une chambre de vieillissement, un vaste choix de viandes attend le carnivore, du porc au gibier, en passant par l'agneau et le bœuf. Les bouchers prodiguent de bons conseils (comment choisir les viandes, les apprêter) pour permettre aux clients de tirer le maximum de leurs achats.

À DÉCOUVRIR
Les formations sur les techniques de cuisson.

PIED BLEU (LE)
SAINT-SAUVEUR
179, rue Saint-Vallier Ouest
Québec
418 914-3554
www.piedbleu.com
Ouvert du mercredi au dimanche

TOUR D'HORIZON
Dans le charmant local d'inox et de bois qui abrite Le Pied bleu, deux passionnés travaillent sans relâche. Coiffant plusieurs chapeaux, ils sont traiteurs, restaurateurs, distributeurs de champignons (séchés et frais, en saison), mais surtout charcutiers. Ne jurant que par les méthodes artisanales, ils conçoivent la majorité de leurs produits avec du porcelet (très rare en charcuterie) de la ferme Turlo. Bacon, jambon, saucisses (aux raisins et cidre de glace, au vin rouge et fenouil...), saucissons secs, boudin, rillettes, cretons, pastrami, pâté de foie, tête fromagée: le vaste choix est à l'image de leur inaltérable énergie. Pour nourrir les affamés sur place, ils concoctent des sandwichs de luxe et un menu du jour qui met leurs charcuteries en vedette. Tout est bon et tout est maison, des pâtes alimentaires aux desserts.

LA PETITE HISTOIRE
Alors qu'ils exploitaient leur service de traiteur depuis trois ans, Thania Goyette et Louis Bouchard Trudeau ont voulu avoir pignon sur rue pour assurer un roulement régulier de leurs créations charcutières. Ils ont ouvert Le Pied bleu au printemps 2011, et tiennent depuis juin 2012 un bouchon lyonnais dans le local adjacent.

COUP DE CŒUR >
Les champignons frais en saison, fournis par des cueilleurs de Québec, et le délicieux boudin, primé au concours international 2012 de la Confrérie des Chevaliers du goûte-boudin, à Mortagne-au-Perche, en France.

ÉRIC BORDERON ARTISAN
DUBERGER-LES SAULES
925, avenue Newton, local 117
Québec
418 877-1818
www.artisanborderon.com
Ouvert du mardi au samedi

TOUR D'HORIZON
Nombreux sont ceux qui connaissent les produits Borderon par la fréquentation du kiosque des Halles du Petit Quartier ou de celui du Marché public de Sainte-Foy. Mais ils ignorent tout un pan du savoir-faire de l'équipe, qui offre des exclusivités dans son local de l'avenue Newton. Primo, une renversante variété de pâtisseries (paris-brest, bombe à l'érable, éclair au chocolat, tarte Tatin, charlotte...). Deuzio, de délicieux sandwichs, nouvellement offerts en trio avec boisson et dessert (au choix!). Reconnu pour ses méthodes de travail artisanales, respectueux des ingrédients et de la tradition, Éric Borderon confectionne aussi une grande variété de pains à base de levain, de la baguette au pugliese (pain d'origine italienne très alvéolé), en passant par les spécialités, ainsi qu'une vaste sélection de viennoiseries: pains au chocolat, croissants aux amandes, chaussons, pattes d'ours... Les indécis ont du fil à retordre!

LA PETITE HISTOIRE
Originaire de Tours, en France, où il a suivi sa formation, Éric Borderon a travaillé en cuisine en plus de s'attaquer à la pâtisserie et à la boulangerie. Après avoir roulé sa bosse à Antibes, Chicago, San Francisco et Vancouver, il s'est posé à Québec, où il a ouvert sa boutique en 1993.

COUP DE CŒUR >
La tartelette au citron et les nouvelles pâtisseries: cannelés, scones, tropéziennes...

LEVÉE DU JOUR (LA)
CHAUDIÈRE-APPALACHES
344, rue Principale
Saint-Vallier
418 884-2715
Ouvert du jeudi au dimanche
(aussi le mercredi en été)

TOUR D'HORIZON
Les produits faits avec cœur sont gage de bonheur. Pas de risque de se tromper à La Levée du jour, une sympathique boulangerie sise dans une demeure ancestrale de Saint-Vallier. Les propriétaires ont la passion tatouée jusqu'au bout de leurs doigts agiles, qui confectionnent sans relâche divers pains (multicéréales, ciabattas à l'huile d'olive, raisins-cannelle...), viennoiseries (chocolatines, croissants aux amandes...) et pâtisseries (dont la fameuse tarte au citron). On visite aussi ce charmant commerce pour prendre un bon repas sans se presser, sur la terrasse ensoleillée. Les propositions, qui mettent en vedette des produits du terroir, ne manquent pas: pour commencer la journée, on craque pour un pain aux noix avec cheddar Île-aux-Grues et gelée d'érable maison; à l'heure du lunch, on hésite entre les potages, quiches, salades, pizzas, sandwichs et pâtés.

LA PETITE HISTOIRE
Depuis presque 30 ans, une odeur de pain flotte en permanence autour de Pierre Duchesne et Christiane Gagnon. En 1983, ils agrandissaient la maison natale de Pierre pour y loger une boulangerie artisanale, la seule du village. Depuis, ils travaillent nuit et jour avec un enthousiasme intact.

COUP DE CŒUR >
Les nouvelles verrines caramel-fleur de sel et mousse à l'érable-coulis de bleuets, les croissants aux amandes, les pâtés à l'oie (l'automne).

BOÎTE À PAIN (LA) / CAFÉ NAPOLI
LIMOILOU
396, 3e Avenue
Québec
418 977-7571
Ouvert 7 jours

Renommé pour ses sandwichs savoureux et inventifs (comme la ficelle au saucisson hongrois, fromage de chèvre, pousses de mange-tout, pistaches et canneberges), ce charmant commerce de quartier a aussi la main sûre pour concocter salades, pains, viennoiseries, pizzas et calzones. Atmosphère chaleureuse, à l'intérieur comme sur la mignonne terrasse.

À DÉCOUVRIR
Les danoises parfaites et le fudge hallucinant.

DÉLICES DE PICARDIE (LES)
MONTCALM
1029, avenue Cartier
Québec
418 522-8889
Ouvert 7 jours

Cette boulangerie-pâtisserie s'avère une adresse où l'on déniche tout ce qu'il faut pour se confectionner un bon repas sans souci. En plus des divers pains, tartes et gâteaux, on pourra choisir un fromage, une charcuterie, une terrine, une huile d'olive, une confiture maison. Et si on a envie de réconfort à manger, on pigera parmi les plats amoureusement préparés (pissaladière, tartes flambées, pâtés...).

À DÉCOUVRIR
Le tiramisu.

PAILLARD
VIEUX-QUÉBEC
1097, rue Saint-Jean
Québec
418 692-1221
Ouvert 7 jours

Voilà un repaire de gourmands comme il ne s'en fait plus. Pains, pâtisseries, macarons, sandwichs, salades, gelati, sorbets: tout est délicieux et diablement addictif! Sans compter que l'ambiance est animée et sympathique au possible, les tables de réfectoire favorisant les rapprochements. Une adresse incontournable... et très courue.

À DÉCOUVRIR
Les excellents croissants, la viennoiserie «fleur de citron» et la décadente tropézienne.

MAIN BLANCHE (LA)
CHARLEVOIX
24, rue Leblanc
Baie-Saint-Paul
418 240-2220
lamainblanche.ca
Fermé le lundi (et le mardi en hiver)

TOUR D'HORIZON

Après une balade au quai de Baie-Saint-Paul, difficile de ne pas s'arrêter à La Main blanche pour déguster une crème brûlée, un pain au chocolat ou quelques mignardises, sinon pour faire provision de croissants, baguettes, pains de campagne ou aux raisins. Dans cette pâtisserie-boulangerie où tout est fait maison, pas de place pour les agents de conservation. On fait plutôt la part belle aux produits de la région: la farine de blé entier est moulue au Moulin seigneurial des Éboulements, alors que le chorizo et le fromage Hercule, qui entrent dans la confection de pains gourmets, viennent des Viandes biologiques de Charlevoix et de la Laiterie Charlevoix. Le miel, le sirop d'érable et les petits fruits sont aussi du coin. Des spécialités locales bellement mises en valeur dans des produits joliment présentés sur des plaques de bois. À noter que le matin, on peut voir le boulanger travailler.

LA PETITE HISTOIRE

Tous deux passionnés de bouffe, Laëtitia Arnould et Bruno Bureau se sont rencontrés pendant leurs études à l'École hôtelière de la Capitale, où ils se sont ensuite spécialisés en pâtisserie et en boulangerie. Ils ont quitté Québec pour Baie-Saint-Paul afin d'ouvrir leur première boulangerie, en avril 2011.

COUP DE CŒUR >

La crème brûlée à la vanille, la tarte au citron, le pain à l'Hercule (avec de gros morceaux de fromage).

PAINGRÜEL (LE) - BOULANGERIE CRÉATIVE
SAINT-JEAN-BAPTISTE
375, rue Saint-Jean
Québec
418 522-7246 (522-PAIN)
Ouvert du mardi au samedi

TOUR D'HORIZON

Prisé des lève-tôt, Le PainGrüel ouvre ses portes dès 6 h 30, alors que les pains et viennoiseries ont juste eu le temps de tiédir dans la charmante boutique à l'ancienne. Ici, on ne craint pas de voir plus loin que le blé entier, les noix et le chocolat. Plusieurs des pains sont composés d'épeautre, de kamut, de millet, d'orge, de sarrasin, seigle ou quinoa bios. Divers ajouts dosés et choisis apportent des saveurs exclusives: dattes, figues, citrons broyés, anis... La créativité se retrouve jusque dans le nom des produits, tels l'Étranger, le Perec et le Champagnard, pain campagnard créé spécialement pour le 400ᵉ de la fondation de la ville de Québec par Champlain. Le PainGrüel peut se vanter de réussir les classiques (croissant, baguette, bâtard, miche) tout en variant l'offre de façon originale. À l'équipe de nuit des boulangers chevronnés succède tôt le matin celle de jour, très connaissante et passionnée, qui saura vous conseiller.

LA PETITE HISTOIRE

Depuis l'ouverture du commerce en mai 2000, les pains à faible teneur en gluten ont toujours été présents quotidiennement sur la carte: leur composition minutieusement élaborée à partir de farines bios moulues sur pierre et sans levain satisfait les besoins d'une grande clientèle. Toutes les farines proviennent du Québec ou du Canada.

COUP DE CŒUR >

Le Pain de Noël, incontournable délice de décembre, à offrir et à s'offrir
Le Pommes & Noix dès la saison des pommes du Québec
Le Nocturne (on se lève la nuit pour le terminer)
Le Quotidien (on ne s'en passe plus)

CHOCO-MUSÉE ÉRICO
SAINT-JEAN-BAPTISTE
634, rue Saint-Jean
Québec
418 524-2122
Ouvert 7 jours

Visiterez-vous le Musée du chocolat ou foncerez-vous directement vers les étalages pour découvrir les petites merveilles d'Érico? Ici, les chocolats fins ravissent les palais conservateurs autant que les plus audacieux. Chaque saison a aussi ses incontournables: chocolat chaud en hiver et glaces excentriques en été, entre autres celle au bacon caramélisé à l'érable, Jack Daniel's, Pepsi, caramel et cajous.

À DÉCOUVRIR
De nombreuses saveurs inusitées.

FUDGERIE (LA) – LES MIGNARDISES DOUCINET
CHARLESBOURG
717, boulevard Louis-XIV
Québec
418 622-9595
Ouvert 7 jours

Oui, il y a sous le toit de cette jolie maison ancestrale des nougats, des chocolats fins et autres friandises, mais c'est le fudge qui est roi. Offert en un nombre délirant de saveurs (environ 80!) grâce à des ajouts d'épices, d'alcools ou de fruits, il est d'un moelleux qui fait plier les genoux. Ne manquez surtout pas de visiter cet antre du cinquième péché pour vos achats de Pâques.

À DÉCOUVRIR
Les fudges en saucissons.

MADAME GIGI CONFISERIE
VIEUX-QUÉBEC
84, rue du Petit-Champlain
Québec
418 694-2269
Ouvert 7 jours

Décharge de glucides à l'horizon dans ce repaire pour dents sucrées. Sucre à la crème, fudge décliné en diverses saveurs (tiramisu, Grand Marnier...), macarons variés, cupcakes, pizza au chocolat praliné garnie de fruits séchés, nougats, pâtisseries, gelati en été: impossible de sortir de chez Madame Gigi le ventre vide.

À DÉCOUVRIR
Les spécialités de Noël: brioches, maisons en pain d'épice, gâteau aux fruits à l'amaretto.

CRAC ALIMENTS SAINS (LE) / LA CAROTTE JOYEUSE
SAINT-JEAN-BAPTISTE
690, rue Saint-Jean
Québec
418 647-6881
Ouvert 7 jours

Autrefois un repaire grano, le commerce de la rue Saint-Jean attire maintenant des consommateurs soucieux de leur santé et des mordus du bio. On y trouve fruits et légumes, produits en vrac (farines, noix, huiles...), fromages, plats cuisinés, cosmétiques naturels, suppléments, thés et cafés équitables... Bref, de tout ou presque.

À DÉCOUVRIR
Le vaste choix d'épices et d'olives, et l'eau filtrée en vrac.

ÉPICERIE J. A. MOISAN
SAINT-JEAN-BAPTISTE
699, rue Saint-Jean
Québec
418 522-0685
Ouvert 7 jours

Pousser la porte de la plus vieille épicerie en Amérique du Nord (1871), c'est tomber sous le charme d'une ambiance de magasin général. Malgré les antiquités qui réchauffent l'atmosphère, les produits sont on ne peut plus actuels, des bières aux fromages, en passant par les charcuteries et les sushis. Un endroit légendaire, rien de moins.

À DÉCOUVRIR
Le coin café et les plats cuisinés qu'on peut manger sur place.

ÉPICERIE-CANTINE LES GRANDS RANGS
SAINT-ROCH
199, rue Saint-Joseph Est
Québec
418 914-9569
Ouvert 7 jours

Cette épicerie transporte la campagne en ville avec ses denrées fleurdelisées fournies par les producteurs membres de la coopérative qui gère l'endroit. On peut y faire une épicerie complète en mettant dans son panier viandes, poissons, beurre, pain, yogourt, fromages, noix, fruits et légumes. Le tout 100 % québécois.

À DÉCOUVRIR
Les plats du terroir de la cantine, concoctés par l'équipe du renommé restaurant Le Clocher penché.

ÈRE DU VRAC (L') / HALLES PLACE FLEUR DE LYS
VANIER
245, rue Soumande
Québec
418 527-3658
Ouvert 7 jours

Difficile de sortir de ce paradis du vrac sans une multitude de sacs de papier. Bonbons, farines, épices, noix, thés, olives, légumineuses, pâtes alimentaires: on fait ici des économies substantielles. Bel éventail de produits québécois, comme le Sel du pèlerin de Kamouraska, les tisanes inuites Délice boréal, les produits de canneberges de Nutra-Fruit.

À DÉCOUVRIR
Le beurre d'arachide maison et les nombreuses huiles d'olive.

MONTAGNE DORÉE (LA)
SAINT-SAUVEUR
652, rue Saint-Ignace
Québec
418 649-7575
Ouvert 7 jours

À Québec, ceux qui cuisinent asiatique n'ont que trois mots aux lèvres: La Montagne dorée. Vrai qu'on y trouve de tout pour réaliser des plats de l'Orient: épices, sauces, riz, etc. Mais il ne faut pas passer à côté des edamames et des dumplings surgelés, des fruits (comme le mangoustan), des champignons, de la citronnelle et du canard laqué, tout ça à des prix imbattables.

À DÉCOUVRIR
Les célèbres rouleaux impériaux.

MORENA
MONTCALM
1038, avenue Cartier
Québec
418 529-3668
Ouvert 7 jours

Les amateurs de cuisine italienne connaissent bien Morena, qui prépare des plats qu'on voudrait tous emporter: arancinis, escalopes de veau, moussaka, sans oublier les merveilleux desserts, cannolis en tête. On y déniche aussi des sauces tomate, des fromages, des charcuteries, des huiles d'olive, des biscottis, des pâtes fraîches et sèches (bien sûr!) et du café italien... *La vita è bella!*

À DÉCOUVRIR
L'*osteria* (bistro italien) à même l'épicerie.

BARBERIE (LA)
SAINT-ROCH
310, rue Saint-Roch
Québec
418 522-4373
www.labarberie.com
Ouvert 7 jours

TOUR D'HORIZON

La Barberie, c'est à la fois une microbrasserie très productive, un logo qui orne plusieurs bouteilles en épicerie, un lieu de rencontre sans prétention, et une coopérative de travail qui a l'environnement et l'engagement social à cœur.

Les bières brassées à La Barberie sont majoritairement de type ale anglaise traditionnelle. Les alchimistes des cuves y laissent souvent libre cours à leur créativité en y incluant des fruits frais, dont la fermentation élimine le côté sucré. Au tableau noir du bar figurent toujours neuf bières, pigées dans le «répertoire» de plus de 60 recettes, qui vont et viennent au gré des saisons: India pale ale, Extra stock ale, Blonde biologique, Blanche miel et agrumes, Stout double chocolat, Ambrée aux piments forts, Blonde au chardonnay (brassée avec de la levure de champagne)...

L'été, deux grandes vedettes reprennent du service: la fameuse Pale ale lime et framboise et la Sangri-bière, brassée à partir de moût de syrah, servie avec glaçons et fruits dans un pichet de céramique qui garde son contenu bien frais (comme toutes les bières servies ici, d'ailleurs).

La Lime et framboise (printemps/été) est aussi offerte en bouteille dans plusieurs épiceries et dépanneurs du Québec, comme plusieurs autres bières de La Barberie, notamment la Cuivrée au thé (automne/hiver) et la Blanche aux mûres. La microbrasserie se fait également un point d'honneur, depuis sa naissance, de créer des bières personnalisées pour divers commerces, comme la Moisan (cuivrée forte épicée), brassée pour l'épicerie du même nom, et de fournir bars et restaurants en produits uniques.

Si l'on est heureux de pouvoir rapporter un peu de Barberie à la maison, rien ne vaut une immersion dans le bar, endroit de rassemblement qui fait fi des classes sociales et des générations. Au dîner, tout ce beau monde peut s'attabler avec son lunch, voire commander des sushis ou de la pizza. L'attachement à cet établissement à l'échelle humaine, qui dépasse le simple lieu de consommation, est renforcé par divers événements mensuels comme les dimanches stout-chocolat ou les dégustations animées.

Portée par une forte conscience sociale, La Barberie favorise le développement et l'achat locaux, en plus de faire sa part pour la protection de l'environnement, entre autres en faisant récupérer la drêche (résidu des grains de brassage) pour le compostage. Et afin d'encourager la consommation responsable, l'endroit ferme ses portes à 1h et offre un service de raccompagnement.

LA PETITE HISTOIRE
En 1997, trois barbus se sont unis pour produire leurs propres brassages, s'inspirant de leur pilosité faciale pour baptiser leur coop. Ils ont d'abord distribué leurs créations dans les bars et les restaurants avant d'ouvrir leur «salon de dégustation» (le bar), puis se sont tournés vers l'embouteillage et la vente de produits dérivés concoctés avec de la bière comme la moutarde, le confit d'oignons (fabriqués par la Conserverie du quartier) et, récemment, la fondue au fromage (en collaboration avec le restaurant La Grolla).

COUP DE CŒUR >
La Sangri-bière en été et les deux splendides terrasses (avec hamacs et balançoires!) qui peuvent accueillir jusqu'à 150 amateurs de houblon.

ÉQUILIBRE BOUTIQUE TRAITEUR
VIEUX-PORT
303, rue Saint-Paul
Québec
418 929-7299
Ouvert 7 jours

Dans ce lumineux local, on trouve des sandwichs de luxe (tel le wrap au porc BBQ et fenouil confit) et des plats préparés (hachis parmentier au canard, risotto aux fruits de mer, salade d'asperges et pétoncles au beurre citronnelle), à déguster sur place ou à emporter. L'équipe concocte aussi d'appétissantes boîtes à lunch et offre un service de traiteur.

À DÉCOUVRIR
Le service de «chef sur le pouce», des repas haut de gamme prêts à servir avec instructions de cuisson et de dressage.

NEW YORK MINUTE
SILLERY
1452, avenue Maguire
Québec
418 977-4321
Ouvert 7 jours

Agents de conservation, gras trans, nitrites et nitrates sont persona non grata au New York Minute, qui mise sur une cuisine simple et saine. On peut repartir avec un plat à réchauffer, sinon manger sur place paninis, satays de poulet ou de tofu, pâtes, salades, rouleaux de printemps, burger végé... Plats sans gluten aussi offerts.

À DÉCOUVRIR
La vingtaine de gelati maison faibles en gras et en sucre.

PÂTES À TOUT – LA PAPILLOTE
HALLES DE SAINTE-FOY
SAINTE-FOY
2500, chemin des Quatre-Bourgeois
Québec
418 651-8284
Ouvert 7 jours

Cette véritable institution ne lésine pas sur la variété! Outre la pléthore de pâtes et de sauces à agencer à notre guise, plusieurs plats à réchauffer (sans additifs) nous font de l'œil: curry d'agneau, poulet au citron et olives, veau à l'orange et au fenouil, couscous, tarte aux tomates, rouleaux impériaux de canard confit... Indécis, s'abstenir.

À DÉCOUVRIR
Les innombrables combinaisons de pâtes et de sauces.

POMME GRENADE
CHAUDIÈRE-APPALACHES
848, rue Commerciale, local 110a
Lévis
418 834-3511
www.pommegrenade.ca
Fermé le dimanche

TOUR D'HORIZON

Pomme grenade, c'est un allié qui nous fait économiser un temps précieux lors des midis coincés ou des fins de journées pressées. À ce comptoir du secteur Saint-Jean-Chrysostome, on trouve un vaste éventail de plats préparés à emporter, faits de produits frais et sans agents de conservation. Salade de nouilles à l'asiatique (un must!), pizzas fines, satays de poulet aux arachides, raviolis de bison fumé, moussaka: il y a là de quoi se concocter un véritable festin sans effort!

La nouveauté: un service de livraison en entreprise permettant de commander en ligne des plats préparés. On propose aussi tout un assortiment de boîtes à lunch qui plairont autant aux inconditionnels des sandwichs (baguette au bœuf, oignons confits et cheddar; wrap au poulet à l'indienne ou au végépâté maison...) qu'aux amateurs de plats plus raffinés (tartare de saumon, salade au tataki de bœuf à l'asiatique...). Il y a même des boîtes déjeuners!

LA PETITE HISTOIRE

Alors qu'ils travaillaient tous deux en restauration, Olivier Patry et Félix Lachapelle se faisaient souvent demander des suggestions de lunchs par leurs amis nouvellement parents, en grave déficit de temps pour cuisiner. L'idée d'offrir des plats préparés abordables a vite fait son chemin, permettant tout simplement de faciliter la conciliation travail-famille.

COUP DE CŒUR >

Les plats préparés, les salades, la variété de boîtes à lunch (livrées sur la Rive-Sud comme sur la Rive-Nord).

CANTONS-DE-L'EST

visionnez les recettes du chef en visitant

recettesdechefs.ca

recettes   vidéos   photos   trucs et conseils

Les adresses gourmandes de Alain Labrie

Restaurant La Table du chef à Sherbrooke
latableduchef.ca

«J'ai des fournisseurs avec qui je fais affaire depuis 15 ans, parce qu'ils offrent un excellent produit et qu'ils peuvent faire des choses spécialement pour moi, comme les Ducs de Montrichard (388, chemin Alfred-DesRochers, Orford, 819 868-4217) ou Le Lapin de Stanstead (1270, chemin Stage, Stanstead, 819 876-7333). J'ai même mon laitier! Je fais livrer la majorité de mes produits, mais il y en a certains que je vais chercher moi-même au marché.»

TOUT SOUS UN MÊME TOIT /

«J'aime bien aller au Marché de la gare de Sherbrooke (720, place de la Gare, Sherbrooke, 819 564-6232). Mon fromager s'y trouve. Il y a aussi des saucissons locaux, un boucher, un paquet de choses! L'été, il y a des fruits et des légumes à l'extérieur.»

BOULANGERIE ARTISANALE /

«La Mie de la couronne (74, rue Alexandre, Sherbrooke, 819 346-7246) fait tous les pains au levain à partir de farines biologiques et d'ingrédients naturels. C'est la boulangerie artisanale qui fournit le restaurant et, spécialement pour nous, ils ont accepté d'adapter leur recette de pain et d'en diminuer la quantité de levain puisque ce ne sont pas tous les clients qui apprécient. Personnellement, j'y vais aussi pour des croissants le matin ou des muffins.»

PETITE GÂTERIE /

«Au moins une fois par mois, je vais voir Justine chez Saveurs & Gourmandises (39, rue Main, North Hatley, 819 842-3131). C'est là qu'on trouve le meilleur gâteau aux carottes au monde. Et j'en ai goûté plusieurs dans ma vie! Elle fait aussi de super petits muffins aux bleuets, des brownies, et plein de petites pizzas qu'on peut manger avec un cocktail. Elle offre aussi un service de traiteur.»

BIOBON
6820, route Louis-S.-St-Laurent
Compton
819 835-1325
www.biobon.ca
Ouvert 7 jours

TOUR D'HORIZON

Dire de BioBon qu'il s'agit d'une boulangerie-pâtisserie tient de la fausse représentation. Si seulement toutes les boulangeries-pâtisseries étaient aussi généreuses, le monde se porterait beaucoup mieux. Des cuisines de la propriétaire Pasquale Beauvais sortent bien sûr, ne vous méprenez pas, du bon pain chaud, des fougasses, des pâtisseries (brioches, croissants, chocolatines, alouette), des gâteaux, des tartes, des biscuits et des pâtés, mais aussi des quiches, des sauces à spaghetti, du ragoût, des potages, des pizzas, des pâtés chinois et des lasagnes. Sans parler des plats de saison, concoctés au rythme des récoltes.

LA PETITE HISTOIRE

Jeune femme chaleureuse, Pasquale Beauvais se plaît à raconter que ses grands-parents ont longtemps gagné leur croûte en cuisinant sur les chantiers. En somme, elle a la cuisine dans le sang. C'est d'ailleurs la recette de pain de son arrière-grand-mère Gagné qu'elle revisite quotidiennement. Confortablement installée à Compton, la boulangère pétrit à partir de farines biologiques et s'approvisionne le plus possible auprès des nombreux producteurs locaux. Lieu de rendez-vous, BioBon accueille tous les jours habitués et vacanciers. Quoi de mieux pour commencer la journée qu'un bon café dans lequel faire trempette avec son croissant?

COUP DE CŒUR >

Pour ce végépâté dont la réputation dépasse les frontières des Cantons.

BOULANGERIE OWL'S BREAD
428, rue Principale Ouest
Magog
819 847-1987
Fermé le mardi

Cuits sur pierre, les pains sans gras ni sucre de cette boulangerie artisanale de tradition française feront boubouler les gourmands pour qui une bonne baguette est une baguette façonnée à la main. Au centre-ville de Magog, le bistro de ce temple du fait maison sert une rafraîchissante cuisine fusion, en plus de mitonner une belle gamme de plats cuisinés. Autre succursale à Mansonville.

À DÉCOUVRIR
Les pains variés.

DESSERTE (LA)
224, rue du Collège Sud
Richmond
819 826-1862
Fermé le lundi

Les divins brunchs qu'on dévore la fin de semaine dans cette maison ancestrale et la savoureuse cuisine du marché qu'on y déguste en tout temps pourraient nous faire oublier que La Desserte est d'abord et avant tout une pâtisserie-boulangerie artisanale. Difficile de réfréner son envie de goûter toutes les sortes de tartes, tartelettes et brownies dignes des fourneaux de mère-grand.

À DÉCOUVRIR
Les confitures, faites de surprenants et réjouissants mélanges.

TARTES ET CLAFOUTIS
189, rue Principale
Granby
450 361-8881
Ouvert 7 jours

Peu importe que les beaux endroits pour flâner se fassent rares au centre-ville de Granby, on ne voudrait aller nulle part ailleurs qu'à Tartes et Clafoutis. Forts d'un savoir-faire français, ces artisans fabriquent des viennoiseries, baguettes et pains divers sans équivalents en Haute-Yamaska. Vous vous surprendrez bientôt à étirer votre café afin d'y passer encore quelques précieuses minutes.

À DÉCOUVRIR
Les indicibles abricotines.

BRÛLERIE DES CANTONS
CENTRE-DU-QUÉBEC
4, rue Beauchesne
Warwick
819 358-9177
www.bruleriedescantons.com
Ouvert 7 jours

TOUR D'HORIZON

Comme chez le marchand de vin, découvrez à la Brûlerie des Cantons votre «profil aromatique» grâce à un tableau vous permettant d'identifier la couleur de torréfaction, l'arôme et le corps du café qui plairont à votre palais. Ne restera plus qu'à célébrer ce nouveau match parfait avec les experts de la Brûlerie, généreux en conseils de toutes sortes, qui enrichiront d'un luxe de connaissances votre passion pour le café. Difficile sinon de résister à une séance de flânage au comptoir-café de cette charmante et chaleureuse alcôve. Sur la lumineuse terrasse ou attablé confortablement à l'intérieur, on regarde passer le temps à coups de petites croquées d'une pâtisserie et d'enivrantes lampées d'un des cafés fins de la maison (sans parler des nombreux thés, et des cafés glacés à base d'un espresso de Toscane).

LA PETITE HISTOIRE

Maîtres torréfacteurs méticuleux et inspirés, Laurent et Andréanne Girard élaborent des mélanges envoûtants comme autant de passeports pour des voyages olfactifs et gustatifs à travers le monde. La Brûlerie, que monsieur a mise sur pied avec son épouse Jocelyne LaForest et leur associé Martin Lambert, coiffe ses créations de noms ludiques comme Le Gaillard, un café au corps soutenu, à la saveur piquante ainsi qu'à l'arôme fruité et rôti.

COUP DE CŒUR >

Pour ce café saupoudré de cristaux de sucre d'érable. Quelques gorgées suffisent à chasser les plus vilains nuages.

INFUSION BOUTIQUE (L')
299, rue Principale Ouest
Magog
819 868-0474
www.linfusionthecafe.com
Ouvert 7 jours

TOUR D'HORIZON

Sanctuaire de l'amateur de thé et de café, L'Infusion Boutique nous saisit dès qu'on y met le pied. Baigné dans une ambiance olfactive enivrante, vous aurez l'occasion de déguster et découvrir les différents thés (quelque 200 arômes) et cafés (plus de 40 variétés), chaque saison apportant ses nouveautés et ses thématiques propres. Puisque le thé et le café appellent leur lot de réjouissants rituels, vous pourrez trouver les accessoires nécessaires à la préparation des infusions les plus goûteuses ainsi que de jolis services à thé afin de mettre en valeur ces délicieuses boissons chaudes (ou froides!). Les produits dérivés ne sont pas en reste: saviez-vous qu'il existe, par exemple, des sels de bain à base de thé?

LA PETITE HISTOIRE

Le travail de Josée Descôteaux, propriétaire de la boutique, comporte une grande part de création. Pour elle, le thé est une expérience qui mérite tous les soins, un moment qu'il faut chérir. L'épicurienne est la mère de nombreux thés aromatisés inédits, largement composés à partir d'herbes, de fleurs, d'épices québécoises. Avec le soutien d'une équipe de torréfacteurs experts, elle propose des cafés originaux, sans amertume ni acidité.

COUP DE CŒUR >

Les différents cafés et thés aromatisés ont depuis longtemps fidélisé nombre de clients qui viennent parfois de très loin pour rassasier leurs désirs. Un thé blanc au vin de glace ou un café au tiramisu? Quelles belles folies!

BUON GUSTO
380-A, rue Principale Ouest
Magog
819 843-1500
www.buon-gusto.ca
Fermé le lundi

TOUR D'HORIZON

Incroyable, mais vrai: l'Italie a une ambassade à Magog. Une ambassade qui, dans les faits, a toutes les allures du garde-manger de rêve; huiles d'olive, pâtes fraîches et vinaigres balsamiques n'y manquent jamais. Attablé au cœur de la terrasse avec vue sur la rivière Magog en retrait de la rue Principale ou assis dans le petit coin resto de l'épicerie fine, on casse la croûte devant un plat de pâtes ou un panini et on se rafraîchit en léchant un des dix parfums de gelato maison.

LA PETITE HISTOIRE

Stéphane Albert et Alain Custeau, chaleureux copropriétaires, font à 50 ans un voyage dont ils reviendront transformés. La visite d'une boutique dans l'arrière-pays italien produit sur ces bons vivants un effet tel qu'une fois rentrés dans les Cantons, ils abandonnent leurs emplois respectifs et fondent Buon Gusto. L'un œuvrera désormais derrière les fourneaux, l'autre verra à la destinée de cette épicerie fine/resto/boutique cadeaux/traiteur. Ensemble, ils propageront la bonne nouvelle: il est possible d'aussi bien manger italien en Estrie qu'en Italie.

COUP DE CŒUR >

Les plats cuisinés, à la fois roboratifs et raffinés, incarnent brillamment le concept de bouffe réconfort et ont tout pour faire rougir de jalousie une *mamma* italienne. À déguster sur place ou pour emporter à la *casa* (emballés sous vide): cannellonis au veau, paupiettes de porc, cassoulet, osso buco, lasagne, polpettes, etc.

DÉLICES DES NATIONS
185, rue Belvédère Nord
Sherbrooke
819 822-0184
Ouvert 7 jours

Point de convergence de toutes les cuisines du monde, cette épicerie internationale coiffe avec panache plusieurs chapeaux. Boulangerie, fromagerie, charcuterie, pâtisserie (française et orientale), les Délices abolissent les frontières et font régner sans partage la seule loi qui vaille, celle de la gourmandise, en disposant sur les tablettes chocolats fins, huiles d'olive (une centaine de variétés), mets cuisinés et tutti quanti.

À DÉCOUVRIR
Les imbattables baklavas.

ÉPICERIE ASIE
492, rue Galt Ouest
Sherbrooke
819 346-6181
Ouvert 7 jours

Telle une fleur de macadam, l'Épicerie Asie éclot et rayonne splendidement au cœur d'un secteur pourtant un brin défraîchi de la ville. Dans ce charmant fourre-tout, vous dénicherez tous les ingrédients nécessaires pour touiller des plats authentiquement asiatiques. Repartez avec sauces, conserves et légumes frais contre une poignée de menue monnaie (on exagère à peine).

À DÉCOUVRIR
Des jus aux intrigantes étiquettes.

OLIVA
915, rue King Ouest
Sherbrooke
819 572-0915
Ouvert 7 jours

Incroyable mais vrai: les méticuleux et patients propriétaires de cette coquette boutique farcissent à la main chacune des olives qui font notre ravissement. Un travail d'orfèvre, il va sans dire. Chef-lieu de l'olive sous toutes ses déclinaisons dans les Cantons, Oliva s'autorise plusieurs autres plaisirs, comme celui de rendre gagas ses clients avec de craquants macarons, de rares épices et d'élégants accessoires de cuisine.

À DÉCOUVRIR
L'huile d'olive en vrac. Pratique et écolo.

FROMAGERIE LA STATION
440, chemin de Hatley (route 208)
Compton
819 835-5301
www.fromagerielastation.com
Ouvert 7 jours
(du jeudi au dimanche de décembre à mai)

TOUR D'HORIZON

À la dictature de la vitesse, La Station oppose une souriante résistance. Dans la campagne comptonoise, les artisans fromagers veillent à la survie de traditions ancestrales qu'ils partagent volontiers avec les visiteurs qui font halte. De la ferme à l'atelier, tous les arcanes vous sont révélés sur le même ton qu'on emploie pour raconter de vieilles histoires à des amis. Un linguiste parlerait sans doute d'économusée, nous parlerons d'un lieu d'échanges et de célébrations. Ne reste plus qu'à choisir à la boutique votre fromage préféré, ainsi que pains, confitures ou saucissons en provenance des producteurs-amis de la région, pour un pique-nique divin.

LA PETITE HISTOIRE

La philosophie de La Station répond à quelques préceptes simples, mais qu'embrassent trop peu de producteurs. Prime ainsi d'abord et avant tout le bien-être des vaches broutant dans des pâturages biologiques, ingrédient essentiel à l'élaboration de goûteux fromages fermiers au lait biologique comme la Comtomme («la tomme de Compton», si vous préférez), la Comtomme Signature (affinée de 4 à 5 mois de plus que sa sœur) et la Raclette de Compton (pour les grandes bouffes entre amis).

COUP DE CŒUR >

Alfred Le Fermier, au lait cru, produit amiral de la fromagerie auréolé d'innombrables prix, dévoile des subtilités inédites chaque fois qu'il se retrouve sur un plateau de dégustation.

FROMAGERIE DE L'ABBAYE SAINT-BENOÎT
1, rue Principale
Saint-Benoît-du-Lac
819 843-2861
Ouvert 7 jours

Enclavé dans la forêt estrienne, Saint-Benoît-du-Lac est un oasis de tranquillité et de saveurs. La dizaine de fromages que fabriquent les moines (dont le célèbre Bleu Ermite, jeune depuis 1943) auraient ce qu'il faut pour convertir même les plus farouches athées (cela dit, ce n'est pas exactement le but).

À DÉCOUVRIR
Le Saint-Augustin, de couleur orange!

BEURRERIE DU PATRIMOINE
225, chemin Cochrane
Compton
819 835-9373
Fermé les mardis, mercredis et jeudis

Unique beurrerie artisanale au Québec, la Beurrerie du patrimoine empote à la main du beurre biologique selon une méthode ancestrale. Ses fromages délactosés, yogourts (au lait de vache et de chèvre) et charcuteries appâteront les curieux jusque dans la magnifique campagne comptonoise. Chaque week-end, ces derniers pourront d'ailleurs visiter le centre d'interprétation de la vache laitière et le musée du beurre qu'ont mis sur pied ces passionnés afin de partager leur savoir.

À DÉCOUVRIR
Le fromage cottage à l'ancienne.

FROMAGERIE DE LA GARE
MARCHÉ DE LA GARE
710, rue de la Gare
Sherbrooke
819 566-4273
Ouvert 7 jours

Située au Marché de la gare de Sherbrooke, la fromagerie du même nom défend avec sourire son titre de meilleur ami des producteurs de la région en faisant la part belle aux fromages fermiers au lait cru. Une fidélité que les artisans lui rendent bien; il n'est pas rare de découvrir des exclusivités parmi les quelque 150 fromages qui attendent derrière la vitrine. Belle sélection de pains.

À DÉCOUVRIR
Le Zacharie Cloutier, un fromage au lait cru de brebis.

PANTAGRUEL TRAITEUR
50, boulevard Jacques-Cartier Nord
Sherbrooke
819 562-7662
Ouvert 7 jours

TOUR D'HORIZON

Marc Bouchard a tous les secrets dans sa besace pour faire plaisir aux gourmets avec sa cuisine qui réchauffe le cœur. Pour un festin pantagruélique des grands soirs ou pour un lunch soupe-salade qui ensoleillera votre journée, le cuistot a la situation bien en main. Ne laissant rien au hasard, il prend le poisson par les cornes et fume lui-même sur place saumon et truite pour un résultat qui fait rapidement oublier ce que les grandes surfaces mettent en marché. De pair avec La Jambonnière de Saint-Rémi-de-Tingwick, le traiteur propose 25 sortes de saucisses fraîches confectionnées selon la recette secrète du chef Bouchard. Les amateurs de chocolats fins se réjouiront de pouvoir compléter leurs emplettes sucrées parmi une des plus vastes sélections en région.

LA PETITE HISTOIRE

Pantagruel s'est toujours fait un point d'honneur de maintenir des prix abordables afin de répondre aux besoins des gens seuls et des familles qui souhaitent marquer une occasion spéciale en se régalant sans se ruiner. Les plus petits groupes trouveront ici une oreille attentive et désireuse de répondre à leurs moindres besoins. Parce que ne pas avoir le temps de cuisiner n'est pas une raison pour ne pas manger des préparations maison!

COUP DE CŒUR >

Le gratin dauphinois et le confit de canard, les deux spécialités de la maison, ont depuis longtemps consacré la réputation de Pantagruel.

ACTUEL TRAITEUR (L')
5, rue Hatley
Magog
819 847-1991
Ouvert 7 jours

Branche toujours aussi amusante de L'Actuel Bar & Grill, L'Actuel Traiteur redouble d'inventivité avec son menu qui arrache des éclats de rire. Comment ne pas flancher pour des pogos de lapin (fait saillant de la carte de bouchées chaudes)? Comment rester de marbre devant ces bonbons de foie gras, poudre de framboise (fait saillant de la carte de bouchées froides)? Tripatif.

À DÉCOUVRIR
Les ludiques grignotines.

FINE BOUCHE (LA)
1434, rue King Ouest
Sherbrooke
819 822-4334
Ouvert 7 jours

Avec son nouveau service au comptoir La Fine Bouche sur le pouce, le traiteur sherbrookois ravive la flamme qui brûle entre les gourmets et lui depuis longtemps. Plus besoin donc d'attendre les grandes occasions pour déguster ses plats favoris. Malgré cette salutaire initiative, le traiteur demeure une référence pour tous les genres de rassemblements, avec son menu qui se transforme selon les saisons.

À DÉCOUVRIR
Les petits-déjeuners, pour les rencontres matutinales.

MARMITON (LE)
346, rue Racine
Granby
450 360-4889
Ouvert 7 jours

Entreprise écoresponsable, Le Marmiton place l'environnement au cœur de ses préoccupations et de ses pratiques. Du déjeuner au banquet, en passant par le lunch et le cocktail, le traiteur marque au sceau de la chaleur humaine sa cuisine généreuse et se distingue par sa gamme de produits maison (gelée de poivrons ou à l'érable, confit d'oignons, huile aux tomates ou aux champignons, vinaigrette).

À DÉCOUVRIR
Les desserts maison.

POIVRON ROUGE (LE)
4218, boulevard Bourque
Sherbrooke
819 820-7727
www.lepoivronrouge.com
Fermé le dimanche

TOUR D'HORIZON
Impressionnants buffets chauds ou froids. Choix d'une quinzaine de boîtes à lunch carnées ou végétariennes (rien de tel qu'un bon dîner qui insufflera du pep à votre journée de boulot). Hors-d'œuvre inventifs qui créeront un embouteillage autour de la table. Desserts craquants, du genre qui vous donnera envie de soudoyer le chef afin qu'il vous file sa recette. Le Poivron rouge est le traiteur de tous les événements. Parce que le succès des grands et petits rassemblements repose sur la bonne bouffe que les invités dégusteront.

LA PETITE HISTOIRE
Il y a déjà une douzaine d'années, Jean-Patrice Fournier concrétisait un rêve qu'il caressait depuis un bail: mettre sur pied un service de traiteur raffiné qui accrocherait un sourire aux visages des convives réunis lors d'événements corporatifs, de réjouissances familiales ou de fastueux banquets. Au diapason des nouvelles tendances gastronomiques, le sympathique chef, aussi rompu aux mystères des cuisines du monde, épouse les moindres désirs de chacun de ses clients comme autant de défis passionnants à relever.

COUP DE CŒUR >
Les produits maison que la brigade du chef élabore constituent la pierre angulaire de cette cuisine du cœur sur laquelle l'irréprochable réputation du Poivron rouge est assise: magnifiques pâtisseries, réconfortants pains de fabrication artisanale, charcuteries sans pareil, etc.

Index
Guide gourmand Voir

< MONTRÉAL ET ENVIRONS >

< MONTRÉAL ET ENVIRONS >

MONTRÉAL ET ENVIRONS

< MONTRÉAL ET ENVIRONS >

MARCHAND DU BOURG (LE) 12
Boucherie – Charcuterie > Rosemont / Petite-Patrie

MARCHÉ 4751 32
Épicerie fine > Hochelaga-Maisonneuve

MI & STU 16
Boulangerie – Pâtisserie > Mile End

MILLINER CRÉATIVITÉ GOURMANDE 49
Traiteur – Plats à emporter > Marché Jean-Talon

MINI-TRAITEUR 48
Traiteur – Plats à emporter > Plateau-Mont-Royal

MOULINS LA FAYETTE (LES) 17
Boulangerie – Pâtisserie > Plateau-Mont-Royal

NORREF L'ENTREPÔT 40
Poissonnerie > Rosemont / Petite-Patrie

OLIVIER POTIER, ARTISAN EN GOURMANDISES 18
Boulangerie – Pâtisserie > Centre-ville

PANTHÈRE VERTE 48
Traiteur – Plats à emporter > Mile End

PAS D'COCHON DANS MON SALON 48
Traiteur – Plats à emporter > Montréal

PASTIFICIO SACCHETTO 34
Épicerie fine > Marché Jean-Talon

PÂTISSERIE LESCURIER TRADITION GOURMANDE ... 19
Boulangerie – Pâtisserie > Outremont

PÂTISSERIE SAN MARCO 18
Boulangerie – Pâtisserie > Villeray

POISSONNERIE DU MARCHÉ 41
Poissonnerie > Marché Atwater

POISSONNERIE RENÉ MARCHAND 40
Poissonnerie > Saint-Lambert

PRALINE & CARAMEL 24
Chocolaterie – Confiserie > Saint-Eustache

PREMIÈRE MOISSON 20
Boulangerie – Pâtisserie > Montréal et environs

ROMARIN (LE) 32
Épicerie fine > Ahuntsic

SAINT-HENRI MICRO-TORRÉFACTEUR 22
Café – Thé > Saint-Henri

SHAMROCK 42
Poissonnerie > Marché Jean-Talon

SUITE 88 CHOCOLATIER 24
Chocolaterie – Confiserie > Plateau-Mont-Royal

TERRINES ET PÂTÉS 10
Boucherie – Charcuterie > Marché Atwater

UNIQUE S'EMPORTE (L') 50
Traiteur – Plats à emporter > Rosemont / Petite-Patrie

VIANDES MCCORMACK (LES) 11
Boucherie – Charcuterie > Verdun

80

< QUÉBEC ET ENVIRONS ←

Légende

- apportez votre vin
- carte des vins recherchée
- terrasse
- déjeuner/brunch
- EP espace privé
- M prix le midi
- S prix le soir

Cuisine	
du grand art!	★★★★★
très bonne table	★★★★
bonne table	★★★
satisfaisante	★★
passable	★
Service	
traitement royal	★★★★★
très attentionné	★★★★
empressé	★★★
décontracté	★★
minimal	★
Décor	
grandiose	★★★★★
très beau décor	★★★★
soigné	★★★
convivial	★★
rudimentaire	★

Nouveau: Espace privé

Nous vous indiquons les restaurants offrant une salle ou un espace privé pour vos célébrations en groupe. Le nombre de personnes pouvant varier selon l'aménagement désiré, nous vous laissons vérifier avec les établissements concernés.

Déjeuner/brunch

Pour bien commencer la journée, nous avons répertorié les établissements offrant le déjeuner et/ou le brunch, que ce soit tous les jours ou seulement la fin de semaine.

Nous n'avons toutefois pas indiqué les adresses proposant le déjeuner et/ou le brunch uniquement lors d'occasions particulières (Pâques, fête des Mères, etc.), ni les établissements de villégiature ne l'offrant qu'à leurs clients hébergés sur place. Nous vous laissons le soin de vérifier, en téléphonant, les jours et les heures où ce premier repas de la journée est servi.

Et l'addition, s'il vous plaît

Les prix mentionnés pour le repas du midi et/ou du soir sont calculés pour deux personnes, avant taxes, service et boissons. Il s'agit d'une moyenne établie, lors de notre visite, en étudiant les propositions à la carte et les différents menus et tables d'hôte pour un repas généralement de trois services (entrée, plat, dessert).

Le montant du pourboire est laissé à votre discrétion. Toutefois, le code social et l'usage recommandent de laisser au moins 15 % du montant de l'addition avant taxes.

Réservation (max. de personnes)

Il ne s'agit pas du nombre total de places disponibles en salle ni dans une salle privée le cas échéant, mais bien du nombre maximum de personnes pour lequel il est possible de réserver pour un groupe. Cette information étant sujette à variation, il est préférable de vérifier auprès des restaurants. «0» indique que la maison n'accepte pas les réservations.

Heures d'ouverture

Nombre d'établissements changeant leurs jours et heures d'ouverture à différentes périodes de l'année, il nous est impossible de les indiquer. Nous vous conseillons de toujours téléphoner avant de vous rendre dans un restaurant.

Satay de Veau de lait du Québec en verrine de guacamole et mousse de poivron grillé

Rendement: 16 à 20 brochettes
Préparation: 25 minutes

Exécution: facile
Cuisson: 5 minutes

- 500 g (1 lb) de lanières à brochette ou de bifteck de Veau de lait du Québec coupé en lanières

Marinade
- 60 ml (1/4 tasse) d'huile de canola
- 15 ml (1 c. à soupe) de jus de citron
- 10 ml (2 c. à thé) de curcuma en poudre • 5 ml (1 c. à thé) de poivre
- 1 gousse d'ail hachée finement • 5 ml (1 c. à thé) de miel
- Quelques gouttes de sauce piment asiatique sriracha ou 1 pincée de chili en poudre

Guacamole
- 4 gros avocats bien mûrs • Jus de 1 citron
- 5 ml (1 c. à thé) de cumin moulu • Sel au goût

Mousse de poivron grillé
- 3 poivrons rouges grillés • 175 ml (3/4 tasse) de fromage à la crème
- 125 ml (1/2 tasse) de fromage de chèvre • 1 gousse d'ail hachée • Sel au goût

Garniture
- 2 tomates italiennes, épépinées, coupées en petits dés (brunoise)
- 1/4 de concombre anglais coupé en petits dés (brunoise)
- Sel et poivre au goût • 1 filet d'huile d'olive pour chaque verrine

Préparation
• Mélanger tous les ingrédients de la marinade. Verser la marinade sur les lanières de veau de lait et les laisser mariner pendant 30 minutes. Retirer les lanières de veau de lait de la marinade et les enfiler sur 16 à 20 brochettes de bois. Déposer les brochettes sur une grille, dans une plaque à biscuits, et les faire cuire, sous l'élément supérieur à intensité maximale (*broil*), environ 1 à 2 minutes par côté ou sur le barbecue préchauffé à une température moyenne-élevée. • Guacamole: Réduire les avocats en purée lisse à l'aide d'une fourchette. Ajouter le jus de citron, le cumin et le sel • Mousse de poivron: à l'aide du robot culinaire, réduire les poivrons grillés* en purée. Ajouter les fromages, l'ail et le sel. À l'aide d'une poche à pâtisserie, remplir les verrines de guacamole puis de mousse de poivron. Ajouter la garniture et terminer avec la brochette de satay.

* Si vous faites griller vous-mêmes les poivrons, assurez-vous d'enlever la peau de ces derniers avant de les réduire en purée.

Le Veau de lait du Québec, au resto et à la maison !

Osso buco de Veau de lait du Québec

Rendement: 4 portions   Exécution: facile
Préparation: 15 minutes   Cuisson: 3 heures

- 4 à 6 tranches de jarret de Veau de lait du Québec
- 60 ml (1/4 tasse) de farine
- 10 ml (2 c. à thé) d'huile d'olive
- 1 oignon coupé en morceaux de 1/4 po
- 1 gousse d'ail hachée finement
- 1 carotte de grosseur moyenne râpée
- 1 branche de céleri coupée en morceaux de 1/4 po
- 150 ml (3/4 tasse) de fond de veau
- 150 ml (3/4 tasse) de sauce demi-glace
- 50 ml (1/4 tasse) de vin blanc fruité et vif
- 25 ml (1/8 tasse) de pâte de tomate
- Sel et poivre au goût
- Le zeste de 1/2 citron

Préparation

- Préchauffer le four à 200 °F (95 °C).
- Assécher légèrement les jarrets de veau de lait à l'aide d'un papier absorbant. Passer les jarrets dans la farine et secouer pour enlever l'excédent.
- Dans une grande casserole, chauffer l'huile à feu vif et faire revenir les jarrets de veau de lait pendant 5 minutes ou jusqu'à ce qu'ils soient dorés de tous les côtés.
- Ajouter l'oignon, l'ail, la carotte et le céleri, et cuire en brassant pendant 2 minutes. • Ajouter le fond de veau, la sauce demi-glace, le vin blanc et la pâte de tomate, puis saler et poivrer au goût. Bien mélanger, porter à ébullition, couvrir et faire cuire au four à 200 °F (95 °C) environ 3 heures ou jusqu'à ce que la température interne atteigne 160 à 165 °F (71 à 74 °C) selon l'épaisseur des tranches de jarret.
- Décorer avec le zeste de citron et accompagner de riz et de pois mange-tout.

Pavés de Veau de lait du Québec, sauce teriyaki

Rendement: 4 portions
Préparation: 15 minutes

Exécution: facile
Cuisson: 10 minutes

- 4 pavés de surlonge ou de contre-filet de Veau de lait du Québec de 110 à 120 g (4 oz)
- Graines de sésame deux couleurs en quantité suffisante
- 125 ml (1/2 tasse) de sauce *Wafu*

Sauce teriyaki épaisse
- 250 ml (1 tasse) de cassonade
- 1 gousse d'ail hachée finement
- 60 ml (1/4 tasse) de sauce soya
- 30 ml (2 c. à soupe) d'eau
- Quelques gouttes de sauce piment asiatique sriracha

Préparation
- Préchauffer le barbecue à température moyenne-élevée.
- Dans un petit chaudron, mettre tous les ingrédients de la sauce teriyaki. À l'aide d'un fouet, mélanger les ingrédients et amener à ébullition puis laisser cuire jusqu'à ce que la cassonade soit dissoute. Retirer du feu et laisser refroidir jusqu'à la température de la pièce.
- Avant de badigeonner les pavés de veau de lait et afin d'éviter la contamination, dans un bol, verser la quantité nécessaire de sauce pour les badigeonner et conserver le surplus de la sauce au réfrigérateur pour un usage ultérieur.
- Badigeonner les pavés avec la sauce teriyaki et enrober le contour des pavés avec les graines de sésame.
- Cuire les pavés sur le barbecue de 2 à 4 minutes de chaque côté jusqu'à ce que la température interne atteigne 150 °F (66 °C) ou que les sucs de viande remontent à la surface et que les pavés commencent à diminuer de volume. Le temps de cuisson peut varier selon l'épaisseur des pavés.
- Déposer les pavés de veau de lait sur un lit de riz et de légumes accompagnés de sauce *Wafu* décorée de quelques gouttes de la sauce teriyaki réfrigérée.

Tendre · Raffiné
Veau de lait du Québec
www.veaudelait.com

Le Veau de lait du Québec, au resto et à la maison !

Carré de Veau de lait du Québec, sauce poivrade

Rendement: 6 portions   *Exécution: facile*
Préparation: 15 minutes   *Cuisson: 30 minutes*

- 1 carré de Veau de lait du Québec (6 côtes)
- Sel et poivre au goût
- Beurre en quantité suffisante

Sauce
- 250 ml (1 tasse) de fond de veau
- 250 ml (1 tasse) de sauce demi-glace
- 125 ml (1/2 tasse) de vin rouge
- 15 ml (1 c. à table) de poivre vert
- Sel au goût

Préparation
- Préchauffer le four à 325 °F (160 °C).
- Parer et assaisonner le carré de veau de lait.
- Dans un poêlon, faire chauffer un peu de beurre et faire colorer le carré de veau de lait. Le retirer du poêlon et le déposer sur la grille d'une lèchefrite.
- Déposer la lèchefrite dans le four et faire cuire le rôti de veau de lait jusqu'à ce que la température interne atteigne 150 °F (66 °C) ou que les sucs de viande remontent à la surface et que le carré de veau de lait commence à diminuer. • Pendant ce temps, déglacer le poêlon avec le vin rouge, ajouter le fond de veau puis la sauce demi-glace et le poivre vert.
- Laisser réduire la sauce jusqu'à consistance désirée, mais pour maximiser le goût, laisser réduire d'au moins la moitié puis rectifier l'assaisonnement si nécessaire. Pour la rendre plus onctueuse, passer la sauce au tamis et la monter au beurre.
- Retirer la viande du four et la laisser reposer pendant 15 minutes.
- Trancher le carré de veau de lait entre les côtes, napper de sauce puis servir avec les accompagnements de votre choix.